Samuel H. Sandweiss

Weg zu Gott durch Heilung der Seele

SAMUEL H. SANDWEISS

Weg zu GOTT durch HEILUNG der Seele

Sathya Sai Vereinigung e. V., Bonn

UMSCHLAG

Der japanische Fotograf Shiro Shirahata verbrachte achtzehn Monate im Himalaya Nepals zur Verwirklichung eines Projekts, das in seinem herrlichen Buch „Nepal Himalaya" seinen Niederschlag fand. Aus diesem Buch stammt die Fotografie des Sharphu (im Tibetischen bedeutet Shar „Osten" und phu „hochgelegener Fleck im Tal") - eines Gebirgsmassivs, das auf 7200 m Meereshöhe geschätzt wird -, die für den Umschlag dieses Bandes verwendet wurde. Die Kraft und Majestät der wilden, zerklüfteten Szenerie aus Felsen, Eis und rauhen Winden, die in schwindelnder Höhe um die Berggipfel rasen, erscheint der Imagination als geeigneter Wohnort des Göttlichen und als imposanter Ausdruck von dessen Allmacht. Tatsächlich wähnt man die Residenz des Hindu-Gottes Shiva, der die Hindernisse auf dem Weg zur Gotteserkenntnis zerstört, zwischen den hohen Gipfeln des Himalayas, wo er sich tanzend ergeht. Hier, wo die Naturgewalten in so grandioser, erhebender Weise an den Himmel reichen, wo der Gedanke von harschem, festem Schnee weitergeht, sich in den offenen Raum hinaustragen läßt - hier können wir die Beziehung zwischen absolutem Geist und menschlichem Denken erspüren. Ich bin Shiro Shirahata und Yama-kei (Herausgeber) dankbar für die Erlaubnis, dieses ausgezeichnete Foto hier zu veröffentlichen. ©Shiro Shirahata, „Nepal Himalaya", Yama-kei Publisher Co., Ltd.

Titel der englischsprachigen Ausgabe: Samuel H. Sandweiss M.D. „Spirit and the mind", herausgegeben von Birth Day Publishing Company P.O. Box 7722, San Diego, California 92107, USA. Library of Congress Catalog Number: 85-61734, ISBN 0-9600958-9-6. Übersetzung aus dem Englischen von Deli Enders. Übersetzung des Glossars von Norbert Weitz. Umschlagfoto: Shiro Shirahata.

Deutsche Bibliothek - CIP Einheitsaufnahme
Sandweiss, Samuel H.:
Weg zu Gott durch Heilung der Seele / Samuel H. Sandweiss.
[Übers. aus dem Engl. ins Dt. von Deli Enders. Übers. des Glossars
von Norbert Weitz]. – 1. Aufl. – Bonn : Sathya-Sai-Vereinigung, 1994
ISBN 3-924739-64-1

Shrī Sathya Sai Baba gewidmet

Dank des Autors

Dick Croy, Schriftsteller und Filmemacher aus Los Angeles war unentbehrlich als Ratgeber und Redakteur. Wie bei meinem ersten Buch, so konnte ich auch hier ständig auf sein Organisationstalent, seine schriftstellerischen Fähigkeiten und seine feinfühlige Handhabung des Gegenstandes dieses Buches vertrauen. Sein Beitrag war von unschätzbarem Wert und ist mit großer Anerkennung aufgenommen worden. Tief empfundenen Dank auch Lila Young, deren geistige Nähe und Klarheit und ihr Auge fürs Detail in der Abschlußphase des Buches beim Korrekturlesen die Voraussetzung für eine erfolgreiche Drucklegung schuf.

Mein herzlicher Dank geht an Larry Smith, Künstler und Graphiker in San Diego, der bei der Innen- sowie der Einbandgestaltung mitwirkte. Danken möchte ich auch Richard Kaplowitz, Peter Keyser, Peter Rae und David Lenhoff für die Überlassung der Fotos. Und ein ganz besonderer Dank Mr. R. K. Karanjia, Senior-Herausgeber des Magazins „Blitz" für die Erlaubnis, sein aufschlussreiches und faszinierendes Interview mit Sathya Sai Baba zur Gänze abzudrucken.

Ich danke auch folgenden Verlagshäusern für die Abdruckgenehmigung der genannten Werke: Sage Publications für die Benutzung von Ken Wilbers Arbeiten in „Journal of Humanistic Psychology" Vol. 22, Nr. 1, Winter 1982, pp. 57- 90; Harper & Row Publishers, Inc. für das Zitat von Erich Fromm, erschienen in „Zen Buddhism and Psychoanalysis"; *Vedanta* Press für die Passagen aus der *Bhagavadgītā* in der Übersetzung von *Swami* Prabhavānanda und Christopher Isherwood; sodann Free Press bei Macmillan Publishers, Inc. für die Zitate von Ernest Beckers Buch „The Denial of Death"; der medizinischen Monatszeitschrift „M.D." für die Auszüge aus Stanley R. Deans Artikel „Psychiatry and Psychological Futurology" und dem Autor W.H. Macintosh für die Benutzung eines Teils seines Artikels, der in der Londoner Zeitschrift „Psychic News" im Dezember 1977 erschienen ist.

Ganz besonderen Dank meiner Familie, die eine konstante Quelle der Kraft und Unterstützung für mich war; meinem Vater und meiner Mutter, die mein Leben in den Entwicklungsjahren sorgsam überwacht haben; meinen Kindern Ruth, Rachel, Beth und Judy für ihr Verständnis, wenn ihr Pappi sich immer wieder für längere Zeit in sein Arbeitszimmer zurückzog und vielleicht manchmal recht unzugänglich schien, wenn sie es sich anders gewünscht hätten, für ihre Hilfe beim Abtippen und Redigieren und für ihre ebenso unschuldigen wie tiefschürfenden Fragen, mit denen sie den Gedankengang in diesem Buch beeinflußt haben.

Und ewige Liebe und Dankbarkeit meiner lieben, aufopfernden Gattin Sharon, die meine engste Kameradin ist, zuversichtlich und kritisch, seit einem Vierteljahrhundert.

ZUR ÜBERSETZUNG

In dieser Schrift wurden alle Sanskritausdrücke (Abk.: Skr.) des englischen Originals ins Deutsche übertragen. Da es sich hierbei oft um philosophische Begriffe handelt, für die es im Deutschen nicht immer eindeutige Entsprechungen gibt, werden sie sinngemäß jeweils mit dem annähernd treffendsten Begriff wiedergegeben. Um dem Leser die Zuordnung zu ermöglichen, wurden die Sanskritwörter im Text in Klammern belassen. Die in *kursiver* Schrift gedruckten Begriffe sind im Glossar ausführlicher erläutert.

Alle indischen Namen und Sanskrit-Begriffe wurden in einer vereinfachten Umschrift wiedergegeben, wie sie in der Literatur für Nicht-Sanskrit-Gelehrte gebräuchlich ist; dabei erscheinen nur drei zusätzliche Buchstaben: ā, ī, ū.

ZUR AUSSPRACHE DER SANSKRITWÖRTER

Die Vokale ā, ī, ū, sowie e und o sind immer lang (wie in Rat, Sieg, Zug, See und Dom)

c = tsch (kla*tsch*en), j = dsch (engl. *joy*), s = ss (Wa*ss*er), sh = sch (*Sch*all), v = w (*W*ort), y = j (*j*eder).

Das h in bh, ch, dh, gh, jh, kh, ph, th ist als ein deutlich hörbarer Hauchlaut zu sprechen *(z. B. budd-hi)*.

Die Betonung richtet sich nach der Länge der Vokale; bei längeren Wörtern liegt die Betonung auf der drittletzten Silbe, wenn die vorletzte kurz ist *(z. B. sādhana, vāsanā, sāttvika)*. Wenn die vorletzte Silbe lang ist (durch Länge oder mehrere aufeinanderfolgende Konsonanten), trägt sie den Ton (z. B. *ānanda, bhāvaroga, ahamkāra).*

ZUR ÜBERSETZUNG DES WORTES „mind"

1. Mind: Das englische Wort „mind" ist in diesem Buch je nach Sinnentsprechung verschieden übersetzt worden. Es wird fast immer als Übersetzung des Sanskritwortes *manas* benutzt. *Manas* bezeichnet die folgenden Aspekte:

Das *manas* verarbeitet Sinnesdaten und gibt innere Impulse als Wünsche nach außen weiter. Es ist der Geist ohne Ausrichtung, die Verstandestätigkeit des Geistes, Denken, Nachdenken, Meinung. Dazu gehören auch: Sinnieren, Grübeln, sich Klammern an Vorstellungen, Empfindungen. *Manas* ist an emotionale Elemente gebunden. Insofern kann es mit: das Denken, die Psyche, der Sinn, das Gemüt, das Mentale übersetzt werden. *Manas* enthält Denken und Emotionen.

Das englische Wort „mind" kann auch den gesamten Bereich geistiger Aktivität bezeichnen. Zu diesem gehören: *manas* (siehe oben), *ahamkāra* = Ego, Ichbewußtsein und der ausgerichtete Geist = *buddhi*.

Buddhi = ausgerichteter Geist. Als solcher ist er im Deutschen: Unterscheidungskraft, Urteilsfähigkeit, Konzentrationsvermögen, Intellekt, Intelligenz, Denken im philosophischen Sinn, je nach Sinnentsprechung.

Buddhi und *manas*: siehe unter anderem Sathya Sai Baba: Besinnung auf Gott - Dhyāna Vāhinī Sathya Sai Vereinigung e. V., Bonn 1989, ISBN 3-924739-32-3.

2. Spirit: Geist, reiner Geist, Geistseele, geläuterter Geist, Höchstes Wesen. Spirit bezeichnet das innere Selbst, den wahren Wesenskern des Menschen, den göttlichen Funken, der im Herzen wohnt.

Inhaltsverzeichnis

TEIL IV   Anhänge

EINLEITUNG

Dies sind historische Zeiten. Im Denken der Menschen vollzieht sich ein großer Wandel. Alte Vorstellungen sterben, und neue Ideen treten zutage. Wir beginnen einzusehen, daß die Basis unserer Existenz weder der Verstand noch der Körper ist, die an Geburt und Tod, an Zeit und Raum gebunden sind - sondern daß unser tiefstes Inneres, unsere wahre Identität, Geist ist: ein unendliches Bewußtsein, das allumfassend und ewig ist. Es dämmert in uns die Erkenntnis, daß das Bewußtsein nicht eine Funktion des Verstandes mit dem Sitz im physischen Gehirn ist. Nein, ganz im Gegenteil: Unendliches Bewußtsein, unser wahres Selbst, schuf den Verstand ebenso wie den Kosmos. Unser Bewußtsein steht über der Zeit und ist vom Tod nicht betroffen.

Die Wissenschaft findet heute immer mehr Bestätigungen dafür, daß das Bewußtsein im Grunde unendlich und ewig ist und nur unser Verstand uns trügerisch glauben macht, daß es anders sei. Erkenntnisse, die aus so verschiedenen Quellen stammen wie aus der Psychologie und der Traumanalyse C.G. Jungs, den experimentellen außersinnlichen Wahrnehmungsphänomenen auf dem Gebiet der Parapsychologie, der Regression in die Vergangenheit und über den Tod hinaus während einer Hypnose, und aus Berichten von außerkörperlichen und todesnahen Erfahrungen ebenso wie der Quantenphysik[1] haben viel dazu beitragen, der denkenden Welt zu zeigen, daß das Bewußtsein nicht durch Zeit und Raum begrenzt wird.

Allgemein anerkannt werden jetzt die Phänomene Hellsichtigkeit und Telepathie, der prophetische Traum und außergewöhnliche Erkenntnisse über Entfernungen hinweg, wie sie z.B. im Leben von Edgar Cayce beschrieben werden. Cayce konnte eine Diagnose stellen und eine erfolgreiche Heilung bei einem weit entfernten Kranken erzielen - manchmal per Telefon, manchmal einfach dadurch, daß er einen Gegenstand in die Hand nahm, den der oder die Hilfesuchende einmal getragen hatte. Und C.G. Jung zeigte durch seine Arbeit, daß während intensiver analytischer Behandlungen die Menschen durch ihre Träume und Intuitionen Informationen aus einer Dimension wiedererlangen können, die jenseits ihrer persönlichen Lebenserfahrungen liegen - aus dem, was er das „Kollektive Unbewußte" nannte; es ist dies eine Dimension, in der die Gesamtheit aller menschlichen Erfahrungen von Anbeginn des Lebens unserer Art auf der Erde in der ganzen Breite und Weite unserer bisherigen Existenz aufgezeichnet ist.

Fügt man die sehr überzeugenden Aussagen von Leuten über lebhafte Erinnerungen an vergangene Leben hinzu, von Menschen, die sich an besondere Einzelheiten bei Ereignissen, Namen, Daten und Orten mit unglaublicher Genauigkeit erinnern können - Tatsachenmaterial, das allem Anschein nach nur dem zugänglich sein könnte, der zu jener Zeit selbst an jenem Ort gelebt hat -, dann besitzen wir eine wachsende Sammlung von Erfahrungen, die nicht länger als bloße Phantastereien abgetan werden können.

Selbst streng experimentelle Wissenschaften wie die Physik nähern sich heute der Erkenntnis der fundamentalen Gesetze der Spiritualität. Die Avantgarde der Physik ist im Begriff zu entdecken, daß der Planet nicht ein einzelnes Stück totes Mineral inmitten eines indifferenten, leblosen, unbewußten Universums ist. Der Kosmos und alles darin wird mehr und mehr als eine Entität erkannt: unteilbar, ganzheitlich und lebendig mit einem Bewußtsein als Manifestation der einen Universalen Bewußtheit - durchdrungen von Liebe. Die Einheit des Universums beginnt man als den stofflichen Ausdruck der Einheit des Bewußtseins zu begreifen - die unser Herz als Liebe erfährt.

In seinem Buch „Das Tao der Physik" (Titel der Erstausgabe: „Der kosmische Reigen") geht der Physiker und Forscher Fritjof Capra den Parallelen zwischen moderner Physik und östlicher Mystik nach. Er setzt die Weltsicht, die sich aus den Theorien der subatomaren Physik, der Relativitätstheorie und der Astrophysik ergibt, mit den mystischen Traditionen des Hinduismus, Buddhismus, Taoismus, des Zen und des I Ging in Beziehung. Daraus taucht ein Bild des Universums des modernen Physikers auf, das dem der östlichen Mystik ähnlich ist oder, wie es auf der Buchhülle so treffend heißt: „Ein Universum, das sich in einem ständigen kosmischen Tanz befindet - ein System untrennbarer, miteinander verbundener und sich ständig bewegender Teile, unter denen der Beobachter selbst ein integrierender Bestandteil ist." Wie Einstein verneigen sich immer mehr Wissenschaftler in Ehrfurcht vor der Großartigkeit der Schöpfung und beginnen die zugrundeliegende Einheit und Ganzheit zu begreifen - zu erkennen, daß sie heilig[2] ist.

So wie die dualistische Vorstellung zerfällt, daß die Wirklichkeit etwas aus abgetrennten und deutlich unterschiedenen Ganzheiten Bestehendes ist, im Gegensatz zur einheitlichen Ganzheit, so zerfällt auch der Unterschied zwischen Völkern und Religionen. Es entwickelt sich eine nicht-konfessionelle Wissenschaft des Bewußtseins, die universal gültige Gesetze und Prinzipien der Bewußtseinserweiterung definiert, dabei die Wissenschaft näher an die Spiritualität heranrückt und die großen spirituellen Systeme einander annähert. Wir sind auf dem Weg zur Erkenntnis, daß alle großen Weltreligionen aus einer gemeinsamen, universalen Realität hervorgegangen sind, und obgleich sie sich verschiedener Symbole, Zeremonien und Formen bedienen, sind sie alle ein Ausdruck der Natur und Dynamik des einen Universalen Bewußtseins oder Gottes, aus dem alle Materie und Energie entsteht.

Wenn das alles tatsächlich stimmt, wenn alle Religionen im Grunde eins sind, wenn der ganze Kosmos eine Manifestation des Universalen Bewußtseins ist - und wenn wir selbst in der Tat Universales Bewußtsein ohne Grenzen sind, wenn unser reales Selbst in Wahrheit unendlich und ewig ist - warum ist uns das nicht bewußt?

Die Wissenschaft beginnt, sich der Suche nach Antworten auf diese zeitlose Frage der Spiritualität zuzuwenden - den großen Weltreligionen, die von Anfang an erklärt haben, daß die Welt der Materie eine Manifestation des Geistes oder des grenzenlosen Bewußtseins ist. Das uralte Wissen der Weisen und Heiligen sagt uns, daß der entscheidende Punkt des Problems im Verstand liegt, der den Menschen dazu verführt zu glauben, daß er etwas Abgesondertes und Begrenztes sei.

Obgleich der ewige Ozean des Geistes Einheit ohne ein Zweites ist, umhüllt das unendliche Bewußtsein sich willentlich mit einem mysteriösen

Zauber durch die Schaffung des Verstandes. So sehr wird das unendliche Bewußtsein von den mächtigen Kräften des Verstandes, von der dualen Welt der Freuden und Leiden, der Wünsche und Impulse, des Egos und der Sinne angezogen, daß es irrtümlicherweise Unterschiede und Begrenzungen - separate Namen und Formen - wahrnimmt, d. h. scheinbar von sich selbst getrennt und damit eine Dualität ist. Warum das Grenzenlose diese Täuschung über sich selbst wollte, ist das größte Geheimnis der Schöpfung. Am Endes des 4. Kapitels werde ich eine Erklärung anbieten.

Die großen Geistesrichtungen beschreiben den Verstand als eine Blase im Vergleich zur Weite des Ozeans des Geistes oder des reinen Bewußtseins. Das Unendliche Bewußtsein heftet sich selbst an die beschichtete Wand der Verstandesblase und identifiziert sich versehentlich mit deren endlichem und begrenztem Inhalt. Aber die Blase kann platzen! Die täuschende Zwischenschicht, die unser persönliches Bewußtsein hindert, seine universale Natur zu erkennen, kann sich auflösen und dabei das Persönliche für eine Wiederverschmelzung mit dem Universalen freigeben - frei für die Erfahrung des grenzenlosen, ewigen Gewahrwerdens, des reinen, unbegrenzten Seins, der bedingungslosen Liebe und der Seligkeit. Die Psychologie kann bezüglich des Weges zur Transzendenz viel von der Spiritualität lernen.

Die westliche Psychologie ist tief in das Geheimnis des menschlichen Denkens eingedrungen; sie hat seine Natur, das Prinzip der Dualität, auf dem es beruht, die unterschiedlichen Evolutionsebenen der mentalen Entwicklung und deren verschiedene Stärken und Ängste definiert. Die Avantgarde dieser jungen Wissenschaft nähert sich nun den Reichen der großen, uralten, spirituellen Systeme. Es ist, als ob wir uns - gleich der Darstellung auf dem berühmten Gemälde Michelangelos an der Decke der Sixtinischen Kapelle - jenem elektrisierenden Augenblick näherten, in dem Gott sich vom Himmel zu der schlafenden Menschheit herunterbeugt, um sie zu erwecken, uns tatsächlich berührt und dazu bewegt, aufzustehen und unserer eigenen göttlichen Natur gewahrzuwerden. Dieses Buch soll die Aufmerksamkeit auf die Natur dieser erweckenden Berührung und den darauf folgenden Aufruhr im Menschen lenken.

In den nächsten Kapiteln werde ich Ihnen von einem heiligen Mann oder *Avatar*[3] namens Sathya Sai Baba in Indien erzählen, auch etwas über seine Mission und Botschaft, denn ich bin überzeugt, daß das Leben und die Lehren von Sai Baba der überzeugendste, lebendige Beweis dafür sind, daß das Universale Bewußtsein, oder Gott, existiert - und daß das Erkennen seiner Bedeutung uns helfen wird, die Kluft zwischen Gott und dem Menschen zu überbrücken; es wird uns auch zum Verständnis der Beziehung zwischen Geist und Verstand, Spiritualität und Wissenschaft, Universalem Bewußtsein und menschlichem, individuellem Bewußtsein verhelfen.

Von allem Anfang an möchte ich klarstellen - denn die Menschen sind skeptisch und auf der Hut vor Predigten und Anhängerwerbung -, daß ich nicht daran interessiert bin, für Sai Baba Reklame zu machen. Ich habe nicht die Absicht, der wachsenden Liste von Namen miteinander wetteifernder spiritueller Gallionsfiguren und Botschafter einen weiteren hinzuzufügen - noch zu versuchen, die Leser für einen bestimmten Weg einzunehmen bzw. von einem anderen abzubringen. Meine Absicht ist es vielmehr, uns daran zu erinnern, daß Wissenschaft und Spiritualität sich einander annähern und daß es, wenn verschiedene Religionen aufeinander zugehen, ganz selbstverständlich ist, daß neue Einblicke und Denkschritte von einem „Wissenschaftler des Bewußtseins" oder einem spirituell hochstehenden Lehrer ausgehen, der fähig ist, in einer universell verständlichen Sprache zu sprechen.

Und ich muß Ihnen sagen, daß meinem Gefühl nach Sai Babas Bedeutung für unser Zeitalter in dieser Beziehung gar nicht genug betont werden kann. Ich bin überzeugt, daß er nicht nur über das Universale Bewußtsein spricht, sondern daß er Universales Bewußtsein ist. Die erstaunlichen und unerklärlichen Vorkommnisse und Wunder, die einen Teil seines Lebens ausmachen, bieten einen konkreten, überzeugenden Beweis für die übernatürliche, transzendente, spirituelle Dimension und sind Anzeichen eines Bewußtseins ohne Grenzen.

Wenn das stimmt, welch eine einzigartige Gelegenheit bietet sich dann, direkt in das Zentrum unseres innersten Wesens zu blicken - eine Chance, die der Menschheit vielleicht zwei- oder dreimal in ihrer ganzen bisherigen bekannten Geschichte geboten wurde und niemals in diesem Ausmaß. Noch nie ist ein solch schlagender Beweis für das Universale Bewußtsein durch so außerordentlich verblüffende Wunder geliefert worden - Wunder, die von Handlungen aus tiefem Mitgefühl und selbstloser Liebe begleitet waren und in solch großer Zahl und von sehr vielen Menschen bezeugt worden sind.

Und doch bleibt das Ausmaß unseres Widerstandes gegen solches Beweismaterial immens - dieses unser Selbst verteidigende Zurückweichen vor dem Erforschen der Möglichkeit unserer Unsterblichkeit. Sobald wir begreifen, was es bedeutet und welchen Sinn es hat, daß unsere eigentliche Identität tatsächlich Universales Bewußtsein ist, hat dies eine so gewaltige Wirkung auf unser Leben, daß es davon im wahrsten Sinn des Wortes verändert wird. Aber bis dahin ist der Widerstand ungeheuer. Es gibt nichts, was so wie Religion oder die Politik die Gemüter entflammt und Streit entfacht. Während meiner beruflichen Arbeit mit Patienten machte ich immer wieder die Beobachtung - übrigens auch an mir selbst und an Suchenden auf dem spirituellen Weg - daß unser Zögern und Ausweichen mit starken unterschwelligen Ängsten zu tun hat. Und dafür gibt es einen Grund.

Ein Teil unserer Skepsis und unseres Zögerns erklärt sich vielleicht dadurch, daß wir schon oft genarrt worden sind und gelernt haben, nicht so naiv und idealistisch zu sein. Unser Zeitalter hat so viele idealisierte und bei näherem Hinsehen bloß tönerne Füße gefunden, die Wege gingen, die am Ende zu nichts Neuem führten. Hinzu kommt, daß viele von uns der Psychologie Glauben schenkten und dabei hofften, neue Einblicke in den Sinn des Lebens zu erhalten. Doch die Psychologie ist im allgemeinen der Spiritualität gegenüber skeptisch geblieben, vielleicht mit zu vielen Vorurteilen, oder allzu sehr sensibilisiert gegenüber dem psychologischen Schaden, den man gelegentlich als Folge von übertrieben strafendem spirituellem Verhalten beobachten konnte.

Außerdem haben viele von uns ihren eigenen starken Glauben, der Offenheit und Empfänglichkeit für lohnende, aber befremdende Informationen nicht aufkommen läßt, solange wir starr an ihm festhalten. Da diese persönlichen Glaubensrichtungen die grundlegenden Fragen unserer Existenz zu beantworten scheinen, schützen sie uns vor dem Unbekannten und vermitteln uns ein Gefühl der Zugehörigkeit und Sicherheit in einer Welt, die uns sonst vielleicht zu mysteriös und unergründlich erschiene; so ist es verständlich, daß wir den überkommenen Glauben lieben und verteidigen. Wenn das aber auf zu enge und starre Weise und auf Kosten unserer Aufgeschlossenheit, unserer Sensibilität und unseres Respektes für andere geschieht, kann es dazu führen, daß wir uns einem großen Teil der Wirklichkeit verschließen.

Wer sich ernsthaft mit dem Studium der Heiligen Schriften befaßt, der weiß, daß erprobte, wahre spirituelle Meister vor Täuschungen auf dem Gebiet der Spiritualität gewarnt haben. Sie warnen uns mit Recht davor, blauäugig zu glauben, bevor wir nicht ernsthaft geforscht haben; es geht schließlich um eine überaus wichtige Dimension unseres Lebens. Aber aus welchem Grund leisten wir gegen solche Nachforschungen und eingehende Beschäftigung Widerstand, wenn wir von den außergewöhnlichen Beweisen erfahren, die bereits zum Allgemeinwissen zu zählen sind? Einiges davon wird in diesem Buch vermittelt.

Vor allem deshalb, weil, wie ich meine, in den meisten von uns ein Widerstand aus einer tief verwurzelten, immer vorhandenen, irrationalen Furcht des Verstandes gegenüber dem Geist besteht. Denn um sich mit der Möglichkeit der Unsterblichkeit des Menschen ernsthaft zu beschäftigen, seiner Existenz jenseits von Grenzen, einschließlich derer von Leben und Tod, muß der Verstand sich öffnen, bis er sich ernstlich mit Gedanken an unsere augenscheinliche Sterblichkeit auseinandersetzt - mit dem Tod und der Möglichkeit unseres Nicht-Seins. Wir müssen fähig werden, dem Tod gegenüberzustehen und ohne Schwanken direkt in seinen Abgrund zu schauen. Das allein ist erschreckend genug. Der Verstand erkennt unmittelbar, daß ein Verschmelzen mit dem „anderen" das Aufgeben des geliebten Ichs, des Gefühls einer persönlichen Identität und eines individuellen Selbstwertes zur Folge hat - das alles bedeutet eine noch schlimmere Herausforderung und Bedrohung.

Welch eine Aufgabe! Um mit dem Universalen Bewußtsein eins zu werden, gilt es, über die Dualität hinauszuwachsen, alle Begrenzungen zu überschreiten, von Freude und Leid unangefochten zu bleiben, auch von den Wünschen und Bedrohtheiten des Egos und dem Sog der Sinne hin zur äußeren Welt mit ihren Tantalus-Qualen, ihren diversen Namen und Formen. Der Gedanke, auf all das, was wir für wirklich halten, verzichten zu müssen, läßt uns natürlich ängstlich zurückschrecken.

Selbst ein Mann mit der Wahrnehmungsfähigkeit und Intuition eines C. G. Jung, welcher der Psychologie den Begriff des Kollektiven Unbewußten schenkte, hielt in letzter Konsequenz die Menschheit für nicht fähig, den Verstand völlig hinter sich zu lassen und über das Empfinden des gesonderten Ichs hinauszugehen. Es ist nicht verwunderlich, daß ein Verstand, der das volle Ausmaß dieser Herausforderung begreift, ins Wanken gerät und sich weigert, den Weg der Selbst-Transzendenz zu beschreiten.

Daher ist dieses Buch mein Versuch, die spirituelle Realität zu untersuchen und in eine für die Psychiatrie sachdienliche Sprache zu kleiden. Es ist in vier Abschnitte gegliedert. Teil I untersucht das wachsende Bedürfnis, spirituelle und mystische Einsichten über die Dynamik des Bewußtseins in die westliche Psychologie zu integrieren. Außerdem werden wir die Art und Tiefe unseres Widerstandes gegen die Spiritualität beleuchten.

Wir werden über das Theoretische hinausgehen, um die Bedeutung spiritueller Einsicht in der Feuerprobe der täglichen psychiatrischen Praxis zu messen. Ich werde über subtile und nicht so subtile spirituelle Phänomene berichten, die täglich auftauchen, sowie über einige dramatische, „wunderbare" Ereignisse, zu deren Verständnis unser Begriffssystem einer Erweiterung bedarf.

Wir werden klinische Beweise überprüfen, welche die Hypothese bekräftigen, daß alle Ängste - die der Patienten und jene, die unser eigener Widerstand gegen die Spiritualität auslöst - der tödlichen Angst entspringen, die entsteht, wenn Dualität als Täuschung erkannt wird. Ich werde einen bekannten Psychiater als Musterbeispiel für diesen Widerstand, den er selbst völlig zugibt, interviewen.

Wir werden noch einen Schritt weiter gehen. Ich werde zeigen, befugt durch meine Erfahrung mit Sathya Sai Baba, daß abstrakte Begriffe wie Bewußtsein, Dualität, Liebe, Primat des Geistes selbst für jene hartgesottenen behavioristischen Wissenschaftler von Bedeutung sind, die glauben, daß die endgültige Lösung für das Problem des Leidens in der Chemie des Gehirns und der Psychopharmakologie zu finden ist. Ihnen mag eine Verbindung zwischen Biologie auf der einen und Ethik, Hingabe und den höheren Ebenen des Bewußtseins auf der anderen Seite sinnlos erscheinen. Aber wenn Sai Babas offenkundige, durch Willenskraft getätigte Materialisationen, die er Zeugnisse der Liebe nennt, als echt befunden werden, dann sehen wir darin einen konkreten Beweis, daß Materie eine Funktion des Bewußtseins ist und nicht umgekehrt. Wenn höhere Bewußtseinsebenen die Grundlage der Biologie sind, dann werden wir uns eines Tages einmal auf die Errungenschaft dieser Bewußtseinszustände bei der Behandlung aller irdischen Krankheiten verlassen.

In Teil II werde ich für die Art von Erziehung und Training Vorschläge machen, die für die Heranbildung des Bewußtseins-Therapeuten des Neuen Zeitalters erforderlich sind. Aufgrund meiner Erfahrung mit Sai Baba versuche ich zu beschreiben, welcher Zusammenhang zwischen spiritueller Einsicht und dem persönlichen inneren Wachstum eines Psychotherapeuten besteht, und wie sich dieser auf seine Art auswirkt, psychische Probleme begrifflich zu fassen, auf seine therapeutischen Schritte und damit auf seine Effizienz als Therapeut überhaupt. Zum Schluß werde ich einige der heiteren und tief berührenden Erlebnisse erzählen, die mir widerfuhren, als ich versuchte, Berufskollegen in die Spiritualität einzuführen.

In Teil III werde ich auf die Möglichkeit, daß Sathya Sai Baba ein authentischer Weltlehrer ist, der in den kommenden Jahren einen weltweiten Einfluß haben wird, näher eingehen. Ich werde wortgetreu ein Gespräch wiedergeben, in dem er den Sinn seiner „Wunder" erklärt, und über eine internationale Konferenz über „Dienst an der Menschheit" schreiben, die er in seinem *Ashram* im November 1980 hielt und an der zweihunderttausend Menschen aus fast allen Ländern der Welt teilnahmen. Auch werde ich ein besonders aufschlußreiches Interview wiedergeben, das Sai Baba einem

16

prominenten Herausgeber der größten indischen Zeitung „Blitz" gab und in dem er seine Weltmission beschreibt.

Teil IV besteht aus vier Anhängen und wendet sich besonders, doch keineswegs ausschließlich, an Therapeuten. Anhang I ist ein Glossar der Ausdrücke, die sich auf das Bewußtsein beziehen, und ich würde vorschlagen, daß sich der Leser von Anfang an dessen bedient, um Verwirrung zu vermeiden. Anhang II gibt einen Überblick über einige der gegenwärtigen spirituellen Trends in der Psychologie, Neurologie und der Physik. In Anhang III und IV werden die westlichen wissenschaftlichen Konzepte über Verstand und Bewußtsein mit den östlichen spirituellen Konzepten verglichen, und es wird ein Begriffsrahmen erstellt, der die Beziehung zwischen den höheren Bewußtseinsebenen und den uns bereits vertrauten aufzeigt. Dieses Arbeitsmodell einer Hierarchie des Bewußtseins geht sogar noch weiter. Es gibt auch Anstoß zu einem neuen Zugang und Verständnis von Krankheit: zu den möglichen Krankheitsursachen über die bereits anerkannten hinaus; einem weiteren Spielraum therapeutischer Intervention und zu Funktionen auf körperlicher Ebene und der „Gesundheit" überhaupt, die von der Psychiatrie noch erkannt werden müssen.

Und nun wollen wir mit einem Ereignis beginnen, das im Dezember 1978 stattfand; es gewann für mein Leben eine zentrale Bedeutung und hat meine Einstellung zur Natur und der Beziehung zwischen Geist und Verstand zutiefst beeinflußt.

Anmerkungen

1. Siehe Anhang II, Seite 301.
2. „... Jeder, der sich ernsthaft mit Naturwissenschaft befaßt, kommt zur Überzeugung, daß sich Geist durch die Gesetze des Universums manifestiert - ein Geist, der den menschlichen Geist weit überragt, dem gegenüber wir mit unseren bescheidenen Kräften nur Demut empfinden können." (Albert Einstein). Helen Dukas und Banesh Hoffman, Hrsg., „Albert Einstein: The Human Side: New Glimpses from His Archives", Princeton, New Jersey: Princeton University Press 1979, S. 33.
3. *Avatar* ist ein Sanskrit-Wort, das auf die Wurzel des Verbs tri - überqueren - und die Präposition ava - nieder, herunter - zurückgeht. Das „Concise Oxford Dictionary" definiert das Wort als „Herabsteigen, Gottheit in inkarnierter Form": Ein *Avatar* kommt, steigt herab, um die wahre Natur des Menschen zu enthüllen, um heilige Werke zu vollbringen und vorzuführen sowie mit seiner göttlichen Liebe und Macht den Menschen näher an Gott heranzuziehen.
   In der schriftlichen Überlieferung der Hindus kennzeichnen sechzehn besondere Eigenschaften einen vollen *Avatar*. Die tiefgründigsten, die ihn am deutlichsten von anderen sterblichen Menschen unterscheiden, sind seine vollkommene Beherrschung der physischen Welt und Transzendenz über diese hinaus - einschließlich der Fähigkeit, durch den Willen Gegenstände zu materialisieren; Allwissenheit, Allmacht und Allgegenwart; die Fähigkeit, einen Strom reiner, unerschöpflicher Liebe zu offenbaren, und besondere Gnade, die alle Bedingungen des *Karma* (das kosmische Gesetz, das jede Handlung und ihre unvermeidlichen Folgen für den Verursacher betrifft) überschreitet - und damit dem *Avatar* die Möglichkeit gibt, das Leben eines einzelnen in wunderbarer Weise durch einen Akt göttlichen Willens zu verwandeln. Nach der Tradition der Hindu-Religion war der letzte volle *Avatar Krishna* vor ungefähr 5.000 Jahren.
   Die *Bhagavadgītā* (IV. 6-8), die von vielen als die Bibel der Hindus angesehen wird, umschreibt den *Avata*r folgendermaßen:

„Obgleich ungeboren und meinem eigenen Wesen nach unzerstörbar, obgleich Herr über endliche Leben, mache ich doch die materielle Existenz zu meiner Basis und erscheine mittels meiner Macht.

Wann immer die Rechtschaffenheit unterzugehen droht und das Unrecht anwächst, manifestiere ich mich.

Zum Schutz des Guten, zur Zerstörung des Bösen und zur Herstellung der Rechtschaffenheit trete ich von Zeitalter zu Zeitalter ins Leben."

TEIL I

Universales Bewußtsein

Die schönste und tiefste Ergriffenheit, die wir erleben können, ist die Empfindung des Mystischen. Aus ihm erwächst alle wahre Kunst und Wissenschaft. Wem diese Empfindung fremd ist, wer nicht mehr staunen kann oder von Ehrfurcht ergriffen dastehen, der ist so gut wie tot. Zu wissen, daß das, was für uns undurchdringlich ist, wirklich existiert und sich in höchster Weisheit und strahlendster Schönheit zeigt, die unsere dumpfen Sinne nur in ihren primitivsten Formen begreifen können, dieses Wissen, diese Empfindung ist der Kern echter Religiosität.

Albert Einstein

DIE BLASE UND DER OZEAN

KAPITEL 1

Professor Preben Plum ist der Vorsitzende der Abteilung für Kinderheilkunde der Universitätsklinik von Kopenhagen in Dänemark. Unter seinen Fachkollegen ist er eine sehr bekannte und hoch geschätzte Persönlichkeit. Während seiner ganzen medizinischen Laufbahn hat er behinderte Kinder behandelt und betreut. Er war Präsident des Rates für Medizinische Forschung in Dänemark und beeinflußte die Richtung der medizinischen Forschung in seinem Land. Nun, mit 72 Jahren, als er in den Ruhestand zu treten und seine Aufmerksamkeit den geistigen Dingen zuzuwenden gedachte, fand er mein erstes Buch über Sai Baba, „Der Heilige und der Psychotherapeut" und nahm von Dänemark aus mit mir Kontakt auf: „Ich möchte Sai Baba kennenlernen und wüßte gerne, ob ich Sie eines Tages dort treffen könnte."

Wir trafen uns 1978 an einem regnerischen Dezembertag im *Ashram*. Plum war in Begleitung seines Freundes Hagen Hasselbach, der etwa 40 Jahre lang wissenschaftliche Filme in Dänemark gedreht hatte. Plum entschuldigte sich dafür, so zur Last zu fallen, und hoffte, uns nicht zu viel Raum in unserer spartanischen, kaum vier Quadratmeter großen Kammer mit Zementboden wegzunehmen; und in rührend bescheidener Weise blies er seine dünne Luftmatratze auf und versuchte, es sich auf dem Fußboden bequem zu machen.

Zu dieser Reise hatten sich mir zwei Psychotherapeuten angeschlossen. Baba hatte uns vor Plums Ankunft nicht viel Aufmerksamkeit geschenkt. Doch nun lud er Plum, mich und Hagen zu einem Interview ein.

Sai Baba saß auf einem Fußschemel vor uns, während ich am Fußboden zu seiner Linken, der Professor direkt vor ihm und der Regisseur links hinter dem Professor saßen. Ungefähr zehn andere Menschen waren noch im Raum, aber sie nahmen weiter rückwärts an der Wand Platz.

Dr. S. Bhagavantam, ein bekannter indischer Physiker, vormals erster wissenschaftlicher Berater der Regierung von Indien und jetzt Sai Babas wichtigster Übersetzer, erschien an der Tür. Baba sagte: „Kein Bedarf für dich hier. Sandweiss wird übersetzen." Das war neu. Aber trotz der Verblüffung mußte ich heimlich lachen, da ich kaum Englisch kann, geschweige denn *Telugu* oder Dänisch. Zum Glück entschied sich Baba dafür, englisch zu sprechen und ließ mich gewisse Punkte genauer ausführen - wobei er pausierte, wenn er wußte, daß ich etwas hinzufügen konnte; so gab er mir in freundlicher und liebenswürdiger Weise etwas zu tun, damit ich das Gefühl haben konnte, als sei ich wirklich eine Hilfe.

Baba blickte voller Güte auf Professor Plum. Welch ein Anblick - dieser alte Professor, der nun am Ende seiner Laufbahn demütig vor dem Meister saß.

Alle verharrten still, in gebührendem Respekt, und dann begann Baba zu Plum zu sprechen: „Was ist Wissenschaft?" „Was ist ein Wissenschaftler?" Professor Plum zögerte, und Baba fuhr mit dem folgenden Diskurs und Zwiegespräch fort:

„Wissenschaft ist ein Weg, die äußere Welt mit dem Verstand zu betrachten. Das Wesen des Verstandes ist Dualität; er teilt die Wirklichkeit in verschiedene Namen und Formen - zerlegt sie, vergleicht, stellt gegenüber, trennt, kategorisiert - versucht zu definieren und die Realität in Worten und Begriffen festzulegen."

„Dieser gesamte Kosmos - das ganze materielle Universum, so groß es auch scheint - ist nichts als eine Schaumblase, eine Blase auf dem Ozean der Wirklichkeit. Und der Verstand, der ihn durch seine Sinne wahrnimmt und zu erfassen und zu begreifen versucht - dieser Verstand ist größer als selbst der Kosmos: Er kann diesen letztendlich umfassen und erfahren. Doch auch dieser Verstand ist wie eine kleine Welle auf dem Ozean der Wirklichkeit. Ihr seid der Ozean. Ihr seid nicht die Schaumblase und nicht die kleine Welle; ihr seid jenseits von Trennung. Ihr seid alles; ihr seid der Ozean."

„Das Denken sieht das Trennende, die Dualität; aber es gibt einen anderen Weg, die Wirklichkeit zu erfahren - sie als Einheit zu begreifen. Durch das Herz, durch den Prozeß der Liebe. Die Liebe streckt die Hand aus und vereint sich mit dem anderen; zwei werden eins. Die Liebe sieht die Einheit. Damit das begrenzte kleine ‚Wellen-Selbst' erkennt, daß es der Ozean ist, muß es mit ihm verschmelzen - in Liebe."

„Der Wissenschaftler sagt: ‚Was ist dies - dieses da, das in der äußeren Welt ist und von den Sinnen wahrgenommen wird?' Der geistig Suchende sagt: ‚Was ist jenes dort - das, was jenseits der äußeren Welt und der Sinne, jenseits der Dualität und auch des Verstandes liegt?' ‚Jenes' ist der Ozean, aus dem all ‚dieses' hervortritt."

Baba fragte: „Warum ist es so, daß jeder ‚Ich' sagt?" Und während er auf einige von uns im Raum deutete, um es zu unterstreichen, fuhr er fort: „Sie sagt ‚Ich', ich sage ‚Ich', ihr sagt ‚Ich'; wir sehen alle anders aus, aber da gibt es dieses gemeinsame Gefühl des ‚Ich'-Seins. Was für ein Sinn steckt dahinter? Wir müssen über diese sich ständig verändernde Welt mit verschiedenen Namen und Formen hinaussehen, um zu erkennen, was ihr zugrunde liegt: die unwandelbare, unveränderliche Wirklichkeit; die Wirklichkeit, die immer war und immer sein wird - die ursprüngliche Einheit, aus der alle diese Mannigfaltigkeit entspringt. Wie kann der Wissenschaftler mit seinem Verstand versuchen, die Einheit zu erfassen! Das Denken nimmt das Trennende wahr; die Liebe sieht die Einheit. Die einzige Möglichkeit für die kleine Welle, den Ozean kennenzulernen, ist das neuerliche Verschmelzen mit ihm; Einswerden mit ihm. Liebe ist der Weg; Aufgehen in Liebe durch deine Hingabe an Gott."

Baba schwieg einen Augenblick, und dann wurde er lebhafter. „Mein Name ist Sathya, Wahrheit. Ich stehe für das, was jenseits des Verstandes ist. Ich bin gekommen, um euch zu zeigen, wer ihr seid - die Wirklichkeit, die hinter dem Verstand liegt. Wie kann mich ein Wissenschaftler verstehen? Ich bin überall und allezeit - alles, das je war oder sein wird. Ich kann die Erde in den Himmel verwandeln und den Himmel in die Erde." Er schwieg einen Augenblick mit einem schelmischen Augenzwinkern. „Aber ich mache das nicht oft, denn manchen Leuten bereitet das Unannehmlich-keiten."

Wir lachten alle, und Baba freute sich riesig über unsere Fröhlichkeit. Er fuhr fort: „Wie kann der Wissenschaftler meine Wirklichkeit verstehen? Seht, wie könnt ihr das verstehen?" Und dabei wurde Baba noch lebhafter und begann, seine Hand in einem weiten Bogen durch die Luft zu führen. Einen elektrisierenden Augenblick später hielt er einen schönen Silberring in der Hand. Er war wie in einem Lichtblitz erschienen - an einem so bewe-genden Punkt dieses spirituellen Gesprächs, daß wir erschrocken den Atem anhielten. Ich fiel fast vornüber. Der Verstand wird einfach gedemütigt und ist verloren angesichts eines solch herrlichen Mysteriums.[1] Es ist, als ob man vor der Schöpferkraft selbst säße, die alles Stoffliche erschaffen hat.

In diesem Augenblick strahlte Baba vor Glück. Er zeigte jedem von uns den schönen Ring, und dann sagte er, während er den Professor anblickte: „Wie können Sie das verstehen?" Er nahm die Hand des Professors in die seine, und Plum wurde zum kleinen Kind. Es ist seltsam zu sehen, wie innerhalb eines Augenblicks eine Persönlichkeit dahinschmilzt, diese Ver-wandlung selbst des Stärksten und Widerspenstigsten in ein unschuldig kicherndes Kind mitzuerleben.

Baba steckte den Ring an Plums rechten Ringfinger, und er paßte wie angegossen.

Dann langte Baba ganz unerwartet zu mir herüber und zog mich an seine Seite. Er nahm meine Hand und sah sich den Ring an, den er vor etwa vier Jahren für mich materialisiert hatte.[2] Während er ihn von meinem Fin-ger streifte, prüfte er ihn sorgfältig. Der Ring bestand aus einem silberähnli-chen Material und trug sein Bild, das an der Oberfläche wie eine Emaille-Miniatur aussah, auf Kupfer gemalt. Um es zu schützen, hatte ich gut 20 Lagen farblosen Nagellack darübergestrichen.

Während er auf den großen Lackklumpen zeigte, der sich etwa drei bis vier Millimeter über dem Bild erhob, fragte er: „Was ist das?" „*Swami*, ich habe versucht, den Ring davor zu schützen, daß er Kratzer bekommt und beschädigt wird," antwortete ich.

Indem er mich belustigt ansah, meinte er: „Du hast ihn zur Reparatur-werkstatt zurückgebracht - ich bringe das in Ordnung." Während er den Ring zwischen Daumen und Zeigefinger, für uns alle gut sichtbar, in seiner rechten Hand hielt, blies er langsam dreimal darauf. Ich beobachtete mit äußerster Aufmerksamkeit, und plötzlich hatte sich der Ring vor meinen Augen völlig verwandelt.

Er war total verändert: eine andere Fassung, ein anderes Bild - ein ganz anderer Ring, aber genau die gleiche Größe. Baba steckte ihn sanft an den-selben Finger, und er paßte perfekt.[3]

Wir verließen das Interview froh erregt. Der Ring, den Baba für Plum gemacht hatte, war größer als meiner, vollkommen passend für seinen - größeren - Finger, aber im Aussehen meinem ähnlich. Die Materialisation der Ringe ließ ein Gefühl des fassungslosen Staunens und der Bewunde-rung aufkommen, eine neue Hochachtung vor dem Unendlichen Bewußt-sein, das alles Stoffliche erschaffen hat. Die perfekte Größe bedeutete eine enge Beziehung, nämlich, daß er uns besser kannte als wir uns selbst: eine tiefe persönliche Verbindung mit einem transzendenten Wesen voller Liebe.

Die weihevolle Atmosphäre weckte Verehrung und Hingabe. Und Babas zartes Mitgefühl und seine geduldige, beschützende, wissende Liebe - eine Liebe jenseits aller Worte - gab Anlaß zu jener Art von Freude und Seligkeit, in der man sich intuitiv an Gott wendet. Ein einfacher Akt - aber mit tiefgreifender Wirkung.

Wir gingen schweigend ein Stück, um dieses Erlebnis ganz in uns einsinken zu lassen. Schließlich sagte ich: „Wissen Sie, Preben, ich möchte wetten, das ist ein Zeichen, daß Baba während Ihres ganzen Lebens bei Ihnen war - verständnisvoll, wenn Sie dachten, allein zu sein, Kraft einflößend, wenn Sie dachten, es gäbe niemanden. Wie wundervoll, seine Allgegenwart zu fühlen - wie wohltuend, zu wissen, daß er sah, verstand und zufrieden war mit Ihrer aufopfernden Arbeit mit den behinderten Kindern in Dänemark, mit ihrem Kampf, mit ihren Problemen und Schmerzen. Die ganze Zeit muß er sehr glücklich gewesen sein über das Opfer und die Liebe, die Sie für diese bedürftigen Kinder aufbrachten. Jetzt hat er Sie zu sich geholt, um Ihnen das heiligste Geschenk zu machen - seine immerwährende Liebe. Ich weiß, daß der Ring, den er gab, ein Zeichen seiner innigen Verbundenheit ist, Ihre ‚Vermählung' mit ihm."

Ich blickte auf. Der alte Professor weinte.

Während dieser kurzen Episode mit Professor Plum hatte mir Sai Baba die kleine Rolle des „Dolmetschers" zugeteilt, obgleich wir beide wußten, daß ich ohne seine Hilfe kläglich versagen würde. Wollte er mir durch dieses bewegende Gespräch und den rührenden Austausch die Art unschuldiger Liebe zeigen, die das Ego auflöst, in liebende Verehrung verwandelt und das kleine Wellchen wieder in den Ozean eingehen läßt? Und könnte ich während dieser intimen persönlichen Erfahrung Zeuge der Andeutung einer allgemeineren, größeren Hochzeit zwischen der Wissenschaft und der Spiritualität geworden sein, die in naher Zukunft ansteht? In Beantwortung dieser Fragen und mit der Ermutigung und Kraft, die mir dieses Erlebnis gegeben haben, gehe ich an dieses Buch heran und werde mich, mit seiner Hilfe, bemühen, seine Botschaft über den „Geist" und den „Verstand" meinen Kollegen in der Wissenschaft der Erforschung des menschlichen Verhaltens zu verdolmetschen.

Anmerkungen

1. Eine kurze Beschreibung der außergewöhnlichen Kräfte, die man Sai Baba zuschreibt, einschließlich der Materialisation von Objekten aus der Luft, finden Sie in der Anmerkung 3 zur Einleitung.
2. Photo des ersten Ringes befindet sich auf Seite 288.
3. Photo des zweiten Ringes befindet sich auf Seite 288.

Unsere Zeit zeichnet sich durch wundervolle Leistungen auf dem Gebiet des wissenschaftlichen Verständnisses und der technischen Anwendung dieser Einsichten aus. Wer würde sich darüber nicht freuen? Aber vergessen wir nicht, daß Wissen und Fertigkeiten allein die Menschheit nicht zu einem glücklichen und würdigen Leben führen können. Die Menschheit hat allen Grund, die Verkünder höherer ethischer Normen und Werte über die Entdecker der objektiven Wahrheit zu stellen. Was die Menschheit Persönlichkeiten wie Buddha, Moses und Jesus verdankt, steht für mich höher als alle Errungenschaften des forschenden und konstruierenden Verstandes.

Albert Einstein

GRUNDLEGENDE ANNAHMEN

KAPITEL 2

Der Behaviorismus[1] (Verhaltensforschung) unterliegt einer großen Umwandlung. Wie in der Einleitung erwähnt, fordern neue Erkenntnisse aus verschiedenen Quellen, sowohl in den Naturwissenschaften wie zum Beispiel in der Physik, und in den Geisteswissenschaften wie der Psychologie, unsere grundlegendsten Annahmen über das Bewußtsein des Menschen heraus - ganz zu schweigen von der Ansicht, die im Grunde alle Religionen vertreten, daß die menschliche Seele über das Leben des Körpers hinausreicht. Die Zeit ist für eine neue Weltanschauung und einen breiteren begrifflichen Rahmen reif, der die Vielfalt der in der Verhaltensforschung neu hinzugekommenen Hypothesen und Konzepte vereinen und sie mit den Naturwissenschaften verbinden kann.

Darüber hinaus glauben viele Vertreter des Behaviorismus, daß wir vor einer noch kritischeren „moralischen" Krise stehen, was die Grundwerte und Prioritäten auf unserem Fachgebiet betrifft. Ich denke, diese beiden Fragen hängen zusammen. Der Zweck dieses Buches ist es, einige Beschränkungen aufzuzeigen, die meines Erachtens in unseren grundlegenden Annahmen über das menschliche Bewußtsein liegen, und Veränderungen vorzuschlagen, die nicht nur zu einer einheitlicheren und umfassenderen Wissenschaft führen, sondern auch zu einer Wissenschaft, deren Basis mehr auf dem Spirituellen fußt. Denn es scheint mir klar, daß die große wissenschaftliche Entdeckung unserer Zeit in der Erkenntnis liegt, daß das Bewußtsein viel mehr ist als eine Funktion oder ein Produkt des individuellen menschlichen Verstandes mit seinem Sitz im physischen Gehirn. Das Bewußtsein ist nichts weniger als die schöpferische Kraft des Universums. Ich glaube, wir nähern uns der wissenschaftlichen Bestätigung der intuitiven Einsichten der großen spirituellen Systeme, die im Verstand ebenso wie im ganzen materiellen Kosmos Schöpfungen eines Universalen Bewußtseins - des Göttlichen - erblicken. Falls das so ist, kann das ethische Empfinden eine große Kraft sein, die das sich entfaltende persönliche Bewußtsein des Menschen während seiner Entwicklung mit Hilfe des Verstandes zu einem allmählichen Gewahrwerden seiner eigenen Möglichkeit lenkt.

Im Laufe meiner Arbeit auf unserem Fachgebiet machte mich ein auffallender Mangel in der Wertschätzung für die Informationsvielfalt von seiten der spirituellen Systeme betroffen. Man mag einwenden, daß die spirituelle Dimension so subtil sei, daß sie sich der wissenschaftlichen Forschung entziehe. Oder ist vielleicht dieser Mangel an Wertschätzung ein Resultat unserer Kritik und Skepsis an einem System, das in vielen Fällen zu bestrafenden Praktiken führte, welche die psychische Gesundheit schädigten? Oder haben wir etwa selbst den einen oder anderen starken spirituellen Glauben, der uns vor der Ungewißheit und dem Unbekannten abschirmt? (Manche sagen auch, daß die Psychologie selbst für viele im Westen ein spirituelles System sei.)

Weil ein solcher Glaube Sicherheit und Schutz bieten kann in einer Welt, die ohne ihn beängstigend geheimnisvoll und unergründlich wäre, halten wir uns so starr und dogmatisch an ihn, daß dies unweigerlich unseren Blickwinkel einengt. Es kann auch sein, daß einige von uns intuitiv erfassen, daß die spirituelle Dimension wichtig ist, aber nicht wissen, wie sie ins tägliche Leben einzubauen ist.

Doch auch nach Erwägung all dieser Faktoren bin ich der Auffassung, daß dieses Ausweichen, dieser deutliche Widerstand, den man bei den Psychotherapeuten aller theoretischen Fachrichtungen beobachtet, ein Anzeichen für etwas noch Fundamentaleres ist: für ein tief inneres Grundproblem, das der Verstand im Umgang mit dem Geistigen hat - für einen verborgenen Konflikt, der danach schreit, ans Licht gebracht zu werden. Deshalb möchte ich nicht nur die Dynamik des sich entfaltenden und ausdehnenden menschlichen Bewußtseins untersuchen, sondern auch unseren Widerstand gegen diesen Vorgang der Öffnung, also den Widerstand dagegen, uns selbst als in gewisser Weise mit dem Zeitlosen und Ewigen verbunden zu sehen: mit anderen Worten, die Möglichkeit unserer eigenen Unsterblichkeit.

Beginnen werde ich mit der Untersuchung dieses Widerstandes - einer Technik, mit der alle Therapeuten vertraut sind und die uns schneller und tiefer zum Kern der Sache führen wird. Im folgenden Kapitel werde ich jene tödliche Angst untersuchen, die zu diesem Widerstand führt, und die Art transzendenter Einsicht - oder wiederum spirituell ausgedrückt, der Liebe -, die sie auflöst und auf diese Weise die Basis für einen grundlegend neuen psychologischen Weg bildet. Nun wollen wir aber unsere Aufmerksamkeit auf den Widerstand selbst konzentrieren und auf seinen Ursprung im menschlichen Denken.

DIE PSYCHE

Die moderne westliche Psychiatrie (das Wort kommt von Psyche - Gemüt[2]; engl. „mind") und die alte hinduistische Überlieferung[3] stimmen im wesentlichen mit der Definition über das Gemüt überein, daß es Gedanken umfaßt, die Fähigkeit zu urteilen besitzt, sich selbst erkennt (Selbstbild), mit den Sinnen zur äußeren Welt in Kontakt steht, nach dem Schmerz-Lust-prinzip funktioniert, sowohl bewußte als auch unbewußte Bedürfnisse hat und Wünsche und Impulse, die es zur Befriedigung in der äußeren Welt hinlenken, beeinflussen und motivieren.

Sigmund Freud, der Vater der Psychoanalyse, entdeckte, als Nebenerscheinung im Rahmen seiner klinischen Studien, die Bedeutung der biologisch bestimmten primitiven Impulse und Triebe - diese Bedürfnisse und Wünsche, die nach Befriedigung und Schmerzvermeidung drängen im Sinne des Lust- bzw. Schmerzprinzips. Er dachte, daß diese Bedürfnisse und Wünsche die Urkräfte seien, die bestimmen, worauf sich unsere Gedanken, Gefühle und unser Verhalten konzentrieren, und daß unser Denken auf diese Art arbeitet. Wenn diese Triebe daran gehindert werden, sich auszuleben, ihre Befriedigung blockiert wird, wie etwa aufgrund familiärer oder gesellschaftlicher Mißbilligung, dann entsteht ein Konflikt, der zur Bildung von krankhaften Symptomen führen kann.

Freuds therapeutisches Ziel war es, diese verborgenen, unbewußten Bedürfnisse ins Bewußtsein zu bringen, so daß der Konflikt gelöst werden kann und der Betreffende dadurch eine bessere Chance hat, zu ihrer Befriedigung innerhalb der gesellschaftlichen Schranken zu gelangen. Freud hatte das Gefühl, daß dies das Ziel der Therapie und zugleich eine der höchsten Errungenschaften des Menschen sei.

Freuds Konzepte waren beschränkt durch ihre spezielle Zielorientierung und Zweckgebundenheit. Sie waren aus seinem Studium abnormer mentaler Zustände und seinem Interesse an der Frage, wie der einzelne sich erfolgreich an die äußere Welt anpassen kann, hervorgegangen, und zum Teil wurden sie als Rahmen für eine therapeutische Praxis entwickelt. Am meisten interessierte ihn, wie das menschliche Denkvermögen die komplexe Aufgabe löst, zugleich Triebbefriedigung und Anpassung an die Gesellschaft zu erreichen. Weder befaßte er sich mit höheren Bewußtseinszuständen, noch stellte er ernstlich die Frage nach der Natur des Bewußtseins.

Yoga (ein altes und immer noch angewandtes System des empirisch-wissenschaftlichen, spirituellen Denkens und Praktizierens des Hinduismus) hat sich andererseits seit jeher dafür interessiert, wie man höhere Bewußtseinszustände erreicht. Von dieser Seite gesehen ist das Denken ein potentielles Hindernis für das höhere Bewußtsein. *Yoga* bestätigt die Auffassung, daß das Denken ein unschätzbares Werkzeug ist - nicht nur wesentlich, um in der äußeren Welt zu bestehen, sondern bis zu einem gewissen Grad auch für das geistige Wachstum - und stimmt dem zu, daß das Verlangen geradezu der „Stoff" ist, aus dem das menschliche Denken besteht, so wie ein Tuch aus Fäden. Aber im Unterschied zur Psychiatrie erklärt *Yoga*, daß der Sinn (Zweck) des Lebens nach der Erreichung eines bestimmten Punktes in der Bewußtseinsentfaltung darin besteht, das Verlangen zu „beseitigen" anstatt es zu stillen, so daß das Denken schwindet und dies zur Wahrnehmung des eigentlichen Selbst, des Universalen Bewußtseins, führt.

ERWEITERUNG DER PSYCHOLOGISCHEN BEGRIFFE

Im Anhang werde ich auf die ausgedehnte Vorarbeit eingehen, die bereits für eine brauchbare Synthese von Psychologie und Spiritualität geleistet wurde - eine Studie, die unseren Begriff vom Denkvermögen erweitert und den Weg zu einer seriösen Neubewertung des Wesens des Bewußtseins bereitet, aber bis jetzt noch nicht ernstlich in das Denken der Allgemeinheit eingegangen ist. In seinem glänzenden Buch „The Denial of Death" (Die Dynamik des Todes), das mit dem Pulitzer-Preis ausgezeichnet wurde, beweist Ernest Becker, daß die Psychologie und die Spiritualität seit dem Beginn des Existentialismus unlösbar mit dem berühmten dänischen Philosophen Kierkegaard, den er den „Psychoanalytiker" nennt, verbunden sind.

Becker stellt fest, „daß dort, wo die wissenschaftliche Beschreibung am weitesten vorgedrungen ist, die Psychologie der Theologie den Platz räumen muß..."

> Je tiefer man sein Studium von Rank vorantreibt, desto mehr vermischen sich seine Schriften mit denen von Kierkegaard - was umso bemerkenswerter ist, als wir dies nun voll abschätzen können aufgrund der viel größeren Differenziertheit der klinischen Psychoanalyse. Spätestens jetzt sollte es klar sein, daß dieses Ineinanderübergehen von Rank zu Kierkegaard nicht eine schwächliche Kapitulation gegenüber der Ideologie ist, sondern eine echte wissenschaftliche Auseinandersetzung mit dem Problem des menschlichen Charakters. Beide Männer kamen nach der im höchsten Maß erschöpfenden psychologischen Forschung zu der gleichen Schlußfolgerung: daß am weitesten Punkt, bis zu dem die wissenschaftliche Beschreibung vordringen kann, die Psychologie einer „Theologie" Platz machen muß - d.h. einer Weltanschauung, welche die Konflikte und die Schuld des einzelnen absorbiert und ihm die Möglichkeit zu einer Art heroischer Apotheose eröffnet. Der Mensch kann seine eigene Kleinheit nicht ertragen, wenn er ihr nicht einen Sinn auf der höchstmöglichen Ebene geben kann. Hier treffen sich Rank und Kierkegaard in einer jener erstaunlichen historischen Verschmelzungen der Gedanken: daß Sünde und Neurose zwei Wege sind, über dasselbe zu sprechen - über die völlige Isolierung des Individuums, seine Entfremdung von der Natur, seinen übertriebenen Individualismus, seinen Versuch, seine Welt aus dem eigenen Inneren zu schaffen.[4]

Damit lenkt Becker die Aufmerksamkeit auf die Übereinstimmung zwischen Psychologie und Theologie, daß nämlich das Leid des Menschen - seine Neurose und Sünde, die ein- und dasselbe sind - seinen Ursprung in seinem Gefühl der Trennung und Kleinheit hat - mit anderen Worten: in der Dualität. Wir dürfen nicht in die falsche Vorstellung verfallen, Becker, Kierkegaard und Rank sprächen über die psychologische Dimension. Denn hier handelt es sich um die Anerkennung einer Bewußtseinsebene, die über der psychologischen Ebene - über der Dualität - steht.

Der theologische Standpunkt - und der dieses Buches - besagt, daß es eine einigende Dimension des Bewußtseins jenseits des Verstandes und der Dualität gibt, und daß die „heroische Apotheose", von der Becker spricht - die Theologie, der die Psychologie weichen muß -, sich auf die Möglichkeit der Überschreitung der Dualität bezieht, auf ein reales, allwissendes, allmächtiges und allgegenwärtiges „Sein".

Becker beleuchtet auch die Gründe für den Widerstand der Psychologie gegen die Spiritualität, wie wir in Kapitel 4 sehen werden. „Varieties of Religious Experience" (Verschiedenartige religiöse Erfahrungen), von William James 1908 geschrieben, war eine frühe Anerkennung der psychologischen Bedeutung spirituellen Glaubens und seiner Phänomene. Und selbstverständlich postulierte C.G. Jungs Begriff des Kollektiven Unbewußten die Existenz einer Bewußtseinsebene, die sich jenseits von Zeit und Raum erstreckt und an der die ganze Menschheit teilhat.

Die große Bedeutung der spirituellen und mystischen Einsicht zu erkennen, ist ein wesentlicher Bestandteil der Humanistischen Psychologie. Humanisten haben das Gefühl, daß die verhaltenspsychologischen Formeln und die übertriebene Beachtung der Freudschen Begriffsbestimmung des Unbewußten einer Persönlichkeit die menschliche Würde verletzen. Zu einem vollständigeren Bild des gesamten menschlichen Wesens gelangt man nicht allein durch das Studium der Pathologie, sondern durch das Studium des Normalen und des Außergewöhnlichen. Gewiß, es gibt niedere tierische Triebe im menschlichen Unbewußten, Konflikte können tief im Unbewußten begraben werden; gewiß, das menschliche Verhalten und sein Denken können „konditioniert" und bestimmt werden durch Ereignisse in der Vergangenheit - aber der Mensch ist mehr als das.

Abraham Maslow, den man als den Vater der Humanistischen Psychologie betrachtet, zeigte, daß der Mensch neben den primitiveren Trieben, die Freud beschrieb, höhere Triebe und Bedürfnisse hat - wie die nach sinnvoller Arbeit, nach Fairness, nach Gerechtigkeit und Ethik. Aufgrund seines Studiums von hochentwickelten und schöpferischen Menschen beschrieb Maslow eine transzendentale Ebene menschlicher Erfahrung, die er die „peak experience", die „Gipfelerfahrung" nannte. Dies sei ein kraftvoller, transzendentaler Zustand des Bewußtseins, in dem das Individuum ein Gefühl gesteigerter Klarheit und tieferen Verständnisses erlebt, eine intensive Euphorie und eine genaue Wahrnehmung der holistischen, vereinigenden und integrierenden Natur des Universums und der persönlichen Einheit mit ihm. Es sei seine Hoffnung, meinte er, daß Studien über Gipfelerfahrungen letzten Endes dazu beitragen werden, die Kluft zwischen dem Relativen und dem Absoluten zu überbrücken und eine wirklich wissenschaftliche Basis für Erfahrungen der Einheit und Ewigkeit zu schaffen. Er glaubte, daß der Mensch ziemlich dauerhaft auf dieser höheren Erkenntnisebene leben könnte, „gelassen im Himmel leben und auf freundschaftlichem Fuß mit dem Ewigen und Unendlichen." (1971)

Obgleich die Psychologie damals begann, die höheren Bewußtseinsebenen zu erkennen und auch, daß unsere essentielle Identität jenseits der begrenzten Sicht Freuds liegt[5], blieb doch die Beziehung zwischen Verstand und Bewußtsein in der Literatur bis zum Auftauchen der transpersonalen Psychologie (in den späten 60er Jahren unseres Jahrhunderts) unklar. Plötzlich wurden die Entwicklungsstufen, welche die Psychologie abgesteckt hatte, als niedere Bewußtseinsebenen definiert, und ihre Beziehung zu den höheren mentalen Stufen wurde klar gezeigt - einschließlich der psychischen Dimension im Zusammenhang mit den „Psi"-Phänomenen, den „übernatürlichen" Kräften (siddhi) der *Yogis* und den das Mentale übersteigenden, höchsten spirituellen Zuständen der Einheitserfahrung (*samādhi,* im Hinduismus das Verschmelzen mit dem Ungeteilten) und schließlich Befreiung (*nirvāna*, der ichlose Zustand im Buddhismus).

Allgemein erkennt die Psychologie diese Arbeit nicht an, und es fehlt ihr das Verständnis für den Zusammenhang zwischen diesen höheren Bewußtseinszuständen und den „normalen" oder „abnormalen" mentalen Zuständen, mit denen sie am häufigsten zu tun hat. Es fällt ihr schwer, das Wissen und die Techniken anzuerkennen, die sie langsam von solch verschiedenartigen Gebieten wie Akupunktur und *hathayoga* lernt und die mit einer subtilen Energie zu tun haben, die von der westlichen Wissenschaft noch ziemlich unerforscht ist, nach dem Verständnis der *Yogis* jedoch eng mit der Entfaltung der höheren Bewußtseinszustände verbunden ist.

Unsere Beispiele bleiben zu sehr an der Oberfläche, um zum Beispiel ein klares Verständnis für die Wechselbeziehung zwischen dem Fließen der subtilen Energie bei der Akupunktur und der westlichen Bioenergetik zu ermöglichen oder auch eine Verbindung zwischen den Übungen zur Atemkontrolle, den Körperhaltungen und den Praktiken der Hingabe - der inneren wie der äußeren - des östlichen *Yoga* einerseits und den verstandesorientierten Gesprächstherapien der westlichen Psychiatrie andererseits zu erkennen. Eine höhere Wertschätzung der Spiritualität würde hier zu wertvollen Einsichten verhelfen.[6]

Warum geht man nicht ernsthaft daran, spirituelle Einsicht in die Psychologie des Westens zu integrieren? Warum wird dieser Ideenreichtum nicht für Behandlungsmethoden und neue Wege ausgewertet? Die Spiritualität ist viel zu lange schon von der Psychologie tabuisiert worden. Nicht einmal das Thema der kindlichen Sexualität, das Freud um die Jahrhundertwende aufbrachte, stieß auf solchen vehementen Widerstand. Dr. Charles T. Tart, Professor für Psychologie an der Universität von Kalifornien in Davis und bekannter Autor auf dem Gebiet der Transpersonalen Psychologie und der veränderten Bewußtseinszustände, erkannte diesen Widerstand. Er schrieb:

> Die orthodoxe westliche Psychologie hat sich nur in recht unzulänglicher Form mit der spirituellen Seite der Natur des Menschen befaßt; sie hat deren Existenz entweder überhaupt geleugnet oder sie mit dem Etikett „pathologisch" versehen. Dabei ist die Agonie unserer Zeit doch zum großen Teil die Folge eines spirituellen Vakuums. Unsere Kultur und unsere Psychologie haben die spirituelle Natur des Menschen verdrängt, aber sie haben für den Versuch einer derartigen Unterdrückung einen ungeheuren Preis bezahlen müssen. Wenn wir zu uns selbst, d. h. zu den spirituellen Aspekten unseres Seins finden wollen, dann ist es für uns unerläßlich, uns mit denjenigen Psychologien zu befassen, die sich mit diesen Aspekten auseinandergesetzt haben.[7]

BEWUSSTSEIN

Die meisten spirituellen Systeme lehren, daß das Universale Bewußtsein und Liebe oder Geist - das, was man allgemein unter Gott versteht - die tiefste, eigentliche Realität ist, jenseits jeder Gebundenheit oder Beschränkung, auch der durch Raum und Zeit. Der *Yoga* erklärt, daß durch eine Art „göttliches Spiel" (auf das ich in Kapitel 4 eingehen werde) das Universale Bewußtsein nicht nur die Täuschung der Begrenztheit schuf (die Hindus nennen es *māyā*), sondern auch den Träger, der diese Täuschung wahrnimmt, weitertreibt, schützt und aufrechterhält - das Denken.

Das Universale Bewußtsein schuf das Denken und stattete es mit der einzigartigen Gabe aus, sich selbst zu täuschen und an die eigene Begrenztheit zu glauben. Das gelingt ihm mittels der Sinne, dieser Werkzeuge des Verstandes, die ihre Aufmerksamkeit auf die äußere Welt konzentrieren und die Dinge einzeln als gesonderte Einheiten betrachten... Es gelingt ferner aufgrund der starken Wunschhaftigkeit des menschlichen Denkens, welches das Bewußtsein trickreich glauben macht, das eine Ding sei besser als das andere, ihm vorgaukelt, sinnvolle Befriedigung und Glück seien in den flüchtigen Vergnügungen der äußeren Welt der Materie zu finden - Lust sei dem Schmerz vorzuziehen... Die Täuschung gelingt ferner durch die Gedanken, die einen Ausschnitt der Wirklichkeit in einem Symbol oder Begriff einfangen und isolieren, so daß Phantasie und Hirngespinste das Werk ihrer magischen Verzerrung vollbringen können - einschließlich der Schaffung eines falschen Selbstbildnisses, des Egos, das der irrigen Vorstellung, das Ich sei getrennt vom anderen, Dauer verleiht... Es gelingt die Täuschung auch durch die kurzen Zeitspannen des Scheinerfolges des Verstandes bei der Beherrschung der äußeren Welt... Durch all dies kann der Verstand das Bewußtsein verführen, es ins Reich der Dualität locken, es berauschen und daran hindern, seines grenzenlosen Wesens gewahr zu werden.

Aber es gibt einen besonderen, höheren Aspekt des Denkens, das Bewußtsein der Weisheit[8], das intuitiv das Wesen des reinen Universalen Bewußtseins - durch einen göttlich inspirierten Funken in der Denktätigkeit - erfaßt und erahnt, daß sein ureigentlicher Zweck die Wiedervereinigung mit der Quelle ist, aus der es stammt.

Bei dem vorangehenden Prozeß des Auftauchens innerhalb der Dualität bewegt sich das Bewußtsein Stück für Stück durch viele Stadien des Denkens - zuerst durch primitive Stadien, in denen es sich hauptsächlich um den eigenen Körper und um sein Überleben dreht; dann durch die niederen psychologischen Stadien (das niedere mentale Bewußtsein)[8] und weiter zur Wahrnehmung subtilerer Gefühle und zu abstrakterem Denken - einschließlich Maslows höherem Streben und Sehnen (das höhere mentale Bewußtsein)[8] - das eine umfangreichere Aktivität und Freiheit des Bewußtseins gestattet, aber den Menschen auch durch ein höher entwickeltes Gefühl des getrennten Selbst bindet.

Psychotherapie hat viel zum Verständnis der verschiedenen Entwicklungsstufen des „niederen" mentalen Bewußtseins beigetragen, wie etwa die Freudschen psychosexuellen Stadien, zu denen die orale, anale, phallische und genitale Phase gehören. In jeder neuen Phase entwickelt der Mensch ein charakteristisches Selbstbild, mit dem er sich identifiziert - Phasen, während der er über die in Wahrheit „grenzenlose" Natur des reinen Universalen Bewußtseins aus folgenden Gründen ahnungslos bleibt: 1. aus Unwissenheit - der Verstand ist noch nicht genug entwickelt, um diese Möglichkeit überhaupt zu begreifen oder ist ihr nicht begegnet; 2. durch Gebundenheit - der Verstand erkennt rein intellektuell, verhindert aber die direkte Erfahrung, indem er das Bewußtsein in die Falle seiner Sinne, Wünsche, Vergnügungen, Schmerzen und seines Egos lockt, so daß sich das Bewußtsein nicht ausdehnen kann; 3. aus Furcht - der Verstand weiß intuitiv, daß er im Prozeß der Transzendenz vom Ich-gelenkten zum Universalen Bewußtsein die Herrschaft abtreten, ja sogar sich selbst opfern muß, und davor schreckt er angstvoll zurück.

Im *Yoga* werden die Kräfte (engl.: dynamics) und die Mechanismen klar beschrieben, durch die das Bewußtsein sich von Stufe zu Stufe im Rahmen der mentalen Dimension in einer Serie von Übergängen und Transformationen bewegt, indem es, sich ausdehnend und entfaltend, in eine immer weiter und umfassender werdende Sphäre eintritt, während es sich seinen Weg zurück zum Ozean bahnt, um schließlich dem Denken zu entfliehen und mit dem Universalen, aus dem es stammt, wieder zu verschmelzen. (In Anhang III und IV beschreibe ich diesen Aspekt der psychologischen Entwicklung und vergleiche ihn mit unserer westlichen Orientierung).

Die kritischste und schwierigste dieser Transformationen (welche die westliche Psychologie im allgemeinen kaum zur Kenntnis nimmt, mit der sich dagegen dieses Buch in der Hauptsache befaßt), ist jene, bei der sich das Bewußtsein aus seinem Gefängnis innerhalb der Verstandesgrenzen (dem niederen und höheren mentalen Bewußtsein) befreit und sich so weitet, daß es sich selbst als Geist (Universales Bewußtsein) erkennt.

Dieser gewaltige Sieg über die Spaltung bedeutet den größten Triumph des Menschen, denn bevor dieser Übergang möglich wird, sieht sich das Individuum mit einer Herausforderung konfrontiert, die herkulische Anstrengungen erfordert. Erst muß das Denken unter Kontrolle gebracht werden. Es gibt keine Chance, sich der nötigen Mühe zur Erlangung mentaler Kraft und Geschicklichkeit und der Entfaltung eines guten, gerechten und einwandfreien Charakters zu entziehen. Der Charakter muß gereinigt werden durch die Erreichung einer höheren Wertigkeit, die durch den Kampf gegen selbstsüchtige Wünsche zu Selbstlosigkeit führt und so die Vortäuschung der Dualität abbaut. Erst dann ist der Verstand für die letzte Herausforderung gerüstet.

Endgültige Überwindung der Dualität erfordert schließlich die Loslösung und den Verzicht auf das Verstandesdenken selbst, ebenso wie auf die äußere Welt - eine hart erkämpfte geistige Haltung und Einstellung, die man nicht mit dem psychologischen Rückzugsmechanismus der Verweigerung oder Regression verwechseln darf. Es schließt das Hinauswachsen über Vergnügen und Schmerzen und alle Sorgen, Kummer, Ängste und Fehlschläge - ebenso wie über alle Freuden und Triumphe der äußeren Welt - mit ein. Es bedeutet die Aufgabe der Bindung und des Bedarfs an Wein, Weib und Gesang, Reichtum, Position, Ruf und an die Früchte unserer Arbeit als etwas Wesentliches für unser Selbstwertgefühl und unsere persönliche Identität.

Anmerkungen

1. „The Psychiatric Dictionary"[5], (Oxford University Press, 1981) definiert die Verhaltenswissenschaften als „multidisziplinäre Suche nach Kenntnissen über die Ursachen und Äußerungen des Verhaltens von Mensch und Tier bei Individuen, Gruppen und Kulturen unter den unterschiedlichen Bedingungen, den normalen, außergewöhnlichen und pathologischen. Innerhalb der vielen Disziplinen, die zur Verhaltensforschung beitragen, faßt man gewöhnlich alle jene unter der Gruppe der Naturwissenschaften zusammen, die das unbelebte und belebte Universum erforschen, zu dem der Mensch gehört; die Sozialwis-

senschaften befassen sich mit den politischen, sozialen, gesetzlichen und wirtschaftlichen Strukturen, die der Mensch schafft; und die humanistischen oder Geisteswissenschaften betreffen das Studium der bleibenden intellektuellen und künstlerischen Schöpfungen des Menschen."

2. ebda.: „Die umfassendste Schematisierung des Denkvermögens ist jene von Freud, nach der es im allgemeinen aus einem bewußten und einem unbewußten Teil besteht, von denen sich jeder aus einer ganzen Reihe von Komponenten zusammensetzt" - deren drei wichtigste das Ich, das Über-Ich und das Es sind. In der psychoanalytischen Psychologie wird das Ich als Vermittler zwischen dem einzelnen und der Realität definiert. Seine Hauptfunktion ist die Wahrnehmung der Wirklichkeit und die Anpassung an sie. Es ist wirklichkeitsorientiert und vom rationalen, logischen Denken beherrscht.

Mit Hilfe seiner Urteilsfähigkeit und Intelligenz blockiert das Ich durch die Anwendung der Logik und der Untersuchung auf Realität die Tendenz der Instinkte zu sofortiger Entladung und bestimmt, ob und wann ihre Befriedigung gefahrlos ist. Das Ich strebt nach Selbstbewahrung, nach Lustgewinn und Vermeiden von Schmerz. Das Es wird vom Lust-Prinzip und dem Bedürfnis nach sofortiger Entladung der Triebenergie oder Befriedigung beherrscht. Das Über-Ich vertritt im Denkprozeß die Gesellschaft und drängt den einzelnen, sich gemäß der Normen zu benehmen, welche die Eltern und die Gesellschaft für richtig oder falsch halten.

3. Diese uralte Weisheit ist so umfassend, daß sie zahllose Varianten und Arten der Gottesverehrung einschließt - und so tief ist die Erkenntnis durch Erforschung des Wesens spiritueller Praktiken, daß man sie als eine „Wissenschaft vom Bewußtsein" betrachten kann; sie beschreibt den Vorgang der Bewußtseinsanhebung, den man in allen Weltreligionen findet, ebenso wie den Platz und die Bedeutung religiöser Symbole, Riten und Zeremonien, welche diese darin einnehmen.

4. Ernest Becker, „The Denial of Death", New York: The Free Press, 1973 (Dynamik des Todes, München, Goldmann Vlg. 1981).

5. Siehe in Anhang IV Näheres über die Unterschiede zwischen der Ich-Psychologie und der humanistischen Psychologie.

6. Siehe Anhang III und IV.

7. Charles T. Tart, Hrsg., Transpersonale Psychologie, Olten, Walter, 1978, Einleitung S. 14.

8. Siehe Anhang I (Definition).

TÖDLICHE ANGST

KAPITEL 3

Die Transzendenz verlangt die Überwindung der Ängste. In der Psychologie beobachten wir, wie sich die Menschen gegen das erneute Erleben der Ängste, die mit frühen Kindheitstraumata verbunden sind, sträuben. Im Verlauf einer Behandlung sehen wir, wie schwierig es ist, diese Hemmungen zu überwinden, damit die Angst gelöst und transzendiert werden kann. Sich dem zu stellen, was Becker und andere unsere tiefste, durchdringendste Furcht nennen, die Furcht vor unserer eigenen Sterblichkeit, die Furcht, die das völlige Über-Sich-Hinausgehen blockiert, kann sich als noch komplexer und schwieriger erweisen. Aber es ist an der Zeit, es zu versuchen.

Die Furcht vor körperlichem Schmerz, vor Hunger und jeder Bedrohung der Unverletztheit seines Körpers teilt der Mensch mit den - tieferstehenden - Tieren. Mit Hilfe seines höher entwickelten Verstandes hegt er außerdem einige ausschließlich menschliche Ängste. Die tiefste, durchdringendste und entsetzlichste unter ihnen ist die Furcht vor der Auflösung des denkenden Egos, was ich „Todesangst" bzw. „tödliche Angst" nennen möchte.

Das Ego, von dem wir sprechen, ist das gleiche, das in den spirituellen Systemen nicht nur als ein aufgeblähtes Gefühl der eigenen Wichtigkeit, sondern noch tiefgründiger als Aspekt der Vortäuschung von Dualität betrachtet wird; es ist dieses Gefühl des Getrenntseins, des Andersseins, das gewöhnlich mit der Einbildung verbunden ist, etwas Besonderes und Wichtiges zu sein. Als eine einzigartige und entschieden menschliche Eigenschaft entspringt es der höher einzuordnenden Erkenntnis des Menschen, die charakterisiert ist durch sein Wissen um sein „Bewußt-Sein", seinen höheren Intellekt und seine Fähigkeit zu abstraktem Denken, wodurch er sich selbst als ein denkendes Wesen höher zu schätzen wähnt und Einblick in seine Sterblichkeit und Endlichkeit gewinnt. Das teilweise durch unsere niederen animalischen Triebe und Bedürfnisse geprägte Gefühl der Identität mit dem Ego schließt ein Wissen um unsere höheren mentalen Bedürfnisse - etwa die sozialen und diejenigen Bedürfnisse höherer Ordnung - ein: Dies sind die selbstloseren, ethischen Bedürfnisse, die Maslow beschreibt.

Die Angst vor der Vernichtung des denkenden Egos ist von grundsätzlicher und anderer Natur als die Furcht vor dem körperlichen Tod. Der Selbstmord macht deutlich, daß die Angst vor der Auflösung des denkenden Egos grundlegender ist als die Furcht vor dem physischen Tod allein. Es ist die Angst vor dem Nicht-Denken, die Angst, verloren zu sein in einem überwältigenden Mysterium ohne Sinn - die Möglichkeit, nicht zu sein, des Nichts. Wir schützen das Ganzsein des Egos mit allen verfügbaren Mitteln, zu denen auch die Selbsttäuschung über die Natur der Wirklichkeit gehört, sobald die Sicherheit unseres Egos gefährdet ist.

Diese Furcht nannten die Existentialisten „Angst" oder Todes-Angst (siehe das Zitat von Ken Wilber in Kapitel 4). Ich wählte hier die Ausdrücke „Todesangst" oder „tödliche Angst", weil diese Bezeichnungen alle die verschiedenen Definitionen des Wörterbuches für diese Kernangst umfassen: Sie ist ausschließlich menschlich; eine Angst, die sich auf den Tod bezieht, eine Angst, die den Tod in ihrer zerstörerischen Wirkung sogar „verursacht", und die uns sterblich bleiben läßt, an den Tod gebunden, weil sie uns davor abschreckt, nach unserer Unsterblichkeit zu streben.

Sie hat zwei Aspekte. Erstens ist es die Angst vor der uns eigenen Getrenntheit und dem Alleinsein angesichts des endgültigen körperlichen Ausgelöschtwerdens. Noch furchterregender ist es, das Festhalten an ein wie auch immer geartetes Gefühl der Identität zu verlieren.

Ich möchte von allem Anfang an betonen, daß es sich dabei nicht um gewöhnliche Angst handelt. Obwohl wir darüber mit theoretischen, philosophischen und philologischen Ausdrücken sprechen werden, dürfen wir nicht dem Irrtum verfallen, daß sie auf diese Dimensionen beschränkt ist. Die Angst vor dem Tod hindert uns am Erreichen höherer Bewußtseinsebenen und kettet uns an die Dualität. Wie ein grotesker mythologischer Drache bewacht sie den Eingang zum großen Königreich (des Universalen Bewußtseins), das unvorstellbare Schätze birgt. Wenn wir den Mut aufbringen, diesen Drachen herauszufordern und zu erschlagen, wenn wir dieser mächtigen Angst ins Auge sehen können und unbeeinflußt von der Möglichkeit des Nicht-Seins und des Verlustes des Egos bleiben, dann ist der Lohn größer als jeder bisher von den behavioristischen Wissenschaften beschriebene psychische Zustand.

Wir sprechen vom Abschütteln aller Bindungen an sterbliche Fesseln - von dem unbeschreiblichen Gewinn der Erreichung eines höheren Bewußtseins, das in das Zeitlose und Ewige eintaucht, um mit der Schöpferkraft des Universums eins zu werden. Wir sprechen von der Möglichkeit, unsere eigene Göttlichkeit zu verwirklichen. Um das zu verstehen, lassen Sie uns tiefer in die Natur des Egos Einblick nehmen.

DIE GEBURT DES EGOS

Sai Baba, welcher der Einsicht vieler Weltreligionen Ausdruck verleiht, hat gesagt, daß die ganze Schöpfung auf Illusion, Täuschung, beruht, daß es eine Vielfalt von getrennten Wesenheiten im Universum gibt, während es in Wirklichkeit nur Eines gibt. Dies ist jene Illusion von der Dualität, die in den Hindu-Schriften *māyā* genannt wird. Nach Sai Baba ist das ein solch wichtiger Teil des Schauspiels, das wir als Realität ansehen, daß es in der Tat das erste Prinzip war, das Gott erschuf. Das Ego - unsere gedankliche Konstruktion, daß wir etwas Besonderes, uns Unterscheidendes sind - ist ein Aspekt dieser Täuschung, die sich im Denken manifestiert. Das Gefühl einer eigenen, getrennten Identität ist nichts weniger als die Grundlage der Existenz des Egos. Sich etwas anderes vorzustellen, was Nicht-Denken ist, ist eine Bedrohung der Integrität dieses Egos. Wir werden konfrontiert mit der Bedrohung, die das Verschwinden all dessen darstellt, worauf unser

Gefühl der Sicherheit, des Schutzes und der Gewißheit beruht.

Das Ego ist ein großartiges Mysterium. Wenn spirituelle Systeme es auch als ein Hindernis für die Transzendenz nach einer bestimmten Stufe der psychologischen Entwicklung ansehen, so muß man es nach genauer Prüfung gleichzeitig als eine der größten Leistungen der Evolution hoch einschätzen. Wenn wir das Entstehen des Egos und die Art des Kampfes, aus dem es entsprang, eingehend betrachten, dann gewinnen wir einen größeren Respekt vor dieser mächtigen Täuschung und der Stärke, mit der wir uns an sie klammern, sie festhalten. Denn die Macht, die das Ego schuf und es gegen alle Hindernisse unbeschadet aufrechterhält, ist dieselbe Ehrfurcht gebietende Macht, die den Kosmos schuf.

Die Schriften berichten von einem monumentalen Augenblick, als der göttliche Wille die Dualität schuf. In diesem Augenblick entstanden Geburt und Tod, Recht und Unrecht, Lust und Leid, die getrennte Gestalt und Form. In dieser Ur-Eruption nahm der gewaltige Prozeß der Differenzierung und Individualisierung seinen Anfang - in einem Prozeß, der mit solch großer Intensität „angefeuert" wurde, daß er sich gegen die furchtbaren, zerstörerischen Mächte des Kosmos durchsetzen konnte.

Der unermüdliche Drang des Egos, sich zu entfalten, zu differenzieren und zu beherrschen, ist Teil des grundlegenden Lebensprinzips selbst - des Lebens, das danach schreit und darum kämpft, sich abzusondern, aufzusteigen aus dem Urschlamm. Wie verzweifelt hat das Ego gearbeitet, wie lange und heftig gekämpft um Herrschaft und Sinnhaftigkeit in dieser mysteriösen Welt! Die Gewalt dieses Prozesses sieht man ebenso an der geduldigen Evolution der Spezies wie an den krampfartigen Wehen, die dazu verhelfen, das Kind bei der Geburt abzusondern.

Im Anhang IV erörtere ich die Evolution, die nötig war, damit das begrenzte Bewußtsein auf der Bühne des menschlichen Egos auftreten konnte. Dazu gehört, daß es anorganische wie organische Pflanzen- und Tiergestalten zu durchlaufen und sich schließlich im ausgeprägten Menschenverstand zu verkörpern hatte, mit all den wundervollen Fähigkeiten und Eigenschaften, die wir in bescheidener Weise uns selbst zuschreiben.

Aber der mächtige menschliche Verstand ist ein zweischneidiges Schwert. Kraft der erhöhten Kenntnis von sich selbst erlangt und bewahrt der Mensch eine persönliche Identität - ein Ego, wie es keine andere niedrigere Kreatur hat. Als Festung in den gewaltigen Kraftströmen, die ewig um ihn herum branden, gilt es vielen als die mutigste Errungenschaft des Menschen. Und doch ist dieser seinetwegen in eine schreckliche Klemme geraten: zwischen die Möglichkeit des Durchgangs zu einem herrlichen transzendentalen Bewußtseinssprung ... oder zur totalen Vernichtung.

DER TOD DES EGOS

Dieses Buch ist ein Versuch, die Dynamik dieses großen Wendepunktes klarer und tiefgründiger zu definieren. Bei genauer Betrachtung ist der Triumph der Ego-Identität von kurzer Dauer. Differenzierung und Absonderung führen letztlich zum Leid der Isolation und zu Einsamkeit, dem ersten

Aspekt der Angst zu sterben. Es ist der Zeitpunkt, zu dem das tiefinnere Sehnen nach der Überschreitung aller Grenzen und dem Wiederverschmelzen mit dem Universum erwacht. Der Verstand, der den Menschen in diese Falle geführt hat, muß nun dazu verwendet werden, ihr zu entrinnen und zwar durch Transzendieren. „Der Dorn, welcher der Splitter im Fuß ist, ist genauso beschaffen wie der Dorn, der den Splitter entfernt", sagt Sai Baba. Mit Hilfe seiner gesteigerten Fähigkeit zur Selbsterkenntnis muß der Verstand sich nun willentlich nicht nur von seinem eigenen Gefühl der Wichtigkeit loslösen, sondern im Grunde überhaupt von dem Gefühl, eine losgelöste Entität zu sein - so daß sich das Bewußtsein von seiner subtilen, aber tiefen Bindung befreien kann.

Es muß ausdrücklich betont werden, daß das spirituelle Sehnen nach der Ichlosigkeit nicht der selbstmörderische Wunsch eines aufgewühlten Gemütes ist, das mit der äußeren Welt nicht fertig wird - auch nicht der Wunsch, die Anstrengung und Verantwortung einer richtigen psychologischen Entwicklung zu umgehen. Wer an diesem Uferrand zur Transzendenz steht, muß den Verstand unter seine Herrschaft und zum Schweigen gebracht haben; er muß die mentale Kraft und Geschicklichkeit erlangt haben, erfolgreich in der äußeren Welt zu bestehen, aber gleichzeitig die tiefe Einsicht, daß der wahre Friede und das Glück jenseits von ihr liegen.

Der Wissende ist sich darüber im klaren, was in diesem kosmischen Wagnis auf dem Spiel steht. Um zur Vereinigung zu gelangen, muß man bereit sein, den Verlust des mühsam errungenen Gefühls eines abgetrennten Selbst in Kauf zu nehmen. Kein denkender Mensch würde es einfach wegwerfen, auch nicht, wenn ihn der Traum von der himmlischen Vereinigung dazu verführte. Die drohende Gefahr, seine persönliche Identität zu verlieren, beschwört den zweiten, noch tieferen Aspekt der Angst zu sterben herauf: die Angst vor der Auflösung des Egos und dem Verlust der Integrität - den Horror vor der eigenen restlosen Verwundbarkeit in einem abgrundtiefen Kosmos ohne Grenzen oder Sinn. Das bedeutet Nicht-Existenz, das Nicht-Sein.

Der Tod des Egos verschlingt nicht nur unser eigenes, wahrgenommenes physisches Leben, sondern ebenfalls jeden Halt an der Wirklichkeit, jeden Verlaß auf einen Sinn, der uns aufrechterhalten hat. Für viele ist der physische Tod durch Selbstmord eine willkommene Erlösung von der Furcht der Auflösung des Ichs. Dieser Verlust der Identität, der persönlichen Abgrenzung und Herrschaft über sich selbst wird unweigerlich von einem Gefühl äußerster Verwirrung, Hilflosigkeit, Verzweiflung, Demütigung und hoffnungsloser Panik begleitet. Es ist das Verlorensein in einer psychedelischen Vision von furchtbaren, völlig unbegreiflichen Energien und Gestalten. Einen Blick auf die eigene völlige Bedeutungslosigkeit zu werfen in einem Kosmos, von dem man bis zu diesem Augenblick der Erleuchtung nicht die geringste Ahnung hatte, muß eine entsetzliche Erfahrung für jemanden sein, der darauf nicht vorbereitet ist.

Es ist eine Sache, der Vernichtung unserer eigenen Existenz ins Auge zu sehen und zu wissen, daß die Welt auch ohne uns weitergehen wird und sich unsere Lieben, um die wir uns sorgen, von ihrem Schmerz erholen werden, um ihr eigenes Leben weiterzuleben. Schließlich wissen wir, daß jedes menschliche Wesen, solange die Welt besteht, das gleiche Schicksal hat. Und einige von uns haben sogar die Hoffnung auf eine andere Art von Existenz nach Beendigung des physischen Lebens. Trotzdem durchzieht die Angst und das Zurückschrecken vor dem Tod die meisten Leben von uns Menschen. Wieviel schlimmer ist es aber dann, nicht nur unserem eigenen Verschwinden aus einer Welt, deren Teil wir einmal waren, ins Auge zu sehen, sondern der Vernichtung der Welt selbst. Nicht der Vernichtung als erdumwälzendes Ereignis, sondern als Zurückweisung, als Negation alles dessen, was wir gekannt, geliebt, geglaubt und vertreten haben.

„Oh, welches Entsetzen!" sagt Kurtz einen Augenblick vor seinem Tod, diese Gestalt in Joseph Conrads „Heart of Darkness". Die Einsicht, daß das ganze Leben eine Täuschung war, betrifft alles: Familie, Freunde, geliebte Menschen, die Karriere, liebgewordene Gewohnheiten, Institutionen und Glauben ... alles wird in einem einzigen furchtbaren Augenblick der Offenbarung zunichte. Solche plötzlichen Einblicke haben bei genügend Menschen ihre Spuren hinterlassen, so daß der Leser, der dieses Phänomen noch nicht erlebt hat, ihm wohl schon in der Literatur oder in Biographien begegnet ist. William James schrieb in „Varieties of Religious Experience" darüber, wie Aldous Huxleys alter Vater eine solche Offenbarung hatte, von der er sich nie mehr ganz erholte.

Wie natürlich und verständlich ist es daher, daß wir solche Betrachtungen scheuen. Wenn sie uns nicht aus dem Dunkel anspringen und unvorbereitet überraschen, wenden wir unsere Augen von solchen medusenhaften Einblicken ab. Aber die Täuschung, auf die sie uns hinweisen wollen, ist Wirklichkeit. Natürlich ist es auch ein Grundbegriff, den praktisch alle Weltreligionen gemeinsam haben; oder es ist vielmehr die dunkle Seite, die Kehrseite des strahlenden Versprechens unserer Religionen, das sie der Menschheit immer vor Augen gehalten haben: die Unsterblichkeit. Es scheint, daß wir das eine nicht ohne das andere erlangen können.

Daher der Widerstand. Die zweifache Angst, dem Tod begegnen und dabei die Auflösung des Egos in Kauf nehmen zu müssen, hält die Täuschung der Dualität aufrecht. Wir verstecken uns vor der Wirklichkeit, werden so von den flüchtigen Oberflächlichkeiten des Lebens absorbiert, daß wir fast jedes Gefühl für das nicht auszudenkende Geheimnis der Schöpfung und das Wunder unserer eigenen Existenz verlieren. Wir scheinen völlig außerstande zu sein, die Bedeutung dieser Lebensaspekte richtig einzuschätzen.

Die Schriften aller Religionen sprechen von dieser völligen Blindheit vor dem großen Geheimnis des kurzen Augenblicks unserer Bewußtheit in einem unendlichen Universum. Was ist der Sinn? Was ist unser Zweck? Was ist Tod? Wohin gehen wir jenseits dieses Lebens? Wenn man innehält, um einen Augenblick nachzudenken, ist es dann nicht seltsam, wie wir solche Grundfragen fast völlig aus unserem Denken verbannen zugunsten der Jagd nach Unbedeutendem, das uns stattdessen beschäftigt?

Im *Mahābhārata*[1] steht folgender Dialog:

> Frage: Was ist die Straße zum Himmel?
> Antwort: Wahrhaftigkeit.
> Frage: Wie findet ein Mensch Glück?

Antwort: Durch richtige Lebensführung.

Frage: Was muß er unterdrücken, um dem Leid zu entgehen?

Antwort: Seine Vorstellungen (mind).

Frage: Wann wird ein Mensch geliebt?

Antwort: Wenn er nicht eitel ist.

Frage: Was ist unter allen Wundern der Welt das wunderbarste?

Antwort: Daß kein Mensch, obgleich er andere rund um sich herum sterben sieht, daran glaubt, daß er selbst sterben wird.

Warum verhält es sich so, daß wir, obwohl unser Verstand weiß, daß wir nur für kurze Zeit hier sind, so tun, als würden wir ewig leben, dabei fast völlig das Wunderbare unserer Erschaffung aus dem Auge verlieren ... und uns anscheinend die doch offenbar drängende Frage überhaupt nicht in den Sinn kommt: „Warum das alles?" Diese Blindheit ist ein außergewöhnliches psychologisches und spirituelles Phänomen, das für jeden offen zutage liegt, wenn er nur ein wenig nachdenkt. Aber innerhalb von Sekunden verflüchtigt sich diese Frage, und *māyā* hat uns wieder fest im Griff.

Warum sollte etwas, das so klar auf der Hand liegt, unserer Aufmerksamkeit entgehen? Warum schenken wir ihm nicht gebührende Beachtung? Weil das ein direkter Angriff auf die Unversehrtheit unseres Egos wäre. Alles, was das Gefühl der Sicherheit und Gewißheit unserer eigenen, abgetrennten Individualität bedroht, konfrontiert uns unmittelbar mit dem großen existentiellen Abgrund, dem Schrecken und der Verzweiflung, es mit einer unbegreiflichen Leere aufnehmen zu müssen, einem Bedeutungslos-Sein und einem Nicht-Sein jenseits aller Vorstellungskraft zu begegnen.

Anmerkung

1. Das *Mahābhārata,* ein Epos der Hindus, das ungefähr 100.000 Verse umfaßt, gilt als der Welt längstes Gedicht. Es spielt zu Lebzeiten Lord *Krishnas* vor ungefähr 5.000 Jahren und hat den Kampf zwischen Gut und Böse zum Thema.

ÜBER DEN WERT DER TODESANGST

KAPITEL 4

Mit dem Mut, näher hinzusehen, könnten wir entdecken, daß diese große Angst auch die uns rettende Gnade ist. Da die vermeintliche Abgesondertheit Leid verursacht, drängt eben dies zur Suche nach einer endgültigen Heilung, nach Überwindung der Trennung. Auf diese Art kann die Angst zu einer notwendigen und bedeutungsvollen Einsicht führen - wie ein Leuchtturm, der den Weg zur Unsterblichkeit erhellt. Dies geht natürlich weit über die Auffassung der Psychologie hinaus, daß die Auseinandersetzung mit der irrationalen Angst zu ihrer Beilegung und schließlich zu größerer Freiheit führe.

Die spirituelle Botschaft besagt, daß die Konfrontation mit der echten Angst - der Angst vor der Verlassenheit und Isolation der Dualität und dem noch größeren Schrecken, die Transzendenz mit dem Verlust der persönlichen Ich-Identität bezahlen zu müssen - zu Offenheit, Unschuld ... und Unsterblichkeit führt. Was ist Unsterblichkeit genau genommen? Um ganz konkret zu sein, damit wir nicht irrtümlicherweise annehmen, daß es sich bloß um irgendeine theoretische oder abstrakte Idee handeln könnte: Die Unsterblichkeit ist die Verwirklichung unserer wesensmäßigen, ewigen Natur mit all den ihr innewohnenden Eigenschaften der Göttlichkeit - Allwissenheit, Allgegenwart und Allmacht eingeschlossen. Wir sprechen von der Dynamik der Transzendenz - von einer Bewußtseinsebene, die außerhalb der Domäne der Hauptrichtung der Psychologie liegt.

Becker weist darauf hin, daß Kierkegaard die Angst sowohl als das Haupthindernis für diese Transzendenz erkannte als andererseits auch als das, was uns zu ihr hintreibt, indem er „die Möglichkeit zu kosmischem Heroismus" voraussetzte.

> Wen die Furcht (Angst) erzogen hat, den hat die Möglichkeit erzogen... Wenn ein solcher Mensch daher die Schuld der Möglichkeit verläßt und besser als ein Kind das Abc dabei gelernt hat, so daß er absolut nichts vom Leben erwartet und weiß, daß Terror, Untergang und Vernichtung die nächsten Nachbarn jedes Menschen sind, noch dazu die nützliche Lektion sich zueigen gemacht hat, daß jede Angst, die einen erschreckt, sich im nächsten Augenblick in eine Tatsache verwandeln kann, dann wird er die Realität anders interpretieren (Kierkegaard)[1].

Becker schreibt:

> Und so gelangt man zu einer neuen Möglichkeit, einer neuen Wirklichkeit, dadurch, daß man das Selbst auflöst, indem man es mit der Angst vor dem Terror der Existenz konfrontiert. Das Selbst muß zerstört, zunichte gemacht werden, damit die Überschreitung (das Transzendieren) des Selbst einsetzen kann. Erst dann kann das Selbst

beginnen, sich mit Kräften in Beziehung zu setzen, die jenseits von ihm liegen. Es muß in seiner Endlichkeit um sich schlagen, es muß „sterben", um die Endlichkeit in Frage zu stellen und über sie hinauszusehen. Aber worauf? Kierkegaard antwortet: Auf das Unendlichsein, auf die absolute Transzendenz, die Urkraft der Schöpfung, welche die endlichen Kreaturen erschuf.

Das ist die Errettung durch Verzweiflung am Selbst, der Tod der lutherischen Theologie, um wahrhaft geboren zu werden; der Übergang ins Nichts, den Jakob Boehme beschreibt. Um dahin zu gelangen, muß gewöhnlich ein kritischer Punkt überwunden, ein Wendepunkt im Inneren durchschritten werden. Etwas muß nachgeben, eine angeborene Härte muß zusammenbrechen und weich werden (William James)[2].

Wenn jemand einmal damit beginnt, seine Beziehung zur Urmacht, zur Unendlichkeit, zu betrachten und seine Bindungen an alle um ihn herum umzugestalten zu solchen an die Höchste Macht, dann eröffnet er sich selbst den Horizont unbeschränkter Möglichkeiten, wirklicher Freiheit. Das ist Kierkegaards Botschaft, der Höhepunkt seiner ganzen Darlegungen über die Sackgassen des Charakters, das Ideal der Gesundheit, die Schule der Angst, die Natur wahrer Möglichkeit und Freiheit (Becker)[3].
  Becker weist darauf hin, wie eine Psychologie, die dieser Dimension der Wirklichkeit nicht gewahr wird, die „charakterologische Lüge" fördert - das falsche Gefühl der Geborgenheit und Sicherheit im Ich - und damit in die Falle, in die Isolation und zum Leid führt. Hier macht die moderne Psychologie ihren gravierendsten, vielleicht sogar fatalsten Fehler:

Psychologie reduziert die Ursache für inneres Unglück auf ausschließlich in der Person selbst Begründetes, und dann kommt diese mit sich selbst nicht weiter. Aber wir wissen, daß die universale und allgemeine Ursache für persönliche Schlechtigkeit, Schuld und Minderwertigkeit die natürliche Welt und die Beziehung des einzelnen zu ihr insofern ist, als dieses in ihr wie ein symbolisches Tier einen sicheren Platz finden muß. Alle Analysen der Welt ermöglichen es dem einzelnen nicht, herauszufinden, wer er ist und warum er hier ist, warum er sterben muß und wie er sein Leben glücklich zum Erfolg machen kann. In dem Augenblick, da die Psychologie vorgibt, dahin zu führen, indem sie sich selbst als einen Weg zur vollständigen Erklärung für menschliches Unglück anbietet, wird sie zum Betrug, der die Situation des modernen Menschen zu einer Sackgasse macht, aus der er nicht mehr herausfindet...
Wenn man das nicht verstehen kann, dann riskiert man, die Lage des Neurotikers noch zu verschlimmern, indem man ihm die umfassendere Weltsicht, die er braucht, versperrt. Rank formulierte es so:

... schließlich war es der verständnisvolle Psychoanalytiker, der den ichbezogenen Neurotiker zu eben jener Selbsterkenntnis zurückführte, vor der er zu fliehen versuchte. Im ganzen versagte die Psychoanalyse als Therapie, weil sie das Psychologisieren des Menschen verschlimmerte, statt ihn von seiner Introspektion zu heilen (Rank)[4].

Ken Wilber ist ein führender Vertreter der sich rapide entwickelnden transpersonalen Schule der Psychologie, die sich auf die höhere transzendente Natur des Menschen jenseits des persönlichen Selbst oder der Dualität konzentriert. Er beleuchtet das Wesen der Todesangst, die Methoden, wie verschiedene Richtungen der Psychologie, einschließlich der Existentialisten sie behandeln und das Mittel, wodurch man über sie hinausgelangt. Er schreibt:

Die Existentialisten führten aus, daß immer dort, wo ein getrenntes Selbst ist, auch Angst, Leid, der Horror vor dem Sein und vor dem Tod ist. „Die wesentliche, grundlegende Ur-Angst", schrieb Boss (1973), „ist allen isolierten, individuellen Formen der menschlichen Existenz angeboren." In der Ur-Angst fürchtet sich der Mensch ebenso vor dem wie wegen des „In-der-Welt-Lebens". Das ist nicht die neurotische Angst, sondern eine allgemein vorherrschende, und sie wahrzunehmen ist nicht Krankheit, sondern Wahrheit. Das Ausbleiben dieser angeborenen Angst erreicht man in Wirklichkeit nur dadurch, daß man das tatsächlich gefährdete Wesen der Existenz entweder leugnet oder verdrängt. Nicht die Angst, sondern die Selbstzufriedenheit ist neurotisch. Das glückliche Selbst ist das kranke, das „sich mit dem Trivialen beruhigt", wie es Kierkegaard ausdrückt oder wie Heidegger sagte: „Der nicht authentische Mensch ist genau derjenige, der sich nicht des einsamen und unerwarteten Todes bewußt ist." Selbst Freud kam bald zu diesem Verständnis. Er formulierte es schließlich so: „Es ist die Angst, welche die Verdrängung verursacht und nicht, wie ich dachte, die Verdrängung, welche die Angst hervorruft." Mit anderen Worten, Angst ist die Grundstimmung des getrennten Selbst, und sie ist es, die den Anstoß zur Verdrängung gibt als Angstreaktion, um sich vor dem Horror des Todes, des Getrenntseins, des Nichts abzuschirmen. „Das Wissen vom Tod ist die ursprüngliche Verdrängung, nicht die Sexualität", wie es Becker (1973) formulierte. Ursprünglich wird die Neurose daher nicht durch ein sich Stützen auf gedankliche Krücken verursacht, sondern durch die Unfähigkeit, sich anfangs genug Krücken zurechtzulegen. Mit Ranks Worten: „Die Neurose ist im Grunde immer nur eine Unfähigkeit zur Illusion." - Unfähigkeit, so zu tun, als gäbe es keinen Tod, Unfähigkeit, den Schädel zu verstecken, der, wie James sagte, „bald zum Bankett hereingrinsen wird" (nach Lady Macbeth, Shakespeare).
So hat der Existentialismus als die Kurzfassung der Personalistischen Theorie genau das Wesen der abgesonderten Existenz erkannt. Er hat die Menschheit in vollkommener Weise diagnostiziert, und die Diagnose hieß Angst. Aber da er erkannt hat, daß zuerst die Angst war und dann erst die Verdrängung, konnte man die Angst nicht länger als bloß neurotisch oder abnormal abtun. Vielmehr war sie das Pri-

märe; sie war vor allem anderen etwas, das zum Wesen des Gefühls des Abgetrenntseins gehört, und nicht etwas, das durch Schwierigkeiten beim Sauberwerden des Kindes oder überhaupt durch etwas Vermeidbares entstand, wenn nur Pappi und Mammi lieb waren. Sie war etwas Existentielles und nicht umstandsbedingt. In ähnlicher Weise wurde die Neurose (oder Primär-Neurose) nicht durch Verdrängung verursacht, sondern durch die Unfähigkeit zu verdrängen; nicht „je mehr Verdrängung, desto neurotischer und unglücklicher", sondern vielmehr „je weniger Verdrängung, desto unglücklicher", einfach deshalb, weil man bei weniger Verdrängung an die tatsächliche Natur der Realität und Existenz herankommt, und diese Natur ist Angst, ist das bittere Leben, das unglückliche Selbst, das Selbst, das im Innersten anicca, anatha, duhkha (skr.: unbeständig, unwirklich, schmerzlich) ist.

Nun stimmte die mystische wie die transpersonale Schule mit dieser Diagnose überein: Das isolierte Selbst, das von den Objekten getrennte Selbst, ist in der Tat notwendigerweise mit Schmerz oder bitterer Angst konfrontiert. „Wo immer anderes, Fremdes ist, ist Angst", heißt es in den *Upanishaden* (siehe Hume 1974). „Die Hölle sind die anderen", sagte Sartre. Aber die transpersonale Schule behauptet, daß es einen Weg aus dem Leid, den Sünden und der Krankheit, die man das Selbst nennt, gibt. Es stimmt, behauptet sie, wo immer anderes ist, ist Furcht, und wo immer ein Selbst ist, ist Angst, aber man kann aus Furcht und Angst herauskommen, wenn man über sich selbst und das andere hinauswächst. Nichts, was das Selbst tun kann, wird die Angst beenden, denn das Selbst ist Angst; eher überwindet man die Angst, indem man stirbt „zu sich selbst" - sie kommen und gehen gemeinsam.

Die letzte Wirklichkeit nannte man daher „nicht-dual", worunter man sich entweder einen Zustand jenseits der Dichotomie (Zweiteilung) von Subjekt und Objekt denken kann, oder eine Einheit von beiden. Es kommt dabei darauf an, daß man diese letzte Einheit oder Höchste Identität als eine Befreiung vom Schicksal des abgetrennten Selbst entdeckt. Das Individuum, das erkennt, daß das Selbst und das andere eins sind, ist von der Lebensangst befreit; wenn es sieht, daß Sein und Nicht-Sein eins sind, ist es von der Todesangst befreit. Von da an - aber nicht früher - braucht der einzelne nicht mehr den Tod zu verdrängen, denn „der Tod hat seinen Stachel verloren". Wer das Ganze entdeckt, ist vom Schicksal des Teilseins befreit.

So verstanden die Schulen der Transpersonalität nicht nur die Krankheitsursache bei der Menschheit - Angst, duhkha, Todesschrecken - sie gingen noch über die Existentialisten hinaus und entdeckten die Prognose für die Menschheit, die Kur für die Krankheit. Nun heißt das Wort für Prognose in Sanskrit prajñā - Intuition, höhere Erkenntnis, und es ist prajñā oder transzendente Einsicht, von der man sagt, daß sie die Fesseln des Kreislaufs von Geburt und Tod *(samsāra)*, Unglück, Trauer und Sorge (duhkha), zerreißt. Und höhere Erkenntnis (prajñā) - spirituelle Einsicht *(jñāna)*, - ist es, die zu allen echten Formen der Meditation gehört und von ihnen aktiviert wird.

Damit gingen die Transpersonalisten über die Existentialisten hinaus, schlossen sie aber mit ein.[5]

Wilber gibt Meditation und Kontemplation an, Kierkegaard den Glauben als den entscheidenden Faktor für die Freiheit.

> Man geht durch das alles, um zum Glauben zu kommen, zu dem Glauben, daß gerade die eigene Kreatürlichkeit für den Schöpfer irgendeinen Sinn hat; daß trotz unserer faktischen Bedeutungslosigkeit, unserer Schwäche und des Todes die eigene Existenz in irgendeinem letzten Sinn von Bedeutung ist, weil sie an einer ewigen und unendlichen Ordnung der Dinge teilhat, die eine Schöpferkraft gestaltete und nach einem Plan aufrechterhält.
>
> Wenn man nicht den Sprung in den Glauben wagt, versetzt einen die neue Hilflosigkeit beim Abschütteln des Charakterpanzers in schieres Entsetzen... Dem wahrhaft offenen Menschen, der die Rüstung seines Charakters abgeworfen hat, kann die Lebenslüge seiner kulturellen Bedingtheit, kann bloße „Wissenschaft", irgendein bloß soziales Normmaß an Gesundheit nicht helfen. Er ist völlig allein und zitternd am Rande des Vergessenseins - was zugleich die Grenze zur Unendlichkeit ist. Einzig der Glaube ist imstande, ihm den Halt zu geben, den er braucht, den Mut, ohne auf die Furcht zu verzichten, ohne davor Angst zu haben... Nicht daß der Glaube die Furcht vernichtet, aber er bleibt immer jung und ersteht neu aus den Todeskämpfen mit der Furcht (Kierkegaard)[6].

ÜBERGEORDNETE LIEBE

Bei meiner Erfahrung mit Sai Baba habe ich eine Liebe - eine außergewöhnlich selbstlose Liebe, eine Liebe, welche die Verhaltenswissenschaften kaum verstehen - als die eigentliche Kur empfunden, die das Bewußtsein transformiert und die tödliche Angst verscheucht. Sai Baba lehrt, daß Liebe weit mehr ist als eine romantische Idee oder eine psychische Erfahrung. Sie ist in Wirklichkeit das Wesen der schöpferischen Energie selbst, die alles im Universum erschafft und im Gleichgewicht hält. Die Liebe steht ebenso hinter der kosmischen Kraft der Anziehung zwischen Elektronen und Protonen wie die Gravitation, welche die Flut und Ebbe der Meere bewirkt und die den Weg der Sterne am Firmament bestimmt. Sie ist die Kraft, die Macht, der Prozeß, das Mittel, mit dessen Hilfe wir die entferntesten Grenzen überschreiten, um zu verschmelzen und eins zu werden mit anderen. In ihrer reinsten, unbedingten Form schuf sie all „das". Das Leid ist die existentielle Herausforderung, und Liebe ist die Antwort.

> *Prema* oder Liebe ist ein häufig mißbrauchtes Wort. Jede positive Reaktion auf eine Anziehung wird Liebe genannt; jedes Gefühl der Zuneigung, ganz gleich wie billig oder vergänglich es ist, wird als *prema* bezeichnet. Wir müssen sicherlich neue Worte prägen oder besondere Worte, welche die Formen der Liebe abgrenzen. Die Ver-

bundenheit der Eltern mit ihren Kindern oder der Kinder mit ihren Eltern muß „Zuneigung" genannt werden. Die Antwort auf die sexuelle Anziehung kann am besten „Liebelei", „Faszination" oder „Wahn" - moha - genannt werden. Das Gefühl der Verwandtschaft oder Kameradschaft ruft „Wertschätzung" hervor. Die Freude, die man durch ein Besitzgefühl, insbesondere durch materielle Objekte, bekommt, bezeichnet man als „Befriedigung". Das Verlangen, die der Wahrheit innewohnende Erhabenheit zu erreichen - dies allein darf mit Recht mit diesem heiligen Wort *prema* benannt werden. Denn es ist der reinste, anmutigste, am meisten befriedigende Besitz des Menschen. *Prema* hat genug Kraft und Beständigkeit, um alle Hindernisse zu überwinden, allen Schicksalsschlägen mit Gleichmut gegenüberzutreten, alle Versuchungen zu zaudern oder abzuweichen, zu besiegen.[7]

Die Liebe pflegt und kultiviert man durch das Geben, sagt Sai Baba. Die echte Erziehung, die spirituelle Praxis und gute Erfahrungen machen das Herz weich, zart, so daß der natürliche Impuls, anderen zu helfen, durchdringt. Dieser kostbare Drang zu geben ist ein göttlicher Zug: der ursprüngliche Impuls, den Gott in den Menschen als Funken hineingelegt hat und der geschürt werden muß bis zum Aufflammen des Feuers des selbstlosen Dienens, das frei von jedem Wunsch nach Belohnung ist. Sai Baba lehrt, daß sich die Liebe auf diese Weise „bis in die entferntesten Regionen des Universums"[8] ausbreitet, um eins zu werden mit der kosmischen Liebe, die im Überwinden und Transzendieren der Getrenntheit und in der Verwirklichung des Universalen Bewußtseins gipfelt.

Zuerst ist der Verstand schöpferisch, und dann wird er durch das tiefe Leid und die übermächtige Vision unseres Alleingelassenseins gedemütigt. Das Bemühen, über den Verstand hinauszugelangen, treibt uns, von ganzem Herzen um Gnade zu flehen, weil wir keinen anderen Ausweg aus unserem existentiellen Dilemma fühlen, als Gottes besondere Gnade - das Geschenk der Liebe, das Liebe erzeugt. Liebe besänftigt, Liebe heilt, Liebe übersteigt alle Schranken und Trennungen, hüllt alles in Einssein ein.

Ich sagte an früherer Stelle: Hätte Gott nicht *māyā* geschaffen, gäbe es kein Spiel. Aber was ist denn der Zweck des Spiels? Sai Baba hat gesagt, daß die ganze Schöpfung einem einzigen Zweck entspringt und dient: dem Ausdruck der Liebe. Eine Möglichkeit, das zu begreifen, ist die überlieferte Allegorie, daß vor der Dualität Gott einsam war und ein Objekt brauchte, dem er seine Liebe zeigen könnte. Es mußten ein Geber sowie Empfänger vorhanden sein; so schuf er die Vorspiegelung des „anderen". Die ganze Schöpfung baut auf der Stärke dieses Scheinbildes auf, und um darüber hinauszuwachsen, bedarf es eines Aktes der Gnade - eines Einströmens so großer Liebe, daß sie unsere eigene tiefste Liebe und Dankbarkeit erweckt. Liebe verschmilzt mit Liebe, die Getrenntheit schwindet: Gott - reine, unendliche, bedingungslose Liebe - verwirklicht sich.

> Seht in mir euch selbst;
> denn ich sehe mich in euch allen;
> ihr seid mein Leben, mein Atem, meine Seele;
> ihr seid alle meine Gestalten.

Wenn ich euch liebe, liebe ich mich selbst;
wenn ihr einander liebt, liebt ihr mich;
ich trennte mich von mir selbst, damit ich
ich selbst sein kann;
ich trennte mich von mir selbst und wurde all das,
so daß ich ich selbst sein kann.
Ich wollte ich selbst sein ... das heißt
ānandasvarūpa[9] ... *premasvarūpa,*[10]
das ist es, was ich bin,
und ich wollte das sein.
Wie konnte ich *ānandasvarūpa* und *premasvarūpa* sein
und *ānanda* bekommen ... und *ānanda* geben;
und *prema* bekommen ... und *prema* geben;
und wem sollte ich *ānanda* geben;
und wem sollte ich *prema* geben?
So tat ich dies:
Ich trennte mich von mir selbst und wurde all dies.

Sathya Sai Baba

Könnte die ganze Existenz ein großartiges Spiel sein, in dem das Bewußt-sein sich bemüht, eine selbstauferlegte Täuschung der Dualität zu überwin-den - aus, durch und um Liebe? Sind wir fähig, eine übermenschliche Identität zu begreifen, eine Macht und Herrlichkeit jenseits alles Vorstellba-ren? Niemand hat mit dem Prozeß vernünftigen Denkens je beweisen kön-nen, daß der Geist die grundlegendste und fundamentalste Wirklichkeit ist, auf der die ganze Schöpfung beruht. Der „Beweis" findet sich in einer anderen Dimension des Bewußtseins, in der Glaube und Verehrung vorherr-schen und zu direkter Erfahrung führen. Aber beginnen wir unsere Reise mit so viel Vernunft und Intelligenz wie möglich. Und um die folgenden Begriffe, Formen und die außergewöhnliche Persönlichkeit Sathya Sai Babas zu prüfen, werden auch große Offenheit und großer Mut nötig sein.

Anmerkungen

1. Ernest Becker, „The Denial of Death", New York: Free Press, 1973, S. 88 (Dt.: Die Dynamik des Todes, München, Goldmann Vlg. 1981)
2. ebda., S. 88-89
3. ebda., S. 90
4. ebda., S. 193
5. Ken Wilber, „Odyssey: A personal Inquiry into Humanistic and Transpersonal Psycho-logy", in Journal of Humanistic Psychology, Bd. 22, Nr. 1 (Winter 1982), S. 62-63
6. Becker, ebda., S. 90-91
7. Sathya Sai Baba spricht, Bd. IX, Sathya Sai Vereinigung Deutschland, Bonn, 1987, S. 92
8. Siehe Sathya Sai Babas Vortrag in Kapitel 27.
9. *Ānanda* heißt „Glückseligkeit". *Svarūpa* bedeutet „Verkörperung von". *Ānandasvarūpa* ist die Verkörperung der Glückseligkeit.
10. *Prema* ist göttliche, selbstlose Liebe. *Premasvarūpa* ist die Verkörperung selbstloser, göttlicher Liebe.

DER AVATAR

KAPITEL 5

Etwa dreißig Millionen Menschen weltweit halten Sathya Sai Baba für einen Pūrnā-*Avatar*[1]. Westlich ausgedrückt, für einen spirituellen Lehrer vom Format eines *Krishna*, Buddha oder Jesus Christus. Seine wundertätigen Eigenschaften, über die man berichtet und die von Tausenden glaubwürdiger Zeugen wohl belegt sind, sowie seine christusähnliche Lebensweise haben die Aufmerksamkeit einer großen Zahl von Wissenschaftlern und Erziehern in der ganzen Welt auf sich gezogen. Viele unter ihnen glauben, daß er der klarste lebende Beweis dafür ist, daß unser menschliches Potential unbegrenzt und unsere menschliche Identität ihrem Wesen nach reiner Geist ist, weder durch Zeit oder Raum noch einen stofflichen Körper begrenzt. Seine Botschaft widerspricht vielen Grundüberzeugungen, die von den meisten psychologischen Verhaltensforschern geteilt werden.

Was unter einem *Avatar* zu verstehen ist, sollte gleich zu Anfang hervorgehoben werden, denn die volle Bedeutung des Wortes zu begreifen fällt vielen Menschen des Westens schwer. Es wäre ein großer Fehler, in einem solchen Wesen einfach einen charismatischen geistigen Lehrer, einen *Guru* oder gar einen Heiligen zu sehen. Der *Avatar* ist auch nicht einfach ein kulturelles Phänomen, das allein für Indien oder den Osten von besonderer Bedeutung ist. Schließlich war auch der Einfluß von Jesus Christus und Buddha von globalem Ausmaß. Die Erscheinung eines *Avatars* ist ein äußerst seltenes und monumentales Ereignis in der Menschheitsgeschichte; die Anziehungskraft eines *Avatars* ist universal. Er ist der Ausdruck der höchsten Potenz des Menschen: ein Bewußtsein ohne Grenzen, Liebe ohne Schranken. Er ist große Kraft, große Liebe, fähig, alles Vorstellbare zu vollbringen, ein Wesen, das Geschichte diktiert und dessen Aktivitäten der ganzen Menschheit zugute kommen. Er spricht alle Sprachen der Welt, ist eine Quelle des gesamten Wissens, kennt Vergangenheit, Gegenwart und Zukunft und ist allezeit überall. Das Leben des *Avatars* ist ein klares Zeichen dafür, daß Wille, Bewußtsein und Liebe die Quelle der ganzen Schöpfung sind - daß der Geist über der Materie steht. Er ist der Beweis unseres göttlichen Kerns.

W.H. Macintosh, ein innerlich gefestigter, gereifter britischer Schriftsteller, beschreibt die Bedeutung des *Avatars* in einer Besprechung meines Buches „Sai Baba - Der Heilige und der Psychotherapeut" folgendermaßen:

> Ich fand dieses Buch sehr verwirrend. Man kann wahrhaftig nicht anders als verwirrt sein, wenn man erfährt, daß heutzutage, in diesem Zeitalter, Gott menschliche Gestalt angenommen hat. Der Autor behauptet, daß Shrī Sathya Sai Baba ein *Avatar* ist, was im Hinduismus die Herabkunft eines göttlichen Wesens auf die Erde bedeutet. Diese Verkörperung der Göttlichkeit in Menschengestalt ist ein selte-

nes Ereignis und geschieht nur dann, wenn der Zustand des Menschengeschlechts sich so verschlimmert hat, daß nichts anderes Erlösung bringen könnte. Es ist nicht zu leugnen, daß die gegenwärtige Situation das Erscheinen eines *Avatars* zu erfordern scheint.

Dr. Sandweiss, ein amerikanischer Psychotherapeut, ist durchaus ein Mensch seiner Zeit. Er ist darin geschult, in der wissenschaftlichen Methode den folgerichtigsten und verläßlichsten Weg zur Wahrheitsfindung zu sehen, und er ist von den Lehrmeinungen der modernen Psychologie durchdrungen, die so großes Gewicht darauf legt, Verdrängungen zu vermeiden.

Es mutet recht unwahrscheinlich an, in ihm einen Anwalt der spirituellen Richtung zu finden, die fast alle der meistgeschätzten Glaubenssätze des zeitgenössischen Materialismus verwirft. Dessen ungeachtet hat er immer wieder Pilgerreisen nach *Bangalore* unternommen, um zu Füßen Sai Babas zu sitzen und der anscheinend unendlichen Weisheit dieses heiligen Mannes teilhaftig zu werden.

Er fand in Sai Baba ein Wesen, dessen Natur und Kraft für ihn völlig unbegreiflich war: Das war kein gewöhnlicher *Guru*, kein auf Publikumswirkung bedachter *Swami*, sondern ein Meister, über den man Geschichten erzählt, die seltsam an Jesus, Buddha und *Krishna* erinnern.

Ist Sai Baba ein *Avatar*? Eine Inkarnation Gottes? Eine wichtige Frage, die eine überlegte Antwort erfordert. Wenn er eine Inkarnation Gottes ist, dann ist er das größte Wesen auf der Welt und überhaupt das größte Wesen, das es geben könnte.

Wie andere Menschen auch, die in einer humanistischen Umgebung geboren und erzogen wurden, finde ich diesen Gedanken wenig glaubhaft. Ich bin verwirrt und bestürzt über das, was sich daraus als Folgerungen ergäbe. Ich habe lange genug gelebt, um einige Lektionen zu lernen, vielleicht nicht viele, aber sie reichen zahlen- und größenmäßig aus, um mich von der Begrenztheit meines Verständnisses zu überzeugen. Ich weiß zu wenig, um die Möglichkeit eines Wunders bestätigen oder leugnen zu können - und die Inkarnation Gottes wäre gewiß ein Wunder. Wir haben kein Recht, mit Gewißheit zu behaupten, daß die grenzenlose Intelligenz nicht selbst einen begrenzten Körper annehmen kann. Denn wenn die Attribute der Göttlichkeit Allmacht, Allgegenwart und Allwissenheit sind, dann kann es Gott nur wenig Mühe kosten, Menschengestalt anzunehmen.

So sehr mein skeptischer, aber begrenzter Intellekt die Vorstellung von einem *Avatar* zurückweisen möchte, erlaubt es mir die tiefe Einsicht in die Wirklichkeit, welche die Imagination und Intuition gewähren, es andererseits nicht zu leugnen, daß Sai Baba tatsächlich eine Inkarnation Gottes sein könnte. Viele Zeugen bestätigen die außergewöhnliche Wirkung, die Sai Babas Gegenwart auf sie ausübt. Es ist nicht nur der subtile Einfluß eines von Gott berauschten Menschen, sondern eine viel mächtigere und direktere Ausstrahlung und ein Überströmen von unbeschreiblicher Seligkeit, die das Bewußtsein der Anwesenden verändern.

Da ich nie Sai Babas Gegenwart erlebte, kann ich die Wirkung, von

der ich spreche, nicht bekräftigen. Aber da das Buch Zitate und Auszüge aus seinen Lehren in großer Anzahl enthält, kann ich zu deren
Inhalt und Qualität Stellung nehmen. Der Stil, in dem diese Lehren
geschrieben sind, ist klar und knapp. Als ich sie las, wurde ich mir
einer unmittelbaren Wirkung bewußt, die direkt die tiefsten Schichten meines Denkens durchdrang. Die Betonung liegt immer auf Gott
und seiner unerschöpflichen Liebe.[2]

Zweifellos wird die Vorstellung von einem *Avatar* immer wieder unglaublich erscheinen - fremd, vielleicht primitiv, ja, für den Intellekt vieler Ver-
haltensforscher sogar abstoßend. Manche sehen in dieser Vorstellung ein
Beispiel - nicht gerade für Wunschdenken, aber doch für magisches Denken. Hinzu kommt der Widerstand, den meinem Gefühl nach viele Menschen gegen Spiritualität[3] im allgemeinen empfinden - da wir Zeiten
erlebten, in denen wir durch eine lange Reihe charismatischer, spiritueller
Gestalten in Ost und West verführt wurden, die große Gefolgschaften und
außergewöhnliche Kräfte für sich in Anspruch nahmen und doch nach einer
Weile bewiesen, daß sie auf tönernen Füßen standen oder noch schlimmer -
dann ist es leicht einzusehen, warum der differenziert denkende Intellektuelle gegenüber einem weiteren Anspruch in dieser Richtung äußerst skeptisch ist.

Trotzdem bitte ich den Leser, vorläufig kritische, vielleicht einseitige
gedankliche Verbindungen beiseite zu lassen, um ernstlich die Eventualität
eines *Avatars* zu prüfen und den gewaltigen Impuls zu überdenken, den ein
solches Wesen nicht nur für die Verhaltensforschung, sondern für unsere
ganze Lebensweise bedeuten könnte. Bis vor kurzem haben Verhaltensfor-
scher entsprechend tiefgründige Entdeckungen, die von Heiligen und Weisen stammen - den Bewußtseinsforschern in der geistigen Welt -, im
Grunde ignoriert.[4] Aber das Wagnis der Aufgeschlossenheit kann sich in
hohem Maße lohnen.

Darin liegt Sai Babas Herausforderung für die Fähigkeit der Verhaltensforschung: sich zu öffnen und zu wandeln. Denn wenn wir finden, daß ein
Avatar möglich ist - d.h. daß das wahre menschliche Potential nicht weniger als Göttlichkeit mit einschließt - dann müssen Lehrbücher über Bedingungen und Identität des Menschen völlig neu geschrieben werden.
Während das eine aufregende Möglichkeit für die wirklich Abenteuerlichen
birgt, so kann es umgekehrt gerade die Ursache für den Widerstand derer
sein, die das Gefühl der Verunsicherung fürchten, wenn alte Vorstellungen
in sich zusammenbrechen.

Nach der Rückkehr von meiner ersten Indienreise im Juni 1972 erschien
es mir als wichtigste Aufgabe, diesem Berufswiderstand entgegenzutreten.
Können Sie sich vorstellen, wie naiv ich war? Ich kam von diesem Besuch
mit der Erkenntnis zurück, daß ich etwas grundlegend Wichtiges über die
Dynamik des menschlichen Bewußtseins erfahren hatte, und meinte, daß
das jedermann ungemein interessieren würde. Da war der Beweis, daß das
Bewußtsein, nicht die Materie, die Grundlage der ganzen Schöpfung ist.
Hier waren Einblicke in die Art und Weise, wie sich das Bewußtsein aus-
weitet - wie es mit Liebe und Ethik verknüpft ist ... wie spirituelle Verhaltensweisen und Praktiken, z.B. Meditation, Gebet, Gelassenheit, Verzicht,

Verehrung und Glaube mit der Entfaltung des Charakters zusammenhängen - wie sie Einfühlung, Intuition und Kreativität vertiefen und damit den therapeutischen Prozeß beeinflussen können. Ferner lag hier eine Chance, unsere Einsicht zu erweitern, die möglichen Auswirkungen früherer Leben auf unser gegenwärtiges Leben zu studieren und schließlich sogar die Fortdauer des Bewußtseins nach dem Tode.

Und dann die Frage nach Gott: Ist er schließlich doch ernstzunehmen? Kann es ein Universales Bewußtsein und eine Liebe geben, die den Kosmos schufen - und sind wir fähig, unsere Verbindung mit dieser größeren Dimension zu begreifen?

> Die Psychologie ist vor allem die Wissenschaft vom Bewußtsein... Die Psychologen kehren heute zu den wesentlichen Fragen unseres Faches zurück: Wie arbeitet der Verstand? Was sind die Hauptdimensionen des menschlichen Bewußtseins? Ist das Bewußtsein individuell oder kosmisch? Welche Mittel gibt es, um das menschliche Bewußtsein zu erweitern? Da man all diese Fragen aufgrund des vorherrschenden Denkmusters während der vergangenen 60 Jahre von der Forschung ausgeschlossen hat, haben sie noch keine volle Behandlung von seiten der akademischen Wissenschaft erfahren.
> Es ist aber eine kulturelle und wissenschaftliche Evolution, wenn nicht sogar Revolution, im Gang. In Akademikern, als Mitträgern einer Kultur, spiegelt sich das allgemeine Interesse an „veränderten Bewußtseinszuständen", an Meditation, Drogenerfahrungen und an neuen und alten Religionen wider. Es besteht daher eine dauernde Notwendigkeit, die Basis der Psychologie umzugestalten; ferner muß man die laufenden Untersuchungen mit denen anderer Bewußtseinsforscher wie William James und C.G. Jung in Verbindung bringen, ebenso wie mit den „esoterischen" psychologischen Lehren anderer Kulturen wie Sufismus, *Yoga* und Buddhismus.[5]

Bald nach meiner Heimkehr gab ich eine Party. Ich wollte jedermann über mein verblüffendes Abenteuer in Indien erzählen - und das war mein Untergang. Dreihundertfünfzig Freunde und Kollegen waren eingeladen. Es sprachen imponierende Leute, darunter Ärzte, Rechtsgelehrte, ein international bekannter *Yoga*-Lehrer und sehr diesseitig orientierte Geschäftsleute. Ein besonders bewegender Film wurde vorgeführt. Die Party war gut organisiert; das Buffet war gut - aber irgendetwas ging schief. Ich verlor meine Glaubwürdigkeit und die meisten meiner Freunde. Studenten der Psychiatrie, deren Lehrer ich an der Medical School war, wurden ausgehorcht, ob ich etwa verrückt geworden sei. Da fing ich an zu begreifen, was für ein heißes Eisen dieses Problem ist. Hätte ich mich an meine eigenen Höhen und Tiefen - meine Seelenerforschungen und meinen eigenen inneren Widerstand in Indien erinnert, wäre mir das schon früher bewußt geworden.

Wenn ich die Situation von einem anderen Standpunkt betrachtete, dann sah ich ein, welche Komik darin lag: Ich war als moderner, erfolgreicher Psychotherapeut zu einem Abenteuer nach Indien aufgebrochen und beinahe in Sack und Asche zurückgekehrt. Ich hatte der Kommission für Abtreibungen an zwei angesehenen Krankenhäusern angehört, und nach

meiner Rückkehr kündigte ich meine Mitarbeit aus Gründen der Unverein-
barkeit der Abtreibung mit meinen neuen spirituellen Glaubenssätzen. Es
war mir klar, daß ich mich in einer sehr peinlichen und komischen Lage
befand, wie in dem Film „O Gott". Da versuchte ich nun, meine berufliche
Stellung zu halten, während ich die Befürchtung hegte, ich könnte eines
Tages damit enden, daß ich vor Kollegen z.B. sage: „Gestern fand ich zwischen Kohlblättern eine Botschaft von Gott, in der er mir mitteilte, daß er
existiert und uns allen sagen möchte, daß er uns liebt und wir seine Schöpfung ehren sollen."

Immerhin versuchte ich, so gut es ging, innerhalb meines Berufsstandes
Verbindungen aufzubauen, legte den Jahresversammlungen der Amerikanischen Vereinigung der Psychotherapeuten in den Jahren 1973, 1974 und
1980 Vortragsmanuskripte über Sai Baba vor - und wurde alle drei Male
abgewiesen. Die Berufskollegen schienen völlig desinteressiert.

In meinen Augen war das ein zwar verständlicher, aber beruflich
unhaltbarer Widerstand gegen ein Material, das von grundlegender Bedeutung ist. Ich faßte den Entschluß, diesem Problem mehr im Detail nachzu-
gehen und vereinbarte ein Interview mit einem Psychoanalytiker in San
Diego, der einen guten Ruf genoß und, wie ich meinte, ein Repräsentant der
Hauptdenkrichtung der Psychotherapie war. Er hatte Feingefühl, war klug,
sowohl als Lehrer als auch in der Administration erfahren und sehr vielsei-
tig interessiert, auch an Psychosomatik und Krankenhauspsychiatrie. Ich
hoffte, die Widerstände definieren und überprüfen zu können, die er dem
Material vielleicht entgegenbringen würde. Nach dem Interview bat er
darum, anonym zu bleiben.

Anmerkungen

1. Siehe die Definition des *Avatars*, Anmerkung[3] der Einführung.
2. W. H. Macintosh, neunmaliger Präsident der Spirituellen Vereinigung von Großbritan-
   nien, hat Artikel und Beiträge für zahlreiche Publikationen geschrieben. Er ist Autor der
   Bücher „The Essence of Spiritualism" und „The Unwilling Healer".
3. Die Spiritualität ist hier als diejenige Dimension definiert, durch die wir - entweder durch
   persönliche Erfahrung oder durch Intuition - mit unserer Existenz jenseits von Raum und
   physischer Körperlichkeit verbunden sind; durch sie erkennen wir, daß unsere tiefste und
   wesentlichste Beziehung durch das Göttliche und zum Göttlichen oder Gott besteht.
4. Eliade Marcea, „Yoga, Immortality and Freedom" (Princeton University Press, 1958).
   T. M. P. Mahadavan, „Ramana Maharshi, The Sage of Arunacala" (London: George
   Allen & Unwin, 1977). *Swami* Nikhilananda, „The Gospel of Shrī Ramakrishna" (New
   York: Ramakrishna-Vivekananda Center, 1969).
5. Robert D. Ornstein, Ed., „The Nature of Human Consciousness: A Book of Readings"
   (San Francisco: W.H. Freeman, 1973), S. XI.

DER WIDERSTAND DER PSYCHOTHERAPIE
EIN INTERVIEW

KAPITEL 6

Sandweiss: Die Psychotherapeuten haben eine Menge über die normale Persönlichkeitsentfaltung und wirksame Behandlungsmethoden durch das Studium stark gestörter Persönlichkeiten gelernt. Glauben Sie, daß wir noch tiefere Einblicke in das menschliche Befinden gewinnen könnten, wenn wir hochentwickelte Menschen studieren würden - Leute, die ein höchstes Bewußtsein oder höhere Bewußtseinsebenen erkennen lassen? Meinen Sie, daß z.B. ein Sammeln von Erfahrungen über höhere Bewußtseinsebenen mit gründlichen Studien der Leben von Heiligen und Mystikern für die moderne Psychotherapie von Bedeutung sein könnte?

Doktor A: Für mich als Person, ja; als Therapeut, nein. Ich nehme an, daß das Phänomen von höheren Bewußtseinsebenen ein wichtiges menschliches Phänomen ist, aber als Therapeut glaube ich nicht, daß das etwas mit meiner klinischen Praxis zu tun hat. Das gleiche gilt für vieles andere. Ich kann mir eine Reihe von Dingen vorstellen, die ich nicht verstehe, die mich aber persönlich interessieren; das reicht von außersinnlicher Wahrnehmung bis zu astronomischen Spekulationen, und das hat wirklich nichts mit Psychotherapie zu tun. Ich akzeptiere sie einfach als Dinge, die ich nicht verstehe, obgleich sie mich persönlich interessieren.

S: Hat Religion irgendetwas mit Psychotherapie zu tun?

Dr. A: Sie hat mit mir als Person eine Menge zu tun, aber nicht mit mir als Therapeut - oder sehr wenig -, meine ich.

S: Was wäre das?

Dr. A: Ich glaube, ich sehe die Psychotherapie als ein klinisches Spezialgebiet, das versucht, Menschen mit sehr gestörtem Verhalten zu besserem Funktionieren zu verhelfen und Leuten mit nicht so starken Störungen, etwas über sich selbst zu erfahren. Wenn man den sogenannten Normpunkt erreicht, ist man mit der Psychotherapie fertig. Sie bringt den Menschen vom Minus- zum Nullpunkt. Um von Null zum Plus zu kommen, würde man eine andere Methode anwenden.

S: So sehen Sie eine Trennungslinie zwischen dem Feld der Psychotherapie und der Religion: Gibt es da keine Wechselbeziehung?

Dr. A: Ja.

S: Meinen Sie, daß diese Einstellung innerhalb der Psychotherapie allgemein herrscht?

Dr. A: Das weiß ich nicht.

S: Ist es etwas, worüber Sie viel nachgedacht haben?

Dr. A: Nicht sehr viel. Ich habe darüber nur als Teil des Menschseins und der Fragen über die Welt spekuliert, aber nicht im klinischen Sinn -

nicht im Versuch, meine psychotherapeutischen Kenntnisse mit Religion in Verbindung zu bringen.

S: Warum, meinen Sie, denken Sie selbst und vielleicht viele andere Therapeuten nicht darüber nach, in welchem Verhältnis die Psychotherapie zur Religion steht?

Dr. A: Ich vermute, jeder versucht das ein wenig, findet es aber unergiebig. Ich weiß, daß ich es tat. Andere mögen daraus vielleicht den einen oder anderen Gewinn gezogen haben, eine solche Beziehung zu untersuchen, und so machen sie damit weiter; aber ich konnte einfach nichts damit anfangen. Es veränderte zu sehr meine Denkweise. So hielt ich die beiden Gebiete getrennt.

S: Sie sagten, an einem bestimmten Punkt versuchten Sie, die beiden in Beziehung zu setzen. Wie versuchten Sie es?

Dr. A: Nun - ich reagierte auf die naiven Religiösen, die Dinge sagen wie: „Wenn dieser Mensch nur einen Glauben hätte, dann wäre er nicht psychisch krank." Ich glaube nicht, daß das stimmt. Religiös Gläubige haben ebensoviele psychische Krankheiten wie sonst wer. Es scheint, daß der Glaube weder verursacht noch heilt. Ich nehme an, es besteht kein Zusammenhang.

S: Dieser innere Zustand, den man „Glauben" nennt, ist von der Psychotherapie nicht klar definiert worden - wie wissen wir dann, wovon wir sprechen?

Dr. A: Ich habe das Gefühl, daß der Glaube mit der eigenen inneren Erforschung zu tun hat, aber nichts mit der klinischen Psychotherapie, wie ich sie praktiziere. Es scheint kein Bezug zu meiner klinischen Praxis zu bestehen.

S: Der Glaube beinhaltet ein Gefühl der Hoffnung - ein optimistisches Gefühl in bezug auf die Zukunft. Das könnte doch als ein wesentliches Element der Behandlung erscheinen.

Dr. A: Wir stolpern über das Wort „Glaube". Sie verwenden es als eine Art Optimismus, was den Behandlungsprozeß betrifft. Aber ich sehe religiösen Glauben nicht immer als hoffnungsvoll oder positiv an. Er kann erschreckend sein oder, im Sinn des „Alten Testaments", sehr restriktiv, einschränkend. Zum Glauben gehört die Annahme des Irrationalen als einem integrierenden Bestandteil des Lebens, und es liegt eine Gefahr in der Glaubenshaltung des „weil ich einen Glauben habe" und nicht „weil es sinnvoll ist".

S: Ich stimme dem zu, daß manche Leute diese Haltung einnehmen, um die Verantwortung eigener Entscheidung zu vermeiden. Aber das soll gewiß nicht heißen, daß man der Glaubenshaltung niemals trauen darf - daß es eine primitive Reaktion sei, die immer und in allen Situationen ungeeignet wäre. Denn es gibt viele höchst differenzierte Denker - Philosophen und Wissenschaftler -, die zu dem Schluß kommen, daß der Verstand die Welt in ihrer Ganzheit nicht völlig erfassen kann, und die ebenso wie die spirituell Orientierten das Gefühl haben, daß unsere tiefsten Einsichten über den Sinn unserer Existenz nur intuitiv und durch die Erfahrung der Liebe zu gewinnen sind - nicht mittels des Verstandes. Ich glaube, das ist es, weshalb viele wissenschaftlich und technisch orientierte Menschen einen Widerstand gegen die Spiritualität haben - sobald der Intellekt als letzte Autorität in Frage gestellt wird.

Ich würde gerne die Richtung des Gesprächs ändern, weil wir vielleicht ein wenig zu kopflastig werden. Was würde Ihrer Meinung nach geschehen, wenn Sie jemandem begegneten, der eindeutig auf einer höheren Bewußtseinsstufe steht - der die Macht hat, Gegenstände zu materialisieren und Menschen zu heilen, der grenzenlose Hellsichtigkeit und heiligmäßige Liebe erkennen läßt und in einem dauernden Zustand der Glückseligkeit lebt? Was würden Sie empfinden, wenn er Ihnen sagte, daß Spiritualität und Psychotherapie sehr eng zusammenhängen und daß die spirituelle Vorstellung von der Realität viel tiefer ist und allumfassend im Vergleich zur Psychotherapie?

Dr. A: Ich weiß nicht, wie ich das beantworten soll, ich bin nie einer solchen Persönlichkeit begegnet. Sie sprechen über etwas, das ich nicht einordnen kann - ich spreche darauf nicht an - ich weiß nicht, was es heißt. Vielleicht bin ich nicht imstande, auf irgendjemanden dieser Art zu reagieren. Ich nehme an, daß Sie eine Erfahrung mit einer solchen Persönlichkeit hatten. Aber ich kann es nicht verstehen. Ich kann Ihr Gefühl nicht teilen. Was mir gelegentlich passiert, ist: Patienten haben über eine mystische Erfahrung gesprochen, und als sie diese beschrieben, fühlte ich sie auch zu einem gewissen Teil. Aber es war nie in so ausführlichen und weither geholten Worten ausgedrückt.

S: Ist es möglich, diese hypothetische Situation überhaupt zu betrachten - unter der Annahme, daß sie höchst unwahrscheinlich ist? Was meinen Sie, wäre Ihre Reaktion, wenn Sie einem großen Lehrer mit grenzenlosem Wissen und unbegrenzten Kräften begegneten - der sagt, daß Spiritualität sehr nah verwandt mit der Psychotherapie sei?

Dr. A: Wir sind bereits in Schwierigkeiten - weil es mir einfach unvorstellbar ist, daß es einen großen Lehrer mit unbegrenztem Wissen geben soll.

S: Warum haben Sie, Ihrer Meinung nach, einen solchen Widerstand an diesem Punkt? Zugegeben, das ist sicher etwas Außergewöhnliches, aber warum können Sie sich nicht einmal in Ihrer Phantasie und Ihren Gedanken eine solche Möglichkeit ausmalen?

Dr. A: Als solche Menschen, wie angenommen wird, auf der Erde erschienen, konnten ihre Jünger sie nicht erkennen, und wenn sie es nicht konnten - Leute, die mit ihnen täglich lebten und arbeiteten -, wie in aller Welt komme ich dazu anzunehmen, daß ich es könnte?

S: Gab es solche Menschen auf der Erde - Menschen, bei denen andere erkannten, daß sie groß an Weisheit und Kraft sind?

Dr. A: Nein, ich glaube nicht, daß es solche Menschen wirklich gab.

S: Sagen wir, Jesus Christus.

Dr. A: Die Jünger erkannten Jesus ni   als den, den wir in ihm erkennen würden. Judas konnte ihn überhaupt nicht erkennen, und er war die ganze Zeit dabei.

S: Erkannte ihn Petrus nicht?

Dr. A: Gewissermaßen.

S: Wer hatte Ihrer Meinung nach eine bessere Vorstellung von Christus - die Jünger, die täglich bei ihm waren, oder wir heute?

Dr. A: Anscheinend wir, aber ich weiß es nicht.

S: Mußten die Jünger nicht irgendetwas Großartiges in ihm sehen, um Christus durch dick und dünn nachzufolgen?

Dr. A: Elf Männer folgten ihm durch dick und dünn. Einer wußte nicht einmal, was da vor sich ging; er folgte ihm ziemlich gut, und dann entschied er schließlich, daß es besser sei, diesen Kerl nicht weitermachen zu lassen. Aber aus dem Bericht - unvollständig wie er ist und 2.000 Jahre alt - geht nicht klar hervor, ob sie wirklich erkannten, wer er war. Er mußte ihnen sagen: „Ich bin der Weg" und ähnliches. Es gibt keinen wirklichen Beweis dafür, daß sie verstehen konnten, was er predigte. Und falls sie es verstanden, brauchten sie Jahre und Jahre, um zum Kern der Sache zu kommen.

Das ist keine wirklich neue Idee; man liest oft, daß wir Christus, wenn er heute hereinkäme, nicht erkennen würden. Sie würden ihn vermutlich einsperren.

S: Ich bin etwas verwirrt. Zuerst sagten Sie, daß Sie sich niemanden vorstellen könnten mit der Macht und Weisheit, die Jesus Christus nach christlichem Glauben hatte - und jetzt scheinen Sie anzuerkennen, daß es diese Art von Größe geben könnte, selbst wenn wir sie vielleicht nicht erkennen würden, wenn sie heutzutage erschiene.

Dr. A: Vielleicht sollte ich darauf näher eingehen. Ich glaube, daß meine menschliche Denkfähigkeit begrenzt ist. Wir können nichts richtig einschätzen, was jenseits unserer Bewußtseinsebene liegt.

Wir drücken das Universum in unserer eigenen Terminologie aus. Wir projizieren uns selbst auf die äußere Welt. Astronomische Theorien z. B. sind vielleicht nicht mehr als Erweiterungen dessen, was wir auf der Erde fühlen und berühren - und sie haben vielleicht gar nichts mit dem zu tun, was sich in Wirklichkeit im Weltraum abspielt. Was wir wirklich haben, das ist eine Projektion - wahrscheinlich nicht viel besser als eine paranoide Projektion unserer selbst auf das, was wir beobachten.

Es wäre äußerst schwer für mich, mir von etwas einen Begriff zu machen, das so weit von meiner eigenen Erfahrung entfernt ist wie ein Mensch mit unbegrenztem Wissen oder reiner, selbstloser Liebe. Ich würde mir nicht zutrauen, eine Kapazität, die so ganz jenseits meiner eigenen liegt, einzuschätzen. Ich glaube nicht, daß ich imstande wäre, eine solche Persönlichkeit zu erkennen. Ja, wenn ich diese Begrenzung überschreiten könnte - aber ich weiß nicht, wie ich das machen soll.

S: Wie ich höre - korrigieren Sie mich, wenn ich nicht recht habe - gibt es eine Anzahl von Begriffen und Vorstellungen, die Sie auf einer intellektuellen und rationalen Ebene haben, die dazu dienen, Sie davon abzuhalten, über eine derartige Situation nachzudenken. Sie haben sich dafür entschieden, daß dieses ganze Thema für den menschlichen Verstand unfaßbar ist - und so sind Sie entschlossen, sich zu weigern, solche Möglichkeiten überhaupt in Betracht zu ziehen.

Dr. A: Ich würde meinen, ich habe die äußersten Grenzen meiner gedanklichen Kapazität erreicht, und alles darüber hinaus wäre so viel wie gedankliches Fädenspinnen. Bis zu einem gewissen Grad haben, wie ich meine, die logischen Positivisten, die Wiener Philosophische Schule, wirklich mit einem Schlag mit der Metaphysik aufgeräumt aufgrund folgender Überlegung: Da wir über Metaphysik nicht auf logische Weise denken können, hören wir besser auf, überhaupt darüber nachzudenken, weil es nur vergeudete menschliche Anstrengung wäre. Denken wir lieber über etwas nach, das wir tatsächlich mit unserem rationalen Verstand begreifen können. Diese Betrachtungsweise hat einen gewissen Reiz.

S: So ist es Ihrer Meinung nach sinnlos, die Möglichkeit eines Gott-Menschen mit grenzenloser Macht und Liebe überhaupt in Erwägung zu ziehen?

Dr. A: Ja. Wir wissen nicht, ob Betrachtungen eines Phänomens solcher Art, so weit außerhalb unserer Erfahrungsmöglichkeit gelegen, wirklich gültig oder psychotisch sind.

S: Das ist sehr interessant. Ich denke, viele Psychiater teilen dieses Gefühl.

Dr. A: Es ist das gleiche wie die Frage: „Was ist hinter dem entferntesten Stern?"

S: Ich erinnere mich, wie Diskussionen über Gott im College nicht zu enden schienen. Niemand konnte irgendetwas beweisen, weil es keinen rationalen Beweis für die Existenz Gottes gibt. Die Diskussionen wirkten sinnlos, weil jeder sowieso glaubte, was er wollte - was seinen Bedürfnissen entsprach. Es war wie dieses Fädenspinnen. Ist es das, was Sie meinen?

Dr. A: Ja, das wäre der positivistische Standpunkt, wie ich ihn verstehe. Ich meine allerdings, sie treiben es ein bißchen zu weit, weil man zumindest einen gewissen Spaß daran haben kann, mit diesem Gedanken zu spielen.

S: Nun, das ist vielleicht keine schlechte Art, den Mystizismus zu betrachten. Aber darüber zu spekulieren, was hinter dem entferntesten Stern sein mag, und abstrakte Gespräche führen, ist etwas ganz anderes als tatsächlich sehen, was hinter dem entferntesten Stern ist. Überlegen wir uns einmal z.B. die hypothetische Situation, daß wir ganz plötzlich ein extrem helles Licht im Raum ganz konkret erleben; und aus diesem Licht tritt Jesus Christus als Materialisation hervor.

Sagen wir, daß das nicht nur ein Gedanke oder ein abstraktes Argument ist, sondern daß wir tatsächlich hier und jetzt mit dem physischen Jesus beisammen sind. Und Sie und ich, wir bestätigen es und machen sogar Filmaufnahmen, die es ebenfalls belegen. Nehmen wir an, er sagt Ihnen, daß er Sie aus Liebe eine konkrete, transzendentale Erfahrung machen läßt, um Ihnen eine Lektion zu erteilen - und dann verschwindet er. Und was, wenn wir ihn beide gesehen haben und es auch auf dem Film festgehalten ist? Wie würden Sie reagieren? Würden Sie immer noch, auch nach einer solchen konkreten Erfahrung, sagen, daß der Verstand ein solches Phänomen nicht fassen kann und es daher unangebracht sei, darüber auch nur nachzudenken?

Dr. A: Mein erster Eindruck wäre, daß ich verrückt war - total verrückt. Wie lange ich brauchen würde, darüber hinwegzukommen, weiß ich nicht. Und die Tatsache, daß mein Kollege genauso verrückt war, würde anfänglich keine Hilfe sein, wenngleich es vielleicht später eine gewisse Sicherheit bieten würde. Ich würde annehmen, daß ich halluziniert habe - oder zumindest beim Einschätzen des unwillkürlichen Eindrucks einer Selbsttäuschung erlegen sei. Ich würde es als einen psychopathologischen Fall ansehen.

S: Was wäre, wenn Jesus, während Sie es für psychopathologisch halten, wiederkäme, um Ihnen eine weitere Erfahrung zu vermitteln?

Dr. A.: Dann würde ich sagen, daß die Welt ein Teil meines Wahns ist. Dann würde ich beginnen, anzunehmen, daß ich mir einbilde, Christus gebe mir ein weiteres Zeichen. Ich würde denken, daß ich verrückt bin.

S: Was, wenn Sie nicht verrückt würden und weiter gut „funktionieren" könnten?

Dr. A: Wenn mir das zu oft passierte, wäre ich überzeugt, daß ich verrückt bin. Wenn es allerdings nur einmal vorkäme, dann wäre ich vielleicht imstande anzunehmen, daß es nicht psychopathisch war. Denn ich denke, daß eine psychische Erkrankung gewöhnlich nicht als isolierter Leuchtfleck aus dem Nichts auftritt. Je öfter es geschieht, desto sicherer wäre ich, glaube ich, daß es pathologisch ist.

S: Nehmen wir an, Sie gingen zu Ihrem Schreibtisch, und plötzlich läge auf Ihrer Schreibunterlage ein wunderschönes Bild der Vision, die Sie gerade hatten, mit einer Botschaft darunter, in der es heißt: „Ich verstehe, was sich in Deinem Gehirn abspielt und die Schwierigkeit, die Du hast, damit fertigzuwerden. Ich möchte, daß Du weißt, daß das wirklich ist und keine Halluzination. Ich gebe Dir einen tieferen Einblick in die Wirklichkeit."

Dr. A: Wenn er mir wirklich helfen wollte, dann würde er das lieber bleiben lassen. Es wäre besser, mich mit der Erfahrung ringen zu lassen und sie nicht zu sehr zu bestätigen. Mit anderen Worten, ich vermute, daß meine Toleranz für eine Vorstellung, die so sehr abweicht von meiner gewöhnlichen Erfahrung, sehr gering ist; ich könnte nur eine kleine Portion davon ertragen, ohne anzunehmen, daß ich meine Fähigkeit verloren habe, den Primärprozeß vom Sekundärprozeß zu trennen.[2]

S: Ich fühle gerade jetzt Ihren Widerstand.

Dr. A: Einmal ist mir das passiert. Vor etwa zwanzig Jahren hatte ich ein kurzes religiöses Erlebnis. Es dauerte zwei bis vier Minuten, nehme ich an, und mein erster Eindruck war, daß es psychopathisch sei. Ich studierte Psychotherapie und dachte: „O nein, jetzt passiert mir das - jetzt sind die Röhren durchgebrannt, da haben wir es." Es dauerte buchstäblich Wochen, bis ich mich wieder etwas wohler fühlte. Zufällig befand ich mich gerade inmitten einer Analyse, und zum Glück nahm mein Analytiker nicht gleich an, daß ich ein Psychopath sei; so begann ich zu akzeptieren, daß es eine sehr kurze mystische Erfahrung war.

S: Worin bestand diese Erfahrung?

Dr. A: Ich will es Ihnen erzählen - ich nehme an, das ist in Ordnung, ich sagte es meinem Analytiker. Eigentlich erscheint es nach diesen vielen Jahren gar nicht mehr so sehr als ein wunderbares Ereignis. Damals natürlich schon. Es hatte die Qualität der Trennung. Ich hatte das Gefühl, für immer ein anderer zu sein, und dann eine große positive Erhebung und das Gefühl, daß ich gleichsam auf eine andere Ebene durchsehe oder wie man das nennen will. Als ich dann festgestellt hatte, daß ich wirklich nicht kaputtgegangen war, wollte ich es wiederholen - aber es gab keine Wiederholung. Dann beruhigte sich allmählich das Gefühl, daß ich für immer verändert sei, und ich kam nach ein paar Monaten gewissermaßen wieder auf die Grundlinie zurück. Ich konnte es nicht wiederholen.

S: Was geschah dabei?

Dr. A: Nun, ich saß in der Riverside Church in New York, gemeinsam mit meiner Frau, und während des Gottesdienstes blickte ich auf zum Kreuz - es ist groß, ungefähr Lebensgröße. Ich weiß nicht, ob Sie die Riverside Church kennen, sie ist ungemein großräumig - von Rockefeller gebaut -, sie muß wohl vier Stockwerke hoch sein; es ist eine riesige Nachahmung einer französischen gotischen Kathedrale, ein prächtiges Gebäude. Und ich hatte auf einmal den Gedanken, daß ich jetzt verstehen könnte, warum Jesus zum Kreuz gehen mußte, um seine Liebe für die Menschen auszudrücken. Für mich ist das überhaupt nicht einsehbar - aber in jenem Augenblick war dieses unlogische, völlig unlogische Phänomen, soweit es mich betraf, irgendwie sinnvoll.

Es hatte eine Art von universal bedeutungsvollem Sinn, und ich hatte selbst ein Gefühl der Liebe, und etwas wie ein warmes Glühen kam über mich. Es dauerte etwa eine halbe Minute, meine unmittelbare Vermutung war, daß ich verrückt geworden sei. Und es überraschte mich, daß ich verrückt geworden war, ausgerechnet auf religiöse Art - das hatte ich nicht auf diese Weise erwartet.

Aber so war es. Und es ist nicht wiedergekommen - nur das eine Mal. Es hat jedoch mein Interesse für die Religion erhöht. Seither habe ich von den Patienten erfahren, daß diese Erlebnisse nicht häufig sind, aber auch nicht selten. Es war eine positive Erfahrung.

S: Es hat Ihr Interesse für die Religion erhöht?

Dr. A: Ja, sehr. Ich habe es immer gehabt. Ich bin mein ganzes Leben im wesentlichen ein praktizierender Christ gewesen, aber ich hatte Schwierigkeiten mit dem Irrationalen der Religion und der Tatsache, daß ich irgendwie meine eigenen kritischen Fähigkeiten unterdrücken mußte, um dabei bleiben zu können - denn wissen Sie, vieles von dem Zeug hat keinen Sinn. Aber in jenem Augenblick, da machte das nichts - ich war gläubig. Ich nahm damals an, ich hätte es in gewissem Sinn ein Bekehrungserlebnis nennen können. Aber das war es doch nicht, denn es änderte nichts an dem, was ich über die Religion dachte. Es erhöhte zwar in der Tat mein Interesse und mein Gefühl „da ist was dran", obgleich ich weiß, daß wir mit allen Arten von Müll und Projektionen beladen sind, wo man hinschaut, so daß die Wahrnehmung vielleicht tatsächlich zu 90 Prozent falsch war. Und doch fühlte ich, daß etwas dran war.

S: Hatten Sie den Wunsch, das noch einmal zu erleben?

Dr. A: Ja, aber es geschah nichts. Ich habe inzwischen erfahren, daß das bei mystischen Erfahrungen häufig so ist. Man strengt sich sehr an, die Erfahrung noch einmal zu machen, aber es will nicht gelingen. Ich erinnere mich, im College St. Bonaventuras „Journey of the Mind to God" (Reise des Verstandes zu Gott) gelesen zu haben, was meiner Erinnerung nach eine Art Rezept ist, wie man zu mystischen Erlebnissen gelangt. Dazu gehörte Fasten, bei Regen und Kälte draußen stehen und alles mögliche, wie nicht schlafen und sich körperlich erschöpfen. Es scheint, daß er sich selbst in einen Zustand versetzt hat, der einer toxischen Psychose glich, um seine Erfahrungen heraufzubeschwören. Vielleicht klappte das bei ihm. Es zeigt jedenfalls, daß er sich so sehr nach einer Wiederholung des Erlebnisses sehnte, daß er sich diesen Torturen aussetzte. Das machte ich nicht! Ich wartete einfach. Es geschah nichts. Und wenn ich jetzt darüber nachdenke, bin ich nicht sicher - bin mit mir selbst im Widerspruch -, ob ich wollte, daß es wieder geschieht.

S: Warum?

Dr. A: Weil ich annehme, daß ich dasselbe denken würde wie das erste Mal. Ich würde glauben, daß ich wahrscheinlich seelisch kaputt bin.

S: Angesichts eines tiefen, bewegenden mystischen Erlebnisses wäre vielleicht die angemessenste Reaktion Hingabe und Verehrung. Könnte es sein, daß Sie deshalb fürchten, sich der Verehrung hinzugeben, weil es einer Aufgabe Ihrer wissenschaftlichen und rationalen Einstellung zur Wirklichkeit gleichkommen könnte? Haben Sie das Gefühl, daß Verehrung, Anbetung gefährlich ist?

Dr. A: Nicht gefährlich - ungemütlich. Ich weiß nicht, ob ich mir in dem Sinn schaden würde, aber ich würde mich unbehaglich fühlen.

S: Wenn Sie sich durch die Anbetung selbst einem tiefen Gefühl der Liebe öffnen würden - einer Liebe, die große Kraft und großen Mut schenkt - wäre das unbehaglich? Nehmen wir an, Sie wüßten, daß dieses Erlebnis der Seligkeit und der Liebe ein Gnadengeschenk göttlicher Herkunft ist - erfüllt von Hochachtung, Dankbarkeit und Verehrung für Gott -, würden Sie das nicht mögen?

Dr. A: Ich bin ziemlich sicher, daß ich es nicht mögen würde.

S: Das überrascht mich. Denn wenn das so ist, wehren Sie sich gegen die Erlangung des höchsten Bewußtseinszustandes, den ein Mensch beschreiben kann, und die Einsicht in diesen.

Dr. A: Ich komme immer wieder auf dasselbe zurück. Ich würde dem Erlebnis nicht trauen. Punkt eins denke ich, daß es niemandem möglich ist, in einen Zustand anhaltender Seligkeit einzugehen; ich glaube nicht, daß das im Bereich unserer mentalen Möglichkeiten liegt. Und Punkt zwei, ich wäre sicher, daß ich in eine Art ekstatische Psychose verfallen bin.

S: Das denken Sie - aber können Sie sicher sein, daß es niemandem möglich ist, einen Zustand konstanten Glücksgefühls zu erreichen, unbegrenzte Macht und bedingungslose Liebe?

Dr. A: Selbst wenn das so in den Lebensgeschichten der Heiligen wie der des Heiligen Franz von Assisi beschrieben wird, kann ich mich an keinen Fall erinnern, bei dem der Zustand der Seligkeit andauerte.

S: Von meinem Standpunkt aus ist die Frage viel mehr als eine hypothetische Übung - weil ich glaube, daß ich einem solchen Menschen begegnet bin. Hervorragende Leute - angesehene, geschulte Beobachter - Menschen aus der ganzen Welt - sind überzeugt. Wenn zahlreiches Beweismaterial diese unwahrscheinliche Möglichkeit belegte, glauben Sie nicht, daß das die Psychotherapeuten interessieren würde? Oder meinen Sie, daß einige der Widerstände, über die wir sprachen, so mächtig wären, daß wir ausweichen und uns der Einsicht in dieses Phänomen verschließen würden?

Dr. A: Ich denke, ich würde es ausschließen. Ich würde sagen, es ist ein Schwindel, oder er ist ein charismatischer Führer - aber nicht wirklich echt. Ich würde das annehmen und nicht einmal hinzufügen, „bis das Gegenteil bewiesen ist", weil ich meine, daß man es mir eben nicht beweisen könnte.

Die menschlichen Wesen ändern sich ständig. Wenn Sie sagen, jemand befindet sich dauernd in einem Zustand der Seligkeit und zeigt unbegrenzte Kraft - dann ist er kein Mensch, was immer er auch sein mag.

S: Wenn die geachtetsten Wissenschaftler nach umfangreichen Beobachtungen zu dem Schluß kämen, daß ein bestimmtes menschliches Wesen sich in einem Zustand steter Glückseligkeit zu befinden scheint - würde Sie das nicht interessieren?

Dr. A: Lassen Sie es mich so sagen: Als ich in die High School ging, könnte die Antwort „Ja" gewesen sein. Es gab einen Punkt in meiner Einstellung zur Kosmologie und zur Menschheit, an dem ich, glaube ich, flexibel genug war, daß mir diese Art von Spekulation möglich gewesen wäre. Aber an dem jetzigen Punkt meines Lebens ist die Antwort: „Nein". Ich denke, weil mir in den dazwischen liegenden 30 Jahren ein solches Phänomen nicht untergekommen ist, nehme ich an, daß so etwas eben nicht existiert; und ich stehe heute an einem Punkt, an dem ich, selbst wenn ich eine solche Erscheinung mit eigenen Augen sähe, sie als eine abwegige Beobachtung meinerseits interpretieren würde.

Als ich 15 war, hielt ich nach einem Mann auf einem weißen Pferd Ausschau, der uns alle retten könnte, politisch und auch sonst. Ich maß alle Präsidentschaftskandidaten daran, ob sie ein Abraham Lincoln waren, der uns in eine bessere Welt führen würde. Seither habe ich mich verändert. Statt nach solchen Qualitäten bei einem Führer Ausschau zu halten, schlage ich fast den gegenteiligen Weg ein. Wenn er zu gut aussieht, wie der Mann auf dem weißen Pferd, dann wähle ich gegen ihn. Jetzt habe ich das Gefühl, wir müssen vor den Männern auf den weißen Pferden gerettet werden, weil sie uns gewöhnlich in die Zerstörung hineinführen. Charismatische Gestalten enden meist damit, daß sie das Falsche tun - oder noch schlimmer. Hitler ist ein Beispiel.

S: Glauben Sie, daß Christus und all die Geschichten über seine Göttlichkeit wirklich auf Tatsachen beruhen?

Dr. A: Ich bezweifle nicht, daß es einen historischen Jesus gab. Ob er Christus war oder wir einen aus ihm machten, bin ich mir nicht sicher. Ich weiß nicht, wieviel von dem, was wir ihm zuschreiben, ihm jetzt durch unser Bedürfnis nach einer solchen Gestalt unterstellt wird. Was wir über ihn sagen, wie wir ihn beschreiben, hat wahrscheinlich wenig Ähnlichkeit mit dem historischen Jesus.

S: Wenn er tatsächlich auf dem Wasser ging, würde das Ihr Interesse wecken?

Dr. A: Ich würde es nicht glauben. Ich würde meinen eigenen Augen nicht trauen.

S: Wenn es andere sehen würden und es durch Fotos dokumentiert wäre - hätte es dann irgendeine Bedeutung?

Dr. A: Fotos sagen mir nichts.

Anmerkungen

1. Primärvorgang - Freuds Terminus für primitives, unlogisches, magisches Denken und Wunschdenken, dem man in der Kindheit, in Träumen und in der Psychopathologie begegnet.
2. Sekundärvorgang - Freuds Terminus für die Art von intelligentem, logischem, die Wirklichkeit prüfendem und problemlösendem Denken, das zur erfolgreichen Anpassung an die äußere soziale Umwelt notwendig ist.

Bhagawan Sri Sathya Sai Baba

TELE NO 30
BRINDAVAN
WHITEFIELD-560 067
TELE NO 36
PRASANTHINILAYAM P O
ANANTAPUR DT 515134

My Dear's! The time will come when the whole of this dream will vanish. To everyone of us there must come a time when the whole universe will be found to have been a mere dream, when we shall find that the soul is infinitely better than its surroundings. In this struggle through what we call environments, there will come a time when we shall find that these environments were almost zero in comparison with the power of the soul. It is only a question of time, and time is nothing in the Infinite. It is a drop in the ocean. we can afford to wait and be calm.

With Blessings

(Bab)

Sri Sathy: Sai Bah

Übersetzung Seite 78

STANDPUNKTE

KAPITEL 7

Ist der Mensch Körper und Verstand oder Geist? Sind Zweck und Sinn des Lebens in einer erfolgreichen Befriedigung von Wünschen zu sehen oder in der Überwindung durch Verzicht auf sie? Ist die Welt der Materie real oder eine Täuschung und ein bloßer Hinweis auf eine viel umfassendere, eine ewige Wirklichkeit? Wie steht es andererseits mit der Ethik? Ist sie relativ und wandelbar oder absolut - ein schmaler Pfad zur Erlösung? Können wir ehrlich sagen, daß wir damit zufrieden sind, im Reich des Vergänglichen, Dahinschwindenden zu leben? Wenn nicht, so vielleicht deshalb, weil wir uns nach Vereinigung mit dem Ewigen, nach Erlangung fortdauernden Lebens und nach ewigem Frieden sehnen? Ist es realistischer und intelligenter, am Göttlichen zu zweifeln, als daran zu glauben - oder ist dieser Glaube als selbstzerstörerische Abwehr der Todesangst zu verstehen?

Ist Sai Baba authentisch? Könnte er eine lebendige Spiegelung unseres eigenen unendlichen, ewigen, göttlichen Wesens sein? Und gibt es eine Ebene bedingungsloser Liebe, welche die Psychologie noch nicht eingeordnet hat und die stark genug ist, alle unsere Ängste und Begrenzungen aufzuheben und zur Befreiung zu führen - zu völliger Freiheit von der Tyrannei des Selbstbewußtseins? Ist der Mensch Tier ... oder Gott?

Ich glaube, die Art, wie Psychotherapeut und Patient diese Fragen beantworten, hat einen großen Einfluß auf die Art und den Ausgang der Therapie. Der folgende Fall bezieht sich darauf, und in ihm wie in den anschließenden drei Kapiteln werden wir vielleicht klarer erkennen, wie allgemeingültig und wichtig spirituelle Fragen sind, und in welchem Ausmaß und auf welche Weise man sich ihnen widmen sollte. Zur Wahrung der Anonymität wurden die Namen der Personen und Orte geändert.

DER FALL A.T.

Im Jahre 1979, als A.T. sich in Behandlung begab, war sie eine aufgeschlossene junge Frau von 27 Jahren und verheiratet, mit abgeschlossenem Biologiestudium. Sie wog etwa 66 kg, war 1,68 m groß, von stämmigem, athletischem Körperbau, braungebrannt mit einer natürlichen, erdverbundenen Anziehungskraft und gern im Freien; sie trug für gewöhnlich lässige Jeans, Kleider oder Shorts und sprach in einer interessanten, einfühlsamen, auf den Mitmenschen eingehenden Art, manchmal ein bißchen übertrieben intellektuell. Sie war intelligent, gebildet, hatte sich an den besten Schulen Amerikas ausgezeichnet, wurde von den Altersgenossen bewundert und geachtet und von ihnen zur Präsidentin der Vereinigung ehemaliger Studenten gewählt. Mit einem Arzt verheiratet, hatte sie alles, was das Leben bieten konnte - sollte man meinen.

Obwohl keine Schwächen im Persönlichkeits- oder emotionalen Bereich zu erkennen waren, obwohl sie klar dachte und eine ganze Vielfalt von Emotionen ausdrücken konnte, hatte A. T. zeitweise einen seltsamen, verschleierten Blick, der in die Ferne ging, und sie klagte über eine undefinierbare Leere in ihrem Leben. Am Beginn der Behandlung bedauerte sie auch ihre mangelnde Motivation, ihr spirituelles Leben auszubauen. Für meine Begriffe drückte sie damit die Sehnsucht nach einer tieferen, bedeutungsvolleren Art von Liebe aus, war aber durch irgendeine Furcht blockiert.

Im Laufe der Behandlung wurde klar, daß sie ihre intellektuellen und sprachlichen Fähigkeiten dazu benutzte, ihre Beziehung zu anderen Menschen unter Kontrolle zu behalten bzw. auf Distanz zu gehen, wenn sie sich bedroht fühlte. Sie war übermäßig darauf bedacht, vernünftig, rational zu sein, und zögerte, kindliche Gefühle zu zeigen, weil sie meinte, dies würde „unvernünftige" Bedürfnisse und Wünsche zum Ausdruck bringen. Statt Gefühle zu formulieren, beschrieb und erklärte sie Geschehenes ausführlich im Detail und in einer Art, die ihr half, ihre Emotionen unter Kontrolle zu bringen und zu beruhigen. Zeitweise, wenn sie mir traurig zu sein schien und Tränen in ihre Augen kamen und ihre Lippen zu zucken begannen, leugnete sie dieses Gefühl und sagte: „Es besteht kein Grund zur Trauer. Sich der Trauer hinzugeben, ist ein morbides Selbstmitleid, das zu nichts führt. Warum sind so viele Leute traurig, wenn sie doch nichts anderes tun müßten, als ihre Gedanken energisch auf etwas anderes zu lenken?" In ihre übergroße Selbstbeherrschung und Distanz war also gelegentlich Trauer gemischt. Was zwang sie, eine so verstandesbetonte Kontrolle über sich auszuüben? Wogegen wehrte sie sich?

Um dieser Frage auf den Grund zu gehen, wollen wir uns erst ansehen, wie A. T.s intellektuelle Abwehr mit ihrer Kindheit und Beziehung zu ihren Eltern in Zusammenhang steht, und dann sehen, ob es dafür noch eine tiefere, geistige Ursache gibt.

HINTERGRUND-INFORMATIONEN

A. T. wurde in einem ländlichen Gebiet außerhalb einer kleinen, gemütlichen Stadt in Massachusetts geboren, in einer naturbelassenen Umgebung mit einem Bächlein, das nahe am elterlichen Haus vorbeifloß. Sie war das zweite von vier Kindern, mit einer älteren und einer jüngeren Schwester und einem jüngeren Bruder, in dieser Reihenfolge. Alle Geschwister bewährten sich ausgezeichnet in der Schule und fanden verantwortungsvolle und produktive Aufgaben im Berufsleben.

A. T.s Eltern waren aufgeschlossene, kreative Menschen. Ihr Vater war Elektroingenieur und in der Forschung und Entwicklung tätig. Ihre Mutter unterbrach ihre Ausbildung kurz nach Erlangung ihres Master's Degree (etwa Doktorgrad) in Biochemie, um die Familie zu gründen und ist jetzt wieder in den Beruf zurückgekehrt; sie arbeitet in der Forschung im Außendienst. A. T.s ältere Schwester hatte ihre Studien an einem College im Osten mit dem B.S. (Bachelor of Sciences) -Degree abgeschlossen, ihre jüngere Schwester ist Psychologin (Dr. Phil.) in einem ambulanten Behandlungszentrum für Kinder. Ihr jüngerer Bruder hat sein Mathematikstudium mit einem B.S.-Degree an der Yale-Universität abgeschlossen und ist Berater für ein Forschungslabor.

Ihre frühen Kindheitserinnerungen sind für A. T. wohltuend gesund und erfreulich. Sie erinnert sich an ihre Familie als eine eng verbundene, liebevolle Gemeinschaft; es gab weder Drogenprobleme noch besondere Aggressionen oder Trennungen der Eltern. Während ihrer ersten acht Lebensjahre waren sie streng gläubige, praktizierende orthodoxe Christen, die aber Unitarier wurden, als A. T.s Vater sich nicht mehr wohlfühlte bei der Aufgabe, Höllenfeuer und Schwefel zu lehren.

Obgleich emotional gesund, waren beide Eltern in ihrer Kindheit seelischen Qualen ausgesetzt, die zu einer Bewußtseinsverengung führten. A. T.s Vater ließ später in seinem Leben diese Enge erkennen, indem er jedes Thema als Unsinn abqualifizierte, das sich nicht klar in Kräften, Formen und Mechanismen begreifen ließ. Trotz seiner starken spirituellen Ader hielt er mystische Gedanken meist für verschwommen, unklar und nicht wert, sich damit abzugeben.

A. T.s Mutter wurde in Japan geboren, wo ihr Vater christlicher Missionar gewesen war. Ihre ersten Jahre verlebte sie in einer sittenstrengen, autoritären Umgebung; in ihrem späteren Leben litt sie an schwerer Gelenkarthritis, was dazu führte, daß sie für beide Knie einen künstlichen Ersatz brauchte.

A. T. war immer gut gelaunt, neugierig und einfallsreich. Von der High School ging sie mit einem glatten A-Durchschnitt ab; während der Schulzeit hatte sie auffälliges Mitgefühl für die Not der Armen gezeigt. Mit ungefähr 15 Jahren, als sie an einer einwöchigen Einkehrtagung für junge Unitarier teilnahm, wurden sie und ihre Freunde tief von Ralph Abernathys „Feldzug für die Armen" berührt. Sie fastete drei Tage und fuhr mit Freunden nach Washington, um die Zelt-Stadt zu besuchen und an der Protestaktion teilzunehmen. Im Sommer darauf opferte sie ihre Ferien für ein Head-Start-Programm.

Mit 16 Jahren ging sie als Austauschstudentin für drei Monate nach Südamerika, lernte fließend spanisch und entwickelte ein bleibendes Interesse an Südamerika. Das führte zu einer erhöhten Aufgeschlossenheit für umfassendere Weltprobleme. Sie engagierte sich in einer Bewegung für die Rechte der Studenten und nahm an Demonstrationen gegen den Krieg teil, obgleich sie in einer konservativen Gemeinschaft lebte. Nach dem Abschluß der High School mit 17 Jahren ging sie an die Brandeis-Universität und belegte als Hauptfach Biologie.

Während der nächsten Jahre lernte sie ihren jetzigen Mann, einen Arzt, kennen und heiratete ihn; ihre Studien an der Brandeis-Universität schloß sie 1975 ab. Anschließend übersiedelten sie beide in eine kleine kalifornische Stadt, wo sie während der beiden folgenden Jahre als Ausbildungshelferin bei einem mobilen Erziehungsprogramm Einwanderern half, den Anschluß an die Schule zu finden. Ihr Einfühlungsvermögen, ihr flüssiges Spanisch, ihre Intelligenz und ihr menschliches Interesse brachten ihr

Erfolge und führten dazu, daß sie auch an der Gestaltung der Lehrpläne mitwirken durfte. Während sie dort unterrichtete, entwickelte sich zwischen ihr und einem stellvertretenden Lehrer eine Freundschaft; er führte sie in neue spirituelle Gedankengänge ein und schenkte ihr mein erstes Buch, als sie 1978 von der Schule Abschied nahm. Anschließend gingen sie und ihr Mann nach San Diego in Kalifornien, wo er praktizierte. Etwa ein Jahr später, 1979, im Alter von 27 Jahren, begann sie eine Behandlung, um ihre Innenwelt zu erforschen und den Kontakt zu ihrem Mann zu verbessern. Es gab keine Vorgeschichte von Drogenmißbrauch oder Konflikten mit dem Gesetz, auch keine ausgesprochenen Depressionen oder Sexualprobleme.

FRÜHE JAHRE

Obwohl A.T.s Familie im Grunde gesund und stark war, gab es, wie in allen Familien, einige erkennbare Probleme in der Beziehung zwischen Kindern und Eltern. Das auffälligste und dasjenige, worüber A.T. während der Therapie am meisten klagte, war ein Mangel an bedingungsloser Liebe; die elterliche Zuneigung und Aufmerksamkeit mußte durch intellektuelle Leistung verdient werden. Im großen und ganzen störte sie das nicht, weil sie von Geburt an einen hellen, klugen Kopf hatte und es ihr leicht fiel, die Zuneigung der Eltern durch ihre rasche Auffassungsgabe zu gewinnen. Aber der Glaube, daß der Selbstwert von der intellektuellen Leistung abhinge, sollte ihr im späteren Leben und auch während der Behandlung einigen Kummer bereiten. Denn hier wurde ihre Intelligenz nicht belohnt.

Da sie daran zweifelte, daß bedingungslose Liebe möglich ist, entwickelte sie einen erhöhten Bedarf, Situationen mit Hilfe der Ratio zu meistern, um sich das Gefühl zu verschaffen, daß man sie liebte. Intellektuelle Überlegenheit war wohltuend.

Natürlich ist es immer angenehm, zu glänzen und sich überlegen zu fühlen, aber A.T. brauchte dieses Machtgefühl in einem solchen Maß, daß es ihre Offenheit einschränkte. Ohne dieses Gefühl drohte die Möglichkeit, nicht geliebt zu werden. Wenn während der Therapie ihre intellektuellen Antworten nicht belohnt wurden, sah sie sich gefährdet und bemühte sich, die Herrschaft durch übertriebenen Einsatz ihres Intellekts zurückzugewinnen. Dann pflegte sie übermäßig genau zu erklären und zu diskutieren, um mich zu beeindrucken oder sich vor Gefühlen zu hüten, und vergaß schmerzvolle Emotionen von einer Sitzung zur anderen.

Bemerkenswert waren auch ihre Gedächtnislücken, was ihre frühe Kindheit und Jugend betraf. Sie fragte sich, warum sie sich daran weniger erinnern konnte als ihre Altersgenossen und begann zu erkennen, wie sie sich selbst vor ihrem Ärger und vor der Sexualität versteckte, damit ihr nicht die Verstandeskontrolle entglitt und peinliche, verletzende Erinnerungen hochkommen konnten. Aber der Widerstand gegen diese Gefühle hielt sie auch von anderen wichtigen Emotionen fern - nämlich von der tiefen Liebe für ihre Eltern und Mitmenschen und auch von tiefen spirituellen Ansätzen. Nun wollte sie diese Schranken überwinden und schien bereit, den Schmerz zu riskieren, den das bereiten würde.

DER TRAUM

Von Sai Baba hatte A.T. durch die Lektüre meines ersten Buches erfahren, das ihr jener Freund geschenkt hatte, bevor sie nach San Diego übersiedelte. Obwohl wir nicht viel über Sai Baba gesprochen hatten, drückte sie im Lauf der Behandlung schon bald den Wunsch aus, Sai Baba möge ihr helfen, im Leben einen tieferen Sinn zu finden. Kurze Zeit nach dieser Äußerung hatte sie folgenden Traum:

> Ich war in einer großen Halle, ähnlich einer Turnhalle. Ich glaube, es war am Tag der Einschreibungen, dem Trubel nach zu schließen. Die Leute rannten hin und her und stellten sich an Tischen an, als ob sie sich für verschiedene Studiengänge anmeldeten. Ich ging zu einem Tisch, mit meinen Büchern unter dem linken Arm. Unter meinem rechten Arm fühlte ich einen fremden Gegenstand, und dann sah ich, daß ich da eine Holzstatue von Sai Baba trug. Ich fand das seltsam - ich war verlegen und wollte sie vor den Blicken der anderen versteckt halten. Während ich mich an einem der Tische anstellte, hörte ich auf meiner rechten Seite eine Stimme: „Was hast du denn vor, was versteckst du denn da unter deinem Ärmel, A.T.?" (Anm. d. Ü.: „... to have something up one's sleeve..." bedeutet auch so viel wie: „Was führst du denn im Schilde?"). Ich versuchte, die Stimme zu ignorieren, aber zu meiner Verwirrung wurde sie immer lauter. Und dann wiederholte sie zum dritten Male: „Sag, was hast du unter dem Ärmel, was...?"
>
> Ich traute mich nicht, die Statue aufzudecken. Während ich mein Gesicht zur rechten Seite wandte, war ich verblüfft, Sai Baba neben mir zu finden. Meine Augen wurden von seinem Lächeln gefesselt, das voller Schalk und Freude war. Sofort sprang wie ein Funke das gleiche Gefühl auf mich über. Höchst angeregt und voller Fröhlichkeit sagte er: „Ich bin's, ich bin's, ICH BIN'S!" Ich wurde von seiner Energie mitgerissen und war unbeschreiblich glücklich. Er war zu mir gekommen!

Ist das ein Traum, in dem sich A.T.s verborgene Liebe zu ihrem Vater ausdrückt? Bedeutet es eine Gefühlsübertragung auf mich? Handelt es sich dabei um ihre Angst, in sich hineinschauen zu lassen oder um ihre Sehnsucht nach Vereinigung mit Gott und den Kampf ihres Verstandes gegen diese Sehnsucht? Oder drückt der Traum vielleicht all dies zusammen aus - und falls es so ist: Auf welche Probleme sollte man zuerst eingehen?

Natürlich wird mitentscheiden, was sich im einzelnen in der Behandlung abspielt, aber die Wahl des einen Therapeuten kann von der eines anderen abweichen, je nach Fachrichtung. Ken Wilber, dessen Gedanken über das Wesen der Angst ich in Kapitel 4 beschrieben habe, spricht von zehn Bewußtseinsebenen (siehe Anhang IV unter der Überschrift „Transpersonale Psychologie") und erläutert die Unterschiede zwischen den Theorien, Betrachtungsweisen und Zielen der Freudianer, der existentiellen und transpersonalen Psychologie.[1] Er sieht in ihnen Reflexionen der verschiedenen Bewußtseinsebenen, auf die jede Richtung eingeht. Er zeigt, daß der existentielle Standpunkt die Bewußtseinsebene einschließt, welche die Psychoanalyse behandelt, und über sie hinausgeht und daß die transpersonale Schule sich an eine noch breitere Bewußtseinsebene wendet.

Wir wollen die psychologischen Aspekte des Traumes von A. T. erst von einem psychoanalytischen Standpunkt her betrachten und dann versuchen, ihn spirituell zu interpretieren, um die Ähnlichkeiten und Unterschiede der beiden Ansätze aufzuzeigen. Dabei werden wir die größere Vielfalt der Möglichkeiten und Bedeutungen schätzen lernen, die eine Therapie hinzugewinnt, wenn sie durch Einbeziehen spiritueller Überlegungen ihren Horizont zu erweitern sucht.

DER PSYCHOLOGISCHE ANSATZ

Die Auffassung, daß sich die eigene Ansicht vertiefen, die Bewußtseinsebene erweitern und die Lebenserfahrung vergrößern lasse, wenn man seinen falschen Vorstellungen und Ängsten entgegentritt und sie überwindet, wird sowohl von der Psychologie wie von den spirituellen Lehren vertreten. Freud erkannte, daß sich die Menschen von angsterfüllten Teilen ihres Selbst trennen und sich vor der Erinnerung an traumatische Ereignisse in der Vergangenheit schützen, indem sie diese verdrängen und verleugnen. Doch das Sicherheitsgefühl, das durch solche Schutzmaßnahmen erkauft wird, kostet seinen Preis: Das Bewußtsein wird dadurch auch auf anderen Gebieten verengt.

Um Liebe voll erleben zu können, muß man so offen sein wie ein unschuldiges, ungehemmt handelndes Kind. Wenn die gefürchteten Situationen nicht länger bestehen und man sich vor ihnen nicht mehr schützen muß, dann ist es Ziel der Therapie, gegen diese Abwehrmechanismen anzugehen, um übriggebliebene Ängste aufzulösen und damit dem Unbewußten zu ermöglichen, ins Bewußtsein zu treten. Wenn man Teile seines Selbst nicht mehr wegschließen, abtrennen muß, erlebt man eine neue Aufgeschlossenheit, eine Bewußtseinserweiterung und ein neues Gefühl der Ganzheit, eine tiefere Verbundenheit mit dem Leben, ein größeres Gefühl der Freiheit, mehr Lebenskraft und Liebesfähigkeit im Geben wie im Empfangen. Dieser Grad von „Ganzheit" darf jedoch nicht mit der „Einheit" oder dem Einssein mit allen Dingen verwechselt werden, von dem die spirituellen Lehren sprechen. Der wesentliche Unterschied liegt darin, daß der nicht-dualistische, spirituelle Ansatz darauf abzielt, alle Schranken zu überschreiten, um eine Einheit ohne jede Trennung oder Begrenzung zu erreichen (siehe Anhang III und IV).

Vom psychologischen Standpunkt aus kann man das große Schulgebäude in A. T.s Traum als ein Sinnbild für ihr Gedankengebäude mit seiner intellektuellen Stabilität und den intellektuellen Mauern betrachten, die sie sowohl von der menschlichen Liebe wie von der spirituellen Ganzheit fernhalten. Das Hasten der Leute und ihre Betriebsamkeit deuten darauf hin, daß ihr Intellekt herausgefordert und vielleicht von einer Liebe bedroht wird, die mehr Öffnung fordert - eine Offenheit, die wahrscheinlich Angst und Pein mit sich bringt. Man kann ihren Traum als einen Kampf zwischen ihrem Wunsch, größere menschliche Wärme und Liebe zu erfahren - der ursprünglich vielleicht von ihrer fordernden Beziehung zu ihrem Vater herrührt -, und ihrer Angst und intellektuellen Abwehr gegen diese Art von Liebe ansehen; denn eine solche Öffnung würde sie wieder der Angst und dem Schmerz aussetzen, die ihr in dieser Beziehung widerfuhren. Ich glaube, der Traum zeigt auch, daß menschliche und transzendente Liebe die Hemmungen abbauen und den zwischenmenschlichen Beziehungen mehr Sinn und Bedeutung verleihen können.

DER SPIRITUELLE ANSATZ

Spirituelle, nicht-dualistische Systeme stellen den gleichen Gedanken in den Mittelpunkt - nämlich daß Bewußtseinserweiterung und Liebe sich durch die Überwindung von Ängsten verwirklichen lassen, die den Weg zur vollkommenen Erkenntnis des wahren Selbst verhindern; sie treiben diesen Standpunkt auf die Spitze, indem sie versichern, daß der Mensch nicht nur seiner unterdrückten Kindheitsängste, Gefühle und Erfahrungen gewahr werden und imstande sein muß, wieder ganz in die Kindheit mit aller Unschuld zurückzukehren, sondern auch, daß er sein Gefühl der Getrenntheit von allem, was als andersartig gilt, überwinden muß. Das heißt, über die Spaltung zwischen Subjekt und Objekt, über die Dualität hinauszuwachsen. Dazu muß man Ängsten ins Auge sehen und sie hinter sich lassen - die imaginären wie die REALEN. Mit der unschuldigen, spontanen, feinfühligen, totalen Offenheit eines Kindes muß man dem Leid, Schmerz, dem Tod und der Todesangst ins Auge sehen. Die einzige Kraft, die stark genug ist, diese Transzendenz zu bewirken, ist die Liebe.

In diesem Zusammenhang kann A. T.s Traum ein Sinnbild für die grundlegende spirituelle Dynamik werden: Für den Kampf zwischen Verstand und Geist - das Sehnen des Geistes, alle Schranken und Trennungen zu überwinden, auch die Dualität und den Verstand selbst; auch die „tödliche Angst" des Verstandes davor, daß er transzendiert und möglicherweise ausgelöscht wird - in gleichem Maße, wie die selbstlose, bedingungslose Liebe die Kraft besitzt, alle diese Ängste zu überwinden. In diesem Sinn ergibt sich die folgende mögliche spirituelle Deutung des Traumes - die auf meiner eigenen Erfahrung mit Sai Baba beruht. Später werden wir im Laufe von A. T.s Therapie diese Dynamik bestätigt sehen.

Mir sind viele Sai Baba-Träume zugetragen worden. Sie zeigen alle dieselben Wesensmerkmale: Humor, Spannung und immer Sai Babas großes Mitgefühl und Wärme. Ich kenne keine andere Art von Träumen, die ein so nachhaltig strahlendes Entzücken auslösen - selbst nach Tagen noch. Es sind nicht wunscherfüllende symbolische Träume, mit denen die meisten Therapeuten zu tun haben. Sai Babas Erscheinen in einem Traum scheint mir ein tatsächlicher, klarer Ausdruck unseres eigenen höheren Bewußtseins zu sein. Und die Persönlichkeit Sai Babas in Indien ist vollkommen eins mit dieser Bewußtseinsdimension. Ich glaube, daß er wirklich persönlich im Traum gegenwärtig ist und ihn gestaltet, um zu lehren, zu beschützen, um Liebe zu schenken und uns zu helfen, irdische Ängste zu überwinden, wie auch die tödliche Angst vor der Transzendenz. Ich nahm an einem Interview teil, bei dem Sai Baba nicht nur einen Traum beschrieb, sondern ihn auch in höchst ungewöhnlicher Weise deutete - noch bevor ihm der Traum erzählt wurde.

Um sich vor tödlicher Angst zu schützen, hatte A. T. offensichtlich ihre Spiritualität geopfert, indem sie diese von ihrem Herzen fernhielt und versuchte, sie nicht wahrzunehmen. Während der Behandlung und kurz vor dem Traum hatte sie Sai Baba gebeten, ihr zu helfen, diesen spirituellen Impuls zu erwecken. Er hatte reagiert - zuerst nur mit einem sanften Rippenstoß; ihr Verstand kämpfte und versuchte, ihn zu ignorieren. Aber von neuem drang er ein und gab ihrem Widerstand keine Möglichkeit, ihn fernzuhalten. Die bedingungslose Liebe siegte schließlich, übersprang alle ihre Barrieren und durchbrach ihre Verteidigungslinien und Ängste. Letzten Endes konnte A. T. diese innige und beharrliche Annäherung, diese unwiderstehliche Einladung, in ihr Herz hineinzugehen, nicht ablehnen.

In wörtlichem Sinn mit etwas „unter ihrem Ärmel Verborgenem erwischt" mußte sie sich ihre Abwehr und ihre Ängste eingestehen und die in ihr tief verborgene Wirklichkeit freilegen. Als sie nach der, wie sie meinte, versteckten, leblosen Statue griff, entdeckte sie statt dessen ihre wirkliche Mitte, den beglückenden Durchbruch der Unschuld, der Liebe und der Freude, an denen ihr Herz und ihre Seele Feuer fingen.

Sai Baba forderte ihren Verstand - ihre intellektuellen Schutzwälle und ihre tödliche Angst heraus, ließ sie zu einem unschuldigen Kind werden und erweckte so ihre Spiritualität. Liebe verwandelte Furcht in Liebe und erwies sich als allem überlegen.

Der Glaube, daß in diesem Traum Sai Baba wirklich gegenwärtig war, da er, wie ich meine, eins ist mit unserem eigenen höheren Bewußtsein und sich manifestiert, um unsere innere göttliche Freude und Liebe zu erwecken, stellt einen eindeutigen Abschied von der üblichen psychologischen Denkweise dar. Es bedeutet zugleich, daß die spirituelle Dimension als Person aufzufassen ist, die auf uns reagiert und uns konkret im Alltag berührt - ferner, daß transzendente Liebe (hier in der Gestalt Sai Babas repräsentiert, aber zugleich unsere innerste Wirklichkeit) nicht an die Gesetze der Dualität gebunden ist und Zeit und Raum überwindet. Bedingungslose Liebe berührt andere sofort, gleichgültig, ob vergangen, gegenwärtig oder zukünftig, ob nah oder fern.

Sai Babas Allgegenwart in dieser Weise zu erleben, überzeugt von der Existenz und Weite der geistigen Dimension und erweckt unser Interesse für sie. Sai Babas gleichzeitiges Erscheinen in Indien und in der Gedanken- und Gefühlswelt einer jungen Frau in den USA bedeutet, daß auf einer fundamentalen Ebene A. T. und Sai Baba ein- und dasselbe sind. Wenn wir unser Innenleben und die Außenwelt in dieser Weise als eine Einheit erfahren, dann ergibt sich ein ganz neuer Einblick in die Bedeutung von „Einssein". In diesem Traum sehen wir den Abwehrkampf des intellektuellen, rationalen Verstandes und wie er sich schließlich dieser tiefen Einsicht öffnet.

Wenn das alles wahr ist, wie wichtig ist es dann, davon zu wissen! Es bedeutet eine lebenswichtige, entscheidende Information höchster Ordnung, die in jeden Aspekt der Therapie einbezogen werden muß.

In „Zen-Buddhismus und Psychoanalyse"[2] setzt sich Erich Fromm mit den unterschiedlichen Zielen und Zwecken der psychologischen und spirituellen Betrachtungsweise auseinander, in diesem Fall mit der Freudschen Psychoanalyse und dem Zen-Buddhismus. Er untersucht die Bedeutung und die Auswirkungen der Unterschiede zwischen ihnen und betont, wie wichtig es ist, die beiden Standpunkte zu vereinen. Er schreibt:

Das Ziel des Zen ist die Erleuchtung: das unmittelbare, unreflektierte Erfassen der Wirklichkeit ohne affektive Verseuchung und Verstandesarbeit und die Erkenntnis der Beziehung zwischen mir und dem Universum. Diese neue Empfindung ist eine Wiederholung des vorintellektuellen, unmittelbaren Erfassens des Kindes, aber auf einer neuen Ebene, auf der Vernunft, Objektivität und Individualität des Menschen voll entwickelt sind. Während das Erlebnis des Kindes von Unmittelbarkeit und Einheit „vor" der Erfahrung der Entfremdung und der Spaltung in Subjekt und Objekt liegt, kommt das Erlebnis der Erleuchtung danach.

Das Ziel der Psychoanalyse, wie es von Freud formuliert wurde, besteht darin, das Unbewußte bewußt zu machen, das Es durch Ich zu ersetzen. Sicherlich war der Inhalt des Unbewußten, das freigelegt werden sollte, auf einen kleinen Sektor der Persönlichkeit begrenzt, und zwar auf jene instinktiven Bestrebungen, die in der frühen Kindheit wirksam waren, jedoch der Amnesie anheimfielen. Diese aus dem Zustand der Verdrängung zu befreien, war das Ziel der psychoanalytischen Praxis. Ferner wurde, ganz abgesehen von Freuds theoretischen Voraussetzungen, der freizulegende Sektor durch die therapeutische Notwendigkeit bestimmt, ein bestimmtes Symptom zu heilen. Für die Freilegung des Unbewußten außerhalb des Sektors, der mit der Symptombildung in Zusammenhang stand, bestand wenig Interesse. Allmählich haben die Einführung der Begriffe des Todesinstinktes und des Eros und die Entwicklung der Ich-Aspekte in den letzten Jahren eine gewisse Erweiterung der Freudschen Auffassungen über den Inhalt des Unbewußten mit sich gebracht. Die von Freud unabhängigen Schulen haben den Sektor des Unbewußten, der freigelegt werden soll, stark vergrößert. Am radikalsten haben Jung, aber auch Adler, Rank und die anderen jüngeren sogenannten Neo-Freudianer zu dieser Erweiterung beigetragen. Aber das Ausmaß des freizulegenden Sektors blieb (mit Ausnahme von Jung) trotz einer solchen Erweiterung durch das therapeutische Ziel der Heilung von diesem oder jenem Symptom oder neurotischen Charakterzug bestimmt und umfaßte nicht den ganzen Menschen.

Wenn man jedoch Freuds ursprüngliches Ziel, das Unbewußte bewußt zu machen, bis zur letzten Konsequenz verfolgt, muß man es von den Beschränkungen befreien, die ihm Freuds eigene Ausrichtung auf die Instinkte und die Aufgabe, Symptome zu heilen, auferlegt haben. Wenn man das Ziel verfolgt, das Unbewußte vollständig freizulegen, ist diese Aufgabe weder auf die Instinkte noch auf andere begrenzte Teile des Empfindens beschränkt, sondern umfaßt das gesamte Empfinden des ganzen Menschen; dann besteht das Ziel in der Überwindung der Entfremdung und der Gespaltenheit in Subjekt und Objekt bei der Wahrnehmung der Welt; dann bedeutet die Freilegung des Unbewußten die Überwindung der affektiven Verseuchung und der Gedankenarbeit; sie bedeutet die Befreiung des Verdrängten, die Aufhebung der Spaltung in mir zwischen dem universalen Menschen und dem sozialen Menschen; sie bedeutet das Verschwinden der Polarität von Bewußtsein gegenüber Unbewußtem; sie bedeutet, daß man die Wirklichkeit unmittelbar, ohne Verzerrung und ohne Dazwischentreten der intellektuellen Reflexion erfaßt; sie bedeutet die Überwindung des Verlangens, am eigenen Ich festzuhalten und es anzubeten; sie bedeutet die Aufgabe der Illusion von einem unzerstörbaren, isolierten Ich, das vergrößert und bewahrt werden muß, wie die ägyptischen Pharaonen hofften, sich durch Mumifizierung für die Ewigkeit zu bewahren. Sich des Unbewußten bewußt zu sein bedeutet, offen und aufnahmebereit zu sein und nicht zu „haben", sondern zu „sein".

Fromm deutet an, daß der Mensch über die Subjekt-Objekt-Spaltung hinausgehen und zu vollkommener Bewußtheit gelangen kann. Er gibt zu verstehen, daß der Weg „ein ethisches Ziel mit einschließt", daß Werte von zentraler Bedeutung sind, daß spirituelle Probleme grundlegender als psychologische sind und daß sie aufgespürt und belegt werden müssen, bevor eine dauernde Heilung erreicht werden kann; schließlich, daß Mißerfolge innerhalb der traditionellen westlichen psychologischen Behandlungsmethoden darauf zurückzuführen sind, daß man sich diesen spirituellen Fragen nicht klar und unmittelbar stellt.[3]

Dieses Ziel, das Unbewußte durch das Bewußtsein vollständig zu erobern, ist ganz eindeutig viel tiefgreifender als das allgemeine Ziel der Psychoanalyse. Die Gründe hierfür sind leicht einzusehen. Dieses Gesamtziel zu erreichen, erfordert eine Anstrengung, die weit größer ist, als die meisten Menschen des Westens bereit sind, auf sich zu nehmen. Aber ganz abgesehen von der Frage der Anstrengung ist es nur unter gewissen Bedingungen möglich, dieses Ziel auch nur ins Auge zu fassen. Erstens läßt sich dieses tiefgreifende Ziel nur vom Standpunkt einer gewissen philosophischen Einstellung heraus anstreben. Diese Einstellung braucht im einzelnen nicht beschrieben zu werden. Es mag genügen zu sagen, daß durch sie nicht das negative Ziel des Fehlens einer Krankheit, sondern das positive Ziel des Vorhandenseins der Gesundheit angestrebt wird und daß unter Gesundheit die volle Harmonie und das unmittelbare und unverseuchte Erfassen der Welt verstanden wird. Dieses Ziel könnte man nicht besser beschreiben, als es D. T. Suzuki mit dem Ausdruck „die Kunst des Lebens" getan hat. Man muß sich vor Augen halten, daß jede solche Auffassung, die dieser Kunst des Lebens entspricht, aus dem Boden einer geistig-humanistischen Orientierung erwächst, wie sie der Lehre Buddhas, der Propheten, Jesu, Meister Ekkeharts oder der von Männern wie Blake, Walt Whitman oder Bucke zugrunde liegt. Wenn man sie nicht in diesem Zusammenhang sieht, verliert die Auffassung von der „Kunst des Lebens" alles Spezifische und entartet zu einer Auffassung, die heutzutage unter dem Namen „Glück" verbreitet ist. Man darf ferner nicht vergessen, daß diese Orientierung ein ethisches Ziel enthält. Obwohl das Zen über die Ethik hinausgeht, enthält es doch die ethischen Grundziele des Buddhismus, die im wesentlichen die gleichen sind wie die aller humanistischen Lehren. Wie es Suzuki in seinen hier abgedruckten Vorträgen sehr klar ausgesprochen hat, bedeutet die Erreichung des Zieles des Zen die Überwindung von Gier in jeder Form, sei es Gier nach Besitz, nach Ruhm oder nach Zuneigung; sie bedeutet die Überwindung der narzißtischen Selbstverherrlichung und der Illusion der Allmacht. Sie bedeutet ferner die Überwindung des Bestrebens, sich einer Autorität zu unterwerfen, die das Problem der Existenz für uns löst. Wer das Unbewußte nur zur Heilung einer Krankheit freilegen will, wird natürlich nicht einmal versuchen, das tiefgreifende Ziel zu erreichen, das in der Überwindung der Verdrängungen besteht.

Es wäre jedoch falsch anzunehmen, daß das tiefgreifende Ziel der Befreiung des Verdrängten nichts mit einem therapeutischen Ziel zu tun habe. Ebenso wie man erkannt hat, daß es ohne Analyse und Änderung des Charakters nicht möglich ist, ein Symptom zu heilen und zukünftige Symptombildungen zu verhindern, muß man erkennen, daß es nicht möglich ist, diesen oder jenen neurotischen Charakterzug zu ändern, ohne das radikalere Ziel einer vollkommenen Wandlung der Persönlichkeit zu verfolgen. Es ist sehr leicht möglich, daß die verhältnismäßig enttäuschenden Ergebnisse der Charakteranalyse (die von keinem ehrlicher eingestanden wurden als von Freud selbst, in der Schrift „Die endliche und die unendliche Analyse") gerade auf die Tatsache zurückzuführen sind, daß die Ziele bei einer Therapie des neurotischen Charakters nicht tiefgreifend genug waren; daß Gesundheit und Freiheit von Angst und Unsicherheit nur verwirklicht werden können, wenn man über das begrenzte Ziel hinausgeht, das heißt, wenn man erkennt, daß sich das begrenzte therapeutische Ziel nicht erreichen läßt, solange es begrenzt bleibt und nicht Teil eines weiteren, humanistischen Systems wird. Vielleicht läßt sich das begrenzte Ziel mit begrenzteren und weniger zeitraubenden Methoden erreichen, während die im langen analytischen Prozeß aufgewendete Zeit und Energie nur für das grundlegende Ziel der „Wandlung" und nicht für das begrenzte Ziel einer „Reform" fruchtbar eingesetzt werden sollten. Diese Auffassung ließe sich vielleicht durch eine weiter oben getroffene Feststellung stützen. Solange der Mensch nicht die schöpferische Bezogenheit erreicht hat, deren höchste Errungenschaft das Satori ist, kompensiert er bestenfalls eine inhärente potentielle Depression durch Routine, Götzendienst, Zerstörungsdrang, Gier nach Besitz oder Ruhm usw. Wenn eine dieser Kompensationen versagt, ist seine geistige Gesundheit in Gefahr. Die Heilung der potentiellen Geisteskrankheit besteht nur darin, sich von Gespaltenheit und Entfremdung weg zum schöpferischen, unmittelbaren Erfassen und Reagieren auf die Welt hinzuwenden. Wenn die Psychoanalyse auf diese Weise helfen kann, kann sie zur Erlangung wahrer geistiger Gesundheit beitragen; wenn nicht, wird sie nur helfen, kompensierende Mechanismen zu verbessern.

Anmerkungen

1. Siehe Anhang IV.
2. Erich Fromm, D. T. Suzuki & Richard de Martino, Zen-Buddhismus und Psychoanalyse, Suhrkamp 1979, S. 171-173
3. ebda., S. 173-175

Übersetzung des Briefes von Seite 66:

Meine Lieben! Die Zeit wird kommen, da dieser ganze Traum verschwinden wird. Für jeden von uns muß eine Zeit kommen, da er herausfindet, daß das ganze Universum nur ein Traum war, und da wir erkennen, daß die Seele unendlich viel besser ist als ihre Umgebung. In diesem Ringen mit dem, was wir „Umgebung" nennen, wird eine Zeit kommen, da wir finden, daß diese äußere Umgebung fast Null ist im Vergleich zur Macht der Seele. Es ist nur eine Frage der Zeit, und Zeit ist nichts in der Unendlichkeit. Sie ist ein Tropfen im Ozean. Wir können es uns leisten, zu warten und gelassen zu sein.

Mit Segnungen (Baba) Shrī Sathya Sai Baba

Ihr fühlt, daß es hinter und jenseits all dieser flüchtigen Phantasien etwas gibt, das alle Erfolge und Niederlagen überdauert, alle Tränen und jedes Lächeln, all diese Fröhlichkeit und das Stöhnen; aber ihr seid nicht imstande, es zu erreichen und zu begreifen, daß es im Wesen das gleiche ist wie das, was dem ganzen Universum zugrunde liegt. Ihr seid eins mit dem entferntesten Stern und dem geringsten kleinen Grashalm; ihr schimmert als Tau auf dem Blütenblatt der Rosen, ihr schwingt von Stern zu Stern. Ihr habt Teil und seid ein Stück dieser ganzen Schöpfung.

Sathya Sai Baba

SCHICHTEN DER ANGST, EBENEN DER LIEBE

KAPITEL 8

Wir mögen träumen davon, mit unserer innersten Freude, Seligkeit und Liebe - mit dem Göttlichen (wie A.T. in ihrem Traum) in Fühlung zu treten - es zu erreichen ist jedoch etwas ganz anderes. Der Weg nach innen kann einem Furcht einjagen, er ist einsam und erfordert Offenheit und Mut, da wir auf eine Angstschicht nach der anderen stoßen, indem wir tiefere Ebenen der Liebe aufsuchen, um das Dunkel zu zerstreuen, bis wir endlich unsere innerste Wirklichkeit - bedingungslose Liebe - erkennen. Hier folgt ein ausführlicher Bericht über eine therapeutische Sitzung mit A.T., in dem die beiden vorangegangenen Behandlungsjahre minutiös rekapituliert werden. Bei einer Therapie wie dieser, deren Ziel Einblick ins Innere ist, müssen systematisch Abwehr- und Schmerzkrusten abgetragen werden, weil sie das Bewußtsein verengen. Dabei kann man vielleicht nicht nur die zugrundeliegenden psychischen und spirituellen Probleme und ihre Relevanz deutlicher erkennen, sondern auch, in welchem Maß die Orientierung des Therapeuten (ob mehr psychologisch oder mehr spirituell) die Richtung und den Ausgang der Therapie bestimmt.

Ich möchte klarstellen, daß es nicht meine Absicht ist, einen schlüssigen Beweis für irgendeine bestimmte Theorie zu erbringen, sondern Eindrücke zu überprüfen, die ich während meiner klinischen Beobachtungen sammelte, die auf eine Realität hinter dem Denken und Fühlen hindeuten und sie definieren helfen; außerdem möchte ich Behandlungsmöglichkeiten vorschlagen, die jenseits der von uns üblicherweise anerkannten Verfahren liegen. Ich bediene mich dabei der Sprache und der Begriffe der psychoanalytischen Richtung, da ich mich damit am besten an die Hauptströmung wenden kann, und weil das psychoanalytische Modell einen großen Einfluß auf die Gestaltung der modernen Psychologie ausübt. Aber ich bitte den Leser, die spirituelle Wirklichkeit vor Augen zu behalten, die alle Arten von Therapie und alle Aspekte des Lebens einschließt.

Da wir uns auf A.T.s Ängste konzentrieren, könnte man auf den falschen Gedanken kommen, daß diese Frau verwirrter sei als andere und bei „normalen" Menschen solche Befürchtungen keine Rolle spielten. Ganz im Gegenteil. Man muß unbedingt klarmachen, daß die Ängste, die wir näher betrachten werden, nicht nur A.T. betreffen, sondern allgemein verbreitet und in jedem von uns anzutreffen sind. Wie ich schon im Kapitel 7 hervorzuheben versuchte, ist A.T. in Wirklichkeit eine außerordentlich talentierte, kreative, unternehmungslustige und intelligente Person. Ich wählte dieses Arbeitsmaterial gerade wegen ihrer Stärken - weil sie den Mut hatte, unter die Oberfläche zu tauchen, tief in eine innere Welt, an der wir alle teilhaben, bis zu Stationen, in die vorzudringen viele unter uns zu ängstlich wären. Sie hatte die Fähigkeit und das Talent, klar zu beschreiben, was sie dort vorfindet. Sie verkörpert eine Seite von uns allen - und der individuelle

Kampf zwischen ihrem Intellekt und ihrer Geistseele, den sie schildert, spiegelt die Dynamik des Konfliktes wider, den die Psychologie mit der Spiritualität austrägt.

DIE FURCHT VOR DER RETTUNG

A. T. kehrte gekräftigt und braungebrannt von einer Floßfahrt zurück, die sie mit ihrem Mann unternommen hatte. „In der Wildnis zu sein, sechs bis acht Stunden am Tag auf dem Wasser, in unberührter Natur, über Stromschnellen zu schießen, das war einfach wundervoll. Wir machten immer wieder halt, bauten eine Feuerstelle, hatten eine schöne Mahlzeit und waren in Frieden mit der Welt", rief sie aus.

Sie sprach gerne darüber, welche Freude sie im Freien empfand. Die Naturnähe regte sie an und erfüllte sie mit großer Fröhlichkeit. Ich gebe zu, die Natur ist ein anziehendes Gesprächsthema, aber ich hatte den Eindruck, daß A. T. es in der Therapie benutzte, um ein Eingehen auf tiefere, innere Erlebnisse zu vermeiden, weil sie dabei wieder auf schmerzlichere Fragen stoßen würde.

Ich fühlte ihre Zurückhaltung und blieb still, um ihr Zeit zu lassen, es selbst stärker zu spüren. Wenn es ihr allmählich bewußt würde, hatte sie die Wahl, es dabei zu belassen oder weiterzugehen und mehr über sich selbst zu erfahren.

„Wir machten in San Francisco halt und blieben bei Freunden, einem verheirateten Tänzerehepaar, das gerade von einer Tournee zurückgekommen war. Einige Monate vorher hatten sie in San Diego begonnen. Dort kam aber wegen schlechter Werbung kaum jemand zur Vorstellung; es war ein großer Mißerfolg. Sie waren recht niedergeschlagen und hatten große Geldsorgen.

Damals erhielt ich unerwartet 400 Dollar per Post, eine Rückzahlung einer ausstehenden Schuld. Es kam aus heiterem Himmel. Ich gab das Geld meinen Freunden. Mein Mann war verärgert; er fand, es sei unverantwortlich, eine unpassende Großzügigkeit, aber für mich war es spontaner ‚guter Wille‘.

Als wir sie in San Francisco wiedertrafen, hatten sie eine erfolgreiche Tournee hinter sich und waren in bester Stimmung. Sie hatten überall, wohin sie kamen, begeisterte Kritiken erhalten, besonders für einen Tanz, dessen Choreographie sie selbst gemacht hatten. Und sie waren so dankbar für mein Geschenk, daß sie diesen Tanz meinem Mann und mir gewidmet hatten - was sie sogar in ihr Programm drucken ließen. Ich bin nicht in der Lage, einen Tanz zu kreieren, so freute es mich, daß ich auf diese Weise hatte mithelfen können."

A. T. war großzügig zu ihren Freunden gewesen und wurde mit Recht geschätzt. Aber in einem anderen Zusammenhang erzählte sie mir, wie schmerzlich es war, nicht verstanden zu werden, wenn man tiefe innere Gefühle ausdrückt, wie sie es ihren Freunden gegenüber getan hatte, als deren Tanz nicht gewürdigt wurde, und wie sehr sie sich fürchtete, mehr von sich selbst mir gegenüber zu offenbaren, aus Angst, daß ich es mißbilligen würde. Sie drückte ihren Wunsch nach meinem Lob aus, vielleicht in dem symbolischen Wunsch, wir wären ein erfolgreiches Tänzerehepaar. An dieser Stelle des Interviews fühlte ich wieder ihre abwehrende Distanz, ein Zeichen, daß sie sich selbst auch gegen eine tiefere, innere Liebeserfahrung sperrte. Was fürchtete sie preiszugeben?

In einer intensiv freilegenden Psychotherapie ermutigt man den Patienten zu einer systematischen Durchforschung gemiedener Gebiete. Wenn der Therapeut ein Ausweichen spürt, dann vermutet er, daß der Betreffende sich gegen Ängste und die sie verursachenden Wünsche und Begierden wehrt. Die ersten Hinweise auf diese Angst-Wunschverbindungen findet man vielleicht in den freien Assoziationen des Patienten (den unwillkürlichen Äußerungen dessen, was ihm spontan einfällt) und in Träumen, die einen durchlässigeren Kanal zum Unbewußten bieten als der Wachzustand, und schließlich in den Übertragungsreaktionen (d.h. die Projektion von Gefühlen, Gedanken und Wünschen auf den Analytiker, der dabei zu einem Repräsentanten einer Gestalt aus der Vergangenheit des Patienten wird).

Wenn der Therapeut durch eine richtige Interpretation Verständnis zeigt und eine Atmosphäre der Sicherheit schafft, angenommen zu werden, dann entwickelt der Analysepatient Vertrauen und den Mut, mehr von sich selbst preiszugeben und sich dem unterschwelligen Konflikt zu stellen. Dabei spornt ihn der Wunsch an, sich von der quälenden Angst, der Depression und/oder dem Unbehagen, das ihm dieser Konflikt bereitet, zu befreien und am Leben mehr Vergnügen und Genuß zu haben und bedeutungsvollere Lebenserfahrungen zu machen.

Sobald verdrängte Kindheitserlebnisse ins Bewußtsein geholt werden, beginnt der Patient, die Erfahrung noch einmal durchzumachen - dabei versetzt er sich wieder in die Lebensphase, in der sich der Konflikt abspielte. Seine Reaktionen, die Gefühle und seine Abwehr werden typisch für die frühere Entwicklungsstufe. In der Anfangszeit der Behandlung zeigte A.T. zum Beispiel Anzeichen eines Kampfes, der sich während der ödipalen Phase abspielt, in jener kritischen Periode der psycho-sexuellen Entwicklung des Kindes, in der die sich entfaltenden sexuellen Gefühle zu einem erhöhten Interesse an sexueller Freude mit dem Elternteil des anderen Geschlechts führen. Freud beschrieb den Ödipus-Komplex als:

... den Kernbegriff der Neurose, der als ihr wesentlichster Bestandteil anzusehen ist. Es ist der Höhepunkt der kindlichen Sexualität, der nachwirkend die Sexualität des Erwachsenen entscheidend beeinflußt.[1]

An einem Punkt hatte A.T. ihre sich anbahnenden sexuellen Gefühle für mich dadurch gezeigt, daß sie zu einer Sitzung in einem knappen, verführerischen Leopard-Oberteil und kurzen Shorts erschien. Sie hatte Phantasien, andere Männer anzuziehen und sexuelle Macht auszuüben. Mit einer Einsicht in dieses Verlangen tauchte ein verstärktes Erkennen ihrer kindlichen Furcht vor einer möglichen Zurückweisung durch ihren Vater oder Vergeltung von seiten ihrer Mutter auf - und damit eine tiefere Erkenntnis, daß sie ihre intellektuelle Verteidigung aufgebaut hatte, um diese Gefühle nicht aufkommen zu lassen.

Ihre intellektuelle Aggressivität diente auch zu anderen Zwecken; sie ermöglichte ihr, dem bewunderten Vater ähnlich zu sein - und gleichzeitig seine Aufmerksamkeit zu erregen, da er diese Qualität in anderen bewunderte. Ihr Drang nach Wettkampf und Meisterschaft entsprang zum Teil dem Bedürfnis, ihrem Ärger über ihn Luft zu machen, daß er sie nicht völlig befriedigte - andererseits war es ein Schutz gegen ein unterschwelliges Gefühl der Schwäche und Angst vor Vergeltung von seiten ihrer Mutter, die ihren Mann für sich behalten wollte.

Freud postulierte, daß kleine Mädchen fürchten, kastriert worden zu sein, weil sie keinen Penis haben, sich den Männern deshalb unterlegen und schwach fühlen und befürchten, daß es zu einer weiteren Verstümmelung führen könnte, wenn sie dem Vater ständig nachlaufen würden. In der Behandlung bestätigte sich diese Kastrations- und Verstümmelungsangst durch A. T.s Träume von großen, einstürzenden Gebäuden, einem riesigen bedrohlichen Tiger, der aus einem Käfig ausbrach, von jemandem, der enthauptet wurde und ein faules, verdorbenes Inneres hatte - alles Anzeichen eines gewissen Maßes an Kastrationsangst.

Sie wehrte sich gegen diese Angst und Schwäche dadurch, daß sie ihre Stärken betonte - ja sogar eine von Männern beherrschte Karriere wählte, bei der sie ihre Anziehungskraft beweisen, mit Männern rivalisieren und sie herausfordern konnte. Das ermöglichte ihr, sowohl die Aufmerksamkeit ihres Vaters auf sich zu ziehen als auch ihre Angst ihm gegenüber auszuagieren und sich vor ihren Befürchtungen neuerlicher Kastration und Verstümmelung dadurch zu schützen, daß sie noch besser war und, bildlich gesprochen, die anderen kastrierte.

Als sich A. T. immer klarer über die ödipalen Ursachen ihrer intellektuellen Abwehrmaßnahmen bewußt wurde, begann eine neue Entwicklung: Reaktionen, die einen noch früheren Konflikt signalisierten, der für die anale Entwicklungsstufe typisch ist. In diesem Stadium ringt das Kind mit dem Elternteil um die Herrschaft: Das Kind möchte völlige Freiheit, während die Eltern wollen, daß sich der Junge oder das Mädchen so weit beherrscht, daß die Reaktionen für die Umgebung erträglich sind - das zentrale Thema dabei ist natürlich die Erziehung zur Sauberkeit.

Ein Aspekt der Liebe ist auf dieser Ebene das Verständnis der Eltern und eine Berücksichtigung der Aufgabe, die das Kind in diesem Entwicklungsstadium zu bewältigen hat. Der erziehende Elternteil muß mitfühlend sein, sich liebevoll kümmern und doch fähig zu angemessener Disziplin und zur Durchsetzung von Regeln bleiben. Wenn die Mutter zu übermächtig ist und barsch herumkommandiert, dann schämt sich das Kind und fühlt sich gedemütigt - sein Mut ist gebrochen. Oder wenn die Eltern es versäumen, selbst die nötige Disziplin zu zeigen, was auch ein Teil der Fürsorge und Liebe ist, dann kann sich das Kind nicht mehr als Herr seiner selbst und ungeliebt fühlen.

Das Kind kämpft - das gehört zum natürlichen Wachstumsprozeß; aber dieses Ringen kann sehr viel komplizierter und schwerwiegender werden, wenn das Kind auch damit fertigwerden muß, daß es nicht verstanden oder geliebt wird. Es kann sich rächen, indem es sich weigert, das Produkt der Darmtätigkeit freizugeben oder auf irgendeine andere Weise nicht so zu reagieren, wie die Eltern es möchten.

A. T.s Reaktionen und ihr Benehmen enthüllten einen Kampf bei analen Konflikten. Zum Beispiel zeigte sie an einem Punkt der Behandlung rasch Schamgefühle, Verwirrung und Anzeichen von Demütigung - einen Vertrauensverlust, der sie Versagen und Kritik selbst bei leichten Aufgaben befürchten ließ. Das ist eine Gefühlskonstellation bzw. sind dies Reaktionen, welche die anale Entwicklungsphase charakterisieren. Während sie an einem Computerkurs teilnahm, wurde sie z. B. so ängstlich, einen Fehler zu machen, daß sie aufhören wollte; und das bei einer Frau, die eine nahezu erstklassige Studentin ist. Sie traute sich kaum, Ärger zu zeigen, überhaupt Gefühle auszudrücken, war zurückhaltend, wie man es beim Sauberkeitstraining erwarten würde. Als sie wortwörtlich zugeschnürt war, forderte ich sie auf, ihrem Ärger körperlich Luft zu machen und ihn hinauszuschreien oder auf ein Kissen einzuschlagen. Der Vorschlag bewirkte nur, daß sie sich noch lächerlicher vorkam, noch mehr schämte und sich weigerte, es zu versuchen.

Gegen diese Gefühle wehrte sich A. T. mit dem Versuch, ein Gefühl der Beherrschung und Stärke durch kräftigeres Ausagieren in der Turnhalle und durch häufigere Ferien in den Bergen zurückzugewinnen, auch durch Zuspätkommen, und selbst durch Nichterscheinen zu vereinbarten Terminen und schweigende Verweigerung, Arbeitsmaterial hervorzubringen. In dieser Phase konnte ich die analen Ursprünge ihres intellektuellen Schutzschildes sehen; ihre Beschreibungen, Erklärungen und Verbalisierungen entbehrten eines emotionalen Inhalts und dienten hier dazu, ein Gefühl der Selbstherrschaft und der Stärke ihrer Verletzlichkeit entgegenzusetzen.

Mit wachsender Einsicht in diese Gefühlskonstellation und ihre Akzeptanz mitsamt ihren Wünschen, Ängsten und Gegenmaßnahmen sowie dem Nachlassen des Bedürfnisses, gegen den unterschwelligen Konflikt anzukämpfen, begann A. T. die Freiwerdung wertvoller Persönlichkeitsattribute wie Energie, Unschuld, Spontaneität, Freude und Liebe und auch ein klareres, unmittelbareres Begreifen der Realität zu erleben.

Als die Wirklichkeits-Ebene dem Bewußtsein erreichbar wurde und wir beide die analen Ursachen ihrer intellektuellen Defensivmaßnahmen erkennen konnten, fingen wir an, neuartige Reaktionen zu sehen, die auf einen noch früheren Konflikt hindeuteten. A. T. öffnete sich tiefer der Wahrnehmung einer frühen oralen Phase kindlicher Erfahrung, in welcher der hilflose Säugling völlig von der Mutter abhängt. Sich diesen Regionen zu öffnen, war keineswegs ein Zeichen von Krankheit, sondern von innerer Kraft, von Vertrauen in die eigene Fähigkeit, sich das allerfrüheste, hilfloseste Stadium im Leben bewußt zu machen. Hier kann sich das Kind fürchten, verwirrt, überwältigt und völlig verloren sein, wenn Eltern zu distanziert, inkonsequent oder abwesend sind oder wenn es ihnen in jener Zeit an Verständnis und Liebe fehlt.

Es ist sehr schwierig, schutzlos auf diese Schicht des oralen Schmerzes zu treffen, und wir begannen zu beobachten, wie A. T. ihren Verstand einsetzte, um diesen Bereich auszusperren und eine Illusion der Geborgenheit und der Sicherheit zu schaffen. Ihr Verstand agierte wie eine Mutter (oder ein Vater), die (der) ein Gefühl von Geborgenheit und Sicherheit schafft - indem Vorstellungen als Nahrung verwendet werden, um die Einsamkeit und Hilflosigkeit zu vertreiben und die Aufmerksamkeit, die Hilfe und den Trost anderer herbeizuholen.

Ein solch leidvoller Zustand ging der intellektuellen Entwicklung des Verstandes voraus, und um dahin zurückzukehren, mußte sie den Mut aufbringen, alle mentalen Schutzhüllen fallenzulassen. A. T. hatte einzusehen begonnen, daß ihre intellektuelle Verteidigungsstrategie, so nützlich sie in der Vergangenheit auch gewesen war, nun eine dürftige Reaktion auf ihre unerfüllten oralen Bedürfnisse geworden war, und nun war sie bereit zu versuchen, die wirkliche Antwort zu finden - eine Lösung, die nur die tiefste Form menschlicher Wärme und Liebe zu erbringen vermag. Sie war jetzt bereit, das entsetzliche Gefühl der Trennung des kleinen Kindes von den Eltern auf sich zu nehmen - und war gedemütigt, verwirrt und verloren. Das war der Punkt, den wir in dieser betreffenden Sitzung erreichen mußten - einer Sitzung, in der die therapeutische Arbeit von zwei Jahren zusammengefaßt werden mußte, wobei wir von der ödipalen zur analen und nun zur oralen Verteidigungsposition vordrangen.

A. T.s erstes Erkennen ihres oralen Konfliktes kam mit der Einsicht, wie ihre intellektuellen Abwehrmaßnahmen ihr Bewußtsein einengten. „Wissen Sie, meine Freunde, die Tänzer, sogar Leute auf der Tour sprachen über eine andere Art von Wirklichkeit, die mir so fremd vorkommt. Wenn Menschen so reden, fühle ich mich ausgestoßen. Eines Abends auf der Floßfahrt hatte ich ein langes Gespräch mit einer Dame, die mir erzählte, wie sie ihre Geburt wiedererlebte, und von einem neuerlichen Auftauchen früher Erinnerungen nach der Einnahme psychedelischer Drogen berichtete. Sie fühlte sich nachher dem Leben gegenüber offener.

Ich weiß, das ist nichts für mich, aber ich wüßte gerne, ob es wirklich möglich ist, ein so ungeheuer bedeutungsvolles Erlebnis zu haben, das die Haltung gegenüber der Wirklichkeit verändern kann. Warum habe ich nicht diese Einblicke und Erfahrungen, die von solch tiefer Bedeutung sind?

Meine Freunde, die Tänzer, und andere sprachen von *Cakras*, Energiezentren, die sie im Körper fühlen; das klingt für mich wie Chinesisch. Aber irgendetwas daran muß wahr sein; es kann nicht sein, daß sich das jeder nur einbildet - das sind produktive und schöpferische Menschen. Warum kann ich das nicht sehen? Warum stecke ich in dieser intellektuellen, rationalen Wesensart?"

Sie verstummte. Ihre Körperhaltung gab nach; verschwunden war der zuversichtliche Ausdruck ihrer Augen. Während dieses Interviews war sie von ihrer ursprünglichen Verteidigungsposition, als sie auf intellektuelle Art über ihre Fahrt sprach, zur Äußerung ödipaler Gefühle übergegangen, wobei sie mein Lob zu erlangen suchte, als sie die Geschichte von ihren dankbaren Freunden erzählte ... weiter ging sie, einem analen Gefühl des Verlustes der Herrschaft ausweichend ... zur Erfahrung oraler Entbehrung über, bei der sie stark die Beklemmung des Getrenntseins von anderen durchmachte: „Was stimmt nicht mit mir? Warum kann ich nicht Nähe und Kontakt zu ihnen empfinden - warum bin ich anders als alle anderen?"

Statt sich intellektuell aus diesem Gefühl herauszureden, verharrte A. T. darin. Ich wußte, wenn sie sich Offenheit gegenüber diesem Schmerz erlaubte, würde sie sich auch der Art menschlicher Wärme und Liebe öffnen, die ihn auflösen könnten. Solange sie dagegen das Gefühl dieser Hilflosigkeit und Ausgeschlossenheit eines ungenügend gestillten Säuglings nicht ertragen konnte und von sich weisen mußte, würde sie auch ihrer

Fähigkeit, die volle Unschuld und Offenheit des kleinen Kindes zu erleben, Grenzen setzen, genauso wie ihrer Möglichkeit, die volle Wucht nährender Liebe zu empfangen.

Als ich beobachtete, wie sich diese Reaktion einstellte, bemerkte ich einen deutlichen Wandel in ihrer Ausdrucksweise, der ein Zeichen für ein inneres Erleben anderer Ordnung war. Es war ein fundamentaleres Erlebnis als selbst ihre frühesten oralen Erfahrungen mit ihren Eltern oder die Ängste, die aus irgendwelchen Konflikten zwischenmenschlicher Beziehungen erwuchsen. Es schien so, als beginne sie nun eine Dimension realer existentieller Getrenntheit zu empfinden. Ich meine die grundlegende Vision unseres wirklichen Alleinseins, unserer Sterblichkeit, unserer Einsicht in die Auflösung unseres Verstandes und Egos, des Nicht-Seins und der grenzenlosen Sinnlosigkeit.

Dieses Anschauen tödlicher Angst, wie in Kapitel 3 beschrieben, ist das, woran unsere entsetzlichsten Horrorfilme rühren, bei denen wir unfähig scheinen, in der Wirklichkeit einen Sinn zu erkennen und hilflos am Rande der Vernichtung baumeln, verloren in einem weiten, schrecklichen und unbegreiflichen Mysterium. Wer kann in diesem Augenblick echter geistiger Einsicht ruhig und friedvoll bleiben? Es ist verständlich, daß wir uns vor dieser entsetzlichen Vision verkriechen möchten und versuchen, davor in eine Traumphantasie zu entfliehen. Der amerikanische Schriftsteller William Saroyan erkannte, wie allesdurchdringend dieses Sich-Verstekken ist, als er vor seinem Tod sagte: „Als ich jung war, dachte ich nie daran, daß ich sterben würde - und jetzt, da ich sterbe, weiß ich nicht, was ich tun soll."

Für die meisten kommt diese Einsicht nur flüchtig und wird schnellstens versiegelt und „weggesteckt." Doch sie ist beides: Schreckensvision sowie Chance zur Transzendenz. Sie kann während jeder beliebigen Phase und in jeder Art von Therapie kommen oder auch jederzeit im Leben. Der Schmerz, der wichtigste Mahner an unsere Grenzen, scheint der notwendige Katalysator zu sein, der uns aufschließt und zugänglicher macht für die Angst vor dem Tod und die grenzüberschreitende Liebe, welche die Antwort auf sie ist.

William James bemerkte, daß Gemütskranke authentische und positive mystische Erlebnisse öfters haben als die „normale" Bevölkerung. Und möglicherweise wird im Laufe intensiver, freilegender Psychotherapie, wenn die Abwehrreaktionen geschwächt und wir unschuldiger, offener und auch empfindlicher für unsere Verwundbarkeit werden, auch unsere Bereitschaft für eine transzendentale Erfahrung erhöht. Wir erlangen dann vielleicht nicht nur eine klarere Vorstellung von der Todesangst, sondern auch von der bedingungslosen Liebe, ein Gefühl der Einheit mit einer übergeordneten liebenden Allwissenheit und des Vertrauens in sie. Und wie Ken Wilber schreibt[2], ist es nicht die Verdrängung, welche die Angst verursacht, sondern die Angst verursacht die Verdrängung. Wenn der Verdrängungsprozeß abgeschwächt wird, gelangt man zu einer klareren Sicht der Welt, wie sie wirklich ist, und dann erst wird die „normale Existenzangst" erfahren.

Das ist meiner Meinung nach im Fall des Psychiaters geschehen, den ich in Kapitel 6 interviewte und der im Verlauf seiner Analyse eine tiefe spirituelle Erfahrung der selbstlosen und allumfassenden Liebe des Christus gemacht hat. Für mich bedeutete das, daß er im Verlauf seiner Therapie sich so geöffnet hatte, daß er fähig wurde, in sich selbst eine christusähnliche Liebe festzustellen. Diese Liebe, so erkannte er, war Motiv für das große Opfer des Christus gewesen.

Ich glaube, das ist die innerste Wirklichkeit, die wiederzuentdecken wir uns alle ersehnen. Aber dazu müssen wir tiefer in unser Leben hineinblicken und uns der Todesangst stellen, der Möglichkeit des Sterbens unseres Verstandes-Ichs. Wir müssen bereit sein, das Tal des Todes zu durchwandern, wie A. T. es hier getan hat. So schrecklich es scheint, wir müssen diese dunkle Vision ertragen können, damit wir eines Tages imstande sind, sie als das zu erkennen, was sie wirklich ist: eine großartige Täuschung.

Anmerkungen

1. Siehe Freud, Drei Beiträge zur Theorie des Sexus, 1930.
2. Siehe Kapitel 4, S. 45.

TELE NO 30
BRINDAVAN
WHITEFIELD-560 067
TELE NO 36
PRASANTHINILAYAM P O
ANANTAPUR DT 515134

Bhagawan Sri Sathya Sai Baba

30. 8. 75

After long searches here and there, in temples and in churches, in earthes and in heavens, at last you come back. Completing the circle from where you started, to your own soul and find that He, for whom you have been seeking all over the world, for whom you have been weeping and praying in Churches and temples, on whom you were looking as the mystery of all mysteries shrouded in the clouds in nearest of the near, is your own self. The reality of your life, body and soul. That is your own nature. Assert it, manifest it. It is Truth and Truth alone, that is one's real friend. relative. Abide by. Truth tread the path of righteousness and not an hair of your body will ever be injured.

Meditation is nothing else but rising above desires. Renunciation is the power of battling against evil forces and holding the mind in check.

With Love and Blessings
Sri Sathya Sai Baba

Übersetzung Seite 101

EIN THERAPEUTISCHES DILEMMA

KAPITEL 9

„Wie fühlen Sie sich jetzt?" fragte ich nach einer Weile. Völlig niedergeschlagen antwortete A. T.: „Ich fühle mich schrecklich, als müßte ich zerspringen, schreien, brüllen. Und dann versucht mein Gehirn, es auszublen-
den - es sagt mir, denk nicht daran, versuche dich von all dem zu lösen,
irgendwie. Es ist nicht gut, sich so schrecklich schlecht zu fühlen. Aber
was kann ich tun? Sie sagen, ich soll offen sein gegenüber diesen Gefühlen, daß es wichtig ist, sich nicht vor der Wirklichkeit zu verstecken. Ich
verstehe nicht wozu, aber anscheinend habe ich sowieso keine andere Wahl
- ich würde nicht loskommen, auch wenn ich es versuchte." Dann wurde
sie still.

In der Therapie kommt der Zeitpunkt, an dem der Verstand haltmacht
und nichts mehr kommt - weil nichts mehr kommen kann. Dieses Schweigen ist der leere Stillstand der Niederlage, anders als das angespannte
Schweigen des Widerstandes. Ähnlich der tiefen Wirkung des Zen-Koans[1],
ist es die Stille des von einer für ihn unfaßbaren Vision gedemütigten Verstandes; eine Stille, die keine noch so starke Beziehung zum Irdischen lösen
kann. Was nottut, ist eine transpersonale Beziehung, eine Beziehung zum
Göttlichen, die erlaubt, die Angst vor dem Nicht-Sein in einen Ozean
unendlicher Liebe zu entlassen, so daß dieses Nicht-Sein in Liebe verwandelt wird.[2]

Ich mußte eine Entscheidung treffen. Wir waren an einem Scheideweg.
Ich fühlte, daß hier eine zentrale spirituelle Frage meine Grundeinstellung
als Therapeut zur Psychotherapie überhaupt in Frage stellte. Wenn man
ausschließlich die philosophischen Folgerungen der psychoanalytischen
Theorie für wahr ansieht, daß nämlich die Dualität eine grundlegende
Eigenschaft der Wirklichkeit und das Wesentlichste an uns der Verstand sei
- dann ist es folgerichtig, das Ziel der Behandlung, den Sinn für eine
getrennte, individuelle Identität zu stärken und eine größere Bereitschaft zu
entwickeln, animalische Urtriebe und Impulse ohne Konflikte zu befriedigen.

Dann faßt man ein solches Schweigen als einen Widerstand auf, der aus
unbewußten Konflikten stammt, welche die normale Befriedigung der
Grundbedürfnisse stören. Das therapeutische Verfahren besteht daher im
Aufspüren unbewußter Kindheitsängste und zwischenmenschlicher Konflikte mittels freier Assoziation, der Traumanalyse und der Übertragung, so
daß sie nochmals durchlebt werden können, diesmal im Rahmen des schüt-
zenden Behandlungsprozesses. Da er keinen Grund zu dauernder Angst
vorfindet, wird der Patient befreit und kann eine größere Vielfalt von Aktivitäten und größere persönliche Befriedigung erfahren.

Das ist natürlich nur ein Weg, wie die Dynamik der Psychopathologie in
ein Verfahrenskonzept eingebaut werden kann. Man kann ebensogut eine

dauernde seelische Notlage als ein Zeichen eines problematischen Denkmusters ansehen, das durch eine kognitive Therapie zur Entwicklung einer positiveren Einstellung zum Leben zu behandeln ist, oder als ein biologisches Problem - eine klinische Depression, die der Behandlung mit Antidepressiva bedarf - oder, noch schlimmer, als ein Ego-Problem und einen Persönlichkeitsverfall, dem man mit antipsychotischen Medikamenten begegnet. Aber um welchen Standpunkt es dabei auch immer geht, diese Behandlungsmethoden beruhen alle auf dem Glauben, daß die Dualität eine fundamentale Tatsache ist, und damit vernachlässigen sie die Möglichkeit der spirituellen Transzendenz.

Wenn wir andererseits eine Wirklichkeit jenseits der Dualität annehmen und das Universale Bewußtsein als eine fundamentalere Tatsache als den isolierten Verstand des einzelnen ansehen - wenn wir akzeptieren, daß wir es vermögen, in das Unendliche einzugehen - dann können wir uns auch vorstellen, daß es eine geistige Sehnsucht höherer Ordnung gibt, die alle Schranken und Grenzen transzendiert und uns wieder in den Ozean des Universalen Bewußtseins zurückbringt.

Dann dürfen wir auch annehmen, daß es möglicherweise eine gesetzmäßige Frist gibt, in der sich dieses Sehnen in der Therapie ausdrückt. Das erste Anzeichen ist wohl das Erwachen jener Todesangst, die den Kampf des Verstandes mit unverständlichen spirituellen Visionen widerspiegelt, was die Sehnsucht nach Transzendenz ebenfalls erhöht. Versuche, eine irdische Lösung zu finden, gehen dem Problem nur aus dem Weg. Das ist ein Verlangen höherer Ordnung, jenseits der Trieb- und Instinktbefriedigungen, jenseits des Stadiums zwischenmenschlicher Beziehungen oder starker persönlicher Identität, jenseits von Vergnügen und Schmerz, jenseits der objektiven Welt der Sinne und jenseits von Verstand und Dualität. Dieses Verlangen kann nur durch ein transzendentales Erlebnis des Eins-Seins gestillt werden.

Um sich diesem spirituellen Problem zu widmen, bedarf es eines revolutionierenden neuen Ansatzes innerhalb der Psychologie und eines Denkens im Licht des Geistigen, eines Wissens darum, wie man die Dualität transzendiert, einer Anerkennung der zur Verschmelzung hin treibenden Kräfte, des Prozesses der Verwandlung von Schmerz und Nichtigkeitsgefühl in Liebe durch die Kultivierung der Hingabe.[2] Der Weg der Transzendenz, den alle großen Weltreligionen lehren, sei weiter unten kurz beschrieben.

Aber lassen Sie mich vorerst erläutern, warum ich darauf besonders eingehen möchte. Es gibt viele Therapeuten, die erkennen, daß dieses Wissen eminent wichtig ist und an ihre Patienten auf irgendeine Weise weitergegeben werden sollte, doch sie wissen nicht, wie. Da sie selbst mit der Materie nicht genug vertraut sind und nicht wissen, wie man sie im Zusammenhang mit der Therapie vermitteln soll, verzichten sie darauf, sie überhaupt zu erwähnen. Deshalb habe ich versucht, diese Materie so spezifisch, klar und unzweideutig wie möglich darzustellen, damit Therapeuten eine Quelle haben, an die sie ihre Patienten hinführen können, ohne die volle Verantwortung für diese Ideen zu übernehmen, bevor sie sich dazu bereit fühlen. Zweifellos wird das Material eine Wirkung auf die Patienten ausüben und den Ausgangspunkt für Nachforschungen und Diskussionen über ihre Einstellung zu ihren speziellen Problemen bilden und beide - sie wie ihren Therapeuten - dazu anhalten, sich direkter auf dieses Gebiet von so zentraler Bedeutung zu begeben.

WAHRHEIT

Als erstes müssen wir auf folgende Wahrheit vertrauen: daß die spirituelle Dimension tatsächlich existiert, daß das Universale Bewußtsein existiert, daß der Mensch fähig ist, mit dem Göttlichen zu verschmelzen, daß Liebe die Dualität überwinden kann und daß Liebe durch ethisches Verhalten, Hingabe und Dienen kultiviert wird. Wir müssen daran glauben, daß es eine Dimension jenseits des Verstandes gibt, und daß sie ihrem Wesen nach grenzenlose, bedingungslose Liebe ist - eine Liebe, die viel mehr ist als eine Emotion oder ein Gefühl. Die Liebe, von der wir sprechen, ist die Macht, die das Universum schuf und es im Gleichgewicht hält; die Kraft, die uns schützt und erhält, die uns beseelt und befähigt, uns zum anderen in Mitgefühl hinzuneigen, zu geben, ohne etwas dafür zu erwarten, und die uns ermöglicht, die Bande des Selbst zu sprengen, uns mit dem anderen zu vereinigen und eins zu werden mit dem unendlichen Ozean der Liebe, der das Universale Bewußtsein ist. Das ist der Pfad der Transzendenz mit seiner eigenen Dynamik und seinem Mechanismus der Entfaltung.

GLAUBE

Der Glaube an diese Liebe, der Glaube an das Göttliche bedeutet einen Stein des Anstoßes für viele Wissenschaftler. Daher ist es ein außerordentliches Glück, wenn jemand eine „direkte Erfahrung" dieser Liebe hat, denn mehr als alles andere überzeugt und vertieft sie den Glauben an ihre wirkliche Existenz. Sai Baba übt damit vielleicht seine größte Wirkung aus, denn ich bin überzeugt, daß er der zwingendste Beweis des Universalen Bewußtseins seit Christus ist. Dieses Universale Bewußtsein Sai Babas, sein Mitgefühl und seine Liebe erlebt man so eindeutig, so dramatisch, überzeugend und durchdringend, daß er uns augenblicklich mit einer Liebe erwecken kann, die unser Leben mit Anbetung und Hingabe erfüllt.

HINGABE

Sobald man erkennt, daß es wahr ist, daß die dualistische Gespaltenheit durch Hingabe und Liebe überwunden werden kann, begreift man, wie wichtig es ist, daß das Wissen über den Pfad der Hingabe gelehrt und weitergegeben wird. Die Hingabe ist ein entscheidendes Element in der Kultivierung der selbstlosen Liebe. Sie erweckt die wichtigsten spirituellen

Cakras und ermöglicht einen viel tieferen Einblick in die Wirklichkeit, als ihn der Verstand je zu erreichen vermag. Durch Hingabe, Verehrung, Anbetung, Liebe (Anm.: Alles das beinhaltet das englische Wort „devotion") sieht man die Welt als heilige Ausdrucksform der göttlichen Herrlichkeit und Erhabenheit an: Alles versteht man als den Willen Gottes. Diese Vorstellung der göttlichen Allgegenwart und seiner Manifestation als der gesamten Schöpfung läßt uns durch die Vielfalt hindurch die Einheit sehen und zu einer tieferen Schau des Eins-Seins alles Geschaffenen gelangen.

Es gibt klar definierte und praktische Schritte zur Pflege der Hingabe und der Frömmigkeit. Richte einen Andachtsort in deinem Heim und in deinem Herzen ein und halte ihn heilig und rein. Dort beginne mit Verehrung und Respekt deine hingebungsvolle Beziehung zu Gott - mit dem Namen und der Form, die dir am vertrautesten und am trostreichsten ist - durch schweigendes Sitzen in Ruhe und Stille. Stehe auf und gehe mit seinem Namen auf den Lippen zu Bett und wiederhole seinen Namen während des Tages, so oft du kannst. Lies täglich in den Heiligen Schriften jeder Religion und suche nach ihrer Bedeutung für deinen Alltag. Suche die Gesellschaft frommer, ernsthafter, um geistige Entfaltung bemühter Menschen und verbringe mit ihnen Stunden, die dem Studium göttlicher Lehren und der Anbetung gewidmet sind.

ETHIK UND RECHTE LEBENSWEISE

Führt ein gerechtes und lauteres Leben. Erläutert euren Kindern den tieferen Sinn des Lebens und wie wichtig die Befolgung der Sittenlehre und die Hingabe an Gott ist. Preist und verehrt Gott durch gemeinsames Singen in der Familie und mit einer Gruppe von Gläubigen innerhalb der Gemeinde. Nehmt euch Zeit, um anderen Dienste zu erweisen, und verwendet Zeit und Nächstenliebe für karitative Zwecke und für Pilgerreisen zu heiligen Stätten. Sprecht ruhig und in angenehmem Ton, seid freundlich und liebenswürdig zu jedem, gebt den Armen zu essen - all das gehört dazu. Bereitet euch auf den letzten Augenblick vor, wenn ihr diese Welt verlassen und vor Gott stehen werdet - bereit zu zeigen, daß ihr den tieferen Sinn und Zweck dieses wertvollen Lebens, das euch geschenkt wurde, erkannt und eure Zeit gut genutzt habt.

Hingabe an Gott stärkt die Kraft und spornt dazu an, die spirituelle Arbeit zu verrichten, die zur Befreiung führt. Sie besteht in einer neuen Wertschätzung der ethischen Belange und im intensiveren, praktischen Leben dieser Sittlichkeit und Rechtschaffenheit - in einer Art, wie sie die westliche Psychologie noch nicht versteht.

Wirklich gelebte Sittlichkeit bedeutet ständiges Überprüfen dessen, was wichtig ist und was nicht, und erfordert den Mut und die Unterscheidungsfähigkeit, auf das Flüchtige und Triviale zugunsten des Bleibenden und Zeitunabhängigen zu verzichten. Das ist ein Kampf zwischen der Selbstbefriedigung und dem Opfer des Verzichts, zwischen Selbstsucht und Selbstlosigkeit. Gerade in der Hitze dieses Gefechts überwindet man Schmerz, Verlangen, Ego und die Dualität: Man verzichtet auf die Nachgiebigkeit gegenüber sich selbst und die Bindung an das Lust-Unlust-Prinzip und macht Rechtschaffenheit und Selbstlosigkeit zu seiner Richtschnur; auf diese Art läutert die Sittlichkeit bzw. ihre Verwirklichung im selbstlosen Dienst den Charakter, erweitert die Liebe und ist der Weg zur Überwindung der Dualität.

Sai Baba sagt, daß moralische Grundsätze und das rechte Leben der Ausdruck von „Liebe in Aktion" sind:

> Die Liebe ist im Zentrum. Liebe denken ist Wahrheit - das, was immer gleichbleibt und jenseits von Anfang und Ende ist. Liebe fühlen ist Frieden, Segen - ein Unberührtsein von Sorgen und Freuden, von dem Auf und Nieder des Lebens. Liebe verstehen heißt gewaltlos sein und Respekt und Verehrung für die ganze Schöpfung haben. In Liebe handeln ist Sittlichkeit und Rechtschaffenheit - das Leisten selbstlosen Dienstes an allen, die in Not sind, ohne den Wunsch nach Gegenleistung.   Sathya Sai Baba

Wenn diese Liebe die Form selbstlosen Dienstes annimmt und die Selbstsucht zum Wohl anderer geopfert wird, dann dehnt sie sich aus und wird eins mit allem. „Der Weg zur Unsterblichkeit", sagt Sai Baba, „ist die Ausschaltung des Unmoralischen."

FRIEDE UND GELASSENHEIT

Um die feinstofflichen, spirituellen Qualitäten des Friedens, der Erweiterung, des Lichts und der Liebe zu spüren, muß das Denken von der Betriebsamkeit der Außenwelt abgelenkt und zur Ruhe gebracht werden. Während die spirituelle Energie durch die Auswirkung sittlich wertvollen Handelns gereinigt und intensiviert wird, helfen gewisse Körperhaltungen und Atemkontrollübungen, die Energien zu harmonisieren, die uns erhalten, und eine innere Dimension höherer spiritueller Visionen vorzubereiten.[3]

Man muß das Zentrum der Aufmerksamkeit nach innen verlegen, weg von den großen Energien, die in der Außenwelt wirken, in das weite, friedvolle und subtilere Reich, in dem man einen kurzen persönlichen Eindruck vom Wunder der Existenz erhaschen kann. Wenn das Bewußtsein darin in Kontemplation verharren darf, dann verstärkt ein neues Gefühl der Gelassenheit und des Einsseins das Verlangen nach dem Verschmelzen mit dem Göttlichen. Die innere Erfahrung der Göttlichkeit eröffnet auch einen Einblick in die Heiligkeit der äußeren Welt. Bei der Intensivierung dieses Prozesses wird die Sehnsucht so stark, daß man schließlich über alle Schranken hinweg das Gefühl des Überfließens erlebt. Das kleine „individuelle" Selbst erlebt sich in einem höchsten, alles übersteigenden Triumph als eins mit dem Göttlichen.

THERAPIE

Diese Vorgänge sind zeitlos und universal. Sie sind die Grundwahrheiten, auf denen alle Weltreligionen beruhen. Ich glaube, sie müssen auch zu den fundamentalen Wahrheiten der Psychologie werden. Techniken und Praktiken müssen, wenn sie gelehrt werden - wie sie in Anhang III und IV beschrieben sind -, in einer Weise entwickelt werden, die mindestens ebenso wirksam ist, wie die Methoden, die das mentale psychologische Wachstum fördern.

Der Prozeß geistigen Wachsens muß das unverdiente Stigma der Sterilität, der einengenden, predigthaften, ja sogar strafenden „Lektion" verlieren, so als finde er in einem nüchternen, leblosen Klassenzimmer einer Sonntagsschule statt. Wir müssen begreifen lernen, daß der Prozeß der geistigen Entwicklung durch Hingabe, innere Ablösung, Verzicht, Mitgefühl, selbstlosen Dienst, Meditation, Gebet und ethisches Verhalten bis ins Detail ebenso fesselnd und erregend ist - haargenau so innovativ, schöpferisch, herausfordernd und intellektuell anspruchsvoll - wie der Prozeß des psychologischen Wachstums durch Methoden wie freie Assoziation, Verbalisation, gelenkte bildliche Darstellung, Entspannungsübungen, Desensibilisierung, das Erwecken von Emotionen, Katharsis und Traumanalyse etc.[2] Geistiges Wachstum erfordert Training und Disziplin in jedem Bereich menschlicher Erfahrungen, auf der physischen wie der emotionalen und der mentalen Ebene.

SELBSTVERTRAUEN

Wie erweckt man in der Therapie das Selbstvertrauen? Als Vorbedingung muß der Therapeut darauf vertrauen, daß die spirituelle Dimension eine Realität ist, und er muß sich in seinem eigenen Leben dieser Realität verschrieben haben. Zuerst, sagt Sai Baba, steht das Selbstvertrauen, das Vertrauen, daß es ein Höheres Selbst gibt - daß es Göttlichkeit gibt und daß sie eine reale, lebendige Gegenwart ist, die man jeden Augenblick des Tages dankbar anerkennt. Dann kommt die Befriedigung des Selbst - die Genugtuung und Bestätigung, die sich aus der aktuellen Erfahrung des höheren Lebens durch den oben beschriebenen geistigen Prozeß ergibt: Wenn Vertrauen und Kraft durch die spirituelle Praxis erlangt sind, dann ist der Therapeut zum Selbstopfer durch eine tiefere und intensivere Praktizierung der Sittlichkeit und durch den Verzicht auf das Falsche und Triviale bereit. Nun kommt der letzte Triumph - die Selbstverwirklichung: die direkte Erfahrung des Göttlichseins, des Einsseins.

ERZIEHUNG

Mit dem Vertrauen in das Höhere Selbst und einer intensiveren Wertschätzung des Sittlichen kommt der Mut, der Unwissenheit immer dann entgegenzutreten, wenn sie in der Therapie auftaucht. Die oberste Verantwortung des Therapeuten ist die eines Erziehers. Das ist nicht neu. In den Anfängen der Therapie müssen alle Patienten über die Methode unterrichtet werden, sei es die der freien Assoziation, der Entspannung oder die Techniken der Verhaltenstherapie. Die Einführung in die Regeln und die treibenden Kräfte der spirituellen Dimension ist eine gleichbleibende, dauernde Aufgabe, denn es ist unnatürlich, ständig des verbindenden Tatbestandes gewärtig zu sein. Wir werden so angezogen von den starken Kräften des Verstandes und des Gemütes - von den Sinnen, Sehnsüchten, Freuden, Schmerzen, Wünschen, Ängsten und Ich-Bedürfnissen -, daß wir glauben, die Dualität bestehe wirklich. Diese falsche Auffassung muß in jeder Form und in allen Aspekten der Therapie mit den Methoden bekämpft werden, die zur Lehre mentaler Wahrheiten in der psychologischen Praxis zur Verfügung stehen.

Gewiß, verdrängte Sexualität und Aggressionen müssen aufgedeckt und bis zu dem Punkt erfahren werden, an dem man die Wahl hat, sie auszuleben oder nicht. Gleichzeitig müssen während der psychologischen Arbeit mit den bewährten Methoden der Psychotherapie auch die altbewährten spirituellen Zugangswege über sittliches Verhalten, Meditation, Hingabe und das Dienen gelehrt werden und vielleicht sogar das Ziel des Verzichts (das Erleben von Gefühlen und Gedanken, während man im Grunde von ihnen unberührt bleibt). Es geht nicht um das eine oder andere, es geht um beide Disziplinen, jede zu ihrer Zeit und an ihrem Platz.

Was wir brauchen, ist Integration - volle Einsicht, Feingefühl und die angemessene Verschmelzung von psychologischem und spirituellem Eingehen auf die Gesundheit, das Wohlbefinden, die persönliche Erfüllung und das Wachstum der individuellen Persönlichkeit, während man sich immer und immer wieder die fundamentale Wirklichkeit jenseits der Gespaltenheit (Dualität) ins Gedächtnis ruft. Auf vielerlei subtile Arten muß sich in dem Behandlungssuchenden eine Vorstellung von den tieferen Wahrheiten, die hinter unserer zeitgenössischen Ansicht von der „Wirklichkeit" liegen, entwickeln - selbst auf die Gefahr hin, sich mit mentalen und emotionalen Ängsten beschäftigen zu müssen. Jenseits des Falschen ist die Wahrheit, jenseits des Zweifels der Glaube, jenseits der Dunkelheit das Licht, jenseits des Todes die Unsterblichkeit.

Über der Befriedigung steht der Verzicht; über dem Körperlichen das Transzendente. Über das Jogging gehen die *Yoga*-Übungen; besser als Weinen ist die Atemkontrolle; jenseits der Katharsis ist Ruhe; jenseits der Außenwelt die innere Welt. Über der freien Assoziation steht die Meditation, über dem Verlangen die Hingabe, über der Verachtung der Respekt, über dem Ärger die Wonne, über der Gewalt der Friede.

Höher als das Chaos steht die sittliche Ordnung, höher als die Unruhe die Stille, höher als Worte das Schweigen. Besser als Tränen ist die Gelassenheit, besser als die Erinnerung ist das Verschmelzen, jenseits des Denkens der Geist, jenseits der Selbstsucht die Selbstlosigkeit, jenseits der Bindung die Befreiung, jenseits des Hasses die Liebe.

GUTE URTEILSFÄHIGKEIT

Der Therapeut muß selbst die Sitten hochhalten und sie auf einer neuen Ebene des Verstehens praktizieren. Über das Wort „Erziehung" hinaus muß er diese selbst beispielhaft vorleben. Sein Leben muß die Einheit von Gedanken, Worten und Taten widerspiegeln, sonst sind die Worte hohl und wertlos. Im Bewußtsein, das fest in der höheren Lebensform zentriert ist, müssen sich Hingabe, Gelassenheit und Liebe durch Redlichkeit und sittliche Reinheit ausdrücken.

Charakter und Sittlichkeit sind in einem Therapeuten von entscheidender Bedeutung. Anders als gegenwärtig in der Psychoanalyse allgemein angenommen, darf seine Haltung im Kern nicht urteilsfrei sein; vielmehr muß er gut zu unterscheiden verstehen. Ich sehe in der Entfaltung einer guten Urteilsfähigkeit, was die eigene, persönliche sittliche Verantwortung anbelangt, eines der Hauptziele der Behandlung. In einer nicht fordernden, völlig offenen, freundlich aufnehmenden und mitfühlenden Weise zur Geltung kommend, muß die Entwicklung einer guten Urteilsfähigkeit im Sinne der Sittlichkeit geradezu das Herzstück der Therapie sein.

SCHMERZ UND LEID

Notwendig ist auch eine völlig neue Einstellung zu Schmerz und Leid, den Haupterfahrungen, die uns an die Dualität binden. Mit der Kraft, die man durch die praktische Verwirklichung von Moral, Gottergebenheit und innerer Freiheit gewinnt, soll man den ersten Schritt zur „Öffnung" gegenüber dem Schmerz und dem Leid machen, statt vor diesen Erfahrungen davonzulaufen. Sai Baba sagt uns, daß das „Leiden" als wertvolle Lehre willkommen geheißen werden sollte. Es macht uns bescheiden, erschüttert unsere Vorliebe für die Äußerlichkeiten der Welt und beschleunigt unsere Sehnsucht nach Transzendenz. Schmerz und Leid sind Folgen der Gebundenheit an den Emotionalkörper - die Gespaltenheit. Und der einzige Weg, dem zu entrinnen, davon nicht mehr berührt zu werden, liegt im Verzicht und dem Sich-Lösen.

VERZICHT UND LOSLÖSUNG

Verzicht heißt Widerstand gegen die Bindung an die äußere Welt der Spaltung, indem man das Bewußtsein daran hindert, durch die Sinne, die Wünsche und das Ego in diese Richtung gezogen zu werden (siehe Anhang IV: Die Herausforderung des fünften *Cakras*). Das bedeutet keine Verneinung der ganzen Schöpfung, nur ein Widerstehen gegenüber dem Einfluß, den die Sinne, die Wünsche und das Ego auf das Bewußtsein ausüben. Durch diesen Vorgang hört die Außenwelt auf, als Zusammenfassung getrennter, voneinander deutlich unterschiedener Ganzheiten zu wirken, statt als ein herrliches, unteilbares Ganzes - als die Verkörperung Gottes - zu erscheinen.

Die Loslösung ist recht verschieden von der Verdrängung oder Verleugnung. Sie ist kein Verteidigungsmechanismus, der Gefühle und Ängste vor dem erkennenden Bewußtsein versteckt. Sie bedeutet Offenheit gegenüber Gefühlen und Ängsten, aber mit einer neuen Einstellung - sie im Gebet Gott zu überlassen, so daß sie einen nicht mehr berühren.[2]

Im Ja-Sagen zum Schmerz auf dieselbe Weise, wie wir es zur Freude tun, indem wir das eine nicht mehr wünschen als das andere, weder an Freude noch am Schmerz hängen und auch nicht an den Früchten unserer Arbeit, sondern sie Gott vertrauensvoll in Liebe darbringen, ziehen wir uns von dem Verstand- und Ego-Komplex und der Dualität zurück.

Ich rate nicht zu einem Hofieren des Leids oder gar, sich in den Loslösungsprozeß vom Ego, von Verlangen und Schmerz hineinzustürzen. Ich trete auch nicht ein für einen Rückzug aus der Welt, der zu Recht als Quietismus (künstliche Beruhigungsmethode) kritisiert wird. Der Loslösungsprozeß geht langsam vor sich und erfordert Geduld und Ausdauer. Es ist wie beim Rasieren: Drückt man zu stark, so schneidet man sich, drückt man zu wenig, passiert nichts. Es ist lebenswichtig, die richtige „Spannung" zu erkennen, die jedem von uns entspricht.

Das Geheimnis der Existenz des Menschen besteht darin, daß er gleichzeitig in zwei Reichen leben muß - im Komplex Körper-Psyche und im Geist. Wie Sai Baba, so müssen auch wir den Himmel in die Erde verwandeln und die Erde in den Himmel. Wir müssen versuchen, glücklich zu sein, unsere Bedürfnisse und Wünsche zu erfüllen - was ein natürlicher Teil unseres Erdenlebens ist -, doch gleichzeitig daran arbeiten, darüber hinauszukommen.

AUF ZWEI EBENEN LEBEN

Dieses „Auf-zwei-Ebenen-Leben" ist schwierig, im Alltag wie in der Therapie. Wie geht der Therapeut um mit den irdischen Ängsten und Wünschen innerhalb der zwischenmenschlichen Beziehungen einerseits, und mit der Todesangst andererseits, wenn diese Phänomene gleichzeitig auftreten? Beide verlangen Beachtung und vielleicht die Anwendung verschiedener Behandlungsmethoden. Das Problem kann in der Tat die Fassungskraft des Verstandes übersteigen und nur vom höheren Bewußtsein her durch Meditation und Gebet zu lösen sein.

MEDITATION

An diesem Punkt können dem Therapeuten wie dem Patienten spirituelle Kenntnisse von Nutzen sein. Statt sich auf eine dualistische Verfahrensweise wie die freie Assoziation mit ihrer Bewertung von Phantastereien und Emotionen zu verlassen, können beide - Therapeut und Patient - vom Prozeß der Andachtsmeditation, die zur Einheit führt, profitieren. Durch jede Meditationstechnik - wie Atembeobachtung oder die Vorstellung von Licht - wird der Verstand beruhigt.

Mit der Loslösung von allen persönlichen Wünschen und Bedürfnissen ebenso wie von Gedanken, Gefühlen, Ablenkungen und Neigungen wird man zum vorurteilslosen, neutralen Zeugen, allen Möglichkeiten gegenüber offen - und gewinnt damit eine wundervolle Freiheit, in der Intuition, Kreativität und echte Fürsorge und Liebe gedeihen können. In dieser inneren Stille wird das Denken vom Willen des Beobachters so gelenkt, daß es auf einem Aspekt des Göttlichen zu ruhen kommt. So kann man die allgegenwärtige, unendliche Liebe Gottes erfahren, und schließlich das Verschmelzen des Zeugen mit dem Bezeugten - des „Ichs" mit dem „anderen". Jesus bezog sich darauf mit den Worten: „Friede, der alles Verstehen übersteigt."

In dieser Weise gestärkt, weitet sich das Bewußtsein und versenkt sich tiefer in das andere, wobei sich auch das Wissen vom Anderen erweitert. Diese Art von Horchen und Sein ermöglicht dem Therapeuten wie dem Patienten, sich vom Verstand zu lösen und die Herrschaft über diesen zu gewinnen; der Mensch wird zum Werkzeug, und nicht umgekehrt, ein Sklave seiner Emotionen. Damit eröffnet sich die tiefste Art echter Einsicht - eine Einsicht, die einem klar zeigt, welches Problem, ob irdisch oder spirituell, zuerst in Angriff genommen werden muß und wie. Das schenkt tiefen und bleibenden Frieden.

EINE ENTSCHEIDUNG IST ZU TREFFEN

Nun sind wir so weit vorbereitet, daß wir zu meiner Patientin A. T. zurückkehren können. Ich mußte eine Entscheidung treffen: Stand sie vor einem psychologischen oder vor einem spirituellen Problem? Sollte ich mich bemühen, A. T. zu helfen, ihre Psyche durch Auffinden einer Abschirmung gegen ihre hartnäckige Vision der Begrenztheit zu schützen? Oder war sie stark genug, jetzt damit allein unmittelbar konfrontiert zu werden und sich dadurch tiefer dem Göttlichen zu öffnen?

Ich entschied, daß sie vor einer regelrechten spirituellen Erfahrung stand und ihre Psyche stark genug war, diese Vision und ihre göttliche Einladung zur Transzendenz anzunehmen. Wir waren schon früher einmal so weit gewesen - aufgrund ihrer mentalen Ängste und Wünsche, unserer Gespräche über Spiritualität und meiner praktischen Vorschläge, die sie zur Annäherung hätte befolgen können. Wir hatten darüber gesprochen, wie das Bewußtsein in eine spirituelle Dimension gebracht und ausgeweitet werden könnte.

Vor dem nächsten Schritt würde sie selbst eine Entscheidung treffen müssen. War sie willens, ihrer Todesangst entgegenzutreten und ihr Verstandesdenken loszulassen, um zu einer möglichen grenzüberschreitenden Lösung zu kommen? War sie bereit, die Sicherheit ihrer alten Treue zum Verstandesmäßigen zugunsten der Möglichkeit einer blitzartigen Einsicht in die wahre Natur der Existenz aufzugeben? War sie bereit, sich in viel ernsterer Weise auf den spirituellen Pfad einzulassen?

> Ihr müßt nicht nur frei von Furcht sein, sondern auch von Hoffnung und Erwartung. Vertraut auf meine Weisheit; ich mache keine Fehler. Liebt meine Ungewißheit! Denn sie ist kein Fehler. Sie ist meine Absicht und mein Wille. Denkt daran: Nichts geschieht ohne meinen Willen. Seid still. Wünscht nicht zu verstehen; betet nicht um Verstehen. Löst euch vom Verstehen. Laßt den Imperativ, der das Verstehen fordert.
>
> Meditiert über das Gefühl zwischen Wachen und Schlafen; spürt, wie unmittelbar, wie nah, wie friedlich es ist. Es ist das Gefühl, wirklich aufzugeben: Der Körper ist Schlaf. Auch die Wachsamkeit ist Schlaf. Laßt euch vom Gefühl „Gott" genauso überwältigen wie vom Schlaf.
>
> Sathya Sai Baba

Für jemanden, der ganz im Verstand zentriert ist, wäre das ein unerhörter Schritt. Schwerer als sich der Technik der freien Assoziation zu überlassen, schwieriger, als die Geheimnisse und Ängste des mentalen Lebens zu entdecken, ist es, sich der Erfahrung der Todesangst preiszugeben und den Entschluß zu fassen, ernstlich das spirituelle Leben um des dauerhaften Friedens willen aufzunehmen. Ich sah vor mir, wie A. T.s Gemüt in einem Aufruhr erschüttert wurde wie in ihrem Traum. Sie war drauf und dran, in ein Erkennen einer Frömmigkeit hineingelockt zu werden, die sie buchstäblich versteckt mit sich trug wie im Traum. Aber vorher mußte sie einen furchterregenden Schritt tun. War sie jetzt bereit, in Kontakt mit ihrer innersten Liebe zu treten? Ich wartete und wußte, daß in dieser Tiefe des Erforschens eine Lösung nicht leicht zu finden ist.

Anmerkungen

1. Zen-Koan: Im Zen-Buddhismus verwendet man ein Paradoxon als Instrument zur Meditation bei der Schulung der Mönche, um sie über einer endgültigen Abhängigkeit von der Vernunft verzweifeln zu lassen und sie in ein plötzliches, intuitives Erleuchtungserlebnis hineinzustoßen.
2. Der Prozeß des Sich-Fallenlassens hat eine eigene Dynamik, durch welche tiefere „Ebenen" des Konflikts und der Unwissenheit erschlossen und losgelassen werden können. Siehe Anhang III und IV bezüglich der Organisation und Dynamik der *prāna-* und *Kundalinī*-Energie und *Patanjalis* „Achtfachem Weg". Im Mittelpunkt des Prozesses steht die Entwicklung einer Beziehung zu Gott, dessen Mitgefühl jedes Leid freundlich annimmt.
3. Siehe *Patanjalis* „Achtfacher Weg" Anhang III, S. 317-318.

Übersetzung des Briefes von Seite 90:

Nach langem Suchen hier und dort, in Tempeln und in Kirchen, auf Erden und in Himmeln, kommt ihr letzten Endes zurück, den Kreis zu vollenden, von dem ihr ausgingt, zu eurer eigenen Seele und findet, daß er, nach dem ihr auf der ganzen Welt gesucht habt, um den ihr geweint und gebetet habt in Kirchen und in Tempeln, zu dem sich eure Augen wandten als dem Geheimnis aller Geheimnisse, das sich in allernächster Umgebung aufhält, in Wolken verhüllt, euer eigenes Selbst ist. Die Wirklichkeit eures Lebens und Leibes, eurer Seele. Das ist eure eigene Natur. Bejaht sie, verkörpert sie. Es ist die Wahrheit und nur die Wahrheit, es ist der wirkliche Freund und Verwandte. Bleibt bei der Wahrheit und geht den Pfad der Rechtschaffenheit, und nicht ein Haar an eurem Körper wird euch gekrümmt werden.

Meditation ist nichts anderes, als sich über das Verlangen zu erheben; Verzicht ist die Macht, die gegen üble Kräfte ankämpfen und den Verstand zügeln kann.

In Liebe und mit Segnungen. Shrī Sathya Sai Baba

DIE BESTÄTIGUNG

KAPITEL 10

Einige Monate später, im März 1982, beendete A.T. die Therapie. Sie wollte sich nicht verletzbar fühlen, besonders da sie ja sonst im Leben so erfolgreich war. Außerdem war sie nun im sechsten Monat schwanger mit ihrem ersten Kind und wollte sich auf die Geburt vorbereiten, ohne zusätzliche Belastungen durch die Therapie.

Elf Monate später kehrte sie zur Therapie zurück, glücklich über die Geburt eines reizenden Sohnes, aber mit Entscheidungsschwierigkeiten, wie sie ihre Zeit zwischen ihrer Karriere und dem Kind aufteilen sollte. Wie früher hielten wir eine 45minütige Sitzung pro Woche ab. Die in Kapitel 8 beschriebenen psychologischen und spirituellen Themen tauchten wieder auf. Während einer Sitzung im Juni trat dann eine ungewöhnliche Reaktion ein.

In vorangegangenen Kapiteln habe ich Gedanken über eine Art „tödlicher Angst" geäußert, die meiner Meinung nach zutiefst alles beeinflußt, was wir innerhalb und außerhalb einer Therapie tun. Manche mögen die Stichhaltigkeit einer solchen Theorie einer Furcht, die dem Bewußtsein verborgen bleibt und doch unsere Erkenntnismöglichkeit einschränkt und welche die spirituelle Wirklichkeit vor uns verbirgt, in Frage stellen. Die folgende Reaktion scheint mir diese Furcht grell zu beleuchten und ihre Existenz deutlich zu bestätigen.

A.T. berichtete von einem Traum, in dem sie am Schaltpult eines Flugzeugs saß, als es plötzlich wendete und außer Kontrolle geriet. Hilflos und von Panik gelähmt, war sie nicht mehr in der Lage, es zu steuern. Da sie sich während der Behandlung mit spirituellen Themen befaßt hatte, suggerierte ihr der Traum auf einer bestimmten Ebene eine tödliche Angst davor, daß sie als Ego nicht mehr sein würde, wenn ihr Bewußtsein sich auf eine Höhe emporschwingen würde, die jenseits des Denkvermögens liegt.

Während ich zuhörte, befiel mich der Drang, von einem Sai Baba-Wunder zu erzählen, das sich erst kürzlich zugetragen hatte; ich dachte, es könnte dazu dienen, ihr Verständnis für und ihren Glauben an höhere Dimensionen des Bewußtseins zu stärken und vielleicht sogar ihre Angst davor, diese Dimensionen zu erforschen, beruhigen. Aber als ich die Geschichte erzählt hatte, blieb sie zu meiner Überraschung nicht ruhig und vertrauensvoll; sie reagierte auch nicht mit intellektueller Neugier, sondern mit schierer Panik. Auf einen solchen Angstausbruch war ich nicht gefaßt. Rasch stellte ich das Tonbandgerät ein und fing ihre ersten verblüffenden Reaktionen ein. Im folgenden ist ein kurzer Abschnitt daraus wiedergegeben und anschließend eine Aufzeichnung der Sitzung, die eine Woche später stattfand, als sie fähig war, über den Vorfall mit mehr Selbstbeherrschung und mit größerer Einsicht zu sprechen. Der Text ist um der Klarheit willen geringfügig redigiert.

Noch etwas: Das Wunder, von dem ich sprach, ist meinem Gefühl nach nicht wichtig. Ich hatte ihr zuvor bereits von vielen anderen Wundern erzählt, ohne daß eine Reaktion dieser Art aufgetreten war. Und als sie ihrem Mann davon erzählte, reagierte er nicht anders als er auf andere Sai Baba-Wunder reagiert hatte. Beide, sie und ihr Mann, erkannten, daß der Unterschied in ihr selbst lag. Aus irgendeinem Grund war A.T. bereit, auf eine neue Art zu hören. Anscheinend war bei ihr ein feiner Wandel im Bewußtsein eingetreten, der dieses Verhalten hervorrief.

DIE REAKTION

Als ich A.T. so sprachlos und voller Angst erlebte, fragte ich:
S: Wovor haben Sie Angst?
A: Ich weiß nicht, wovor ich Angst habe, ich bin ganz durcheinander. Es ist, als ob mein Verstand umgekippt wäre. Nichts geht mehr.
S: Hat Sie etwas irritiert?
A: Ja.
S: Können Sie beschreiben, was mit Ihrem Denken geschah?
A: Ich habe mich gefühlt wie außer Kraft gesetzt - ich saß nur da. Ich bewegte mich nicht. Mein Mund war nicht offen. Ich blinzelte nicht - es war, als ob ich an einem Punkt festgenagelt sei. Ich konnte nicht vor und nicht zurück - oder sonst etwas; als ob alles angehalten sei. Haben Sie die Bücher von Carlos Castaneda, die Don Juan-Bücher, gelesen, in denen er davon spricht, wie die Welt angehalten wird? Ich hatte das Gefühl, als ob die Welt aufgehört hätte zu existieren...
S: Hat Ihr Denken aufgehört?
A: Ich war erschrocken, verblüfft, alle die Ausdrucksweisen, welche die Leute gebrauchen - „wie angewurzelt" - das war ich, angewurzelt. Ich war am Boden angewachsen (Pause), aber es war nicht so, als ob mein Verstand stehengeblieben sei. Es war, als rotierte er so schnell, daß man ihn nicht sehen kann - wie ein Propeller, der so schnell geht, daß es ihn fast schon nicht mehr gibt.

EINE WOCHE SPÄTER

S: Erinnern Sie sich gut an die Reaktion, die Sie letztes Mal verspürten?
A: Ich war in einem Zustand der Panik, schrecklicher Angst. Ich habe darüber nachgedacht und kann es nicht wirklich beschreiben. Ich erlebe nicht sehr oft eine Panik, eine gelegentliche Prüfungsangst vielleicht oder ähnliches, so „O mein Gott, das werde ich nicht schaffen!". Aber ich glaube, ich habe bisher noch nie etwas erlebt, das man wirklich Panik nennen würde - ich meine Angst um mein Leben oder daß etwas wirklich Entsetzliches geschehen wird. Aber die Reaktion vergangene Woche war etwas anderes. Es war ein verstandesmäßiges Umkippen. Es war mehr das

Gefühl, von etwas gepackt zu sein, das ich nicht begreifen konnte, und das machte mir Angst. Ich erlebte es als Schrecken oder Panik oder dergleichen.

Ich kann jetzt nicht in Gedanken zurückgehen und sagen, was es war, von dem ich meinte, es würde mit mir geschehen. Es war nicht so, als ob ich bei einer Handlung X sterben müßte oder vernichtet werden würde oder ähnliches; es war viel weniger genau bestimmt als das. Ich glaube, daß mich das so aus der Fassung brachte, kam daher, daß es so körperlich und so real war und nichts, was ich mir vormachte oder ausprobierte, um zu sehen, was es bringt. Während der Woche ging ich all diese Dinge in Gedanken durch: Was wollte ich beweisen? Wollte ich jemanden beeindrucken? Wollte ich - Sie wissen, was ich meine - wollte ich auf Sie einen Eindruck machen? Versuchte ich aus dem einen oder anderen Grund, Ihnen zu gehorchen? Aber nein, ich glaube nicht, daß es irgend so etwas war. Es war sehr real, sehr besitzergreifend und sehr, sehr plötzlich. Am Anfang der Sitzung war ich hier hereingekommen und hatte geplappert über dies und jenes und war nicht auf das vorbereitet, was kommen würde.

S: Erlebten Sie es als eine Furcht, wie man sich vor einem körperlichen Schaden fürchtet? Hatten Sie das Gefühl, in Gefahr zu sein?

A: Ja, aber wieder hätte ich nicht sagen können, in welcher Gefahr. Was bedrohte mich? Ich habe da ein Bild in mir, von etwas, das vor einigen Jahren geschah, als meine Schwester ihren Doktor der Philosophie machte. Mein Vater, meine Schwester und ich fuhren hinauf zum Yosemite (Naturschutzpark in Kalifornien). Von der Straße - wie immer sie heißt - stiegen wir in die Yosemite-Schlucht hinunter und wanderten am nächsten Tag bis zu den Wasserfällen. Sind Sie einmal dort gewesen?

S: Nein.

A: Es ist grandios! Waren Sie einmal im Yosemite-Tal?

S: Nein, noch nie.

A: Das ist sehr schade! Es ist gigantisch! Vorher war ich nur im Tal gewesen, und man schaut zu den Wasserfällen hinauf und zum Half Dome und zu all den Bergen rundum. Hier aber schauten wir auf alles hinunter - und dieser Wasserfall, der Fluß schießt aus der Schlucht heraus und springt in den freien Raum hinaus. Damals hatte ich Pilze gegessen. Meine Schwester hatte welche mitgebracht, und so waren wir beide in gewisser Weise in einem ruhigen, halluzinatorischen Zustand. Man halluziniert mit Pilzen nicht wirklich, aber es ist eindeutig eine psychedelische Droge.

Ich hatte mich da in eine kleine Spalte an der Vorderseite dieser Wand gezwängt, wo ich meinte, sicher zu sein, daß ich nicht hinunterfallen würde, so daß mir während dieser halben Stunde, in der ich unter Drogeneinfluß stand, nichts geschehen würde. Da stand ich nun und schaute auf das Wasser, wie es in den Raum hinausstürzte. Und Schwalben waren da, diese kleinen Felsenschwalben. Sie streichen über den Grund und schießen über die Felsen hinaus, um Insekten zu jagen, die wohl der Aufwind in die Höhe trägt. Ich weiß nicht allzuviel über ihre Freßgewohnheiten, aber die Schwalben jagten Insekten, und sie stürzten über meinen Kopf vor meinem Gesicht herunter und hinaus in den Abgrund. Ich glaube, da sind zwei weite Meilen Luft vor einem da draußen, es ist großartig und unheimlich - und so war das ein bißchen, was ich fühlte.

Ich schaute sozusagen über etwas hinweg, was hinaus ins Nichts stürzt, in den Raum, und es war erschreckend - es war eine Art Vorgefühl, es bannte mich so, daß ich mich nicht rühren konnte. Ich glaube, ich saß eine halbe Stunde lang da und rührte mich nicht. Wahrscheinlich zuckte ich kaum mit der Wimper, versunken in den Anblick dieses Raumes vor mir. Ich sah es nicht wie ein Panorama; nicht wie Leute, die Photos machen und sagen: „Oh, wie schön!" Wissen Sie, diese ganze Szenerie: Es war nicht Szenerie, es war Raum, Weite. Besser kann ich es nicht beschreiben. Ich weiß nicht, ob ich es sehr gut beschrieben habe, aber es war erschreckend. Denn, wäre ich hinuntergefallen, hätte mich der Aufprall sofort getötet. Wenn einer dieser Schwalben in der Luft irgendetwas zugestoßen wäre, wäre sie 3.000 Fuß hinabgestürzt auf den Grund der Schlucht.

S: Diese Art Gefahr empfanden Sie vergangene Woche?

A: Ein bißchen. Aber es war nicht so, daß mir wirklich irgendetwas zustoßen sollte. Ich hatte nicht tatsächlich Angst, zu fallen. Es war mehr so, daß ich mit der enormen Größe von etwas vor mir konfrontiert war, daß ich im Raum, wenn ich da drin gewesen wäre, nicht überlebt hätte. Verstehen Sie, was ich meine? Es war nicht so sehr, daß ich in Gefahr war, daß ich gewaltsam da hinaus gezwungen worden wäre, aber zum ersten Mal hatte ich es wahrhaftig vor Augen.

S: Sie meinen, daß Sie letzte Woche zum ersten Mal in Ihrem Leben jenes Ungeheure wirklich wahrnahmen?

A: Ja. Das erste Mal, an das ich mich erinnern kann. Ich kann mich nicht entsinnen, jemals ein solches Gefühl gehabt zu haben. Das Drogener-lebnis ist anders. Das ist flüchtig, wissen Sie, der Verstand rast, wenn Sie diese Art von Pilzen essen, oder sagen wir, es ist wie eine Art Stillstand, und man kann irgendwie lange auf etwas hinstarren und sich gar nicht recht bewußt sein, was man sieht. Aber ich bin nie wirklich ausgeflippt durch Drogen. Ich bin nie durch sie oder irgend etwas anderes in Panik geraten. Ich habe nur eine Art Erlebnisse, die manchmal am Rand einer Tiefe zu sein scheinen.

S: Nehmen Sie öfters Drogen?

A: Nein, ich denke nicht.

S: Wie oft nahmen Sie Halluzinogene?

A: Oh, ich habe sie jahrelang nicht genommen; jedenfalls nicht, als ich schwanger wurde. Wann habe ich zuletzt Pilze gegessen? Ich kann mich nicht einmal erinnern, es ist eine ganze Weile her. Vor zwei oder drei Jah-ren.

S: Vermissen Sie es?

A: Naja, ein bißchen in gewissem Sinn schon, aber ich habe noch eine Handvoll im Tiefkühlschrank und habe sie nicht gegessen. Es ist so, daß man die richtige Gelegenheit dazu braucht, und ich wollte es nicht, als ich mein Kind in mir hatte. Ich wollte nicht für irgend etwas die Verantwortung tragen.

S: Meinen Sie, daß die Reaktion, die Sie hatten, einer Drogenerfahrung ähnelte?

A: Nun, ja und nein. Wenn man auf einem Trip ist, zumindest wenn ich Drogen genommen habe, dann bleibe ich mir dessen bewußt. Ich habe mich nie so weit verloren, daß ich wirklich dachte, irgendwo anders zu sein. Es gibt vielleicht Leute, die tief genug in das Drogenerlebnis eintauchen, daß sie wirklich vergessen, daß es ein Drogenerlebnis ist. Das ist mir nie passiert. Ich blieb mir immer auf einer bestimmten Ebene bewußt, daß alles, was vor sich ging, wegen dem Ding war, das ich eingenommen oder geraucht hatte oder was auch immer. Das hier war anders, denn ich hatte keinerlei Drogen genommen, und etwas sehr Profundes und Bewegendes geschah mit mir, und nur mir. Es gab nur mich, und wenn es irgendetwas anderes von außen her gab, irgendeine Art spirituelle Kraft, was auch immer, dann ist es nichts, worüber ich etwas weiß. Es ist sozusagen über mich hereingebrochen, und ich wollte es nicht, ich nahm es nicht aus freien Stücken, so wie ich Drogen genommen hätte. So war es in diesem Sinn ganz anders.

S: Haben Sie auch erwogen, daß das Drogenerlebnis nichts Wirkliches ist, sondern etwas Falsches und erzeugt von der Droge?

A: Ich glaube, es ist wirklich - auf eine andere Weise wirklich. Ich erinnere mich, als ich einmal in der Wüste von Utah war und dasaß und auf diese wundervollen roten Sandsteinfelsen schaute, die diese Musterung haben, dadurch, daß die Sedimente auf ihnen verwittern. Der ganze Höhenzug bewegte sich, wogte und bewegte sich auf und nieder, und die ganze Welt schien lebendig. Auf einer gewissen Ebene gab es mir das Gefühl der Einheit mit dem Universum - daß, ja, daß alles lebendig ist und daß ich ein Teil davon bin. Die Felsen sind, obgleich sie sich für mich nicht zu bewegen schienen, Teil einer lebendigen, atmenden, organischen Welt, und ich glaube, auf einer philosophischen Ebene und auf einer gewissen realen Ebene ist das auch wahr. Es ist nicht Teil meiner Alltagswirklichkeit. Ich behandle die Felsen nicht, als seien sie lebendig, aber ich meine, daß Drogenerfahrung einen für etwas öffnen kann, was wahrscheinlich ziemlich tiefe Wahrheiten sind. Aber sie sind nicht anhaltend.

S: Was ist der Unterschied zwischen ihnen und dem, was Ihnen passierte? War da ein großer Qualitätsunterschied bei dem Erlebnis, oder das Gefühl, daß es echt und dauernd sei?

A: Ja, ich weiß nicht. Darüber habe ich nicht viel nachgedacht. Ich will sagen, ich habe mit Jim (einem Kollegen in der Forschung) darüber gesprochen, wie man eine Menge über Drogen lernen kann und daß sie selektive Enthemmer sind, daß sie sozusagen Teile des Denkens aktivieren, die gewöhnlich brachliegen, und anderen Teilen des Gehirns erlauben, abzuschalten - die einen vielleicht vor anderen Erlebnissen abschirmen. So weit ist die Drogenerfahrung real, und ich glaube nicht, daß die Droge einem irgendetwas in den Kopf setzt, was nicht schon vorher vorhanden war. Es ist nur - man sieht es anders.

S: Aber das Gefühl der Wirklichkeit - besteht da ein Unterschied in diesem Sinne der Echtheit zwischen der Drogenerfahrung und dem Gefühl, das Sie erlebten - hatte es eine andere Qualität? Oder scheint es nicht wichtig? Ich frage deshalb, weil Sai Baba sagt, daß die Drogenerfahrung authentisch aussieht, es aber nicht ist - es ist wie Plastiktrauben.

A: Ich weiß nicht. Der Unterschied in der Qualität bestand darin, daß ich niemand und nichts dafür verantwortlich machen konnte. Es ist, wie wenn man einen Traum hat. Ich habe meine Träume, und manchmal würde ich wirklich gerne jemand anderem die Schuld für meine Träume geben. Da war etwas, das ich aß, oder (Lachen) - ich träumte in Wirklichkeit gar nicht den Traum, es war jemand anderer, es war nicht wirklich ich. Aber man kann sich nicht umdrehen und sagen, die Droge hat es verursacht, oder jemand hat es mir suggeriert, und deshalb kam der Traum.

S: Hatten Sie in der letzten Woche einen Traum?

A: Eine ganze Reihe, aber nichts, was haften blieb - außer einem Traum vergangene Nacht, in dem ich mich irgendwie auf einem Skateboard oder irgendeinem flachen Gerät mühsam einen Hügel hinaufgeschoben hatte und an einen Fluß kam. Und es schien - ist das nicht komisch, es ist das gleiche Bild des Wasserfalls, von dem ich Ihnen eben erzählt habe! Es war da ein Wasserfall, der aus ziemlicher Höhe herabstürzte, und das Wasser floß sehr schnell, und ich arbeitete mich sozusagen in dem Fluß vorwärts und stürzte den Wasserfall hinunter. Ich erinnere mich nicht, am Grund irgendwo gelandet zu sein, aber der Traum ging weiter. Ich kletterte irgendwie aus dem Wasser und ging in meiner Richtung weiter, wohin auch immer.

S: Erinnern Sie sich an den letzten Teil des Traumes?

A: Eigentlich nicht, außer daß die Leute, die dort waren, zu meiner Frauengruppe gehörten, die ich heute abend treffen werde.

S: Hatten Sie an dieses Bild von Yosemite, von dem Sie mir vorher vergleichsweise erzählt haben, zwischen dem letzten Mal und jetzt gedacht, oder ...

A: Es ist mir erst jetzt eingefallen.

S: Was mögen diese Symbole über Sie aussagen? Haben Sie eine Ahnung?

A: Wohl, daß etwas an mir ist, das Hals über Kopf auf einen Abgrund zustürzt, über den es hinwegtaucht, und daß ich es vermutlich überleben würde. Ich will sagen, ich habe das immer als wundervoll empfunden, nicht direkt eine Identifikation, aber wissen Sie - diese Schwalben! Wenn ich ein anderes Geschöpf auf dieser Welt sein sollte, dann würde ich mir wünschen, eine dieser Schwalben zu sein. Diese Fähigkeit, einfach hinauszufliegen - aber sie fliegen eigentlich gar nicht, sie stürzen nieder, sie tauchen hinunter, sie sind schnelle, quicklebendige kleine Geschöpfe und beherrschen einfach diesen ganzen Raum, weil sie nicht aus der Luft herausfallen.

S: Was halten Sie von der Möglichkeit, wie dieses Wasser zu fallen und hinauszuschießen in den Raum und dann plötzlich - wumm! - zu diesem Raum zu werden, einfach endlos zu werden? Würde Sie das erschrecken? Ober sagt Ihnen das sogar etwas?

A: Nein, das ist eine Abstraktion. Ich empfinde gar nichts, wenn Sie das sagen, außer daß ich das Gefühl habe, gewisse Erinnerungen, Träume über das Fliegen oder dergleichen gehabt zu haben.

S: So meinen Sie bloß, wenn Sie einmal oben sind im Raum ohne irgend etwas, das Sie hält, dann würden Sie hinunterplumpsen?

A: Ja, das denke ich. Im Traum geschah mir nichts, als es über den Wasserfall ging.

S: Erinnern Sie sich an dieses Hinunterfallen?

A: Ja, ich erinnere mich, irgendwie an den Rand dieses Dings gekommen zu sein. Ich glaube, da hatten sich Baumstämme verkeilt oder so, und ich ritt auf einem Baumstamm. Ich erinnere mich, daß ich dachte: „Mein Gott, ich überquere diesen Wasserfall - da geht es tief hinunter." Aber ich konnte nichts dagegen tun. Ich meine, nicht über den Wasserfall zu müssen, stand gar nicht zur Diskussion. Man konnte sich nirgends festhalten. Der Fluß rauschte viel schneller dahin, als daß ich hätte schwimmen und mich der Strömung erwehren können. So ließ ich mich einfach über den Wasserfall tragen und sagte: „Nun, da bin ich."

Und im Traum - es war einer der Träume, in denen mir bewußt ist, daß ich träume. Ich habe das einige Male gemacht: Ich sage zu mir selbst: „Ach, das ist nur ein Traum, ich kann über diesen Wasserfall gehen, weil es nur ein Traum ist", so sagte ich mir, und dann ging's über den Wasserfall. Und das war's. Ähnlich wie ich selbst meiner Panik ein Ende machte. Wissen Sie, ich habe mich die ganze Woche über bemüht, mir solche Auswege zu offerieren. Was ist dabei geschehen? War es nur dies oder nur jenes, war es nur ein Etwas, oder war es etwas anderes, und ich bin nur nicht darauf gekommen, was es war, nur ...?

S: Nun, was waren einige dieser ... „nur ..."?

A: Ich habe sie schon erwähnt: Habe ich Theater gespielt? Habe ich es selbst heraufbeschworen?

S: Um mir zu gefallen?

A: Ja, kann sein. Ich glaube, am ehesten, um Ihnen zu gefallen. Oder um mich in Szene zu setzen - Eindruck zu machen.

S: Aber es ging ja weiter, auch als Sie von hier weggingen. Jim sah es.

A: Oh ja. Ich fuhr zu „meinem" Vermessungsgelände, und er war auf der anderen Seite und suchte etwas. So setzte ich mich auf den Boden und begann, das Tonbandgerät aufzustellen und konnte mich nicht erinnern, was ich zu tun hatte. Es ist, als ob ich mich nicht auf den Recorder konzentrieren und mich nicht erinnern konnte, welche Knöpfe zu drücken sind und wie man das Band einlegt und mit welchen Bewegungen man das Programm einstellt. So legte ich es hin und saß da. Irgendwie stützte ich meinen Kopf auf meine Hand und versuchte einfach, mich zu sammeln, damit ich fortfahren konnte.

Und da kam Jim herüber und schaute mich an. Er sah mir lange ins Gesicht und sagte: „Du bist wütend." Ich hatte mich nämlich ein paar Tage vorher über ihn geärgert. Und ich sagte: „Nein, Jim, ich bin nicht wütend." Er versuchte noch ein paar andere Dinge: Du bist so und so, und schließlich sagte ich: „Du weißt, worüber wir gestern gesprochen haben, über diese Erlebnisse, die für einen sozusagen seine Welt erschüttern. Nun, ich hatte soeben eines."

Er versuchte eine Weile, mehr aus mir herauszukriegen, ich glaube, um mir eine Chance zu geben, darüber zu sprechen, falls ich wollte. Ja, fühltest du das, fühltest du jenes? Ich erwiderte: „Nein, nichts dergleichen." Ich erklärte ihm, daß ich ihm nichts darüber sagen wolle, weil ich fürchtete, lächerlich zu wirken. Ich meine, es klingt für jemanden lächerlich, der überhaupt nichts darüber weiß. Ich konnte mich nicht dazu bringen, mit ihm darüber zu reden.

Er sagte: „Du kannst mir so lächerlich vorkommen wie du willst, ich werde dich deshalb genauso mögen." Und ich darauf: „Ich weiß das zu schätzen, aber ich könnte jetzt wirklich nicht darüber reden." So sagte ich nichts, und wir setzten unsere Arbeit fort. Etwas später fragte ich ihn an jenem Tag: „Jim, wie fandest du mich, als ich heute morgen kam? Sah ich wirklich ausgeflippt aus?" Er meinte: „Das hast du. So habe ich dich bisher noch nie gesehen."

S: Was spielte sich in Ihren Gedanken ab? Sie sagen, Sie konnten sich nicht konzentrieren oder die richtigen Knöpfe an Ihrem Tonbandgerät drücken, daß Ihr Verstand kippte, daß Ihre Gedanken rasten, daß da ein Gefühl war, nichts festhalten zu können. Sind das einige der Gefühle, die Sie hatten?

A: Alles außer der Sache mit meinen beschleunigten Gedanken - alles stand still. Ich hatte ein Gefühl, als säße ich in einem Sessel, ohne einen Muskel zu bewegen, ohne zu blinzeln, ohne - ich war festgenagelt.

S: Die Vorstellung, Ihr Verstand steht still, was heißt das? Daß das Denken nicht weiß, wohin es sich wenden soll?

A: Nein, es wußte nicht, wohin gehen. Es ist, als hätte man ihm eine Information gegeben, eine Art Computer-Programm, denke ich. Man gibt eine Information ein, mit der es nichts anfangen kann, und es gibt dir dann gewöhnlich eine Irrtumsmeldung zurück und bleibt stehen. Man nennt das „bombing out". Das Programm setzt einfach aus. Es ist stehengeblieben und wartet gleichgültig auf weitere Instruktionen (Lachen).

S: Fühlten Sie sich weit?

A: Nein, der Raum ist unendlich. Ich fühlte mich wie ein Punkt - das Gegenteil von weit, ich fühlte mich völlig zusammengeschrumpft und konzentriert. An jenem Punkt gab es sonst nichts in der Welt.

S: Ging das Denken nicht weiter? Sie blieben einfach an diesen Augenblick festgenagelt?

A: Für eine Weile ja; dann begann ich irgendwie zu erkennen, was mit mir geschah. Ich sagte: „Was mach' ich denn, was fühle ich, was geschieht mit mir?" Aber durch diese Fragen an mich hörte es nicht auf. Als ich zu Ihnen sagte, ich fühlte, ich könnte nicht in meinen Wagen steigen und irgendwohin fahren, redete ich mir zu: „Ich kann damit einfach aufhören; ich kann einfach Schluß machen - und wieder mein gewohntes Selbst sein und aus diesem Büro gehen."

Aber ich konnte nicht. Ich wollte es nicht versuchen. Es war so etwas wie eine Angst, daß ich, wenn ich es versuchte und nicht zustandebrächte, wirklich ausflippen würde. Dieses Gefühl habe ich sehr, sehr selten gehabt und nicht lange - wenn ich über etwas wirklich sehr deprimiert war. Dann saß ich bloß in meinem Sessel und rührte mich nicht. Ich dachte dann: „Ich sollte aufstehen und etwas tun." Und dann pflegte ich mir zu sagen: „Was ist, wenn du nicht kannst? Was ist, wenn ich versuche aufzustehen und kann es nicht?" Ich würde es mit der Angst zu tun bekommen; und so blieb ich sitzen, bis die Stimmung vorüber war.

S: Und das, woraus Sie nicht herauskommen konnten - ich versuche nur wieder, es zu klären: War es so, daß Ihr Denken durch diesen Augenblick betäubt und blockiert war? Und obgleich Sie versuchten, sich abzuwenden, hatten die Gedanken kaum Einfluß auf dieses Gefühl der Betäubung?

A: Ja, ja. Gedanken waren da, und ich konnte mich gewissermaßen selbst denken sehen: „Ich muß gehen, ich muß auf dem Feld sein, ich kann mir gerade jetzt diese Gleichgültigkeit nicht leisten; was muß Sam von mir denken?"

S: Was ich von Ihnen denken muß?

110

A: Ach, ich weiß nicht. Ich nehme an, Sie waren wahrscheinlich ebenso überrascht wie ich - vielleicht sahen Sie es kommen. Ich weiß nicht, Sie waren es, der mich auf das Tonbandgerät brachte!

S: Meinen Sie, ich halte deshalb weniger von Ihnen oder mehr?

A: Nun, Sie schienen recht erfreut darüber. Ich meine, wenn man ein Tonbandgerät hervorzaubert und solche Sachen. Was könnte eine positivere Bestätigung für jemanden sein - nach dreieinhalb Jahren Therapie - als etwas, von dem ich glaube, daß es wert ist, aufgenommen zu werden (Lachen).

S: Glaubten Sie, daß Sie mir mit dieser Reaktion eine Freude machen würden?

A: Tja, ich dachte darüber nach, es war eines der Dinge, über die ich diese Woche nachdachte.

S: Nachher.

A: Ja. Aber nicht vorher.

S: Haben Sie es heraufbeschworen?

A: Das glaube ich nicht. Möglich ist es, nehme ich an, aber es kam mir nicht wie eine wirkliche Alternative vor.

S: Sie waren betäubt. Fanden Sie das alles auch interessant?

A: Ja, sehr interessant, und für den Rest des Tages breitete sich eine Art Ruhe in mir aus. Es schien ein sehr schöner Tag zu sein, und ich machte mir keine Sorgen über die Fertigstellung der Arbeit und ...

S: Wie konnten Sie beide Reaktionen haben, die Angst - wie den Bach 'runtergehen - und doch Ruhe?

A: Das einzige, an das ich denken konnte, war das, wovon wir schon gesprochen haben - worüber ich, wie ich immer sagte, keine Erfahrung habe - dieses Sich-Ausliefern. Als ich dann gewissermaßen begriff, daß ich mir das nicht selbst eingebildet hatte, daß ich es nicht zu irgendeinem Zweck getan habe, da überließ ich mich dem einfach. Es war einfach da; es hatte mich gepackt und vereinnahmt. Ich konnte nicht anders, als mich irgendwie fügen und fallen lassen. Der Satz, der mir den ganzen Tag und die ganze Woche immer wieder in den Sinn kam, ist etwas, das die Quäker sagen: „Was ist es, was du von mir forderst?"

Aber es war mehr wie: „Was ist es, was von mir gefordert wird?" Ich spürte, daß ich keine Antwort auf diese Frage habe. Und alles Nachdenken der Welt würde mir darauf keine Antwort bringen. Wollte man von mir, daß ich an jenem Abend zu einem Sai Baba-Treffen in Ihr Haus komme? Ich konnte mich nicht dazu bringen, teils, weil ich eine Verabredung mit meinem Mann hätte absagen müssen. Ich fühlte mich nicht gewachsen, ihm das zu erklären. Ich wäre ihm aber eine Erklärung schuldig gewesen, und es wäre sehr unangenehm gewesen. Zum Teil war es das, was mich abschreckte.

Ich war nicht sicher, ob mehr dieser Art auf mich noch irgendeinen Eindruck machen könnte, ich wollte mich sozusagen selbst in Ruhe lassen mit dem, was geschehen war, und es nicht in die eine oder andere Richtung zwingen. Ich fühlte, was von mir erwartet wurde, war: mich ausliefern. Diese Erfahrung gehabt zu haben, zu versuchen, sie vor Augen zu halten und nicht gewaltsam in irgendeine Richtung zu lenken und ihr gegenüber offen zu bleiben. Das ist ziemlich schwer für mich, weil ich an etwas Derartiges nicht gewöhnt bin. Aber von daher kam das Gefühl der Ruhe: „Das ist mir geschehen; es ist da, ich kann nicht dagegen ankämpfen, es gibt nichts, was ich damit anfangen kann. Vielleicht muß ich ganz einfach eine Weile damit leben."

S: So etwas wie sich damit abzufinden, den Bach 'runterzugehen wie damals im Traum, als Sie auf dem Baumstamm saßen?

A: Ja.

S: Und war da eine Ruhe, die dieses Sich-Hingeben im Traum begleitete?

A: Daran kann ich mich nicht erinnern; es ging zu schnell.

S: Wie lang brauchten Sie, wieder zu Ihrem üblichen Denken zurückzukehren?

A: Ich nehme an, als Jim zu mir herüberkam und mir all diese Fragen stellte. Ich erzählte ihm ein bißchen von dem, was meiner Meinung nach geschehen war, und dann begannen wir, unsere Daten zu sammeln. Das geht alles ganz routinemäßig und erfordert Konzentration, damit man die richtigen Daten in den Computer einspeichert. Das hat mich einigermaßen herausgerissen.

S: Haben Sie mit Jim über Ihr Erlebnis gesprochen? Haben Sie ihm erzählt, was geschehen war?

A: Nein, noch nicht. Es war dazu wirklich keine Zeit.

S: Haben Sie es Ihrem Mann gesagt?

A: Ich sprach mit ihm darüber, ja.

S: Und was war sein Eindruck?

A: Es interessierte ihn nur, weil es mir passiert war. Es machte keinen großartigen Eindruck auf ihn. Ich beschrieb alles, und er sagte: „Naja, das ist interessant, aber so etwas hatten wir ja schon öfters." Seiner Meinung nach scheint der Unterschied zwischen diesem Mal und den früheren darin zu bestehen, daß ich früher nie das Gefühl hatte, als ob es etwas mit mir zu tun hätte. Und irgendwie traf mich dieses spezielle Erlebnis persönlicher als die anderen. Ich erwiderte: „Ja, vermutlich ist es das."

Ich habe in Ihrem Haus Filme gesehen, in denen Sai Baba aus einer hochgehaltenen umgestülpten Urne Asche materialisiert. Das hat mich damals nie irgendwie beeindruckt. Aber an diesem Punkt erlaubte mir mein psychologischer und spiritueller Standort zu denken, daß es etwas mit mir zu tun hatte. Mein Gespräch darüber mit meinem Mann machte keinerlei Eindruck auf ihn, außer daß es ihn wirklich interessierte, daß das mir passiert war. Mir kommt es wirklich so vor, als ob es weniger darum ging, was tatsächlich geschah, als daß es sich am richtigen Ort und zur richtigen Zeit ereignete. Es war wie ein Zustand der Gnade. Man kann nicht herumgehen und um Glauben oder religiöse Erfahrung und dergleichen bitten; es kommt einfach auf einen herab.

S: Betrachten Sie das als Gnade? Denken Sie, oder sind Sie froh, daß es geschah?

A: Alsooo (Lachen) froh? Hm, ich habe nichts dagegen, ich fürchte nur, daß es einfach so irgendwie verrauchen wird...

S: Wäre es Ihnen lieber, wenn es nicht verraucht?

A: Ja. Ich habe das Gefühl, da ich da nun einmal durchgegangen bin, sollte es auch irgendwohin führen. Aber ich denke, daß es einige Geduld meinerseits brauchen wird, und daß ich mich bemühen muß, es in Erinnerung zu bewahren - sich wirklich bemühen und wach sein. Ich weiß nicht, wie man das macht, es ist alles irgendwie neu für mich.

S: Sprechen wir darüber nächstes Mal, wenn Sie wollen. Jetzt ist die Zeit um, und wir müssen aufhören.

A: Okay.

NACHTRAG - 26. Juli 1984

Kurz nach ihrem tiefen Erlebnis des furchtbaren Erschreckens hatte A.T. einen bemerkenswerten Traum. Er stellte für mich ein führendes Beispiel dafür dar, was C.G. Jung den auftauchenden zentralen Archetyp (siehe Anhang II) nannte - wie sich vertiefendes spirituelles Erwachen in der Form einer speziellen geometrischen Figur, in einem Mandala, manifestiert.

Hier der Traum: Als sie eben eine bezaubernde Melodie am Klavier spielte, erkannte A.T. plötzlich, daß sie die Noten nicht von einem Blatt abspielte. Stattdessen hatte sich auf dem Notenständer vor ihr sanft eine wunderschöne vierblättrige Blüte niedergelassen. Sich eins mit der Gegebenheit dieser zarten Blume fühlend und völlig in ihre Blütenblätter versenkt, war sie imstande, deren innere Botschaft in Musik umzusetzen.

Obgleich *Yogis* das Herz-*Cakra* als zwölfblättrig beschrieben haben (siehe Anhang III), ist dieses *Cakra* von einigen Hellsehern als ein vierblättriger Lotos beschrieben worden, dessen Blütenblätter aus Viertelkreisen bestehen. Könnte dieser Traum das intensiv erwachende Bewußtwerden der Liebe in ihrem Herzen sinnbildlich zum Ausdruck bringen? Das Thema ähnelte auf erstaunliche Weise dem Traum über Sai Baba zu einem früheren Zeitpunkt in der Therapie. Dieser erste Traum schien ungemeine Liebe zu versprechen, vorausgesetzt, sie würde die spirituelle Realität annehmen. Könnte dieser neuerliche Traum bedeuten, daß sie ein Element jener Liebe erlangt hatte, weil sie ihre Furcht überwunden hatte und sich nunmehr ihrem geistigen Selbst erschließen konnte?

Bald nach dem Traum, am 26. Juli 1984, brach A.T. die Behandlung ab. Während der Entschluß zur Beendigung langsam reifte, befaßte sie sich mit den gleichen Themen - Glaube, Vertrauen, Offenheit und Sich-Ausliefern - aber nun auf tiefer innen gelegenen mentalen und spirituellen Ebenen. Sie war inzwischen vertraut mit natürlichen Impulsen und Neigungen und offener ihnen gegenüber. Gleichzeitig wurde ihr immer klarer, daß es nötig ist, mit spirituellen Praktiken zu beginnen, um tieferen Frieden zu finden. Sie war weiter erfolgreich in der äußeren Welt, bei der Arbeit und in der Familie als Frau und Mutter und hat eine wunderbar enge und liebevolle Beziehung zu ihrem Sohn.

Sie verbringt nun täglich Zeit damit, still zu sitzen, bei Kontemplation und Meditation. Ihre Bereitschaft, verwundbar zu sein durch das Mitteilen von Ängsten, ist gewachsen. Sie engagiert sich ernsthaft in der Kirche und bei Projekten zum Dienst in der Gemeinde und sucht intensiver nach der spirituellen Bedeutung und nach Einsichten, sowohl in ihren Träumen wie auch im Leben. Sie weiß, wie wichtig es ist, Freude und Kummer, Vergnügen und Schmerz mit Gleichmut hinzunehmen - mit Offenheit und Mut - und mit dem Glauben an die Möglichkeit, eine großartige, transzendente Realität in dieser ihrer Lebensspanne zu verwirklichen.

DIE LEKTION DES TODES

KAPITEL 11

Obwohl der Verstand unser wirksamstes Werkzeug zur Anpassung an die äußere Welt ist, kann er andererseits auch zum größten Hindernis für die Wahrnehmung der inneren Wahrheit werden. Er verfügt über eine fast unbegrenzte Macht, unsere tiefsten geistigen und mystischen Erlebnisse unserer wachen Aufmerksamkeit zu entziehen. Warum haben die meisten unter uns keine Vorstellung von der kosmischen Einheit oder können die Realität und das unheimliche Mysterium unseres bevorstehenden Todes nicht fassen, bevor sie damit nicht unmittelbar konfrontiert sind? Wie viele unter uns haben ihre endliche Sterblichkeit inmitten eines Kosmos, dessen verwirrend gewaltige Dimensionen jeder Bemessung spotten, klar vor Augen?

Um die Unsterblichkeit zu entdecken, müssen wir der Angst vor dem Tod des denkenden Egos offen und schuldlos ins Auge sehen. Aus Furcht davor verstecken wir uns für den kurzen Augenblick unseres Lebens - weichen aus, widerstehen -, bis eines Tages das Leid und der Tod da sind, um uns aus unserem Schlummer wachzurütteln, die hypnotischen Selbsttäuschungen des unbedeutenden Verstandes mit einem leichten Schulterzucken fortzuwischen - um das Unergründliche offenzulegen. Denn was wissen wir vom Tod? Nur, daß es ihn gibt und daß vor seiner überwältigenden Wirklichkeit unsere Seele zittert. Diesem großen Geheimnis direkt und aufrichtig zu begegnen, heißt demütig zu werden, heißt erst zerstört werden, um für alle Möglichkeiten bereit und völlig offen zu sein. Dazu löst sich vorher die ganze „reale", körperliche Welt auf, und wir stehen unserer eigenen Nichtigkeit gegenüber ... oder Gott.

Im Oktober 1978, einen Monat vor meiner zehnten Indienreise, erhielt ich einen Anruf von Dr. K., einem angesehenen Orthopäden in San Diego. Er hatte von meinen Reiseplänen gehört und fragte, ob er mitkommen könnte. Ich war überrascht; die meisten meiner beruflichen Bekannten verhielten sich Sai Baba gegenüber skeptisch und blieben distanziert.

Obgleich wir gesellschaftlich nicht viel miteinander verkehrten, schätzte ich Dr. K. beruflich sehr, und gelegentlich überwiesen wir einander Patienten. Er war ein ausgezeichneter Arzt, sehr warmherzig und mitfühlend; genau ein Jahr zuvor hatte ich ihn zu Rate gezogen, als meine Frau Sharon Brustschmerzen bekam. Wir fanden die Ursache nie heraus (wahrscheinlich hatte ein Virus in einem Muskel den Schmerz ausgelöst); doch seine Gründlichkeit und Wärme waren tröstlich und sehr dankenswert. Ich war entzückt, von seinem Interesse zu hören, und begrüßte seine Gesellschaft. Er war allerdings noch nicht ganz entschlossen und sagte, er werde mich in der nächsten Woche über seine endgültige Entscheidung informieren.

Es vergingen zwei Wochen bis zu seinem Anruf. „Sam, ich habe wirklich ernstlich über diese Reise nachgedacht. Nach vielen Überlegungen hin und her habe ich mich entschlossen, nicht zu fahren. Wissen Sie, ich unter-ziehe mich gerade einer Analyse, und mein Psychiater und ich sehen in meinem Interesse an dieser Reise eine Art Flucht davor, meine Depressio-nen unmittelbar anzugehen. Ich glaube, es ist das beste, hierzubleiben und sich dem Problem zu stellen. Vielleicht kann ich ein anderes Mal mitkom-men."

Ich hätte ihm so gern gesagt: „Warum diese Sehnsucht nach Gott als neurotisch abtun, warum den Glauben an ihn nur als Krücke oder Betäu-bungsmittel ansehen? Warum nehmen Sie Ihre Depression so ernst und las-sen sie die Möglichkeit einer echten, erhabenen, geistigen Erfahrung vereiteln? Wo ist Ihre Abenteuerlust, Ihre Neugier, Ihr Feuer, Ihre Phanta-sie - Ihre visionäre Kraft? Bitte mißachten Sie nicht Ihre Sehnsucht nach Gott, Ihr intuitives Erfassen des Unendlichen: Ihre Träume, Hoffnungen, Ihre Sehnsucht. Bitte tun Sie diese kostbaren Aspekte Ihrer Menschlichkeit nicht als bloßes Fluchtverhalten gegenüber einer Depression ab."

Aber von all dem sagte ich nichts zu Dr. K.; ich wünschte ihm alles Gute und versprach, ihn nach meiner Rückkehr an meinen Erlebnissen teil-haben zu lassen.

Zwei Jahre später erhielt ich einen Anruf von Dr. K.s Sekretärin: Er sei sehr krank; und ob ich ihn besuchen könnte. Er habe an Sai Baba gedacht und würde gerne wissen, ob *vibhūti* (heilige Asche) gegen seine Krankheit helfen könne.

Einige Monate vorher hatte ich gehört, daß Dr. K. krank sei, wahr-scheinlich aufgrund wiederholter Bandscheibenvorfälle an den Lendenwir-beln. Ich schloß daraus, daß er heftige Rückenschmerzen habe und seiner Praxis fernbleiben und ausgestreckt im Bett liegen müsse. „Ist es etwas Ernsteres?" fragte ich die Sekretärin.

„Sam, ganz im Vertrauen, nur für Sie und für niemanden anderen bestimmt: Dr. K. leidet an Krebsmetastasen und ist vielleicht hoffnungslos krank. Er hat starke Schmerzen im Rücken und in der Wirbelsäule vom fortschreitenden Krebs und kann das Bett nicht mehr verlassen. Die Krank-heit macht ihn depressiv. Er weiß, daß die konventionelle Medizin ihm kaum Hoffnung läßt und möchte alles versuchen, was vielleicht etwas Erleichterung bringt." Ich rief sofort Dr. K. an und verabredete einen Besuch.

Als ich an einem VW-Wohnwagen und dem Fahrrad eines Jungen, die an der Auffahrt geparkt waren, vorbeiging, kam ich zu einer großen, offe-nen Rasenfläche unter dem Schatten hoher, prächtiger Bäume. Dr. K.s. Wohnsitz war eine großzügige Holz- und Glaskonstruktion moderner Art. Seine junge Familie wuchs in einem wunderschönen Stadtteil des sonnigen San Diego heran. Aber im Haus herrschte eine feierliche Stille. Man hörte kein Lachen, obgleich ich Geräusche eines Kindes in einem nahegelegenen Raum vernahm. Einen Augenblick später saß ich neben meinem bettlägeri-gen Bekannten.

Der vertraute Bart war verschwunden, das Haar infolge der Chemothe-rapie immer spärlicher geworden. Dr. K. lag ausgestreckt und bewegungs-los vor Schmerzen. In seinem warmen Blick konnte ich die Sorge und die Anstrengung lesen. Eine beklemmende Stille erfüllte den Raum.

„Am tiefsten schmerzt mich, meine Lieben verlassen zu müssen und nicht mehr mit meinen Patienten und der Familie in Liebe verbunden bleiben zu können", sagte er mit einer Stimme, die schwach war und vor Trauer zitterte. „Ich habe nie gedacht, daß mir das passieren würde; ich kann es nicht glauben. Warum mir - jetzt, nach so vielen Jahren des Studiums und der Arbeit - gerade am Höhepunkt meiner Karriere? Ich könnte so vieles tun, um Menschen zu helfen. Ich könnte meiner Familie so viel geben." Er verstummte, und sein Blick wandte sich für einen Augenblick nach innen.

Auch ich war betroffen von der Plötzlichkeit. Als ich Dr. K. das letzte Mal gesehen hatte, war er einer der herausragendsten, kompetentesten Ärzte der Stadt gewesen. Als Mittvierziger war er die Stütze und der Stolz seiner Familie, ein Leitstern in der Gemeinde. Nun lag er schwach und siech da, fühlte sich vernichtet und gedemütigt von der Vorstellung, für die Familie eine Last zu sein, ständig von Schmerzen gequält, furchtbar niedergeschlagen und unfähig, sich selbst zu helfen.

„Die Ärzte an der Universität haben mir wenig Hoffnung gemacht", flüsterte er. „Ursprünglich war die Lunge vom Krebs befallen. Welche Ironie! Ich war immer so gesundheitsbewußt und habe nie geraucht. Ich kenne Leute, die täglich paketweise Zigaretten rauchen, ohne Beschwerden zu haben - warum ich? Die Anzahl meiner weißen Blutkörperchen ist zurückgegangen; die Chemotherapie hat mein Rückenmark geschädigt, und wahrscheinlich sitzt der Krebs auch dort. Ich weiß, ich bin in einer Depression, aber ich komme da nicht allein heraus. Ich weiß, ich werde nicht mehr lange leben."

Wieder war Stille im Raum. Meine Augen glitten langsam umher und betrachteten die schönen Teakholzmöbel, den weichen Teppichboden, den Stil und die Eleganz der schönen Einrichtung, die Architektur und das Design. Durch große Fenster blickte man auf eine Veranda in Holz und einen sich weit öffnenden Hof voller Blumen und Bäume. Aber es fehlte dem Ganzen die Freude. Ein dunkles Tuch breitete sich über das, was einmal ein Paradies gewesen war.

Dr. K. bewegte sich. Mit feuchten Augen und mühsam lächelnd fuhr er fort: „Wissen Sie, Sam, wenn ich hier in der Stille Stunde für Stunde liege, dann kann ich nichts anderes tun als nachdenken - und lesen, wenn ich die Kraft dazu habe. Von hier aus sieht die Welt ganz anders aus. Es ist so schwer, es in Dankbarkeit zu erfahren, wie die Welt aussieht, wenn man auf dem Totenbett liegt. Als ich arbeitete, hatte ich tagaus, tagein mit dem Tod zu tun, Stunde für Stunde. Er war immer, jede Minute, ein Teil meiner Arbeit. Aber obgleich ich ständig mit dem Tod umging, sah ich ihn nicht wirklich klar. Nie, wie ich ihn jetzt sehe. Er ist nun so real, so gegenwärtig. So nah - so erschreckend."

Jetzt, Auge in Auge mit dem allgegenwärtigen Tod, der jeden von uns für immer jederzeit aus dieser Traumwelt holen kann, hielten wir inne - verstummten. In dieser betäubenden Stille waren wir offen und verwundbar angesichts der unermeßlichen, überwältigenden Gegenwart eines unfaßlichen Mysteriums. Vor diesem erschreckenden Anblick vergingen alle Realitäten dieser Welt. Nur Angst und unabweisbare Fragen blieben. Wohin werde ich gehen? Werde ich nicht mehr sein? Werde ich in der Leere für immer verloren sein? Was soll diese kurze Existenz im Bewußtsein? Ist sie ein Fehler, eine sinnlose, zufällige Begebenheit? Wohin ... wohin werde ich gehen?

In diesem furchtbaren, zitternden Schweigen und inmitten dieser aufgebrochenen, schmerzenden Verwundbarkeit trafen sich unsere Seelen. „Sam, es gibt keine Antworten in dieser Welt. Glauben Sie, *vibhūti* könnte helfen?“

DAS GERICHTSVERFAHREN

KAPITEL 12

Der Mensch versucht, dem Leid zu entrinnen. Aber könnte es sein, daß es einen Zweck, einen Sinn für das Leiden gibt, eine Rolle, die es in der Entfaltung des Bewußtseins zu spielen hat? Der Versuch, den tiefsten Sinn dieser dunklen menschlichen Existenz zu ergründen, mag vermessen sein. Das Leid kann so durchdringend, so umfassend und tief sein, daß Begriffe und Worte, die eine Erklärung versuchen, hohl und bedeutungslos klingen. Weiter als unsere Gedanken, weiter als das Verstehen reicht das Leid jenseits des Verstandes mitten in den Kern unseres Seins hinein. Und vielleicht ist das der Schlüssel. Indem es so unseren Verstand demütigt, zerstört es den Hochmut der menschlichen „Weisheit", die wir uns damit erkaufen, daß wir einen großen Bogen um das Unergründliche machen. Es zwingt, sich der Angst vor dem Tod zu stellen, und enthüllt damit eine tiefere Wirklichkeit als jene, die dem Denken zugänglich ist. Wenn wir eine Kraft finden können, die gewaltig genug ist, dieses Leiden zu beruhigen - Stärke und Frieden zu schenken angesichts unerträglicher und unverständlicher Qual -, dann haben wir vielleicht unsere innerste Wirklichkeit gefunden.

Der große jüdische Erzähler und Philosoph Elie Wiesel, der während des Zweiten Weltkrieges in den beiden deutschen Konzentrationslagern Auschwitz und Buchenwald interniert war, erzählt, was sich eines Tages in Auschwitz zugetragen hat. Wenn auch das Thema von Professor Wiesel stammt und sich der Vorfall mit seinem Ausgang tatsächlich ereignet hat, möchte ich betonen und klarstellen, daß ich die Geschichte mit meinen eigenen Worten und als frei erfundenen Dialog wiedergebe. Ich bin sicher, daß meine Wiedergabe nicht genau das Geschehen darstellt und Professor Wiesel die Geschichte anders erzählen würde.

Es war zu der Zeit, als an den Juden die groteskesten Greueltaten verübt wurden und ihnen das schreckliche Leid widerfuhr, das umfassend belegt ist. Wie Vieh zusammengetrieben, ausgehungert, geschlagen, gefoltert, schutzlos den rauhen Elementen im Winter preisgegeben und abgeschlachtet, versuchten sie, durchzuhalten und zu überleben. Wer kann den Sinn einer solchen Feuerprobe demjenigen erklären, der sie durchmacht?

Die unmenschliche Behandlung, die grotesk-sadistischen Experimente und Verstümmelungen schienen kein Ende zu nehmen. Es war ein unvorstellbarer Versuch, eine ganze Menschenrasse auszurotten. Und aus welchem Grund? Im ganzen wurden sechs Millionen Menschen in diesem ungeheuren Ausbruch des Bösen und der Zerstörung hingeschlachtet. Elie Wiesel war einer von vielen gebildeten und empfindsamen Juden, die hilflos in diesen Höllenlagern zu Gott schrien: „Wo bist du? Wo bist du? Mach dieser Folter ein Ende!"

Unter den Gefangenen waren einige der brillantesten Köpfe Europas. Ausgezeichnete Naturwissenschaftler, Gelehrte, Künstler und Fachleute aus allen Gebieten erlitten gemeinsam dieses Gemetzel. Gemeinsam schrien sie auf angesichts dieser Greuel. Aber soviel sie auch beteten, Gott schien sie nicht zu hören. Sie schrien im Todeskampf zu etwas, was mehr und mehr nichts als ein leeres, schwarzes Loch zu sein schien.

„O Herr, Gott im Himmel", riefen sie, „wie kannst du uns das antun? Wir sind gebrochen und sterben in einer grotesken Folterkammer. Wir werden gedemütigt, zu Tode gehetzt und geschlachtet ohne Sinn und Zweck. Jeder Tag bringt erneut einen hoffnungslosen Kampf ohne Unterlaß, voller Pein und Todesangst und der entsetzlichen Entwürdigung, mit ansehen zu müssen, wie wir zu untermenschlichen Tieren werden: beherrscht vom Überlebenswillen, erfüllt von Haß, Rachegefühlen und Eifersucht; es steigt in uns der Wunsch auf, unser eigener Verwandter sollte umfallen, damit wir ihm ein Stück altes Brot oder einen Fetzen Kleidung wegnehmen können.

Ist das der grausame Plan, den du dir für den ausgedacht hast, der nach deinem Ebenbild geschaffen ist? Aus welchem Grunde, o Herr, werden wir zusammengetrieben und erschlagen wie die Schweine - um blutend hinter Stacheldraht zusammengepfercht zu werden, frierend im schneidenden, eisigen Wind, mit keinem anderen Schutz als einem abgetragenen, schäbigen Gewand auf der nackten Haut? O Beschützer, was haben unsere unschuldigen Kinder getan, um den Hungertod und brutale Schläge zu verdienen, um verstümmelt, zertreten, aufgeschlitzt und vergast zu werden, zum Gespött und Spielzeug der Wut des Teufels zu werden?

O Herr, warum muß ich zusehen, wie mein unschuldiges, schuldloses Baby bei den Füßen gepackt, gegen die Wand geschleudert und zu einem kopflosen, blutenden Brei zermalmt wird? Warum erlaubst du, daß die jungen Mädchen vergewaltigt werden und die Männer geschlagen, bis ihre Knochen unheilbar gebrochen sind? Warum erlaubst du das Zerreißen von Gliedmaßen, das Ausstechen von Augen, die absurden Experimente mit menschlichem Fleisch? Warum tust Du nichts gegen die Morde, das Gelächter und den Sadismus der Folterer, das gleichzeitige grauenvolle, dumpfe Hinstürzen von Tausenden in den Gaskammern?

Warum muß ich die Schreie meiner Mütter und Väter hören, die in offenen Feuergruben verbrannt oder lebendig begraben werden, ohne daß man ihnen vorher wenigstens die Gnade einer Kugel zwischen die Augen gönnte? Die ganze Zeit das Fluchen, dir, o Herr, tagaus, tagein. Wozu diese höllische Übung in Hoffnungslosigkeit und endlosem Leid - und das Bewußtsein erfüllt vom ständigen Verdammen deines Namens?"

Schließlich beschlossen sie, Gott vor Gericht zu stellen und ihn anzuklagen, unverzeihliche Verbrechen zuzulassen und sein Volk in der Zeit seiner drängendsten und schrecklichsten Not zu vernachlässigen. „Er muß als ein Verbrecher verurteilt werden, der die Schuld unvorstellbarer und unverzeihlicher Grausamkeit auf sich geladen hat!" riefen sie aus. „Und wir müssen das mit äußerster Bedachtsamkeit und Sorgfalt tun, denn die Überlebenden werden auf diesen Tag zurückblicken, sie müssen uns verstehen und uns ernstnehmen. Wir sind intelligente, weise, gottliebende und gottesfürchtige Menschen und uns dessen voll bewußt, was wir tun. Ja, das muß mit fleißiger, geduldiger Sorgfalt durchgeführt werden - behutsam, objektiv und mit aller erdenklichen Aufrichtigkeit auf der Suche nach Gerechtigkeit."

So hielten sie drei Tage und drei Nächte Gericht. Der weiseste Mann der jüdischen Gemeinschaft übernahm bereitwillig die Rolle des Verteidigers. Es gab diejenigen, die Gottes Unerforschlichkeit für jenseits der menschlichen Fassungskraft hielten und bereit waren, in den Greueltaten in irgendeiner verqueren Art einen Ausdruck von Gottes Liebe zu sehen.

Auf der anderen Seite die Opposition: diejenigen, die nur vor Schmerz und Trotz weinen konnten. „Nein, nein, nein, kein liebender Gott, überhaupt kein Gott könnte dieses Böse akzeptieren oder zulassen." Es wurden Argumente vorgebracht und überprüft - Standpunkte ernsthaft vorgetragen und ebenso eifrig debattiert und verworfen - um sicherzugehen, daß jede Anstrengung unternommen wurde, die tiefsten Tiefen dieses dramatischen und unerklärlichen Mysteriums auszuloten.

„Sind wir irgendwelcher Untaten in diesem Leben schuldig? Könnte es eine Strafe für frühere Vergehen sein, als Juden dem Bund mit dem Herrn zuwiderhandelten? Werden wir Juden irgendwie gereinigt und geläutert - oder nehmen wir vielleicht sogar die Strafe für andere auf uns? Und werden wir durch unseren Tod die besondere Gnade erlangen, mit dem Herrn für alle Zeiten im Himmel leben zu dürfen?"

Und die andere Seite: „Nein nein, nein! Nichts kann diese Grausamkeit rechtfertigen, diese nie dagewesene Manifestation des Bösen."

„Aber wer kann Gottes Wege verstehen? Seine Wege sind geheimnisvoll und unberechenbar, seine Allwissenheit ist nie in Frage zu stellen, seine Heiligkeit so groß, daß wir nicht einmal würdig sind, seinen Namen laut auszusprechen. Uns steht es nur zu, uns vor ihm zu beugen und alle seine liebende Gnade anzunehmen: daß die ganze Schöpfung und Evolution durch seine besondere Allwissenheit in vollkommener Ordnung verwirklicht wird, und daß seine Handlungen und Wege immer rein sind, immer unaussprechlich richtig, immer unendlich vollkommen."

Auf der anderen Seite: „Nein, nein, nein! Welcher Gott kann die Gebete der Hilflosen, die Tränen der Frommen und Unschuldigen annehmen und sie als Henkersschlinge verwenden, als Peitsche - um zu schlagen, zu strangulieren und das Leben gnadenlos auszulöschen? Kein Argument kann etwas so Düsteres, Unverzeihliches, durch und durch Böses, Abstoßendes, Perverses und Groteskes wie das hier rechtfertigen!"

„Aber unser Gott und der Gott unserer Väter war uns gnädig in der Vergangenheit. Er hat unser Volk durch das Tal des Todes geführt und in leidvollen Zeiten kam er, uns zu schützen und Frieden zu bringen. Irgendwie müssen wir diese neuste Erfahrung mit Dankbarkeit und Liebe annehmen. Wir dürfen nie den Glauben verlieren, denn er war immer mit uns in den Zeiten der Not, auch wenn wir uns verlassen fühlten; und er muß auch jetzt mit uns sein. Er hat uns aus Ägypten herausgeführt, er hat uns durch die Zeitalter hindurch gestärkt und gereinigt, und selbst jetzt muß er uns abhärten für eine andere, große Mission in der Zukunft. Ja, seine Wege sind über jede Frage erhaben, erhaben über unser Urteil - sein Geheimnis ist undurchdringlich. Alles, was er uns sendet, muß als ein heiliges Geschenk von ihm angenommen werden.

Die einzige Antwort, die wir gerechterweise haben, ist: Ja, ja, ja! Ich nehme alles als deine Gnade an, wie tief das Geheimnis oder das Maß des Leidens und der Pein auch ist. Prüfe mich, oh Herr - so tief und gründlich, wie du willst. Nichts wird mich von meiner Liebe und meinem Lobpreisen abbringen, von meiner Verehrung und meinem Flehen zu dir. Du bist der Schöpfer von allem, was da ist. Es ist nicht an uns, zu richten oder uns anzumaßen, nur ein Jota deines Mysteriums zu verstehen; an uns ist es, mit offenem Herzen in voller Annahmebereitschaft zu sprechen: Ja, ja, ja!"

Die andere Seite blieb unerschütterlich hart. „Nein, nein, nein - diese Perversion, dieser Sadismus, dieser Holocaust ist ein Schandfleck auf deinem Namen. Noch so viel perverse Vernunft kann das nicht entschuldigen. Es ist völlig unannehmbar und muß zurückgewiesen, widerlegt, abgelehnt, zurückgestoßen, verdammt werden. Man muß sich dem widersetzen mit jeder Unze Kraft, welche die menschliche Anständigkeit aufbringen kann. Von diesem Maß des Bösen muß das Antlitz der Schöpfung gereinigt werden, was immer das an Anstrengung kosten wird und ungeachtet der Folgen; es kann nicht, darf nicht und wird nicht hingenommen werden. Diese Wirklichkeit entspricht dem bösen Geist und den Alptraum-Vorstellungen von Wahnsinnigen; es muß getilgt werden, für immer. Gott ist schuldig, nicht nur unvollkommen, sondern gnadenlos, grausam und ungerecht zu sein!"

Drei Tage und drei Nächte folgten einander Punkt für Punkt. Anklage, Gegenklage und Verteidigung. Am Ende tagte das Gericht, müde und erschöpft. Als das Urteil gefällt war, stand der Richter auf und trat vor einen Gerichtssaal, der von grimmig blickenden Zuschauern überquoll, aber von gespannter Erwartung ganz still war. Feierlich auf die Versammlung herabblickend, las er: „Nach langer Beratung und Überlegung haben die Geschworenen Gott ... für schuldig befunden im Sinne der Anklage." Sie hatten tatsächlich Gott für schuldig befunden. So tief und unergründlich war ihr grausiges Protokoll des Leidens, daß diese Gruppe gelehrter, weiser Männer, die guter Absicht waren, es nicht annehmen konnte, gleichgültig unter welchen Umständen oder aufgrund welcher Erklärungen und was auch immer an verborgener innerer Bedeutung oder Wirklichkeit vielleicht dahinterstehen mochte.

„Schuldig" hieß das Urteil, und „schuldig" blieb es. Nun saß die Gruppe da, erschöpft von den Überlegungen, niedergeschlagen, richtungslos. Nach langem Schweigen erhob sich der Richter wieder und richtete das Wort an die Versammlung: „Und jetzt laßt uns beten", sagte er.

DIE BHAGAVADGĪTĀ

13. KAPITEL

Vergeblich bemühen wir uns, unsere Sterblichkeit vor uns selbst zu verbergen. Leid und Tod ereilen uns eines Tages, um uns ihre Lektion zu erteilen. Soviel wir auch kämpfen, schließlich werden Verstand und Ego gedemütigt und herabgesetzt, bis wir zuletzt verwundbar und zitternd dastehen, wie unschuldige, entblößte Kinder. Erst wenn wir durch unser Anklammern an die äußere Welt sehr geschwächt sind, rufen wir endlich nach der inneren Kraft, damit wir über sie hinauswachsen. So ist das Wirken der Kräfte, die hinter der Wiedergeburt stehen, von den Schriften aller großen Weltreligionen beschrieben worden. Betrachten wir die heiligste Schrift der Hindus, um ein tieferes Verständnis für die Dynamik dieser Kräfte zu erlangen.

Fromme Hindus glauben nicht nur, daß die *Veden* direkt von Gott kommen, sondern daß sie, weil ihre Botschaft für den sterblichen Menschen schwer verständlich ist, von ihm selbst später im Leben vorgespielt worden sind, um sie verständlicher zu machen. Die *Bhagavadgītā* (der Gesang des Herrn), die vielen als das Evangelium Indiens gilt, hat, wie man annimmt, dieses Ereignis als Chronik festgehalten. Darin sind *Krishna*, den man den Christus Indiens nannte, und *Arjuna* - die Apotheose des gereinigten Menschen, der für die spirituelle Einsicht herangereift ist - die Hauptgestalten eines historischen Dramas, in dem die Lehren der *Veden* lebendig dargestellt werden.

Warum trägt das erste Kapitel dieses epischen Gedichtes den Namen „*Arjunas* Verzweiflung?" Der Schauplatz ist folgender: Zwei große Armeen stehen einander auf einem weiten Schlachtfeld gegenüber. Auf der einen Seite wird die Armee von den *Pāndava*-Brüdern, die für die Rechtschaffenheit stehen, angeführt; auf der anderen Seite befehligt die verderbte *Kaurava*-Sippschaft eine Streitmacht des Bösen. Die *Pāndavas*, liebevoll mitfühlend und verzeihend, sind durch die selbstsüchtigen, provokanten Handlungen der *Kauravas* ausweglos in einen Krieg mit ihnen hineingezogen worden. Im Laufe des Dramas nähert sich *Krishna*, die Verkörperung des Göttlichen, den Führern beider Seiten und bietet ihnen eine Wahl an. „Ihr könnt entweder die Hilfe des starken Heeres meiner Sippe haben oder meine eigene Hilfe allein - obgleich ich selbst keine Waffen führen werde."

Beide Seiten waren bereits Zeugen für die Wunder und die Majestät *Krishnas* geworden, aber die Seite der Bösen nicht so klar und ohne Zweifel wie die der Rechtschaffenen. Sie wählten ohne Zögern das gesamte schlachtbereite Heer. Mit einer Klarsicht, die so hell und rein war wie ihr Charakter, wählten die *Pāndavas Krishna*. *Krishna* wird *Arjunas* Streitwagen lenken.

Als die Armeen einander kampfbereit gegenüberstehen, spricht *Arjuna*:

Lass' uns den Wagen, o Unsterblicher!
Dort in der Mitte beider Heere halten,
Damit ich näher jene mir betrachte,
Die kampfbegierig mir entgegensteh'n,
Und die wir töten sollen sicherlich!
Blutgierig sind und töricht alle, die
dem Dhritarāshtrer Sohn gehorsam sind."[1]

Arjuna ist mit den *Kauravas* aufgewachsen. Nach dem Tod seines Vaters,
König Pāndu, erzog ihn und seine vier Brüder der Bruder seines Vaters,
Dhritarāshtra, der Thronerbe. König *Dhritarāshtra* war das Oberhaupt der
Familie der *Kauravas*, und in ihren Reihen sieht *Arjuna* nun seine Blutsverwandten, Freunde, Gefährten und Lehrer. Als er die Szene von seinem
Standort zwischen den beiden Armeen betrachtet, sinkt seine Stimmung. Er
erkennt, daß Tausende aus seiner Verwandtschaft den Tod oder die Verstümmelung erleiden werden. Mag der Feind noch so böse sein, was kann
das brutale Blutbad an Familienangehörigen auf beiden Seiten rechtfertigen? Nein, *Arjuna* will daran nicht teilhaben, lieber will er sterben. In tief-
stem Schmerz ruft er *Krishna* an:

„Da ich, o Herr! als meine Blutsverwandten
Nun jene kenne, die ich töten soll,
So fühl ich mich entnervt, die Zunge trocknet
Am Gaumen mir, und stille steht mein Herz.
Mein Körper bebt, es sträubt sich mir das Haar,
Mein Arm wird schwach und ihm entfällt der Bogen,
Den ich gespannt. Wie Fieberglut durchdringt
Die Angst die Glieder; kaum vermag ich mehr
Aufrecht zu stehen; die Gedanken selbst
Verwirren sich, mein Leben scheint zu flieh'n.
Auch seh' ich vor mir nichts als Leid und Weh.
Nichts Gutes, o Keschav! kann daraus entspringen,
Wenn sich Verwandte gegenseitig schlachten.
Nein! Ich verlange nicht zu siegen, Krischna!
Ich wünsche weder Herrschertum noch Ruhm,
Noch Reichtum oder Lust, auf diese Weise
Gewonnen. O, wie kann ein solcher Sieg
Mir Freude bringen, ach, Govinda! wie
Die Beute mir ersetzen den Verlust,
Den ich erleiden würde, ja, wie könnte
Das Leben selbst noch ein Genuß mir sein,
Das ich erkaufe durch das Blut von jenen,
Die mir allein das Leben teuer machen,
Und ohne die es für mich wertlos ist?
Großväter, Väter, Söhne seh' ich hier,
Lehrer und Freunde, Schwäger und Verwandte;
Nicht wünsch' ich sie zu töten, Herr der Welt;
Auch nicht, wenn sie nach meinem Blute dürsten.

Ich will nicht töten Madhusudana!
Wär' auch die Herrschaft über die drei Welten
Dann mein Gewinn. Noch weniger verlockt
Mich der Besitz der Erde. Schmerz allein
Könnt' ich durch einen solchen Mord erkaufen.
Selbst wenn die Dhritarāshtrer sündhaft sind,
Wird ihre Schuld auf unsre Häupter fallen,
Wenn wir sie töten. Nein, es ziemt uns nicht,
Sie zu erschlagen: ach! wie könnten wir
Dann jemals glücklich sein, o Madhava?
Und wenn durch Gier und Zorn geblendet sie
Die Sünde ihres Aufruhrs nicht erkennen,
Und des vergoss'nen Bluts nicht achtend, selbst
Zu Mördern werden, sollten wir dann sehend
Desgleichen tun? Wir, die Verwandtenmord
Für Sünde halten! O du Heiliger!
Dort, wo ein Stamm verdorben wird, da geht
Die Frömmigkeit zugrunde und mit ihr
Auch das Geschlecht. Gottlosigkeit zieht ein.
Das Weib entartet; es vermengt das Reine
Mit dem Unreinen sich, und dem Zerstörten
Wie dem Zerstörer öffnet sich die Hölle.
Ja selbst das Himmlische, wenn ihm nicht mehr
Geopfert wird, beraubt der Nahrung, stürzt's
Herab aus seinen Höhen. So entsteht
Verwirrung und Verlust der Seligkeit,
Und die Bestimmung des Zerstörers ist
Der Hölle Abgrund. Dies besagt die Schrift.
Ach welch ein Unrecht wär' es, wenn aus Lust
Zum Herrschen die Verwandten wir erschlügen!
Viel besser wär' es, unbewaffnet uns
Den hochgeschätzten Feinden zu ergeben,
Von ihren Händen selbst den Tod zu leiden."[2]

Das erste Kapitel, „*Arjunas* Verzweiflung", ist die Grundlage der *Bhagavadgītā*.[3] Es handelt sich hier um eine besondere Art der Verzweiflung: einen geistigen Zustand, den wir alle früher oder später durchmachen müssen als Folge unseres Anklammerns an die Außenwelt, die ihrer Natur nach frustrierend und voller Leid und Ungerechtigkeit ist. Diese Verzweiflung läßt uns unsere Fehler erkennen - sie verstärkt unser Sehnen nach einer Antwort auf das Rätsel unserer sterblichen Existenz und nach der Fähigkeit, darüber hinaus zu transzendieren. Durch die Demütigung unseres Verstandes und des Egos bereitet uns diese Verzweiflung - Kierkegaards Angst- und Hoffnungslosigkeit, die Existenzangst des modernen Menschen - auf unsere Reise nach innen vor. Sie führt uns von unserem Verstand zu unserem Herzen - von Eigensucht zur Selbstlosigkeit, von der Einsamkeit zur Liebe, von der Trennung zur Vereinigung. „Die *Bhagavadgītā*, an deren Anfang Verzweiflung steht, endet mit Erkenntnis - Verzweiflung ist die Saat und Erkenntnis die Frucht."[4]

Was ist der Urgrund unseres Leidens?

> Wer immer er sei, wie gelehrt er auch sein mag, er kann der Selbst-
> täuschung nicht entrinnen, und damit unterliegt er dem Kummer, der
> sich wie eine Bremse auf sein Tun auswirkt. *Arjuna*, der große Held,
> der groß im Verzicht und groß an Weisheit ist, wird von den furchtba-
> ren Gegebenheiten des Krieges getäuscht, und sein Kummer behin-
> dert auch seine Handlungen. Er verwechselt den Körper mit dem
> Selbst; er beginnt damit, die beiden zu identifizieren. Er zwingt dem
> wahren Selbst (dem *ātman*[5]) - das immer von den Kriterien der sich
> bewegenden, wandelnden Welt unberührt bleibt, die unreale und
> oberflächliche Natur der Welt auf und hält diese Täuschung für das
> Wahre. Das ist nicht allein *Arjunas* Tragödie, sondern die der ganzen
> Menschheit![6]   Sathya Sai Baba

Können wir über das Leid hinauswachsen - über die Täuschung hinweg-
kommen, nur Körper zu sein, an Zeit und Raum gebunden? Die *Bhagavadgītā* lehrt eine Reihe von Haltungen und Verfahrensweisen in diesem
totalen menschlichen Dilemma. Die Grundlage bilden dabei diejenigen, die
in allen Religionen gepriesen werden: der Glaube und die Verehrung, die
zur Ergebenheit in den Willen Gottes führen, Kräfte, von denen wir in der
wissenschaftlichen Verhaltensforschung fast überhaupt nichts wissen.
Wenn sie auch für wissenschaftlich Denkende vielleicht simpel, naiv
erscheinen mag, so ist die tiefste Aussage *Krishnas* in der *Bhagavadgītā*
identisch mit dem Wesen der Lehren des Christus.

> Richte deine Gedanken auf mich, gib dich mir hin, verehre mich,
> lobpreise mich; du wirst mich erreichen. Diese Wahrheit verkünde
> ich dir, denn du bist mir lieb; das ist meine Lehre, meine Gnade. Das
> ist der Weg zu mir; gib alle geringeren Handlungen und Pflichten
> auf, ergib dich mir, gräme dich nicht; von den Folgen all deiner
> Handlungen werde ich dich befreien.[7]   *Krishna*

Lassen wir uns von Worten wie Glaube, Hingabe, Verehrung und Ergebenheit nicht abschrecken. Es steckt ein viel tieferes Geheimnis, als das Auge
sehen kann, hinter diesen wenigen, einfachen Zeilen. Wir müssen uns die
Zeit nehmen, tiefer in ihren inneren Sinn einzudringen, wenn wir die
Bedeutung dieses Mysteriums für die behavioristischen Wissenschaften
richtig einschätzen sollen. Die Worte beziehen sich wohl in der Tat auf eine
Wirklichkeitsebene, die viele von uns irrtümlich als primitiv und irreal
abgetan haben.
   Meiner Erfahrung nach führt das Verständnis für die Auswirkungen der
Verehrung - der wunderbaren Verwandlung der Beziehung zwischen
Mensch und Gott - zu einem tieferen Begreifen der Auswirkungen der
Liebe, denen nichts auf dem Gebiet der Psychologie gleichkommt. Ja,
Krishnas Erklärung mag im ersten Augenblick simpel erscheinen; sie
kommt uns deshalb so vor, weil wir Verhaltenswissenschaftler nicht die
Möglichkeit einer göttlichen Intervention, die auf wunderbare Weise
Bewußtseinsveränderungen durch Liebe und Ergebenheit bewirken kann,

gelten lassen. Da dies das Fassungsvermögen des Verstandes übersteigt, bleibt als einziger Weg zum Verständnis für einen solchen Wandel nur die direkte persönliche Erfahrung der verehrenden Hingabe und Liebe. Verehrung und Liebe sind der Weg ... und das Ziel. Dieser Vorgang erschließt eine ganze innere Welt der Kraft und des Friedens und führt zum Hinauswachsen über die materielle Welt und zur Verwirklichung unserer eigenen, inneren Göttlichkeit. Die Hauptrichtung der modernen Psychologie ist sich weitgehend dieser äußerst subtilen inneren Dimension, die man bestenfalls mit einem flüchtigen Blick auf Worte und Bilder von Mystikern und Heiligen wahrgenommen hat, nicht bewußt. In der Tradition der Hindus bezeichnet man dieses erreichbare universale Selbst, dessen zentrale Eigenschaft selbstlose Liebe ist, mit dem Wort *ātman*, und Sai Baba beschreibt es folgendermaßen:

> Der *ātman* ist die unsichtbare Basis, die Substanz der ganzen objektiven Welt, die Realität hinter der Erscheinung, die in jedem Wesen allumfassend und immanent ist. Ihrer Natur nach frei von Bindung und unzerstörbar, stirbt sie nicht. Es ist der Zeuge, den all der Wandel von Raum und Zeit nicht berührt, der immanente Geist im Körper, die motivierende Kraft hinter seinen Impulsen und Absichten. Es ist jedes Menschen eigene, innerste Wirklichkeit, seine Göttlichkeit, das wahre Selbst - die Seele.
>
> Der *ātman* kann nicht durch Metaphern und Beispiele erfaßt werden. Keine Form kann ihn beinhalten, kein Name kann ihn in Wirklichkeit bezeichnen. Wie sollte das Begrenzte das Grenzenlose verstehen, das Jetzt das Ewige ermessen, das Unstete das Stabile?
>
> Der *ātman* besteht unwandelbar, wie vielen Verwandlungen der von ihm motivierte Gegenstand auch unterworfen wird. Er nimmt mit den Sinnen der Wahrnehmung Kontakt auf und beeinflußt das Denken. Er erweckt im Intellekt die Fähigkeit, zu unterscheiden und die Richtung der Handlungen zu bestimmen. Er aktiviert die Instrumente des Denkens, der Sprache und des Handelns, des Ausdrucks und der Kommunikation. Die Augen sehen; aber welche Kraft steht hinter ihnen? Man mag Ohren haben, aber wer gibt ihnen die Fähigkeit zu hören? Worte fließen aus dem Mund, aber was drängt uns zur Rede und bestimmt ihre Art und ihren Inhalt? Jene Kraft arbeitet wie die elektrischen Zellen der Batterie einer Taschenlampe, die ihre Birne mit dem Strom versorgt, damit sie leuchtet. Die Ärzte wissen, daß der Körper aus Milliarden von Zellen besteht, die lebendig und wachsam, geschäftig und aktiv sind. Jede Zelle wird vom *ātman* motiviert; er ist immanent in allem. Der *ātman* ist in jeder einzelnen von ihnen wie in jedem Punkt des Raumes. Wenn wir ihn als solchen erkennen, dann erleben wir ihn als hell glänzendes, unendliches, unvergleichliches, einzigartiges Licht.   Sathya Sai Baba

Anmerkungen

1. Dr. Franz Hartmann, Die Bhagavad Gita oder Das Hohe Lied, Übers. aus dem Skr.: Edwin Arnold, Calw-Wimberg/Württ.: Schatzkammerverlag Hans Fändrich, S. 12
2. ebda., S. 13-16
3. Sathya Sai Baba, Gītā *Vāhinī*, *Brindāvan*, *Whitefield*, *Bangalore*, Indien: Shrī Sathya Sai Publications and Education Foundation, S. 5. Deutschsprachige Ausgabe: „Mensch und göttliche Ordnung", Sathya Sai Vereinigung e. V., Bonn, 1993, ISBN 3-924739-60-9.
4. ebda., S. 5
5. Siehe letztes Zitat dieses Kapitels.
6. ebda., S. 2
7. ebda., S. 7

Liebe ist Gott, Gott ist Liebe.
Wo Liebe ist, da ist Gott
gewiß offenbar. Liebe mehr und
mehr Menschen. Liebe sie mehr und
immer stärker. Verwandle deine Liebe so,
daß ein Dienen daraus wird.
Verwandle dieses Dienen in Gottesdienst.
Das ist die höchste spirituelle Schulung.

Sathya Sai Baba

SAIS LIEBE

KAPITEL 14

Die Antwort auf Leid ist Liebe. Leider ist im alltäglichen Gebrauch dieser Begriff viel zu sehr vereinfacht worden. Was ist Liebe genau? Können wir sie verstehen - können wir sie begreifen? An diesem Punkt erteilt die Spiritualität der Psychologie eine tiefgründige Lehre, weil die Liebe, von der die spirituellen Lehrsysteme handeln, über den Begriff „Liebe" der westlichen Psychologie weit hinausgeht.

Das psychologische Selbst sagt: „Ich möchte überleben; ich möchte beherrschen, erfolgreich sein, ich wünsche mir Vergnügen; ich will keinen Schmerz - ich möchte, ich möchte!" Das spirituelle Selbst sagt: „Was ist das für ein geheimnisvolles Spiel - dieses unaufhörliche Auf und Ab, Traurigkeit und Freude, Vergnügen und Schmerz? Was ist hinter dieser sich ständig wandelnden Welt, diesem vorübergehenden, flüchtigen Augenblick, der so schnell vergessen ist? Gibt es denn nicht irgend etwas jenseits davon?"

Ja. Liebe ist beständig, unwandelbar, selbstlos, überdauert Trennung und Dualität und enthüllt das Eine, das allem zugrunde liegt und alles eint. Es ist ein Bewußtseinszustand, bei dem das Geben keinen Lohn braucht. Die Liebe dehnt sich aus und umarmt das andere. Sie ist die Quelle unserer Intuition, unserer Kreativität, unserer Einfühlung. Sie ist das grundlegendste und ursprünglichste Werkzeug aller Therapeuten; sie erlaubt uns, über uns hinauszuwachsen und mit dem anderen zu verschmelzen, seine Schmerzen zu erleben und schließlich jenen Schmerz mit der lebensspendenden Kraft der Liebe aufzulösen. Die Liebe ist viel mehr als ein psychisch bedingtes Gefühl; Sai Baba nennt sie das Grundprinzip der Schöpfung - das Prinzip, das den Kosmos schuf, pflegt und erhält. Dieses universale Urprinzip ist auch unsere innere Natur. Es triumphiert über das Leid, es überlebt das Grab - es entfaltet uns in die Ewigkeit hinein. Der folgende Brief, den Sathya Sai Baba an die Studenten seines natur- und geisteswissenschaftlichen College für Männer in *Brindāvan* in englischer Sprache geschrieben hat, drückt in lyrischer Form eine Verbundenheit aus, die sich die westliche Psychologie nicht vorstellen kann - eine reine Form der Liebe, die als Einheit jenseits der Getrenntheit erlebt wird. Dieses Einssein hat eine faszinierende, verblüffende Dimension. Beobachter berichten, daß Sai Baba, obgleich er nach seinem dreizehnten Lebensjahr keine formelle Ausbildung mehr genoß und sein ganzes Leben in einem abseits gelegenen indischen Dorf zugebracht hat, alle weiter verbreiteten Sprachen der Welt spricht. Sai Baba sagt, daß das sein Einssein mit allem Wissen ausdrückt. In seinem Gedicht sehen wir seine profunde Beherrschung der englischen Sprache:

My dear boys,
accept my blessing and love.
The footstep is the token of arrival and departure:
And every farewell echo rings with expectation.
Wakefulness and slumber lie in the eye together;
and then when blindness comes
deeper grows the vision.
In the mind cohere thing and nothing both;
and on this bank of blankness memory tells ... beads.
Life is a drawing-in of breath and a giving-up:
the footstep is the token of...
My boys,
The bird with you, the wing with me.
The foot with you, the way with me.
The eye with you, the form with me.
The thing with you, the dream with me.
The world with you, the heaven with me.
So we are free, so we are bound,
so we begin, and so we end,
you in me, and I in you.
Be happy with blessings,
study well and be good.
God is with you -
Baba.

Meine lieben Jungen,
nehmt meinen Segen und meine Liebe an.
Der einzelne Schritt ist das Zeichen
der Ankunft wie der Abreise.
Und in jedem Echo des Lebewohls klingt Erwartung mit.
Wachsamkeit und Schlummer liegen im Auge nebeneinander;
Und dann, wenn die Blindheit kommt,
wächst tief die Vision.
Im Denken hängt das Ding mit dem Ungreifbaren eng zusammen;
und auf diesem Ufer des Leerseins
zählt die Erinnerung ... Perlen.
Das Leben ist ein Einatmen und ein Hingeben:
Der Schritt ist das Zeichen von ...
Meine Jungen,
der Vogel mit euch, der Flügel mit mir.
Der Fuß mit euch, der Weg mit mir.
Das Auge mit euch, die Form mit mir.
Die Dinge mit euch, der Traum mit mir.
Die Welt mit euch, der Himmel mit mir.
So sind wir frei, so sind wir gebunden,
so beginnen wir und so enden wir,
ihr in mir und ich in euch.
Seid glücklich mit meinem Segen,
studiert gut und seid brav.
Gott ist mit euch.
Baba

Ende Dezember 1978, während meiner zehnten Reise zu Sai Baba, wurde ein Interview auf Band aufgenommen, das auf dem Boden von *Prashānti Nilayam*, seinem *Ashram* im Süden Indiens, stattfand. Der Moderator fragte mich, welchen Platz die spirituelle Liebe in der westlichen Psychologie einnimmt.

Frage: In Ihrem Buch „Sai Baba, der Heilige und der Psychotherapeut" beschreiben Sie, Herr Dr. Sandweiss, im Kapitel über Psychologie ein neues Element, das Sathya Sai Baba Ihrem Verständnis von der menschlichen Natur hinzugefügt hat - jenes der göttlichen Liebe. Können Sie uns ein wenig darüber erzählen, welche Auswirkung das auf Ihre Arbeit nach Ihrer Rückkehr in die USA hatte?

Antwort: Babas Liebe berührt uns in solcher Tiefe und mit solcher Intensität, daß man sie nur als allgegenwärtig, unbedingt, grenzenlos - göttlich beschreiben kann. Sie ist das größte Geschenk an uns, ein Geschenk, das den Devotee (engl.: Gott-Ergebenen) verwandelt - und, ich bin sicher, auch die Welt verwandeln wird. Meine erste Erfahrung seiner Liebe war so tief bewegend, daß ich in ihr die Urkraft erkannte, die uns alle trägt und erhält. Seither sehe ich meine Lebensaufgabe darin, zu versuchen, meine eigene Liebesfähigkeit zu reinigen, diese Liebe denen zuzuwenden, die meine Hilfe suchen, und mich zu bemühen, die modernen Psychotherapeuten mit dieser Liebe vertraut zu machen, die alle Krankheiten heilt.

Vielleicht kann ich damit beginnen, daß ich den Stoß, den mir meine erste Erfahrung mit Sais Liebe versetzte und ihre Bedeutung, beschreibe. In meinem ganzen privaten wie beruflichen Leben habe ich nach Seelenfrieden gesucht, d.h. wie ich ihn für mich selbst finden und anderen dazu verhelfen könnte. Nachdem ich Tausende von Menschen behandelt und im Laufe meiner Ausbildung selbst eine Analyse gemacht hatte, kam ich zu der Einsicht, daß es Grundfragen gibt, die von der westlichen Psychologie immer noch nicht beantwortet sind. Obwohl man vielen Patienten über Krisen hinweghalf und sie sich auf der Empfindungsebene besser fühlten, blieb immer noch Ungewißheit, Sorge und ungelöstes Leid in ihrem Leben. Immer noch nicht beantwortet waren solche geistigen Grundfragen wie: „Wer bin ich in der Weite dieses unendlichen Universums? Warum bin ich hier? Was ist der Sinn meines Lebens? Wie soll ich es führen?"

Ich erkannte, daß die westliche Psychologie keine Antworten geben kann. Weder ich noch die Patienten hatten dieses tiefe Gefühl des Friedens und der Geborgenheit im Leben, das man in einer engen Beziehung zu einem liebenden, sich um einen kümmernden Gott zu finden hofft. Man hört selbstverständlich sehr wenig über Gott in der westlichen Psychologie; seine Existenz für möglich zu halten, gilt im allgemeinen nur als Einbildung, als ein Wunschtraum.

Ich begann, die Verwirrung in meinem Fachgebiet zu erkennen, die sich in dem überreichen Angebot an Therapeuten und der Vielfalt konkurrierender Techniken und Verfahrensweisen ausdrückt. Viele der in den letzten 75 Jahren entwickelten psychologischen Theorien stellen sich gegen zentrale geistige Lehren, die seit Tausenden von Jahren gültig sind. Es schien mir, als ob neue Theorien auftauchten und verschwanden wie jugendliche Modetorheiten, und wenn sie auch für eine Weile hilfreich scheinen, wie würden sie sich mit der Zeit bewähren? Ich begann mich zu fragen, ob es irgendwo so etwas wie echte Autorität gibt: jemanden, der wirklich Bescheid weiß, eine sichere Zuflucht, zu der man Vertrauen haben kann. Gab es einen Meister unter den Psychotherapeuten, einen von einer höheren Bewußtseinsebene, der mein Verlangen nach Antworten auf spirituelle Fragen stillen konnte? Gab es jemanden, der jemals ein wirkliches Wunder gesehen hatte?

„Haben Sie jemals ein Wunder gesehen?" Die Leute, die ich fragte, kratzten sich nur am Kopf, und ich bezweifle nicht, daß sie mich für ein wenig verrückt hielten. Ich aber suchte ernstlich nach einem konkreten Zeichen, das verläßlicher war als die leeren Theorien bekannter Gelehrter.

Nicht lange, nachdem ich begonnen hatte, um ein Wunder zu bitten, hörte ich von Sathya Sai Baba. Wie liebevoll geht er auf die echten Bitten seiner Anhänger ein...

Ich kam „mit Volldampf" nach Indien, enthusiastisch und entschlossen, mein eigenes, persönliches Wunder zu fordern. Welche Überraschung! Ich weiß nicht, wie er es anstellte, aber er machte mich in kürzester Zeit völlig fertig. Wie so viele andere kam ich mit der Vorstellung zu Sai Baba, daß er mich sofort erkennen würde, mich mit offenen Armen empfangen, mir den Sinn meines Lebens zeigen und mir dabei vielleicht auch noch den einen oder anderen Aspekt seiner göttlichen Natur offenbaren würde. Aber was man dort für gewöhnlich vorfindet, ist etwas ganz anderes. Er ließ mich sitzen und warten. Ich wurde ärgerlich und war frustriert. Ich fing an, mich für verrückt zu halten. Daß ich so weit hergekommen war in der Hoffnung auf einen Blick auf Gott... Dann plötzlich - im Augenblick meines größten Schmerzes, kam er auf mich zu wie der liebevollste Verwandte. Eines seiner Attribute ist vollendetes therapeutisches „Timing".

Ich schilderte diese Begebenheit in dem Buch, das Baba mir erlaubte, über ihn zu schreiben. Kurz gesagt, nachdem ich erkannte, daß Baba über die Fähigkeit verfügt, Gegenstände zu materialisieren, nachdem ich Zeuge meines Wunders geworden war, begann ich ernsthaft darauf zu hören, was er zu sagen hatte. Und was er sagte, verwirrte mich. Baba sprach vom Stellenwert der Disziplin und der Moral in unserem Leben. Da ich aus einem Land komme, in dem Gewährenlassen und das zu tun, was man gerade will, geschätzt wird, war es für mich aufreizend, Baba sagen zu hören: „Es ist nicht wichtig, das zu tun, was man tun möchte, sondern zu lernen, das tun zu wollen, was man tun muß." Als ich hörte, wie er seinen Studenten sagte, sie sollen sich nicht von flüchtigen, bedeutungslosen Modetorheiten einfangen lassen - langem Haar, engen Hosen, sinnlichen und gewalttätigen Filmen - da mißverstand ich ihn als einen Unterdrücker und Strafenden. Ich war von seiner Botschaft der Disziplin, der Selbstbeherrschung, des Respekts und der Tugendhaftigkeit zutiefst erregt und beunruhigt.

Eines Abends, als ich Baba in dieser Art zu seinen Studenten reden hörte, zog ich mich niedergeschlagen und fast gebrochen zurück. Ich stand weit entfernt von ihm, viele Wände und Menschen trennten uns. Ich erlebte den Augenblick meines größten Schmerzes - einerseits zog mich Babas ungeheure Vitalität, Liebe und reine Schönheit zu ihm hin - und doch wollte ich mich zurückziehen. Ich hatte das Gefühl, er greife die Grundlagen meines Lebens an. Wenn ich auf ihn hörte, würde ich die ganze Richtung in meinem Leben ändern müssen, meine Beziehung zu meiner Familie und

meinen Freunden und sogar die Art und Weise, wie ich meinen Beruf aus-
übte. Ich sah mich als armseligen Ausgestoßenen.

Als ich so dastand, versunken in die dunkle Wolke meines Kummers,
blickte ich auf und traf auf das kostbarste, zarteste heilende Licht der Liebe,
in das ich je gesehen hatte. Baba kam direkt auf mich zu, lächelte zärtlich
und verschmitzt - und nahm mich gefangen in einem strahlenden Ausdruck
reiner Seligkeit, die in seinen Augen funkelte. Und im Nu war ich unterge-
taucht in seinem Meer des Glücks - und über alle Maßen glücklich. Bis zu
diesem Augenblick hatte er kaum von mir Notiz genommen; warum kam er
nun auf diese Weise zu mir? Er war doch bei seinen Ergebenen, und ich war
über ihn verärgert; aus welchem Grund mochte er zu mir gekommen sein,
und wie hatte er mich gefunden?

Er streckte die Hand aus und gab mir ein kleines Eckchen von etwas
Eßbarem Süßem - aber unermeßlich war das geistige Geschenk. Was für
eine Entdeckung für mich: sein Verständnis für ein anderes Wesen, tiefer
als alles bisher Erfahrene. In einem Augenblick zeigte er mir, daß er mir
näher war als selbst mein eigener Atem, daß er tatsächlich in meinem Herzen wohnte und, was noch mehr ist, daß er auf meinen Schmerz reagierte.
Ich hatte auf den Augenblick gewartet, an dem ich so weit sein würde, ihn
verstehen und annehmen zu können. In dieser zärtlichen, intimen Geste des
Mitfühlens erkannte ich das Herrliche seiner Allwissenheit und Allgegenwart, die mächtige, verwandelnde und heilende Kraft seiner bedingungslosen Liebe. Und er wollte nichts dafür.

Wie bekommt man diese Liebe, wie wird man fähig, sie im Universum zu
spüren, sie selbst in uns zu verwirklichen, sie in allem, was wir tun, auszudrücken? - Diese Fragen folgten. Baba antwortete: Liebe wird kultiviert,
gereinigt und geweitet durch Hingabe an die Menschheit in Form von selbstlosem Dienen. Die Bedeutung dieser Tatsache zu lehren ist er gekommen.

Was für ein Mißgeschick, daß eine solche Hingabe - eine solche Liebe zu
Gott - etwas ist, das von vielen westlichen Wissenschaftlern und Intellektuellen so kläglich mißverstanden wird und tatsächlich als primitiv und rück-
schrittlich gilt. Zuerst war auch ich bestürzt über meinen Impuls, mich vor
ihm hinzuwerfen, seine Füße zu berühren, jeden Gedanken, jedes Wort und
Handeln ihm zuzuwenden, ihn zu besingen und zu ihm zu beten. Aber seine
Liebe ließ das alles zu etwas ganz Natürlichem werden und ließ mich begreifen, daß es einer der innersten Instinkte des Herzens ist, Hingabe auszudrükken. Was für ein großer Fehler, diese innere Heiligkeit als einen primitiven
Zug verächtlich abzulehnen! Freud dachte, daß Neurosen durch die übertriebene Verdrängung natürlicher Triebe verursacht würden. Aber wieviel mehr
Übles wird durch die Verdrängung unseres heiligsten Instinktes angerichtet
- des Sehnens unseres Herzens nach Gott. Dieses zu verleugnen heißt, unserer eigenen unschätzbar wertvollen Befreiung den Rücken zuzukehren.

Die moderne klinische Psychologie hat viele verschiedene Theorien und
Methoden hervorgebracht. Manche sind interessant und andere offensichtlich nicht viel mehr als ein Witz, wie etwa die kurzlebige „Kitzeltherapie",
die in den USA einige Anerkennung fand, bis ihr Urheber angeklagt wurde
und seine Glaubwürdigkeit einbüßte. Das Gericht entschied, daß einem
Klienten, der stundenlang ohne Pause gekitzelt worden war, mehr Schaden
als Nutzen zugefügt wurde. Es scheint, daß diese Wissenschaft darum

kämpft, ihren Mittelpunkt zu finden, einen sicheren Ankerplatz, von dem Beständigkeit und Kraft ausgehen sollte - und das Kitzeln ist nicht gerade das, was gebraucht wird.

Ich bin dahin gekommen, in den westlichen behavioristischen Wissenschaften eine junge spirituelle Bewegung zu sehen, die ihre wahre Identität noch nicht gefunden hat. Ihre Forscher, Therapeuten und Klienten scheinen spirituelle Aspiranten zu sein, die nach Wahrheit suchen, die Realität Gottes aber noch nicht erkannt haben - geschweige denn die ihrer eigenen Seelen. Das rapide Anwachsen so vieler scheinbar gegensätzlicher und voneinander abweichender Haltungen und Techniken spricht für den Mangel an dem sie vereinigenden, ihnen allen zugrundeliegenden Prinzip. Diese junge Wissenschaft fühlt anscheinend das Dunkel und schreit nach ihrer eigenen spirituellen Erweckung, ganz ähnlich wie in der Vision von W. B. Yeats in seinem Gedicht „The Second Coming" (Die Wiederkunft):

> Sich drehend und wendend in dem sich weitenden Kreis
> kann der Falke den Falkner nicht hören;
> die Dinge fallen auseinander, die Mitte kann nicht halten;
> nichts als Anarchie ist losgelassen auf die Welt:
> die vom Blut getrübte Flut ist losgelassen, und allerorts
> geht unter die Hochzeit der Unschuld;
> den Besten fehlt jede Überzeugung, während die Schlimmsten
> von leidenschaftlicher Intensität erfüllt sind.
> Gewiß steht eine Offenbarung bevor,
> gewiß ist es die Wiederkunft, zum Greifen nahe.

Solch ein neuer Aufbruch wird sich in den behavioristischen Wissenschaften dann ereignen, wenn sie sich der zentralen Bedeutung Gottes, der Hingabe und der Seele bewußt werden. Baba ist zu diesem Zweck gekommen - um uns durch die Liebe, mit Liebe und um der Liebe willen zu belehren, wie man für immer im Paradies göttlicher Liebe wohnen kann.

Im Februar 1977, bald nach *Mahāshivarātri*, einem Feiertag, der dem Gott *Shiva* und einer transzendentalen Schau der Einheit geweiht ist, begleitete ich zwei amerikanische Psychiater, damit sie ihn sähen. Er sagte: „Ich werde euch bald sehen", und dann ließ er uns warten. Es ist erstaunlich, wie schnell Baba durch eine Hintertür in das Denken hineingelangt. Geduld, Geduld - Sitzen, Sitzen - und innerhalb von zwei Tagen waren die beiden respektablen Psychiater ein einziges Murren. Da lud uns Baba plötzlich zu einem Interview ein und gab uns wieder einmal ein Beispiel seiner unfehlbaren Wahl des richtigen Zeitpunktes.

Während er uns mit sanftem Lächeln betrachtete, sagte er: „Die Psychiatrie weiß nicht, wie man Gott verwirklicht. Sie studiert nur den Verstand. Aber es gibt eine Realität, die grenzenlos ist, jenseits von Zeit, eine unendliche Dimension. Die Farbe dessen, was unauslotbar ist, ist Blau - wie das Blau des Himmels und des Meeres. Blau ist kühl und beruhigend, seht, die drei Doktoren tragen alle Blau." Alle lachten vergnügt, als wir bemerkten, daß wir tatsächlich alle drei blaue Hemden trugen.

Baba fuhr fort: „*Shirdi Baba*[1] trug einen Ring zur Zeit seines Todes. Die Farbe des Steines in dem Ring war Blau - die Farbe des Unendlichen und

Grenzenlosen - und im Stein war das Symbol *OM* eingraviert, die innere Wirklichkeit dessen, was unergründlich ist. Schaut ...", und dabei vollführte er mit seiner kostbaren Hand einen Kreis in der Luft und brachte den „Shirdi-Baba-Ring"[2] zum Vorschein, den ich hege wie einen Schatz. Wie wundervoll, einen solchen Augenblick zu erleben - nicht nur Baba selbst über seine eigene innere Wirklichkeit sprechen zu hören, sondern in diesem zärtlichen Geschenk zu erkennen, daß seine Liebe in der Tat grenzenlose Wirklichkeit ist. Wir alle konnten den Ring befühlen, ihn an unsere Stirne halten und die Herrlichkeit dieses Augenblicks genießen.

Ich bete darum, ein würdiges Werkzeug für Babas Liebe zu sein - diese grenzenlose, unergründliche, herrliche Wirklichkeit, von der er uns zeigt, daß wir diese Liebe sind. Ich sehe die Arbeit meines Lebens als den Versuch, seine Liebe bis zum äußersten meiner Möglichkeiten zum Ausdruck zu bringen - indem ich seine Wirklichkeit, unsere wahre Realität, in meine Arbeit einbringe und mit meinen Kollegen teile.

Was für eine liebevolle Herausforderung. Erst kürzlich hielt ich einen Vortrag im größten psychiatrischen Krankenhaus von San Diego und sah, wie sehr viele dieser Therapeuten mit den Füßen wippten und mit den Fingern auf den Tisch klopften - so beunruhigte es sie, so unangebracht schien es ihnen, über spirituelle Dinge reden zu hören. Nach dem Vortrag, als ich am Fortgehen war, kamen zwei junge Kollegen auf mich zu und fragten ernsthaft: „Glauben Sie wirklich, daß es Gut und Böse gibt, Falsch und Richtig?" Hab Dank, Baba! Er ist gerade noch im letzten Augenblick gekommen - um uns zu helfen, wach zu werden für die Bedeutung unserer Rolle, unserer Tugendhaftigkeit und um allgemein *dharma* (rechte Ordnung) aufrechtzuerhalten.

Wenn auch die Leute mit den Füßen wippten und mit den Fingern trommelten, ich sah durch die scheinbare Ruhelosigkeit und Unaufmerksamkeit hindurch ein wunderbares Geschenk, das seinen Anhängern in dieser Zeit zu bringen Baba gekommen ist. Es ist wundervoll, hier und jetzt auf der Erde zu sein. Denn während unser Herr zwar noch nicht sehr bekannt ist oder auf der ganzen Welt gut verstanden wird, haben wir doch viele herrliche Gelegenheiten, über ihn zu sprechen. Wir haben die Chance, eine kleine Rolle zu spielen, irgendeine Arbeit zu verrichten, um seine Liebe in die Welt zu bringen. Und das Wissen, daß er unfehlbar ist, ist erregend. Wenn viele, die nicht zuhören, auch mit den Fingern trommeln und mit den Füßen wippen, so weiß ich doch, daß unter der Oberfläche, im Inneren, viele Herzen arm und leer sind und nach der nährenden Mutter, dem nährenden Vater schreien, sie (er) möge sie doch berühren, liebkosen und zum Leben erwecken. Es gibt so viele Menschen, die nach diesem großen Licht rufen, und er ist gekommen, um uns Leben zu schenken.

Anmerkungen

1. Ein heiliger Inder, der 1918 starb und von dem Sathya Sai Baba sagt, daß er seine vorhergehende Inkarnation war.
2. Ein Bild des *Shirdi Baba*-Rings ist auf Seite 288 abgebildet.

LIEBE IST GOTT

KAPITEL 15

Liebe ist der Weichmacher selbst der härtesten Herzen. Liebe kann Frieden, Freude und Weisheit bringen; kultiviere Liebe, drücke sie aus. Laß deinen Atem Liebe sein, laß die Sonne der Liebe die Lotosblüte deines Herzens zum Blühen bringen.

Liebe ist mein größtes Wunder. Liebe kann dir die Zuneigung der ganzen Menschheit einbringen.

Liebe duldet kein selbstsüchtiges Ziel, noch solche Annäherung.

Liebe ist Gott, lebe in Liebe.

Weite dein Herz so, daß es alles umarmen kann. Verenge es nicht zu einem Werkzeug eingrenzender Liebe.

Der Mensch ist die Verkörperung der Liebe. Er dürstet nach Liebe und findet die wahre Freude in der Liebe und im Empfangen selbstloser Liebe. Liebe alle Wesen als Verkörperungen desselben göttlichen Prinzips.

Die Seligkeit, die du gibst, die Liebe, die du teilst, sie allein wird dein bleibender Besitz sein.

Liebe. Allein die Liebe kann dich mit anderen verbinden und mit Gott, der die Verkörperung der Liebe ist. Die Liebe kennt keine Angst, keine Unwahrheit, keine Besorgtheit, keinen Kummer. Ich bin Liebe; ich verströme Liebe.

Ich teile Liebe; ich bin erfreut über Liebe; ich segne dich, damit du immer mehr Wesen immer mehr Liebe entgegenbringen kannst.

Die Liebe kann den Menschen in ein göttliches Wesen verwandeln; sie hilft ihm, das Göttliche, das sein Kern ist, darzustellen.

Liebe kann selbst das wildeste Tier bändigen.

Beginne damit, an alle Mitglieder der Gemeinschaft, in der du lebst, Liebe zu verströmen, und allmählich weite diese Liebe aus, damit sie die ganze Menschheit umarmt und auch die niederen Kreaturen.

Sauge dich jeden Augenblick voll mit Liebe, das heißt mit Gott.

Sei geboren in der Liebe, stirb in der Liebe, lebe in der Liebe, das heißt, gehe aus von Gott und gehe ein in Gott. Sei eine Welle im Ozean der Liebe.

Du sollst nicht sterben, du sollst verschmelzen und dich selbst erfüllen. Das ist das Schicksal, das ist die Bestimmung.

Verbreite Liebe; sei voller Liebe. Wenn du die Menschen nicht lieben kannst, wie kannst du hoffen, Gott zu lieben? Liebe muß in den anderen das Beste sehen und nicht das Schlechteste. Die Liebe kann nicht in anderen die Göttlichkeit ignorieren. Die größte der Tugenden ist die Liebe. Die Liebe ist die Grundlage des Charakters.

Gott ist Liebe und kann nur durch die Pflege und das Üben von Liebe gewonnen werden.

Liebe ist Ausdehnung, und Ausdehnung ist göttliches Leben. Säe Liebe; sie blüht als Mitgefühl und Toleranz. Sie schenkt die Frucht des Friedens.

Wenn du nicht die Liebe pflegst, die Toleranz, die Demut, den Glauben und die Verehrung, wie willst du dann Gott verwirklichen?

Liebe aktiviert. Liebe erfüllt. Fülle dein Herz mit dem süßen, duftenden Wasser der Liebe. Dann wird alles, was du tust, jedes Wort von dir (das wie das Wasser vom Tank durch die Zuleitungen Zunge, Hand, Gehirn usw. fließt) süß und duftend sein. Wenn der Tank verschmutzt ist, wie könnte dann das Wort hilfreich, der Gedanke wohltuend oder dein Tun empfehlenswert sein?

Wenn du weißt, daß du nur ein Funke des Göttlichen bist und alle anderen die gleichen göttlichen Funken sind, dann blickst du auf alle mit Respekt und wahrhaftiger Liebe. Dein Herz erfüllt höchste Freude, und der Rostfraß des Egoismus kann sich nicht mehr festsetzen. Der Mensch sucht Freude an weit entfernten Orten, an stillen Plätzen und weiß nicht, daß die Quelle der Freude, der Hafen des Friedens, in seinem Herzen ist, in ihm selbst. Liebe ist Gott, Gott ist die Verkörperung der vollkommenen Liebe. Daher kann man ihn durch nichts anderes erkennen und verwirklichen, erreichen und gewinnen als durch Liebe. Man kann den Mond nur mit Hilfe des Mondlichts sehen. Man kann Gott nur im Lichtstrahl der Liebe sehen.

Eine gewisse Art von Liebe drückt sich im Hängen an Dingen aus, in der Zuneigung zu den Verwandten, in der Sehnsucht nach Objekten. Eine andere Art zeigt sich in der Liebe zu menschlichen Beziehungen, Ehrerbietung gegenüber großen Seelen und vor Gott. Pflege die Liebe, und alle ihre Aspekte werden davon genährt und gefördert werden. Es gibt nur einen königlichen Pfad für die spirituelle Reise - Liebe. Liebe alle Wesen als Ausdrucksformen derselben Göttlichkeit, die das Innerste deines Selbst ist. Liebe alle Wesen, das ist genug.

Sieh Gott in jedem, selbst in denen, die du als Feinde betrachtest. Praktiziere diese weitherzige, allumfassende Art von Liebe.

Denke daran: Wenn die Liebe im Herzen wohnt, haben Eifersucht, Haß und Unwahrheit keinen Platz darin.

Ausdehnung ist Leben. Expansion gehört zum innersten Wesen der Liebe. Lebe in der Liebe.

Die Liebe drückt sich aus im Dienen. Die Liebe wächst durch den Dienst. Die Liebe ist im Schoß des Dienstes geboren. Und Gott ist Liebe.

Das rechte Verhalten muß aus dem Herzen quellen wie das kühle, kraftspendende Wasser der Liebe und des Friedens.

Das Ziel kann nur durch Reinigung des Charakters und Kultivierung der selbstlosen Liebe erreicht werden.

Um Gott zu erreichen, ist Liebe ausreichend. Sie ist der Schlüssel, um die Tür zu öffnen, die Egoismus und Habgier verschlossen halten.

Liebe für alle sollte spontan aus deinem Herzen fließen und alle deine Worte versüßen. Die beste geistige Übung, die dem Menschen helfen kann, ist Liebe. Pflege die winzige Saat der Liebe, die am „Ich" und „Mein" hängt. Laß sie sprießen und zu einer Liebe für die Gruppe um dich herum werden und zur Liebe für die ganze Menschheit anwachsen und ihre Zweige über die Tiere, die Vögel ausbreiten und auch über die kriechenden und kletternden, und laß deine Liebe alle Dinge und Wesen in der Welt umarmen. Geh von weniger zu mehr Liebe, von enger zu umfassender Liebe.

Weite dich bis zur universalen Liebe, zu ungebrochenem Gleichmut und immer tätiger Tugend. Das ist der Weg, auf dem die Göttlichkeit in dir sich voll und ganz entfalten wird.

Der Charakter des Menschen ist göttliche Liebe, sein Wesen ist göttliche Liebe, sein Atem ist göttliche Liebe.

Gott ist die Quelle aller Liebe. Liebe Gott, liebe die Welt als die Hülle Gottes, nicht mehr und auch nicht weniger. Durch Liebe kannst du in den Ozean der Liebe eintauchen. Die Liebe heilt Kleinlichkeit, Haß und Kummer. Die Liebe lockert Bande. Sie erlöst den Menschen von der Qual der Geburt und des Todes. Die Liebe verbindet alle Herzen in einer weichen, seidigen Symphonie. Mit den Augen der Liebe gesehen, sind alle Wesen schön, ist alles Tun geweiht, sind alle Gedanken unschuldig. Die Welt ist eine große Familie.

Liebe ... Liebe ... zuerst Liebe. Liebe, solange das Leben dauert.
Mein Leben ist meine Botschaft.
Meine Botschaft ist Liebe.

Sathya Sai Baba

Anmerkung

Obenstehender Text ist ein Auszug aus Sathya Sai Babas „Divine Teachings" (Göttliche Lehren), S. 87-90, Sathya Sai Book Center of America, Tustin, Kalifornien, 1982.

TEIL II

Psychotherapeuten besuchen Sai Baba

Tanzender *Shiva* (Naταrāja) auf einem Ring, den Sai Baba für einen Devotee materialisierte.

SHIVA

KAPITEL 16

Eines Tages, im Oktober 1976, durchsuchte ich das ganze Haus nach einem verlorenen Artikel. Als ich auch in den Papierkorb schaute, fand ich einen gedruckten Brief, den meine Frau oder ich dort wohl „abgelegt" haben mußte. Er stammte von Dr. Jules Masserman, dem künftigen Präsidenten des amerikanischen Verbandes der Psychotherapeuten, und enthielt die Mitteilung, daß er und ein Kollege, Dr. Schwab, für eine Gruppe von Kollegen eine Reise nach Indien planen und durchführen würden.

Ich war ganz aufgeregt. Da ich meine Erfahrungen mit Baba schon seit geraumer Zeit mit Kollegen teilen wollte, hatte ich das Gefühl, das könnte ein Zeichen sein - ein Weg Babas, mir den Wunsch zu erfüllen -, dabei spielte es keine Rolle, daß mir die Mitteilung auf dem Umweg über den Papierkorb in die Hand fiel.

Ich rief Dr. Masserman an, benachrichtigte Baba und bat um die Erlaubnis, die Ärzte zum *Ashram* zu bringen, und arrangierte eine Zusammenkunft. Bei ihrer Ankunft in Neu Delhi würde ich zu der Gruppe sprechen und letzte Vereinbarungen bezüglich der Anzahl derer treffen, die dann mit mir kommen wollten. Zeitlich würde das bald nach dem *Mahāshivarātri*-Fest[1] sein.

> *Shiva*, der Gott der Wohltätigkeit und der Barmherzigkeit - der Erneuerer, Hüter und Vater des Universums - wird an dem glücksverkündenden Vorabend von *Mahāshivarātri* angebetet und verehrt, versöhnt und um Gnade angefleht. *Shiva*, der Zerstörergott der indischen Dreieinigkeit (*Brahmā*, der Schöpfer; *Vishnu*, der Beschützer; *Shiva*, der Zerstörer) - der sich mit einem Umhang aus Elefantenhaut schmückt, dem Symbol für die elementaren, tierischen, primitiven Züge, die seine Gnade zerstört und macht- und harmlos werden läßt - er, an den keine Versuchung herankommt und der immer im vollendeten Gleichgewicht ist - wird um die Selbstkontrolle und den Gleichmut angefleht, gedrängt und gebeten. Er, der von den Wünschen - dieser Grundwurzel der Täuschung befreit.
>
> Sathya Sai Baba

Während *Mahāshivarātri* zeigt Baba klar sein Einssein mit *Shiva*, indem er in Gegenwart von Tausenden zwei große öffentliche Wunder vollbringt: das Wunder des *vibhūti-abhisheka*[2] und den heiligen Akt des *lingodbhavakara*,[3] der Materialisation des heiligen shivalinga.

Ich sollte zum achten Mal zu Baba kommen und Zeuge der Schaffung des *linga* werden, denn das *linga* selbst und der heilige Akt seiner Erschaffung haben eine tiefe spirituelle Bedeutung. In Wirklichkeit ist die ganze Botschaft Babas in dieser heiligen Form enthalten, und dieses Buch konzentriert sich auf den Versuch, die innere Bedeutung des *linga* zu erfassen.

Das *linga* hat mehr mit den Dimensionen des Bewußtseins zu tun als mit seiner stofflichen Substanz. Es ist das Symbol der Dualität, die aus dem Einen auftaucht und in dieses wieder zurücksinkt. Die Kugel, das Symbol der Einheit, hat einen Mittelpunkt - doch das *linga* in seiner ellipsenförmigen Gestalt hat zwei -, der eine aus dem anderen auftauchend und ineinander eintauchend. Hier haben wir das Symbol der Zweiheit, die aus der Einheit entspringt und in sie zurückkehrt - das Eine ist dabei die Quelle, die Substanz - die Basis der Zweiheit.

Der Zweck unseres Lebens, sagt Baba, besteht in der Reinigung unserer Herzen, so daß die Liebe sich weitet und unser Bewußtsein ausdehnt, bis wir über das Bewußtsein der Dualität hinauswachsen - hinweg über den Unterschied zwischen Subjekt und Objekt -, bis wir imstande sind, die zugrundeliegende Einheit zu erkennen. Wir sollen die Realität nicht nur erkennen, sondern auch in sie durch Liebe eingehen.

Ihr habt das Glück gehabt, die Vision des Göttlichen zu erleben. Ihr habt auch die göttliche Bedeutung des *linga* erkannt, und das wird euch die vollkommene Rettung bringen. Was euch anbelangt, habt ihr völlige Errettung erlangt und seid von weiteren Wiedergeburten befreit. Es ist ein großes Glück für euch. Einige von euch haben diese Manifestation als spezifische Form gesehen, einige als Licht und wieder andere nur als einen Lichtstreifen oder Lichtblitz; aber es ist gleichgültig, in welcher Form ihr die Erzeugung und Manifestation dieses *linga* erblickt habt. Was ihr wirklich gesehen habt, ist das Geheimnis der Schöpfung.   Sathya Sai Baba

Kein Wunder, daß man dieses große Ereignis selbst sehen möchte. Ein zusätzlicher Anreiz war, daß in jenem Jahr *Mahāshivarātri* mit meinem vierzigsten Geburtstag zusammenfiel. Ich konnte mir keine bessere Art vorstellen, diese neue Dekade meines Lebens einzuleiten. Ich wollte fasten und singen bis zur Selbstvergessenheit und, wenn ich Glück hatte, als Geburtstagsgeschenk mit der Gottheit selbst verschmelzen.

Zur Reise drängte mich auch das Gefühl, es könnte das letzte Mal sein, daß Baba persönlich die öffentliche Feier dieses heiligen Tages leiten würde. So viele Tausende strömten anläßlich dieses Ereignisses nach *Prashānti Nilayam*, daß es unwahrscheinlich schien, daß Baba das noch lange in dieser Form fortsetzen könnte.

Schließlich gab es noch den ursprünglichen Grund zur Reise. Ich hatte so sehr gewünscht, meine Erfahrungen mit Kollegen zu teilen, weil ich wußte, daß Baba für sie von solcher Bedeutung sein würde. Durch einen „Zufall" würde eine Gruppe angesehener amerikanischer Psychotherapeuten zur gleichen Zeit Indien besuchen, und ich hatte vereinbart, mich mit ihnen zu treffen und einige zu einem Besuch mitzunehmen. Es konnte keine günstigere Zeit dafür geben, da *Mahāshivarātri* ganz mit den starken und schwachen Seiten des Verstandes zu tun hat. Wenn auch Babas Lehren das Denken der modernen Psychotherapie herausforderte, so waren sie doch etwas, wofür sich Therapeuten sehr interessieren mußten.

Anmerkungen

1. *Mahāshivarātri* ist ein Hindu-Feiertag, welcher der besonderen Verehrung des Gottes *Shiva* gewidmet ist.
2. Die offensichtlich wunderbare Erzeugung eines Regens aus materialisierter Asche, die bei einem ritualisierten Bad einer heiligen Statue aus einer leeren, umgedreht gehaltenen Urne herausquillt. Die tiefere Bedeutung dieses Aktes weist auf die verschiedenen inneren, gereinigten persönlichen Eigenschaften hin, die wir ohne Eigennutz Gott darbringen müssen.
3. Die offenkundig wunderbare Materialisation eines shivalinga, eines eiförmigen Steines, der als Symbol *Shivas* betrachtet wird und in seiner Form die Attribute und die Macht Lord *Shivas* darstellt. Dieser Akt ist eine symbolische wiederholte Inszenierung der Erschaffung des Kosmos durch einen göttlichen Willensakt.

Bhagawan Sri Sathya Sai Baba

TELE NO 30
BRINDAVAN
WHITEFIELD·560 067
TELE NO 36
PRASANTHINILAYAM P O
ANANTAPUR DT 515134

My dears! Accept my Blessings and love
Each one from ego takes his birth and clad in
ego dies and comes and goes, Gives and
receives and earns and spends, and deals
in lies or speaks The truth, In ego all The
while. Heaven and hell and incarnations.
All These from ego are not free. Those Who
do aways with Their ego attain salvation.
The Lord is ever true, and higher Than The
highest is, But you must crush your ego
and realize Him. He is in you, with you
and around you, Be happy.

With love and Blessings
Sri Sathya Sai Baba
(Baba)

Übersetzung Seite 151

DER VERSTAND

KAPITEL 17

Die Vorstellung, daß wir jenseits unseres denkenden Verstandes existieren könnten - daß der Verstand in Wirklichkeit ein Hindernis für die Befreiung sein könnte, wird von Psychotherapeuten gewöhnlich als eine Unterdrükkung, eine Verdrängung oder Verleugnung unserer grundlegenden Identität, als eine nihilistische und selbstzerstörerische Haltung angesehen. Aber der Distanzierungsprozeß, durch den wir den Verstand überwinden, ist etwas anderes als Verdrängung oder Verleugnung; er ist ein wichtiger Hinweis, den ich in meinem letzten Buch bereits diskutiert habe.[1]

Betrachten wir die Haltung der Spiritualität und sehen wir uns den Verstand unter dem Aspekt der Lehren von Sai Baba an, um zu einer profunderen Einschätzung der Grenzen des Denkvermögens zu gelangen.

* * *

Die Erforschung des Denkens und Fühlens und der Wissenschaft von der Vervollkommnung des Bewußtseins hat sich nicht entwickelt, weil der Mensch Frieden und Freude bei äußerlichen Dingen und gegenständlichen Vergnügungen sucht. Die ganze Zeit galt die Aufmerksamkeit den äußeren Sinnen und Methoden, wie man mit ihrer Hilfe Informationen und angenehme Erfahrungen sammeln kann. Die weiten Regionen des inneren Bewußtseins hat man brachliegen lassen; die Tatsache, daß der denkende Verstand der Schöpfer der vielfältigen Welt der Sinne ist, wird ignoriert. Wenn ein Dorn in die Fußsohle eindringt, muß man ihn mit Hilfe eines anderen Dorns entfernen, und dann wirft man beide weg. So muß auch die Welt der Dinge, die der Verstand projiziert hat, durch den gereinigten und konzentrierten Verstand verneint werden; danach verschwinden beide, sowohl das Universum als auch der Verstand. Der Dorn ist es, der schmerzt; der Dorn ist es, der den Dorn entfernt. Das Denken bindet, das Denken befreit.

* * *

Verwandle den Verstand in ein Instrument zum Fortschreiten auf dem Weg zur Befreiung. Die Klarheit des Denkens kann man sich nur durch den Rückzug von den äußeren Objekten verdienen und durch Training in der Meditation lernen, sich auf das Eine hinter dem Vielen zu konzentrieren. Wenn du das Eine siehst und nicht das Viele, dann bist du von dem Wirrsal der Täuschung befreit. Egoismus ist eine Doktrin, die fesselt; doch das Ego als Reflektion Gottes in dir befreit. Wie viele Prüfungen und welche Drangsal dich auch treffen, betrachte sie wie ein unbeteiligter Zeuge mit Gelassenheit und laß nicht zu, daß dein Gemüt davon beeinflußt wird. Bring ihm diese Haltung des Zeugeseins bei. Der Mensch hat alle Fähigkeiten in sich, aber er ist sich seiner Herrlichkeit nicht bewußt; er kennt nur einen Bruchteil seiner Kraft und selbst den nur schwach und schwankend. Er degradiert sich selbst durch drei Versuchungen: physische, weltliche und scholastische; der letzteren verfallen leicht Intellektuelle, sie erliegen der Versuchung zu Kontroverse und wetteifernder Selbstdarstellung und ruinieren sich, weil sie damit ihr Ego aufblasen. Die weltliche Versuchung verführt den Menschen dazu, billigen Ruhm, Berühmtheit und eine bevorzugte Stellung mit allen Mitteln anzustreben. Die physische Versuchung beharrt darauf, den Körper zu verschönern, und man unterzieht sich Maßnahmen, die das sich nähernde Alter zu verbergen suchen.

Fördere göttliches Denken, kultiviere Gelöstheit, denke immer an die Flüchtigkeit der Dinge. Dann wird die Arbeit, Widerstand zu üben, zu widerstehen, dir leichtfallen. Das Denken wächst und wird immer dann stärker, wenn du einem Verlangen nachgibst. Um dieses zu unterdrücken und zu einem brauchbaren Werkzeug zu formen, mäßige dein Verlangen.

*   *   *

Mahāshivarātri ist der Auflösung der Verirrungen des Verstandes und damit des Denkens selbst geweiht durch Verehrung *Shivas*, Gottes. Das Fest fällt auf den Vorabend der dunkelsten Nacht des Jahres, wobei das Abnehmen des Mondes das Symbol des Abnehmens des Verstandesdenkens ist.

Der Mond hat, ebenso wie das Denkvermögen, dessen göttliche Entsprechung er ist, sechzehn Phasen. Zum *Mahāshivarātri*-Fest sind fünfzehn davon verschwunden, und nur ein Mondstreifen ist noch am Himmel zu sehen. Beim Neumond, der darauf folgt, ist nicht einmal der Streifen sichtbar.

Auch die Anziehungskraft des Verstandes muß gemindert, unter Kontrolle gebracht und schließlich vernichtet werden, damit die Täuschung endlich zerreißt und die Realität enthüllt wird. Jeden Tag muß dies gemeistert werden, bis am fünften Tag fünfzehn Phasen aufgelöst sind und nur ein Streifen übrigbleibt. Dann vollzieht man zu *Mahāshivarātri* einen besonderen Endspurt spiritueller Tätigkeit, um den wankelmütigen Sinn auf ein Nichts zu reduzieren, um die täuschenden Wünsche und das Hängen an der sich wandelnden, verführerischen Welt der Illusionen zu überwinden - um die heilige Vision zu erlangen, die Befreiung zu erreichen. Indem er den Schüttelfrost der Schlaflosigkeit, das Fasten, Beten und Singen rigoros auf sich nimmt, schreit der Jünger zu *Shiva* auf, daß er die Hindernisse auf dem Weg zur inneren Zufriedenheit zerstöre, die Befreiung von der Bindung an das Triviale und Vergängliche, die Vision des höchsten Selbst gewähre, die Basis aller Erscheinungsformen enthülle.[2]

Sathya Sai Baba

150

Anmerkungen

1. Siehe Sandweiss, S.H.: „Der Heilige und der Psychotherapeut", Sathya Sai Vereinigung e.V., Bonn, 1993, ISBN 3-924739-36-6, Seite 44 ff. Verdrängung aus Angst trennt den Menschen von einem Aspekt des eigenen inneren Lebens ab. Auf diese Weise werden gewisse Wünsche und Gefühle dem Bewußtsein unzugänglich, bevor man lernt, ihre Energien zu zügeln und zu beherrschen. Das Loslassen (die Gelassenheit) andererseits gibt im Rahmen unseres Sehnens nach weiterer Entfaltung Wünsche und Gefühle freiwillig auf - wenn wir zu bewußtem Gewahrsein und einem gewissen Grad der Herrschaft über sie gelangt sind. Die Zitate in diesem Kapitel beschreiben, wie das erreicht wird.
2. Aus einer Ansprache von Sathya Sai Baba, die er am 7. Februar 1959 über das Thema „Der Einfluß des Mondes auf den menschlichen Geist" gehalten hat; veröffentlicht in „Sathya Sai Baba spricht", Band 1, Sathya Sai Vereinigung e.V., Bonn, 1991, ISBN 3-924739-16-1, Seite 83 ff. Außerdem Band 9, 1993, ISBN 3-924739-07-2, Seite 32 ff.

Übersetzung des Briefes von Seite 148:

Meine Lieben! Empfangt meinen Segen und meine Liebe. Der Mensch nimmt seine Geburt aus dem Ego und stirbt im Gewand des Egos und kommt und geht, gibt und empfängt, verdient und gibt aus und handelt mit Lügen oder sagt die Wahrheit, die ganze Zeit im Ego. Himmel und Hölle. Inkarnationen hindurch. Sie alle sind nicht frei von Ego. Diejenigen dagegen, die ihr Ego aufgeben, erlangen das Heil. Der Herr ist immer wahr und höher als das Höchste. Aber ihr müßt euer Ego auslöschen und ihn verwirklichen. Er ist in euch, bei euch und um euch. Seid glücklich.

In Liebe und mit Segnungen Shrī Sathya Sai Baba

DARSHAN

KAPITEL 18

Es war elektrisierend! Das Singen drückte Liebe und Dankbarkeit über alle Maßen aus. Das Auditorium füllte sich bis zu seiner äußersten Fassungskraft von zwanzigtausend Menschen. Den Schmerz vergessend, hatten Tausende stundenlang auf hartem, kaltem Beton gesessen, gebannt vom Zauber des Gesangs und in Erwartung seines Erscheinens. Nun schwang sich die Musik zu höchster Begeisterung empor. Licht, das vor Intensität vibrierte, ließ alle nach vorne blicken. Da stand er, ganz still, völlig eins mit der Musik, das orangefarbene Gewand sanft über dem Körper ruhend - reine Liebe, die zum Herzen jedes Ergebenen hinfloß.

Alle Augen hingen nun am Meister, alle Stimmen waren mit seinem Herzen verbunden. Er war nun ganz in der Musik und berauschte unsere Seelen mit der Ehrfurcht erregenden Hoheit des wunderbaren Augenblicks: Das ist *darshan*.[1]

Tausende waren aus aller Welt gekommen: die Reichen, die Armen, die Schwachen und die Starken. Alle saßen dicht gedrängt beieinander in der Gegenwart von Sathya Sai. Ich hatte seine physische Anwesenheit schon früher erlebt; das hier erlebte ich nun auf meiner achten Reise zu ihm. Und doch war ich von einer Erregung und Vision erfüllt, die ich nirgends sonst in der Welt finden konnte. Diese Begegnung mit der Wirklichkeit ist nicht zu beschreiben. Der Verstand ist fassungslos vor der Vision, die das Herz in diesem Augenblick innigen Kontaktes erfaßt. Ewig währendes Wirklichsein offenbart sich. Er ist ich - ich bin ewig - ich bin göttlich!

Er bewegte sich langsam in der Ferne wie eine sanfte Brise im An- und Abschwellen der sich ausstreckenden Arme und Wogen betender Hände, die sich bei seinem Nahen erhoben und, nachdem er vorbeigegangen war, wieder senkten. Die Masse der Menschheit, schreiend nach Befreiung, danach flehend, von der Tiernatur befreit zu werden, um sich zur Göttlichkeit zu erheben. Da war er mitten unter uns in all seiner Herrlichkeit; Mensch gewordenes Mitgefühl, Schönheit und Liebe, wie sie nicht zu beschreiben sind - hier, um uns Frieden zu schenken.

Es schnürte mir die Kehle zu. „O Baba, ich bin so weit weg. So viele Bedürftige sind von weither gekommen - wie kann ich sie zur Seite drängen, um näher zu kommen? Nie wieder werde ich dein persönliches Lächeln auf mich ziehen, die Freude deiner nahen Anwesenheit, zu deinen Füßen sitzen im Kreis einer kleinen Familie. Deine Familie ist jetzt die ganze Menschheit. Ich kann dir nie mehr nahe sein." Meine Augen tränten, und ich saß da in einer dunklen Wolke von Trennung und Traurigkeit und weinte.

Das Knistern in der Menge kam näher. Aufblickend sah ich, daß die Menschen vor mir auseinanderwichen. „Ist das ein Traum - das passiert nur in einem Traum! Er kann doch nicht zu mir kommen?"

Aber er kam! Indem er mir bedeutete, aufzustehen und näherzukommen, sagte er: „Sandweiss, wie geht es dir?" Unter Freudentränen antwortete ich: „Sehr glücklich bin ich, *Swami*."

Persönlich, familiär - völlig vertraulich inmitten von Tausenden - sagte er mit einem unschuldigen Zwinkern in den Augen: „Wo sind die Psychiater?"

„Sie werden in etwa einer Woche kommen, *Swami*, ich werde nach Delhi fahren, um sie abzuholen und herzubringen."

„Wieviele werden kommen?"

Ich war ganz durcheinander. Ich wußte nicht, wieviele. Über hundert amerikanische Therapeuten hatten unter Führung von Dr. Masserman eine Tournee durch Indien gebucht, um das Land zu besichtigen und indische Kollegen kennenzulernen. Ich hatte vereinbart, mich mit der Gruppe in Delhi zu treffen, um über Sai Baba zu sprechen und diejenigen herzubringen, die an einer Begegnung interessiert waren. Aber ich wußte nicht, wieviele von der geplanten Route abweichen würden, um sich mir anzuschließen. Wie peinlich, Baba sagen zu müssen, daß wahrscheinlich nur ein paar kommen würden, wenn er alle hundert erwartete oder zu sagen, daß es viele sein würden, wenn dann nur ein paar auftauchen würden. Ich konnte nicht zugeben, daß ich so schlecht vorbereitet war, daß ich es nicht wußte, und jetzt war es gewiß nicht der richtige Augenblick und der Ort, um die Angelegenheit im Detail zu besprechen. Ich entschied mich dafür, Eindruck zu machen und antwortete: „Vielleicht um die hundert, *Swami*."

Sich zum Gehen wendend, verpaßte er mir mit wissendem Lächeln einen kleinen Nadelstich: „Nein, so viele nicht."

Anschließend fragte mich Baba tagelang immer wieder nach meinen Berufskollegen.

Anfangs war ich über sein Interesse entzückt, aber nach einer Weile kamen mir Hintergedanken. Ich hatte in Wirklichkeit keinen besonderen Plan festgelegt und wußte nicht, wie die Gruppe reagieren würde, besonders nach einer langen Flugreise und der Zeitverschiebung. Mir wurde jetzt klar: Zweifellos werden sie in mir einen religiösen Fanatiker sehen, der ihnen erzählt, daß der Herr erschienen ist und sie auffordert: „Würden Sie bitte mit mir kommen, um ihm einen Besuch abzustatten?" Es konnte sein, daß ich wie ein Wirrkopf, ein Spinner dastehen würde - nicht nur vor den Kollegen. Aber was würde Baba tun, wenn keiner kam?

Da begann in mir der Kampf mit meinem „monkey mind" (wörtl. Affenverstand), meinem Verstand, der mich zum Narren hielt, mir Streiche spielte. Meine Gedanken verwandelten sich in die *natarāja*-Gestalt des *Shiva*,[2] die auf dem kindlichen Körper der Begierde und der Wünsche herumtanzt und ihn zu Asche verbrennt; gleichzeitig ermutigt *Shiva* zum Loslassen und verspricht damit Frieden und Gleichmut. Genau diese gleichen reizenden Füße tanzten jetzt auf meinem Verstand herum.

Was veranlaßt euch zu denken, daß „Tun" so wichtig ist? Seid ausgeglichen. Dann werden auch Tun- oder Nicht-Tun, Erfolg oder Mißerfolg euch nicht so bekümmern. Das Gleichgewicht wird von beiden nicht gestört werden. Laßt die Wellen der Erinnerung, den Sturm der Begierden, das Feuer der Gefühle vorbeiziehen, ohne daß sie euer

Gleichgewicht stören. Seid Zeugen all dessen. Bindungen halten fest, engen ein, begrenzen. Seid gewillt, nichts zu sein. Laßt alle Dualität in eurer Neutralität versinken.   Sathya Sai Baba

Schließlich kam der Morgen des Aufbruchs. Seit *Mahāshivarātri* waren sieben Tage vergangen, und Baba hatte sich von *Prashānti Nilayam* zu seinem *Ashram* in *Brindāvan*, außerhalb der Stadt *Bangalore*, begeben. Die Fahrt von der Stadt nach *Brindāvan* war eine Meditation; mein Gemüt nahm die Stille und Weite der offenen indischen Landschaft, durch die wir fuhren, in sich auf.

Ein Regen während der Nacht hatte dem Tag eine frische Reinheit geschenkt, alles funkelte in der Morgensonne. Gedanken an meinen vergangenen Aufenthalt in *Prashānti Nilayam* stiegen auf und brachten großen Frieden. Acht bis zehn Stunden am Tag in seiner göttlichen Gegenwart in stiller Meditation zu verbringen, hatten in mir ein Gefühl der Reinheit und neuen Einsicht hinterlassen. Die Schwere meines hektischen Lebens in Amerika schien hinweggespült. Verschwunden war der Drang, zu viel zu essen, zu arbeiten und sich in sinnlosem Fernsehen zu verlieren. Im Augenblick frei von der Bindung an Familie und Beruf, an Luxusbedürfnisse und materielle Werte, erwachte in mir ein Gefühl, das irgendwie vertraut schien und das ich doch nie zuvor in diesem Leben erfahren hatte. Mein Innenleben war so friedvoll geworden und ungetrübt; es schien viel anziehender als die Außenwelt. Ich fühlte mich glücklich, nur still zu sein; es gab keine Notwendigkeit zu kämpfen. Ich könnte immer hierbleiben. Baba hat mir einen kurzen Einblick in eine tief-innere Wahrheit gewährt: Der kostbarste Friede wohnt in Wirklichkeit im Inneren.

Unwissende suchen Freude und Befriedigung in Äußerlichkeiten, obwohl es in ihrem Inneren Schätze gibt. Sie kommen von Gott, der in ihnen ist, überall. Unterirdisch fließt in uns ein Bächlein Trinkwasser; zwischen uns und ihm ist eine dicke Erdschicht. Durch spirituelle Arbeit muß diese Schicht abgetragen werden. Ebenso wohnen auch Friede und Zufriedenheit tief im Innern des Bewußtseins eines jeden, aber sie sind von dicken Lagen schlimmer Neigungen und Gewohnheiten bedeckt - Habgier, Haß, Lust, Wünschen, Stolz, Eifersucht, Verhaftetsein in der Außenwelt; daher muß der Mensch das alles abtragen, um den Schatz heben und nutzen zu können.
                                                                 Sathya Sai Baba

Ich wußte, ich würde nach Hause zurückkehren, gar keine Frage. Ich liebe meine Familie, und sie brauchen mich. Ich habe Pflichten zu erfüllen. Aber in diesem nachdenklichen Augenblick sah ich tiefer in Babas Geheimnis. Denn wenn ich bereits mit meinem begrenzten Bewußtsein begonnen hatte, das innere Leben als anziehender als das äußere zu empfinden, was muß dann erst Babas Wirklichkeit sein? Er muß in der reinen Herrlichkeit wohnen - in schierer Ekstase! Was braucht er dann von dieser Welt? Doch er ist gekommen, um zu heilen und zu lehren, um den Armen zu geben und auf die Klagerufe der Leidenden zu hören. Er schenkt seine ganze Liebe - selbst sein Leben - und das alles mit einem einfachen, unschuldigen Lächeln. Er führt ein Leben des Opfers und der Liebe „aus" Liebe, ähnlich dem Leben des Christus und dem Opfer Christi.

> Das Leben ist ein Lied - sing es.
> Das Leben ist ein Spiel - spiel es.
> Das Leben ist eine Herausforderung - nimm sie an.
> Das Leben ist ein Traum - erkenne das.
> Das Leben ist ein Opfer - sei dazu bereit.
> Das Leben ist Liebe - erfreue dich an ihr.
>
> Sathya Sai Baba

Jetzt, in diesem friedlichen Augenblick, konnte ich ganz klar fühlen, daß dann, wenn wir uns leer und von Wünschen freigemacht haben, der Sinn des Lebens ist, Gott zu lieben und diese Liebe durch Freundlichkeit anderen gegenüber zum Ausdruck zu bringen.

Die Welt kann im besten Fall nur Augenblicksfreuden schenken. Glück, Wohlstand und Macht sind wie Blitze in den dunklen Wolken des Elends, der Armut und der Niederlagen. Verwandte und Bekannte, auf die wir stolz sind und denen wir vertrauen, sterben, und sie reisen ohne ein Wort des Abschieds fort. Aber wir lernen die Lektion nicht; wir klammern uns an den Glauben, daß die äußere Welt die Schatztruhe des Friedens und der Freude sei.

Fast immer ist der Mensch ängstlich bemüht, die Fehler und Schwächen der Objekte zu ignorieren, die seine Aufmerksamkeit auf sich ziehen. Nur wenn er sie erkennt, ist er sicher, sie richtig einzuschätzen und sich klüger zu verhalten. Wenn ein Mensch daraufkommt, daß die Kobra eine Giftschlange ist und der Leopard ein gefährliches Tier, geht er ihnen immer sorgfältig aus dem Weg. In ähnlicher Weise können wir uns leicht von den weltlichen Triumphen und Besitztümern lösen, wenn wir ihre Flüchtigkeit und Trivialität erkennen und uns auf den inneren Reichtum und die innere Vision konzentrieren. Jedes Ding in der Welt der Objekte ist dem Wandel unterworfen. Vergängliche Dinge können dem Menschen nur vergängliches Glück schenken, ihm, der selbst vergeht. Wie kann es je anders sein? Nur die Quelle der Seligkeit kann selig machen. Eine nur sporadisch sprudelnde Quelle, eine vertrocknende, versiegende Quelle kann nur dann und wann beglücken, und bald ist auch das vorbei, endgültig ausgetrocknet.

Allein der *ātman*[3] ist die stets volle, stets frische Quelle von Glück und Seligkeit. Die atmische (göttliche) Energie hält jedes Wesen im Universum in Bewegung - Mensch, Tier, Vogel, Wurm, Baum und Gras. Sucht der Mensch einmal damit Kontakt, dann ist er gesegnet mit universaler Schau, voll von Entzücken und ewiger Weisheit. Jeder dürstet danach und möchte es haben, aber nur sehr wenige unternehmen Schritte dahin. Tausende verkünden die Herrlichkeit des *ātman*, aber nur eine Handvoll bemüht sich, sie zu erreichen.

Betrachtet eine Weile das Schicksal der Herrscher einiger Reiche, der Anführer von Armeen und Völkern, der Präsidenten und Premierminister. Nahm einer von ihnen, als er ging, auch nur einen Teil seines Reichtums oder seiner Besitzungen mit? Wenn einer stirbt, tritt ein anderer an seine Stelle; stirbt dieser, steht wieder ein anderer bereit, seine Rolle zu übernehmen. Und alle werden gleichermaßen vergessen - außer denen, die auf heldenhafte Weise das Göttliche verwirklicht und sich selbst zum göttlichen Seinszustand erhoben haben. So glaubt mir also, daß der Kampf um Status, Macht, Ruhm und Reichtum überhaupt nicht empfehlenswert ist. Wenn man mit der Möglichkeit gesegnet worden ist, als menschliches Wesen zu leben, dann soll man die Verwirklichung des wahren Seins zu seinem Ideal machen. Die *Upanishaden*[4] fordern auf, dieses Ziel zu verfolgen. Sie nennen euch „Kinder der Unsterblichkeit". Versucht, diese Ehre zu verdienen, diese Höhe zu erreichen. Lernt, alle eure Talente zu nutzen, eure ganze Intelligenz, eure gesamte Zeit für die Erlangung dieses Sieges einzusetzen. Ihr seid Götter in Menschengestalt, denn nur Götter können unsterblich sein. Ihr seid Verkörperungen des göttlichen *ātman*. Erniedrigt euer Leben nicht durch Streben nach Niederem. Verwendet es zu heiligen Gedanken, liebevollem Dienst, selbstlosem Tun und freundlichen Worten des Trostes.

Sathya Sai Baba

Baba hatte mir gestattet, Augenblicke wundervollen Friedens zu erleben, aber nun hieß es für mich, zurück in die Welt - zurück in das Bühnenstück mit meinen Kollegen. Ich plante, um neun Uhr nach Delhi zu fliegen, und kam in der Hoffnung, von Baba ein letztes Mal vor dem Abflug den Segen zu empfangen.

Als ich daran dachte, was mir bevorstand, war mir etwas unbehaglich zumute. Warum hatte ich diesen Impuls, meine Erfahrung mit Baba mit Kollegen zu teilen, fragte ich mich. Das wird für sie bestimmt schwer annehmbar sein. Warum zwinge ich mich, erklären zu müssen - vielleicht die Fassung zu verlieren und zu verteidigen oder, schlimmer noch, zu „verkaufen"? Wie geschmacklos, ein Reisender in Spiritualität zu werden, mit einem ausgeklügelten Verkaufsstand für Gott. Warum also eine solche Reise?

Beende, was du angefangen hast, Sam, sagte ich zu mir selbst und tröstete mich damit, daß Baba gnädig sein würde, wenn irgendwo in diesem Wirrwarr von Motiven und grotesken Unterfangen auch nur ein kleiner echter Impuls ist, Glück zu bringen und an Freude teilhaben zu lassen. Meine Lippen sprachen ein Gebet: „Baba, unterstütze mich mit Deiner liebevollen Kraft: Halte mich fest, hilf mir, der neutrale Zeuge zu bleiben, geschützt vor den möglichen Wirren in diesem Schauspiel."

Das Taxi blieb stehen und ließ einen wackeligen, altersschwachen roten Zug passieren, der mit Getöse vorbeiratterte. Meine Aufmerksamkeit schweifte von dem schwindenden Anblick aus Holz und Rädern ab, mein Blick fiel auf den Straßenrand und auf das lächelnde Gesicht einer Inderin, die Girlanden frischgepflückter Blumen zum Kauf anbot. - Ich würde Baba Blumen bringen.

Ist der Schlüssel in der äußeren oder in der inneren Welt? Solange sich der Mensch mit dem „Gesehenen" abgibt, kann er nicht den „Seher" sehen. Solange seine Aufmerksamkeit von den Blumen in der Girlande gefesselt wird, kann er die Schnur nicht sehen, die sie zusammenhält. Es erfordert ein Nachforschen, um zu entdecken, was die Girlande zusammenhält. So kann auch nur ein Suchen den Menschen zur Basis führen und den *ātman* erleben lassen, der die Welt der sinnlich wahrnehmbaren Objekte zusammenhält.

Sathya Sai Baba

Gleich nach der Ankunft im *Ashram* fand ich rasch einen Sitzplatz an dem Weg, den Baba einschlagen würde, wenn er zum *darshan* kommt. Kurzes Warten in der Sonne - und dann signalisierte eine schlagartig eintretende Stille seine Gegenwart. Als ich die Augen öffnete, sah ich ihn näherkommen, lächelnd und sehr frisch und liebenswürdig an diesem klaren Morgen. Wie unmittelbar und spontan war sein Lächeln. Beim Nähertreten sagte er: „Sandweiss, warum bist du noch hier? Geh und hol' die Psychiater."

„Ich breche nach dem *darshan* auf, ich komme, um deinen Segen mitzunehmen", antwortete ich und hielt Baba die Girlande hin. Verspielt und mit schelmischem Lächeln streckte er die Hand aus. Aber anstatt die Blumenkette in die Hand zu nehmen, begann er, mit meinen Fingern zu spielen. Je mehr ich versuchte, die Girlande in seine Hand zu manövrieren, desto schneller sprang er von Finger zu Finger und neckte mich mit einem Haschmich-Spiel.

„Geh und hol' die Psychiater", sagte er lächelnd, segnete die Girlande, nahm sie aber nicht. Dann ging er weiter zu seinen Anhängern und in den Tag hinein.

Als Baba im Haus verschwand, stand ich auf und ging zur *Krishna*-Statue unter dem Sai-Ram-Baum. Da stand *Krishna* und spielte auf seiner Zauberflöte, rief seine Anhänger zu sich und tauchte sie in seine Musik der Liebe ein.

Wenn du die Fähigkeit hast, den Herrn zu dir zu ziehen, dann wird er von selbst kommen und bei dir sein. Sei wie *Krishnas* Flöte: ein hohles Rohr, gerade, leicht, ohne Schwere, die seinen Atem hindert. Dann wird er kommen und dich aufheben vom Boden. Er wird durch dich göttliche Musik verströmen und mit zarter Berührung auf dir spielen. Er wird die Flöte in seine Schärpe stecken. Er wird seine Lippen an die Flöte drücken; er wird sie streicheln, sie hochheben und zum Jubilieren bringen. In seiner Hand wird sich der unendlich kleine Wille in den unendlichen Willen selbst verwandeln; anu (der Mikrokosmos) wird in ghana (Himmel) verwandelt werden. Eines Tages gab *Krishna* vor, fest zu schlafen, die Flöte achtlos zur Seite geworfen. *Rādhā* (seine große Anhängerin) näherte sich der vom Glück verwöhnten Flöte und bat sie in klagendem Ton: „Du Glückselige muralī (Name von *Krishnas* Flöte), sag' mir, wie du dieses große Glück verdient hast. Welches Gelöbnis hast du eingehalten, welche Nachtwache, welche Pilgerreise auf dich genommen? Welchen *Mantra* hast du immer wieder gesprochen, welches Idol angebetet?"

Durch *Krishnas* Gnade konnte die Flöte sprechen: „Ich befreite mich von allen sinnenhaften Wünschen, von Gier und Ego - das ist alles. Es war kein Ich-Gefühl mehr da, welches das Fließen seiner Liebe zur ganzen Schöpfung durch mich hindurch verhindert hätte."

Sathya Sai Baba

Ich legte die Girlande um *Krishnas* Hals, kniete zu seinen Füßen nieder und bat ihn, mich zu einer würdigen Flöte zu machen.

Anmerkungen

1. Den Herrn sehen.
2. Siehe Foto von Lord *Shiva* als natarāja (tanzender *Shiva*), Seite144.
3. Die Seele - siehe Definition in Anmerkung 2, Kap. 26.
4. Heilige Schriften der Hindus.

Entgegennahme von Büchern, die über ihn geschrieben wurden, - aus allen Teilen der Welt

SO'HAM

KAPITEL 19

Sai Baba berichtet uns von einem heiligen *Mantra*, den man *hamsa*-[1] oder *so'ham-Mantra*[2] nennt. Es ist der ständige, automatische Klang des Ein- und Ausatmens, bei dem wir durch das wiederholte „*so'ham, so'ham* - er ist ich, er ist ich" mit dem anderen verschmelzen. Mit jedem Atemzug atme ich ihn ein und nehme ihn in „mich" auf, und mit jedem Ausatmen fließe „ich" in ihn und werde zum „wir". So verschmelzen die beiden ineinander, und die Gespaltenheit ist aufgehoben.

Das gleiche geschieht mit den Tönen. Der getrennte Klang des „so", der bei jedem Atemzug entsteht und der des „ham", den das Ausatmen hervorruft, verschmelzen miteinander und werden zu *OM*[3], dem Ton, den die Hindus pranava nennen, den heiligen Urton - die Grundschwingung, auf der die ganze Schöpfung beruht.

> Jedes einzelne Geschöpf hat bei seiner Geburt die Frage auf den Lippen: „ko'ham - wer bin ich?" Und die Antwort gibt jeder Atemzug - „*so'ham*" - er ist ich. Das Einatmen flüstert „so" (er) und das Ausatmen „ham" (ich). Aber in seiner Ungeduld, sich mit dem Spielzeugland zu befassen, von dem er meint, es sei die Welt, wischt der Verstand die Frage weg. Als Antwort wird dem Ego der Weg zum Verständnis versperrt, wodurch ihm ein befristetes Vergnügen offensteht. Begreift, daß euer Atem die Frage richtig beantwortet, und lebt in dem Bewußtsein, daß ihr eine Welle von dem seid, der das unendliche Bewußtsein ist, das heißt Gott. Laßt euren Verstand keine Wellen schlagen; laßt ihn still sein, spiegelglatt, ruhig - so daß der *hamsa* (der himmlische Schwan, das Symbol des *so'ham*) sich darauf tummeln kann.   Sathya Sai Baba

Jahrelang habe ich die *so'ham*-Meditation praktiziert. Sie hatte eine tiefe und dauernde Bedeutung für mich und war eine Quelle großer Kraft. Anfangs dachte ich, es sei nur einfach eine Übung, seinen Atem zu beobachten, wie er ein- und ausgeht. Aber dann geschah etwas; ich fing an, eine Ausdehnung meiner selbst zu erleben. Mit jedem Ausatmen konnte ich fühlen, wie sich innen irgendetwas in eine zart wahrgenommene, lichterfüllte Weite auflöste. Ich konnte fühlen, wie diese Energie, dieses Licht mit meinem Selbst verschmolz und es mit Energie auflud. Dieses Erlebnis wurde immer intensiver und nahm mich gefangen, zog mich immer tiefer in seine Stille und seinen Frieden. Ganz von selbst wachte ich immer am frühen Morgen zwischen drei und sechs Uhr auf, um zu meditieren, und war erstaunt, als ich hörte, daß *Yogis* dies als die günstigste Zeit für die Meditation ansehen - eine Zeit, die sie brahmamuhūrta nennen. Es wurde daraus eine Periode starker Verjüngung und heiter stimmender Verbindung mit Sai

Baba. Denn in diesem inneren Raum des Friedens und erhöhter, wacher Empfänglichkeit war ich mir stark der herrlichen Gegenwart Sai Babas bewußt.

Die *so'ham*-Meditation führte mich nicht nur in diese innere Dimension großen Friedens während der frühen Morgenstunden, sondern verließ mich den ganzen Tag nicht. Sie wurde mein ständiger Freund und Begleiter, überraschenderweise am stärksten spürbar und hilfreich während der Zeit, die ich mit meinen Patienten zubrachte. Während ich ihnen zuhörte, verfiel ich oft in einen inneren Zustand tiefer Meditation. Auf eine seltsame Art fand ich heraus, daß meine innere Reaktion auf die Patienten dazu verwendet werden konnte, die *so'ham*-Meditation zu vertiefen - und umgekehrt schärfte die Meditation meine Einsicht gegenüber den Patienten. Sie schien die Quelle meiner Intuition zu sein und führte mich dahin, worauf ich mich konzentrieren sollte, zeigte mir bei der Behandlung des Patienten, was wichtig und was unwichtig war.

Darüber hinaus war für mich besonders wichtig, wie meine Arbeit selbst zur Anbetung, zur Verehrung wurde: zu einer Zeit erhöhten Gewahrseins der Herrlichkeit und Pracht der Schöpfung und meiner Liebe zu Gott, wie ich ihn durch Sai Baba erlebe. Der *so'ham*-Mantra lehrte mich, wie man glücklich und wirkungsvoll auf dieser Erde funktionieren kann, während die Seele jubelnd gen Himmel fliegt. Als ich zu meiner Fahrt aufbrach, wußte ich, das würde mich leiten und schützen und, wenn ich ihm treu bliebe, näher zur Flöte *Krishnas* hinziehen.

Die folgende Geschichte von Baba zeigt den Zusammenhang zwischen dieser Meditation und der Flöte *Krishnas*, der muralī - die Macht dieses Instruments, uns zur Liebe des Herrn zu führen und das Wesen dieser allumfassenden Liebe, wenn sie in uns selbst voll entwickelt ist. Wieder spielt *Rādhā* die Hauptrolle.

Rādhā, die große Verehrerin Lord *Krishnas*, wurde krank und lag vor Trennungsschmerz und Kummer im Sterben, als *Krishna* fortgegangen war. Obwohl *Krishna* durch einen Boten Nachricht sandte, wollten die gopīs (die Kuhhirtinnen und Verehrerinnen, die Lord *Krishna* am nächsten standen) nicht bloß den Worten lauschen, sondern wünschten seine persönliche Gegenwart. Sie sagten: „Wird es denn möglich sein, die ganze Dunkelheit in der Welt zu verscheuchen, indem man einfach eine Botschaft von einem strahlenden Licht sendet? Wird die Armut eines armen Menschen verschwinden, wenn er bloß von der Macht des Reichtums hört? Wird der Hunger eines Armen schon davon gestillt werden, daß man ihm die Nahrung beschreibt? Wird die Krankheit eines Kranken dadurch geheilt werden, daß man ihm von der großartigen Wirkung verschiedener Arzneien erzählt?"

Uddhava, der Bote, fand, daß das Leid die Körperkräfte der gopīs allmählich verzehrte, weil sie nichts aßen und ihrem Körper keine Beachtung schenkten. *Rādhā* war tatsächlich so schwach geworden, daß sie sich auf ihren Tod vorbereitete - um ihr Leben mit *Krishna* zu vereinen.

An einem einsamen Ort sagte sie in der geheiligten Absicht, *Krish-*

nas Bild ihrem Sinn einzuprägen: „All diese Tage hatte ich *Krishnas* Bild im See meiner Gedanken. Ich schützte es mit Tränen der Liebe. Im Laufe der Zeit begann dieser See auszutrocknen. Dann behielt ich die Gestalt in meinen Augen und nährte sie mit meinen Tränen. Aber selbst diese Tränen fließen nun spärlich. Wie noch kann ich denn *Krishnas* Lotos schützen? Die Zeit entflieht, und ich muß vielleicht bald diesen Körper verlassen. Das Licht *(jyotis)* meines Lebens muß mit dem Göttlichen eins werden."

Als sie so mit der ganzen Intensität ihres Gefühls an *Krishna* dachte, kam er. Sie hatte nur einen letzten Wunsch: Sie wollte den Herrn auf seiner Flöte spielen hören. Während sie der muralī lauschte, gab sie ihren Geist auf. Von diesem Tag an gab *Krishna* seine muralī auf, die ihn während seiner Jugendzeit immer begleitet hatte.

Für uns ist es wichtig zu erkennen, welche enge Beziehung zwischen *Rādhā* und der muralī besteht. Der menschliche Körper und die muralī haben beide neun Öffnungen. *Rādhā* war wie eine muralī, und in ihr war kein Raum für weltliche Gedanken. Sie stand über allen irdischen Vorstellungen. So eine *Rādhā* entströmte der muralī und sank wieder in sie zurück. Hier steht muralī für Körper. Das Ein- und Ausatmen bedeutet den göttlichen Willen (samkalpa). Das nennt man auch *so'ham* (er ist ich) in der Form der *hamsa*-gāyatrī (das, was errettet, wenn es wiederholt wird). Es vermittelt uns auch die Vorstellung: „Ich bin das, ich bin das". Die gleiche Vorstellung umschrieb man auch mit dem „tat tvam asi"[4] oder: „Das bist du". Wenn auch jeder mit dem Göttlichen identisch ist, so erkennen es doch nur wenige. *Rādhā* hat in der Tat diese große Wahrheit erfahren und in ihrer irdischen Gestalt gelebt.   Sathya Sai Baba

Anmerkungen

1. *Hamsa*, der himmlische Schwan, ist der Träger *Brahmās*, des Schöpfergottes der Hindus. Dieser legendäre Schwan der Reinheit mit vollkommen weißen Federn soll, so heißt es, die Macht haben, immer zwischen richtig und falsch unterscheiden zu können. Er ist fähig, einen über die Gespaltenheit hinwegzutragen; die ganze Schöpferkraft des Universums ruht auf seinen Schultern. Das *so'ham* ist jener *hamsa*, der zu retten gekommen ist.
2. Ein *Mantra* ist ein heiliges Wort oder eine Formel, dem/der die Kraft zu spiritueller Erleuchtung innewohnt. Wenn man darüber meditiert, hat er die Kraft, zu erretten.
3. Das ursprüngliche kosmische *OM* ist die vitale Schwingung, die das Universum erfüllt. *OM* ist der Urklang, das Symbol *brahmans* (des alles Durchdringenden, Umfassenden, Immanenten, Formlosen, Ewigen, Absoluten - des Göttlichen), der Urgrund, auf dem das Universum ruht.
4. Eine zentrale Hindu-Aussage über die Einheit.

DIE PSYCHOTHERAPEUTEN

KAPITEL 20

Es war noch eine halbe Stunde Zeit bis zu meinem angekündigten Vortrag vor ungefähr tausend Baba-Devotees im Haus von Sohan Lal. Ich war todmüde von all dem hektischen Herumirren in Delhi. Während ich tief in der weichen, übervollen Matratze versank, auf der große, massige Bettdecken und zwei enorme Kissen lagen, in denen mein Kopf fast verschwand, fühlte ich, wie ich mich in eine grenzenlose bergende, schwarze, einem Mutterschoß gleichende Leere fallen ließ. Woher werde ich die Kraft nehmen, um zu sprechen? Keine Frage: Wenn ich sprechen sollte, dann mußte es mit Babas Kraft sein, denn eigene hatte ich keine mehr.

Meine Gedanken drehten sich um das, was in den letzten beiden Tagen geschehen war. Bei meiner Ankunft in Delhi empfing mich Mr. Sohan Lal, ein langjähriger Sai Baba-Devotee und Präsident der Sai-Organisationen in Delhi. Er ist auch für die Veröffentlichungen der Sathya-Sai-Baba-Organisationen in Indien verantwortlich. Ein kleiner, energischer Herr, immer bereit zu lächeln und voller Leben. Wenn er über Baba sprach, wurde er zum Kind; oft lachte er, wenn er von seinen eigenen Unzulänglichkeiten redete. Er war freundlich und liebenswürdig; wir freundeten uns rasch an.

Meine Unterbringung war hervorragend. Ich hatte ein großes Gästezimmer, getrennt vom Haupthaus, zur Verfügung. Wenngleich es auch kalt wirkte in seiner schweren Kalk- und Mörtel-Konstruktion mit kahlen Fußböden, war es doch mehr als komfortabel - herrlich ruhig und abgeschieden. Ein kleiner Elektroofen stand am Fußende zwischen zwei großen Betten mit überquellendem Bettzeug. Ich war glücklich, daß frische Grapefruits, Tee und Toast von den gefälligen Hausangestellten auf das Zimmer gebracht wurden. Sohan Lal strahlte über das ganze Gesicht, wenn er über seine geliebten Grapefruits sprach, denn er wußte, daß sie zu dieser Jahreszeit in Delhi eine wahre Köstlichkeit sind. Er war ein großartiger Gastgeber, wirklich glücklich, wenn ich mich wohlfühlte. Besonders freute es ihn, mir einen glühend begeisterten Bericht über ihn selbst und seine Gastfreundschaft in James Micheners Buch: „The Voice of Asia" (Die Stimme Asiens) zu zeigen. Michener hatte Sohan Lal vor einigen Jahren besucht und beschrieb ihn als einen „brillanten, hin- und herflitzenden, schönen Kolibri-Mann".

Die *Mahāshivarātri*-Veranstaltung in Sai Babas *Ashram* war herrlich gewesen, obschon sie mich bis ins Mark erschöpft hatte: volle 36 Stunden ohne Nahrung und Schlaf nur einen Tag nach der vierzigstündigen Reise von den USA nach Indien. Ich war total ausgepumpt, humpelte und meinte, es sei mein letztes Stündlein. Aber, was für eine wunderbare Art zu sterben! Die geheiligte Umgebung war besonders aufgeladen und vibrierte von der Anbetung Tausender Gläubiger, die alle bereit waren, auf Essen und Schlaf zu verzichten, um diese besondere Nachtwache durchzuhalten. Und dann war da Babas außergewöhnliche Gegenwart und seine beiden atemberaubenden Wunder in aller Öffentlichkeit: der *vibhūti-abhisheka* (rituelles Baden einer göttlichen Bildgestalt durch Überschütten mit heiliger Asche) und die Erschaffung des shivalinga. Ich wollte diese Ereignisse bis ins einzelne in meiner Ansprache in wenigen Minuten schildern. Es war mir bewußt, daß dieses heilige Ereignis eine ganz besondere Verbindung zwischen Gott und Mensch darstellt und von unmittelbarer und gewaltiger Bedeutung ist - zweifellos ein historisches Geschehen, das in Zukunft zahllose Menschen hoch in Ehren halten werden.

Am Tag meiner Ankunft rief ich Dr. Masserman an und vereinbarte ein Treffen zum Dinner des gleichen Abends im Ashoka-Hotel. Erwartet wurden auch Dr. Schwab, der Chairman of the Department of Psychiatry (Vorsitzender der Abteilung Psychiatrie) an der Universität von Louisville in Kentucky, und der zweite verantwortliche Reiseleiter, der Vorsitzende der Gesellschaft für Psychotherapie in Delhi, der Fremdenführer und die dazugehörigen Ehefrauen.

Ich war pünktlich um 20 Uhr zur Stelle. Das Ashoka-Hotel gehört zu den schönsten in Delhi: eine lange Auffahrt mit Reisebussen zu beiden Seiten, Türsteher in stattlichen roten Uniformen mit Turban, eine weit offene Empfangs- und Vorhalle, mit Holz und Marmor verkleidet; alles zwei bis drei Stockwerke hoch; schöne Statuen, Gemälde, funkelnde Kunstwerke - und das geschäftige Hin und Her eines internationalen Aufgebotes an Besuchern aus vielen Ländern.

„Ich wüßte gerne, was da los ist", dachte ich, als ich über die breite, teppichbelegte Treppe in Richtung lauter Musik und dem fernen Klirren von Silber auf Tellern emporstieg. Ich fühlte mich in dieser förmlichen Dinner-Atmosphäre völlig fehl am Platz, umgeben von Wein, Frauen, lauter Musik und Tanz - wo Leute sich betranken und der Geruch frisch gebratenen Fleisches in der Luft lag. Welch ein himmelweiter Unterschied zu der kargen Strenge des *Ashrams*! Ich erlebte den schlimmsten Kulturschock. Besser, ich gehe diese Treppe langsam wieder hinunter, beschloß ich, oder ich kriege wie ein Taucher, der zu rasch hochkommt, die Luftdruckkrankheit und werde handlungsunfähig.

Als ich langsam die Treppe hinunterstieg, entdeckte ich das erste glückverheißende Zeichen für diesen Abend. Im Bewußtsein, daß mir ein umfangreiches Dinner bevorstand, griff ich zum Trost nach meiner Brieftasche - aber meine Hand griff ins Leere! Ich hatte sie vergessen! Ich konnte es zuerst nicht fassen; was für eine peinliche Situation! Sollte ich eine Anleihe machen? Würde mir das Restaurant erlauben, das Dinner durch Tellerwaschen abzuarbeiten? War das eine Lektion zur Demütigung - oder war mein Gehirn beim vielen Meditieren im *Ashram* ausgelaufen? Was für eine peinliche Situation! Ich ging direkt in die Höhle des Löwen. „Baba, bitte, sei mit mir - und das ist kein Spaß! Wenn ich jemals deine Hilfe gebraucht habe, dann jetzt!"

Lächelnd und guter Laune fanden wir uns schließlich um einen wohlversorgten Tisch sitzend. Jeder bestellte ein Dinner mit fünf Gängen, und ich fiel merkwürdig auf, als ich ein kleines Glas Orangensaft bestellte. „Oh, ich bin wirklich nicht hungrig, ich muß eine spezielle Diät einhalten - ich esse nicht oft usw., entschuldigen Sie, Entschuldigung." Sie wußten, daß ich log.

Dann begann die Konversation. Sie fingen an, über Rattenversuche zu sprechen und berichteten von besonderen Fallgeschichten. Ich fühlte mich eine Million Lichtjahre entfernt. „Wie konnte ich nur das Interesse an dieser Ebene der Wirklichkeit so sehr verlieren - und so schnell?" fragte ich mich. Wie in aller Welt soll ich ihnen etwas über Baba erzählen? Sie haben kein Interesse, über Spiritualität zu sprechen - ich fühlte mich völlig wie ein in fremder Umgebung ausgesetztes Kind.

Sie schienen nicht im geringsten an Sai Baba interessiert. Wenn durch irgendein Wunder das Gespräch sich doch in Richtung Baba bewegte - würden sie je wollen, daß ich zu der ganzen Gruppe spräche? Wenn ja, wie würden sie auf eine Rede über Gott auf Erden, nach einer 40stündigen Anreise bei ihrer Müdigkeit und Reizbarkeit reagieren? Selbst wenn alles gut ging und zwei oder drei Leute die tausend Meilen mit mir nach *Bangalore* machten: Was für ein Interesse hatte ich denn wirklich, den Reiseführer zu spielen?

„Ich oder du, Baba - bin ich es oder du? Denn, wenn ich es bin, werde ich es nie wieder tun, ich verspreche es. Ich weiß, daß ich ein großes Ego habe - danke, daß du mich darauf hingewiesen hast. Okay, ich verspreche, mehr denn je daran zu arbeiten. Aber wenn du es bist: Junge, ich bin außer Gefecht gesetzt, ich weiß nicht, was ich sagen soll. Da werde ich sicher neue Achtung vor deinem Mysterium und deinem Humor bekommen. Wenn es für dich ist, werde ich - auch dann, wenn ich nicht begreife, was für einen Sinn es haben kann - versuchen, mein Bestes zu tun. Es bleibt nur noch wenig Zeit vor der Feuerprobe. Ich werde mich weiter bemühen, obwohl ich, ehrlich gestanden, die Hoffnung aufgegeben habe. Wenn du eine Wende herbeiführen kannst, dann bist du wirklich allgegenwärtig, allmächtig, allwissend und alles."

Plötzlich, während ich so verzagt und niedergeschlagen dasaß, wandte sich jemand an mich, um meine Meinung zu irgend etwas zu hören. Ich sagte halbherzig: „Ja, und das ist das Nette an Baba." Sie sprachen über irgend etwas, ich weiß nicht genau, was es war, und ich versuchte, es mit Baba in Verbindung zu bringen. „Wissen Sie, das Aufregende an Baba ist, daß er uns Therapeuten beweisen kann, daß unsere Identität tatsächlich über den Verstand und die Gefühle hinausgeht; daß wir etwas Ewiges sind." Und dann wandte ich mich an den indischen Psychiater, als ob wir Brüder wären und er verstehen würde: „Wissen Sie, wie der *ātman*." Er sagte etwas, das man grob ungefähr so übersetzen konnte: „So ein Unsinn!" Ich wußte, ich hatte mich ins „Aus" gesetzt.

Dann passierte etwas Merkwürdiges. Der Reiseleiter ergriff das Wort: „Wissen Sie, ich lernte einmal einen Heiligen kennen, und die können Dinge, die wir nicht im entferntesten verstehen." Alle wurden neugierig. Können Sie sich das vorstellen? Keine Spur von Interesse an mir, aber als er anfing, wandten sie sich ihm wirklich gespannt zu und sagten: „Was zum Beispiel?"

So erzählte der Reiseleiter sein Erlebnis mit einem *Guru* - wie der die Zukunft vorhersagen konnte und eine unheimliche Kenntnis von vergangenen Ereignissen in seinem Leben hatte. Das Interesse wuchs. Dr. Masserman wandte sich an mich: „Sie meinen, Sai Baba kann diese Dinge?" Ich sagte: „Ja, und viel mehr." Er zog seine Feder heraus, und in wenigen Minuten hatten wir eine Notiz mit der Ankündigung meines Vortrages für die Anschlagtafel entworfen. Ich würde etwa eine halbe Stunde sprechen. Ich lächelte und flüsterte mir zu: „Baba, ich weiß nicht, wie du das geschafft hast, aber das war beeindruckend - einfach phantastisch. Daran werde ich lange denken."

Dr. Masserman sagte dann: „Meine Frau und ich wollen morgen auf eine Besichtigungstour gehen. Können Sie uns interessante Orte nennen?" Ich begann, mir wichtig vorzukommen. Nach solch einer raschen Wende zu meinen Gunsten fühlte ich mich ganz groß - und fand, daß alles bestens lief. Einzig mit der Hoffnung auf Sohan Lals Unterstützung vor Augen, sagte ich gegen meine sonstige Art: „Ich kann für einen Wagen und eine Einzelführung sorgen." Dr. Masserman fragte nach den Kosten, und ich fuhr fort wie ein indischer Diplomat: „Machen Sie sich keine Sorgen, ich bin überzeugt, ich kann das mit meinem Freund Sohan Lal so regeln, daß für Sie keine Kosten entstehen. Wir holen Sie um acht Uhr morgens ab. Übrigens, Sohan Lal lädt auch Sie, Dr. Schwab und die Damen zum Lunch ein."

Es stimmt, daß Sohan Lal sie zum Lunch eingeladen hatte. Er hatte vorgesehen, daß ich bei diesem Lunch einige seiner Freunde, einen indischen Richter beim Obersten Gerichtshof und einen hohen Finanzexperten für indische Angelegenheiten, kennenlernen sollte. Da er wußte, daß es auch den Therapeuten Spaß machen würde, hatte er sie ebenfalls eingeladen. Aber Lunch war eine Sache, eine Tour zu so später Stunde zu arrangieren etwas ganz anderes.

Ich beeilte mich, zu Sohan Lal zurückzukommen, und schlich mich auf Zehenspitzen um etwa halb zwölf in sein Haus. Da ich ihn nicht zu so später Stunde wecken wollte, nahm ich mir vor, während der Nacht über das Problem nachzudenken, und hoffte, ihn am frühen Morgen zu erwischen. Aber wie es das Schicksal wollte, kam mein Gastgeber, als ich eintrat, soeben die Treppe herunter, um mich zu begrüßen. Als er von meiner Verlegenheit hörte, meinte er: „Kein Problem - wir werden den großen Wagen nehmen (einen 57er Chevy), und ich kenne einen passenden Fahrer."

Tatsächlich fuhren wir am nächsten Morgen mit Glanz und Gloria in einem 57er Chevy um Punkt acht Uhr beim Ashoka-Hotel vor. Die Rundfahrt war wunderbar. Wir besuchten historische Sehenswürdigkeiten, heilige Hindu-Tempel und zauberhafte Gärten; und alles lief wie am Schnürchen. Dann machten wir uns auf zu einem schönen Lunch bei Sohan Lal.

Diesmal übertraf er sich selbst. Das Essen und die Gesellschaft waren vorzüglich. Es war äußerst anregend zu verfolgen, was der Richter vom Obersten Gerichtshof über seine bewegenden Erlebnisse mit Baba erzählte. Mit anzuhören, wie gebildete und hochangesehene Inder so von ihm sprachen, weckte das Interesse der beiden Kollegen. Besonders genossen sie die freundliche Gastlichkeit und wollten sogar in Sohan Lals Schreinraum (Andachtsraum) von ihm fotografiert werden. Das ging etwas zu weit, aber entgegenkommend wie er ist, ließ er sie das ganze Haus besichtigen.

An jenem Abend sprach ich in einem Konferenzraum des Ashoka-Hotels zu den versammelten Kollegen über Sai Baba. Die Einführung gelang gut - wenn man bedenkt, daß ich mich bemühte, den Begriff *Avatar* zu erklären und die Möglichkeit, daß sich dieses einzigartige historische Ereignis ausgerechnet hier und jetzt in Indien abspielte.

Ich war überrascht, einen meiner ehemaligen Lehrer unter den Kollegen zu entdecken. Er war in Detroit als einer der begabtesten Psychoanalytiker hoch geachtet, und seine aufregenden Fallbesprechungen hatten in mir die Erkenntnis geweckt, wie wichtig das Wirken der Kräfte des Unbewußten für die Persönlichkeit ist. Er war immer formvollendet gekleidet und benahm sich mit einer gewissen souveränen Eleganz, so daß er sehr korrekt und beherrscht wirkte. Einmal hatte er eine lederne Diplomatenmappe zu seiner Vorlesung mitgebracht, deren eine Ecke arg von seinem jungen Hund zerbissen war. Ich war damals richtig froh über dieses Zeichen von Menschlichkeit bei einem Menschen, der immer so distanziert wirkte.

Dr. S. erinnerte sich an mich, und wir lächelten einander zu. Er hatte zwei indische Patienten in psychoanalytischer Behandlung. Sie berichteten über Meditationserfahrungen, die er nicht ganz verstehen konnte. „Es war da etwas mehr als man mit dem Auge wahrnehmen kann", sagte er - „entweder etwas kulturell Bedingtes oder ein subtiles innerpsychisches Phänomen, das ich nicht ganz begreifen kann. Ich hoffe, auf dieser Reise etwas dazuzulernen."

„Gerade dazu bietet sich Ihnen eine große Chance", antwortete ich, „etwas über die inneren Dimensionen des Menschen zu erfahren, das in der Geschichte selten aufgezeichnet worden ist - und außerdem etwas sehr Profundes und Tiefes über die indische Spiritualität. Es ist das faszinierendste Forschungsgebiet, das Sie finden können. Es hat eine starke Beziehung zur Psychoanalyse und zu unserem Verständnis der Psychodynamik."

Ich versuchte, die Bedeutung eines *Avatars* zu erklären, und die Konversation schien zu verflachen, bis ich schließlich als schwätzender, religiöser Fanatiker dastand. Ich erinnerte mich, wie mich Dr. S. interviewte, als ich mich um ein psychiatrisches Praktikum am Sinai-Krankenhaus in Detroit bewarb. Gott sei Dank bestand ich damals bei den Kolloquien, denn wenn es sich um dieses kurze Gespräch gehandelt hätte, wäre ich bestimmt durchgefallen. Jedenfalls sagte ich beim Abschied: „Sie müssen kommen. Sie können sich nicht vorstellen, was Sie über das Innenleben des Menschen erfahren werden - und über unsere ungemein großen Möglichkeiten. Ich verspreche Ihnen, Sie werden es nicht bereuen." Aber er kam nicht.

Nur vier von ungefähr siebzig Leuten wollten Sai Baba kennenlernen. Wenngleich klein an Zahl, waren sie doch groß an Geist - wirklich sehr begabte Leute. Sie hatten erkannt, daß selbst dann, wenn nur ein Bruchteil dessen, was ich gesagt hatte, wahr war, Sai Baba zu sehen wichtiger war, als am nächsten Tag eine Fahrt zum Taj Mahal zu unternehmen.

Dr. J. und seine Frau B.J. waren beide in der Bioenergetischen Bewegung in den USA aktiv. Bevor ich Baba kennenlernte, hatte mich dieser Weg auch interessiert und zum *Yoga* geführt. Dr. J. begann, einen feinen Energiefluß in seinem Körper und ein eigentümliches Gefühl an der Stirn zwischen den Augen zu spüren, wie wenn sich irgend etwas öffnete. „Könnte das etwas mit dem dritten Auge zu tun haben, das die *Yogis* beschreiben?" fragte er sich. Außerdem schilderte er eine Empfindung wie

Umwölkung in dieser Körperregion und wußte nicht, ob es sich um mehr als eine bloße Einbildung handle.

Wenn sie auch dachten, sie verstünden viele der Faktoren, die sie zu dieser Fahrt veranlaßt hatten, hielten Dr. J. und B. J. es doch für möglich, daß es sich auch um einen Einfluß von einer anderen Dimension her handeln könnte. Wäre es denkbar, daß ein Lehrer oder Meister sie auf eine subtile Weise beeinflußt hatte und es für sie nun an der Zeit war, eine tiefere spirituelle Erfahrung zu machen?

Dr. H. war ein in den Geisteswissenschaften gebildeter Psychiater, der mit seiner Freundin N. S. gekommen war. Er hatte mit den Armen im städtischen psychiatrischen Gesundheitswesen (Community Mental Health System) in Los Angeles gearbeitet und interessierte sich dafür, über das Rollenspiel zu tieferen psychologischen Einsichten zu gelangen und die Entfaltung zu fördern. Warmherzig fühlend und hingebungsvoll wie er war, hatte er Schwierigkeiten, gewisse berufliche Entscheidungen zu treffen, und er hoffte, daß diese Fahrt ihn zu mehr Klarheit führen und ihm eine Richtung weisen würde. N. S. war eine freundliche Frau mittleren Alters mit einer gemütskranken Tochter. Sie hoffte, daß Baba irgendwie helfen könnte. Mein Gefühl sagte mir, daß Baba die vier Menschen ausgewählt hatte. Sie waren offen, empfänglich und feinfühlig, voller Sehnsucht nach spiritueller Einsicht, und er schien sie nun näher zu sich zu rufen. Wir wollten zeitig am nächsten Morgen aufbrechen, aber vorerst sollte noch das Abendprogramm beginnen.

Wie ich so in einem tiefen, tranceähnlichen Zustand im Bett lag, konnte ich das geschäftige Treiben außerhalb meines kleinen Zufluchtsortes hören. Ich mußte mich strecken und für die *bhajans*[1] bereitmachen - die in zehn Minuten beginnen sollten und zu den etwa tausend Devotees (Ergebene) sprechen, die sich eben versammelten. Meine vier Reisegefährten würden unter den Zuhörern sein. Wenn sie die Hingabe der Anhänger Sai Babas erlebten, würde das ihr Verständnis vertiefen und sie noch besser auf die Reise einstimmen.

Anmerkung

1. Lieder zu Ehren Gottes

VORTRAG IN DELHI

KAPITEL 21

Lieber Sathya Sai Baba, der du allgegenwärtig und immer bei uns bist, gütiger Gastgeber, Mr. Sohan Lal, verehrte Gäste und Sai-Brüder und -Schwestern:[1]

Es ist mir eine Ehre, heute Abend zu Ihnen sprechen zu dürfen und an diesen wunderschönen *bhajans* teilzunehmen. Als ich in ihrer hingebungsvollen Schwingung versunken dasaß, fiel mir ein, daß Menschen in der ganzen Welt in ähnlicher Weise zu unserem wunderbaren Lord Sathya Sai singen.

Wie erhebend ist es, in einer so tief in Düsternis gehüllten Welt diese schönen *bhajans* zu erleben, die Dunkelheit in Licht verwandeln. Das muß Babas stärkster Ausdruck von Liebe sein - auf der ganzen Welt die Menschen in Frieden zu vereinen. Die Sai-Liebe, die in den *bhajans* lebendig ist und dem steten Anwachsen einer großen weltweiten Sai-Familie immer neue Nahrung gibt, ist das hoffnungsvollste Zeichen unserer Zeit. Ich möchte Ihnen gerne einige meiner bewegendsten Erfahrungen mit dieser Sai-Liebe mitteilen.

Vor fünf Jahren kam ich zu Baba als egozentrischer Psychotherapeut, der sich einbildete, die Wirklichkeit zu verstehen, und skeptisch allem gegenüber war, was so ungreifbar ist wie eine spirituelle Dimension. Ich dachte, ich wüßte, wer ich bin, was das Leben bedeutet, und ich hatte mir sogar eingeredet, daß ich glücklich sei. Aber wie konnte ich das bei dem Gedanken, daß ich ein vergänglicher, endlicher Körper bin - nichts als ein seltsamer Zufall, der sich nur kurz zwischen Leben und Tod aufrechterhält - alleingelassen in einem seelenlosen Abgrund von gefühlsleeren physikalischen Gesetzen, die ein weites, frostiges, gefühlloses Universum aus Materie regieren? Da ich von einem solch nüchternen, leblosen Standort ausging, wie soll ich es jetzt überhaupt anfangen, das Geschenk, das mir Baba machte, zu ermessen? Ich bin *ātman* - ich bin selbst die endlose, grenzenlose Liebe, die alles durchdringt und aufrechterhält.

Das bist du - tat tvam asi. Was für ein herrliches Erwachen, zu begreifen: „*so'ham, so'ham*", er ist ich; und daß dieses Bewußtsein, die Liebe - das „Ich" und das „Er", alles das, unser Lord Sathya Sai ist. Die einzige Möglichkeit, für ein Geschenk solcher Art seine Dankbarkeit zu erweisen, besteht darin, sein Leben als Blume vor Babas Lotosfüße zu legen. Ich bitte darum, daß er uns die Charakterstärke und die Fülle der Liebe verleiht, unser Leben dieses Geschenkes würdig zu erweisen.

Dies ist meine achte Indienreise, und ich beginne, das Gefühl zu haben, Indien sei meine Heimat. Einer der Gründe für diese Reise war der Wunsch, Augenzeuge des *Mahāshivarātri*-Festes mit Baba zu werden. Das muß wohl das heiligste Geschehen des Jahres sein, das unserer innersten Sehnsucht geweiht ist: dem Verschmelzen mit Gott. Und welche gewaltige

Gnade, daß *Shiva* selbst gekommen ist, um während dieser heiligen Zeit bei uns zu sein und uns durch das Wunder der Erschaffung des *linga* vorzuführen, daß der ganze Kosmos durch einen göttlichen Willensakt Gestalt annahm. Wann, wo hat sich je ein solch heiliges Geschehen abgespielt? Sein Geschenk ist über alle Maßen groß. Das eiförmige *linga* symbolisiert in Wirklichkeit seine göttlichen Attribute: das Unendliche; das, was ohne Anfang und Ende ist; das, von dem alle Gestalt ausgeht und zu dem alle Gestalt zurückkehren muß; das, worin alle Gestalt aufgeht.

Baba sagt uns, daß in wahrhaft spirituellem Sinn von allem Gegenständlichen *vibhūti* das kostbarste ist. *Shiva* verbrannte den Gott des Verlangens zu einem Haufen Asche, schmückte sich mit dieser Asche und leuchtete so in der Glorie des Siegers über das Verlangen. Durch die Fähigkeit des Verzichtes und der Loslösung, für die *vibhūti* das Symbol ist, wird das Verlangen zerstört, und die Liebe erlangt die volle Herrschaft. Daher ist es angemessen, daß die elektrisierende Zeremonie der *vibhūti-abhisheka* am frühen Morgen des *Mahāshivarātri*-Tages vollzogen wird. Durch diese Handlung veranschaulicht Baba für uns, wie wir *Shiva* unseren Triumph über das quälende, sehnende Verlangen opfern sollen: indem wir in uns die Haltung des Verzichts und der Gelassenheit kultivieren.

Ich habe das Wunder des *vibhūti-abhisheka* im Film gesehen, aber es selbst mitzuerleben ist etwas ganz anderes. Als erstes materialisierte Baba eine wunderschöne Halskette, die er der *Shirdi-Baba*-Statue umhängte. *Shirdi Baba* war Babas vorangegangene Inkarnation und ebenfalls eine Inkarnation *Shivas*. Als die schönen *bhajans* langsam an Tempo und Intensität zunahmen, wusch er die Statue mit Milch und Wasser. Dann griff er mit einer Hand in eine leere, mit der Öffnung nach unten über die Statue gehaltene Urne hinein und materialisierte daraus einen Schauer von *vibhūti*, die gleichmäßig über die Silberstatue *Shirdi Babas* herabrieselte.[2]

Diese rituelle Waschung dauerte ungefähr fünf Minuten. Weil ich ziemlich in der Nähe saß, hüllte mich die Wolke süß duftender Asche ein, als der Wind sie über die Menge blies. Da war Baba, der Vater, völlig Herr über die Elemente: transzendent, von einer anderen Welt, wie er die das Geistige verjüngende Asche aus dem unergründlichen Raum holte. Babas Strahlen und mein Umhülltsein von der materialisierten *vibhūti* und den erlesenen *bhajans* bleiben für mich ein unvergeßliches Erlebnis und ein Geschenk.

Anschließend bewegte sich der verzeihende und erlösende Vater langsam auf die Zuschauer zu und segnete seine Anhänger mit der schönen *tīrtha*-Zeremonie (Reinigungszeremonie mit heiliger Flüssigkeit). Mit der gleichen Mischung aus Milch und Wasser, mit der er die *Shirdi-Baba*-Statue gewaschen hatte, wusch er nun in einem Akt der Reinigung seine Devotees. Dabei ging er unter die Menge, tauchte einen kleinen Strohbesen in die Flüssigkeit und besprengte die Anwesenden damit, was mit großer Freude aufgenommen wurde. Alle hatten das Gefühl, ihre Seelen seien vom Herrn selbst reingewaschen worden. Welche Gnade!

Nach der heiligen Handlung hatte ich ein Gespräch mit Prof. Kasturi, der schon seit dreißig Jahren bei Baba lebt.[3] Er erzählte, daß, wenn Baba seine Hand in die leere Urne steckt, sie sich augenblicklich und randvoll mit *vibhūti* füllt. Tatsächlich beugt sich Baba vor und warnt den Mann, der die Urne hält, vor dem plötzlichen Schwerwerden. Er schüttelt seine Hand in der Urne, bis sie leer ist, dann wechselt er die Hand, und der ganze Prozeß wiederholt sich: Die Urne füllt sich sofort wieder mit *vibhūti*. Dieser Vorgang wiederholt sich, bis fünf-, sechsmal soviel *vibhūti* erschaffen ist, als die Urne normalerweise fassen könnte.

Prof. Kasturi hatte das Glück, die Urne während vieler verschiedener *Mahāshivarātris* halten zu dürfen. Er sagt, der Augenblick ist von solcher spiritueller Intensität, daß er völlig die Verbindung zur Menge verliert und nur von Babas Gegenwart und der Heiligkeit des Wunders erfüllt ist. Auf die Frage, ob er jemals die Urne untersucht hat, um sich zu vergewissern, ob sie vor dem Wunder wirklich leer sei, lachte er bloß und sagte: „Natürlich".

Prof. Kasturi erzählte mir, daß er persönlich Baba als *Shiva* verehrt und daß er Wundervolles mit ihm erlebt habe, was seine Verehrung noch vertieft hätte. Als sie einmal allein waren und über seinen Shivashakti (*Shivas* Gemahlin)-Aspekt sprachen, sagte Baba: „Kasturi, schau mich an." Kasturi berichtet, daß er aufblickend etwas Verblüffendes und zutiefst Bewegendes sah. Statt Babas gewohntem Anblick sah er nandi, den Stier (*Shivas* Reittier), auf dem *Shiva* auf der einen und *Shakti* auf der anderen Seite in einer charakteristischen Pose saßen. Die Vision stand einige Sekunden vor seinen Augen und schmolz dann wieder in die Gestalt Babas zurück, die wir alle kennen. „Verstehst du nun, Kasturi?" hatte Baba gütig gefragt.

Zu denken, daß *Shiva* gekommen ist, uns zu erlauben, sich ihm mehr anzunähern - vor diesem Unfaßbaren schreckt mein Verstand einfach zurück. So schwer das zu fassen ist, hat das Miterleben der Geburt des *linga* aus nächster Nähe mein Verständnis für und meine Ehrfurcht vor dieser besonderen Beziehung zwischen Baba und *Shiva* ungemein vertieft. Das herrliche Ereignis war für mich ebenso bewegend wie traurig.

Um etwa acht Uhr am Vorabend von *Mahāshivarātri* bekam Baba plötzlich während eines Vortrag in der Pūrnacandra-Halle eine Art Erstickungsanfall und begann, sich vor Schmerzen zu krümmen und vor- und zurückzubeugen. Unseren erhabenen Herrn von Schmerzen geschüttelt zu sehen, die praktisch „Geburtswehen" sind, trieb mir das Wasser in die Augen. Für mich stellt dieser unglaubliche Vorgang ein Opfer dar, das heiligste Geschenk selbstloser Liebe, wodurch der Herr uns persönlich die Aufforderung erteilt, mit ihm einszuwerden. Durch die Liebe, die sich in unseren Herzen regt, wenn sie sich dem höchsten Meister entgegenstrekken, erleben wir die Sehnsucht nach der Seligkeit des Verschmelzens mit ihm.

Manche sagen, das *linga* bilde sich aus bedingungsloser Liebe in der Region von Babas spirituellem Herzzentrum. Die Geburt selbst ist sehr körperlich und gleichzeitig ätherisch. Das *linga* steigt durch die Speiseröhre auf und wird in einem göttlichen, konvulsiven Anfall durch den Mund freigesetzt - sehr ähnlich den Wehen, welche die körperliche Geburt eines Menschen begleiten. Ich weiß nicht, warum ich traurig war, denn dieses Opfer ist herrlich und dient dazu, den Entschluß des Gläubigen noch zu verstärken, sich Gott zu überantworten. Dennoch, Baba in diesem Zustand zu sehen, war mir unbehaglich. Baba schaukelte vor und zurück, dann trank er etwas Wasser. Plötzlich, in einem krampfhaften Erbrechen, fiel aus seinem

Mund ein gleißendes, kristallklares *linga* in seine Hand, vollendet kugelförmig, mit einem Durchmesser von etwa 7,6 cm. In diesem zutiefst heiligen Augenblick erlaubte der Herr seinen Devotees, dem Mysterium der Schöpfung des Universums beizuwohnen.

Anschließend sprach Baba, und Dr. Bhagaväntam übersetzte seine Worte:

> Das *linga*, das gerade „geboren" wurde, heißt das prutrī-*linga*. Die fünf elementaren Substanzen, welche die Schöpfung der Welt bewirken, sind in diesem prutrī-*linga* enthalten. In der Vergangenheit nannte man die *lingas* nach den verschiedenen Attributen, die sie enthielten. Dieses prutrī-*linga*, das die gesamte Schöpfung bedeutet, beinhaltet die Grundlage der ganzen Schöpfung.[3]

Das war zu geheimnisvoll, als daß ich es verstehen konnte, aber die Heiligkeit des Augenblicks konnte ich trotzdem erspüren.

Das äußerst feine, vollkommene *linga* zwischen Daumen und den nächsten beiden Fingern haltend, schritt Baba mit einem unbefangen strahlenden Lächeln hinaus zu seinen Anhängern. Das war er, der junge, ekstatische *Krishna*! Ein wunderbar zufriedenes, glückliches Lächeln umspielte sein Gesicht und tanzte in seinen Augen. Hier war der triumphierende *Krishna* und zeigte eine buttergelbe Kugel, entnommen aus dem kosmischen Gefäß. Das war der liebende *Krishna*, der den Reichtum seines Königreiches verschenkte - den unschätzbaren spirituellen Einblick, der ewigen Frieden bringt - so voller Glück, so glückselig. Im Licht dieser Handlung in der kristallenen Klarheit dieses durchsichtigen *linga*, in diesem Augenblick höchster Liebe sah ich *Krishna* und *Shiva* - in Wirklichkeit alles Namen und Formen - miteinander verschmelzen.

Welches Glück, bei diesem *Mahāshivarātri* anwesend zu sein! Babas verschiedene Aktivitäten als Selbstverständlichkeit zu nehmen und zu meinen, wir würden uns immer so nahekommen können, ist ein Fehler. Wir dürfen keine einzige Gelegenheit versäumen. Vor dieser Reise dachte ich: „Wie lange wird Baba noch eine solche öffentliche Feier von *Mahāshivarātri* erlauben? Das ist vielleicht das letzte Mal." In den vergangenen Jahren habe ich ein derartiges Anwachsen des Interesses an Babas Person beobachtet, daß ich wußte, daß er sich bald mit diesen riesigen Besuchermassen in ganz anderer Weise würde in Verbindung setzen müssen.

Und so geschah es. An dem Morgen, an dem *Mahāshivarātri* zu Ende ging, sagte Baba, er müsse eine traurige Nachricht verkünden. Das werde das letzte Mal sein, daß *Mahāshivarātri* so gefeiert werden könne; die Massen würden zu unlenkbar werden - Anhänger seien in dem Gedränge verletzt worden. So kündet das einen unvermeidlichen Wandel an, durch den Baba nicht mehr so leicht auf der physischen Ebene zugänglich sein wird.

Ein weiterer Grund für diese Reise bestand darin, einige amerikanische Psychotherapeuten zu Baba zu führen. Seit ich Baba kennenlernte, hatte ich den Wunsch, ihn mit meinen Kollegen bekannt zu machen. Ich glaube in der Tat, daß seine Wirklichkeit so bedeutungsvoll für die Psychotherapie ist, daß sie eines Tages vielleicht in „Sai-Therapie" (engl. Wortspiel: Psychiatry - Saichiatry) umgetauft werden wird. So geschah es, daß eine Gruppe von ungefähr 100 amerikanischen Therapeuten mit ihren Frauen gerade durch Indien reisten und der Gruppenführer dachte, daß einige vielleicht daran interessiert sein könnten, Baba zu besuchen, wenn sie einmal etwas über ihn hören. Ich habe die Gruppe soeben getroffen, und einige der Leute, die morgen mit mir zu Baba reisen werden, befinden sich hier unter den Zuhörern. Ich bin glücklich, daß sie an den Delhi-*bhajans* teilnehmen konnten, bevor sie Baba sehen, da seine Liebe hier so greifbar ist. Die andächtigen Anbetungs-*bhajans* vermitteln dem feinfühligen Beobachter mehr von Babas Bedeutung, als es eine Million Reden könnten.

Ich würde gerne eine paar Worte über mein Buch „Sai Baba: Der Heilige und der Psychotherapeut" sagen. Es ist mir bewußt, daß ich dieses Buches wegen eingeladen worden bin, hier zu sprechen. Diese Anerkennung macht mich ganz verlegen, denn ohne Babas Hilfe wäre ich völlig außerstande gewesen, solch eine Arbeit fertigzubringen. Ich würde Ihnen gerne etwas über seinen Anteil an diesem Projekt erzählen, denn es ist eine so nette Geschichte über das Geheimnisvolle um ihn und seine Liebe:

Während meiner ganzen schulischen Ausbildung war Englisch mein schlimmstes Fach. Ja, ein Englischlehrer an der Universität von Michigan sagte mir doch tatsächlich, daß ich niemals das Medizin-Studium erfolgreich bestehen würde. So schwach war meine Fähigkeit, mich auszudrükken. Er schüttelte den Kopf: hoffnungslos. Ich brauche nicht zu sagen, daß ich vernichtet war - und vielleicht hat sich gerade deshalb Baba erbarmt. Er muß auch in seiner unendlichen Verspieltheit Spaß daran haben, uns an unserem schwächsten Punkt zu packen, um zu beweisen, daß er Wasser aus dem Felsen schlagen kann. Aber vor allem tut er es aus Liebe - um uns tiefer erkennen zu lassen, daß nicht wir es sind, die etwas zustandebringen, sondern daß er es ist. Wenn er uns ein solch großes Geschenk macht, daß wir verstehen, wie unwahrscheinlich es in Wirklichkeit ist, dann ist es weniger wahrscheinlich, daß uns der Kamm schwillt.

Babas Gunst gestattete mir, zur richtigen Zeit am richtigen Ort zu sein - ihm gerade noch zu begegnen, bevor die ganze westliche Welt von ihm erfährt. Und all die Gefühle, die er in mir weckte - die Verehrung, das Verständnis für den tiefen Einfluß, den er auf die Welt ausüben wird - all das waren nicht meine Eindrücke, es waren hochgeschätzte Geschenke von ihm. Ich hatte nichts zu tun mit der enormen Energie und Erregung, die von mir ausging. Es war ein ungewöhnliches Verhalten, fast so als hätte ich keine Wahl. Ich wurde überwältigt, überglücklich über die klare Vision von Babas ungeheurer Bedeutung, durchdrungen von dem Wissen, daß niemand wie er seit Tausenden von Jahren gelebt hat - ich wußte ohne jeden Zweifel, daß die ganze Welt bald von ihm erfahren wird, daß er in Zukunft immer verehrt und angebetet werden wird. Wie sollte ich so etwas wissen, wenn nicht er es mich erkennen ließe? Seine Güte ist grenzenlos.

Er erlaubte nicht nur diese Vision, er half mir auch in greifbarer und praktischer Weise beim Schreiben. Genau zur rechten Zeit schickte er einen talentierten Herausgeber und einen vorzüglichen Künstler. Als ich nach einem Jahr Baba das Manuskript vorlegte, zeigte er mir, obgleich er es nie gelesen hatte, daß er alles darüber wußte. Dann beauftragte er mich unerwarteterweise, das Buch selbst zu veröffentlichen.

Da ich so gut wie nichts über das Drucken oder Publizieren eines

Buches wußte, brauche ich nicht zu sagen, daß ich mich dabei unbehaglich fühlte. Aber die schwierigste Zeit kam, als ich das Buch zum Drucken sandte - wohl wissend, daß ich kein Geld hatte. Da vollbrachte Baba, wie so oft, eine jener wunderbaren Rettungen in letzter Minute. Seine Wahl der Zeit war hervorragend kalkuliert: Genau in der Woche, da das Buch in Druck ging, kam mit der Post ein Scheck über fast haargenau die benötigte Summe. Eine alte Investition, die ich für verloren gehalten hatte, wurde schließlich ausgezahlt.

Das Buch kam genau eine Woche vor meiner Abreise nach Indien vom Druck. Ich preßte es an mein Herz, und mit einem Dankgebet auf den Lippen eilte ich zu Babas Lotosfüßen zur Feier des 50. Geburtstages.

Mindestens eine Viertelmillion Menschen hatte sich zur Geburtstagsfeier in *Prashānti Nilayam* eingefunden. „Ich werde niemals nahe genug an Baba herankommen, um ihm das Buch geben zu können", dachte ich. Es schien ausgeschlossen in diesem ständig anschwellenden Menschenmeer. So viele Menschen waren in größerer Not als ich; wie könnte ich Forderungen an seine kostbare Zeit stellen? Ich war ratlos. Leute aus aller Welt waren da, die bei der Verbreitung vielleicht helfen könnten, doch ich wollte es ihnen nicht zeigen, bevor Baba es bewilligt hatte. Und dann löste Baba das Problem auf seine eigene freundliche, geheimnisvolle und großartige Weise.

Eines Abends saß ich wieder unter Tausenden von Zuhörern, und wieder hatte ich das Buch bei mir. Ich nahm es immer mit, falls sich zufällig eine Möglichkeit ergeben sollte, es zu überreichen. Baba hatte eben einen Vortrag beendet. Als ich aufstand, um das große Auditorium zu verlassen, bemerkte ich eine Bewegung auf der Bühne. Einige junge Studenten bereiteten einen Tanz vor, aber ich war müde und wandte mich zum Gehen.

Zu meiner Überraschung bemerkte ich, wie sich ein Stuhl langsam über der Menge bewegte, von Studenten über den Köpfen getragen. Seltsam, es schien in meine Richtung zu gehen. Ja, langsam aber sicher kam der Stuhl auf mich zu. Und wie bei allen unerwarteten „Zufällen", wurde er ausgerechnet neben mir aufgestellt. Sai Baba wird von hier aus dem Tanz zusehen. Innerhalb von Sekunden saß er genau neben mir!

Ich war wie betäubt von dieser dramatischen Wendung der Dinge. Meine große Chance war gekommen. Aber obwohl ich mich ihm nun nähern konnte, zögerte ich - es war mir peinlich, mich hier inmitten von Tausenden an ihn zu wenden, während aller Augen auf ihn gerichtet waren, und es war unangenehm, seine Aufmerksamkeit von den Studenten, die ihm zu Ehren tanzen würden, abzulenken.

Baba rettet. Er sah mich einfach an und lächelte. „Soll ich ihm das Buch jetzt überreichen?" fragte ich mich. In Beantwortung meiner Gedanken heftete er seinen Blick auf das Buch. Was konnte ich anderes tun, als es ihm geben. Ruhig und mit großer Liebe nahm er es in Empfang, begann durch die Seiten zu blättern, zeigte einigen seiner Studenten die Bilder darin - sagte ihnen, daß ich der Autor sei. Er war glücklich über mein Bemühen, und mein Herz schmolz dahin.

Zum Abschluß bete ich, daß Baba uns alle zum Instrument seiner Liebe machen möge - daß er unser Leben mit Sinn und Zweck erfüllt - daß er sich über unsere Gaben freut ... und daß er uns erlaubt, in den Ozean seiner unendlichen Liebe einzugehen.

Anmerkungen

1. Ansprache, gehalten am 26. Februar 1977
2. Das Wunder der *vibhūti-abhisheka* ist auf S. 162 abgebildet.
3. Prof. N. Kasturi
4. Das prutrī-*linga*, das man auf S. 167 sieht, hält Sai Baba unmittelbar nach dessen Erschaffung in die Höhe.

DIE ERSTE LEKTION

KAPITEL 22

Kein Zweifel, es standen uns allerhand Überraschungen bevor. Als wir in *Bangalore* landeten, mußten wir feststellen, daß unser Gepäck fehlte. Prompt lieferte ich einen Beweis, wie weit es mit meiner Spiritualität und mit dem Ausmaß meines Verzichtenkönnens und meiner Gelassenheit her war, indem ich überall auf dem Flughafengelände herumrannte und rief und schrie. Ich hatte nicht viel dabei, aber meinen vier Bekannten war alles abhanden gekommen, was sie nach Indien mitgenommen hatten. Ich meinte, es wäre schön, wenigstens mit dem materiell Nötigsten zu starten. Aber auch Lärmen und Toben brachten es nicht zurück. Wir würden bis später am Tage warten müssen, bis die Beamten des Flughafens Zeit hatten, nachzusehen. Als ich mich wieder gefaßt hatte, sagte ich: „Versuchen wir halt, die Sache philosophisch und vom spirituellen Standpunkt aus zu betrachten. Es muß ein günstiges Vorzeichen sein: Es bereitet uns darauf vor, Freude und Leiden mit Gleichmut zu ertragen."

Bangalore ist eine schöne Stadt, und die Fahrt durch die von blühenden Bäumen und Sträuchern bunt gesprenkelte Landschaft mit den Tieren und Menschen, die sich gemächlich durch den Alltag eines indischen Dorfes schlängelten, das sich an die Erde anschmiegte, vermittelte nach dem Schreck am Flughafen eine willkommene Ruhe. Wir würden im East-West Hotel übernachten, wo man bequem untergebracht und das Essen für Westler genießbar ist. Als wir durch die Vorhalle zur Rezeption gingen, wurden wir durch einen mächtigen Krach erneut erschreckt. Als wir uns in die Richtung drehten, aus welcher der Lärm kam, sahen wir, daß ein großer Lüster eben von der zwölf Meter hohen Decke genau dorthin gefallen war, wo wir Sekunden vorher vorübergegangen waren. Uns allen lief es kalt über den Rücken, und als mir das „Spiel" bewußt wurde, rief ich mit schriller Stimme: „Und das ist das zweite gute Omen heute!" Spätestens ab diesem Augenblick schätzten mich meine aufnahmewilligen und aufgeschlossenen Reisegefährten richtig ein: Ich war ein tollwütiger religiöser Fanatiker!

Trotzdem schenkten sie mir ihre ungeteilte Aufmerksamkeit und waren bereit, bei allem mitzumachen, was immer ich vorschlug. Ich bat die Damen, Saris zu tragen. Obgleich sie mit der Kleidung Indiens nicht vertraut waren und nicht wußten, wie sie sich in die ungefähr fünfeinhalb Meter Tuch einwickeln sollten, folgten sie mir willig zu einem Laden, kauften Saris und erlaubten dann gutwillig der Dame von der Rezeption, sie von Kopf bis Fuß sachkundig einzuhüllen.

Es war nun ungefähr neun Uhr. Wir hatten vor, uns einige Stunden auszuruhen und dann für die zwölf Meilen nach *Brindāvan*, wo sich Sai Babas natur- und geisteswissenschaftliches College für junge Männer befindet und er sich zur Zeit aufhielt, ein Taxi zu nehmen. Er würde zum *darshan* herauskommen - um unter die Leute zu gehen, seinen Anblick zu gewähren und Briefe mit Bitten um Hilfe an sich zu nehmen. Wir waren alle aufgeregt in Erwartung dieses ersten Kontaktes. Unglücklicherweise bekam N.S. heftige Magenkrämpfe, und mit der Hoffnung, sich am nächsten Tag besser zu fühlen, mußte sie zurückbleiben. Bevor wir zum *darshan* fuhren, erhielten wir die freudige Nachricht, daß das Gepäck gefunden und vor seiner Weiterreise in eine entfernte, in den Bergen gelegene Stadt gerettet worden war.

Als wir das Gelände betraten, fiel mir auf, daß die Menge größer war als sonst. Männer und Frauen saßen getrennt. Also zeigten wir B.J. die richtige Richtung, sagten ihr Adieu und suchten uns Sitzplätze. Es dauerte nicht lange, bis die Menge plötzlich verstummte und aller Augen sich Babas Wohnhaus zuwandten. Er trat heraus und sah berückend schön aus. Er kam wie eine leichte Brise, schien langsam über die Erde zu gleiten, hin zur Mitte der Rasenfläche; dann blieb er einen Augenblick stehen. Sich in unsere Richtung wendend, kam er zuerst in Kontakt mit der Menge unmittelbar vor uns. Als er näherkam, fingen seine Augen meinen Blick auf, und er lächelte. Er bedeutete mir, aufzustehen und näherzukommen. „Wieviele Psychiater?" fragte er.

Ich erhob mich etwas verlegen bei dem Gedanken: „So, du meine Güte, jetzt ist es passiert! Beim letzten Mal hatte ich gesagt, ‚Vielleicht hundert', und nur zwei sitzen jetzt an meiner Seite." Um die Zahl etwas zu erhöhen, fügte ich die zwei Frauen hinzu und antwortete: „Vier, Baba."

„Gut - und wie geht es der Patientin?"

Ich war perplex. Verwechselte mich Baba mit jemand anderem? „Welche Patientin, *Swami*?" Dann stieß mich Dr. H. an und flüsterte: „Sie wissen doch, N.S. im Hotel."

Ich war verblüfft. Obgleich ich viele Male Beweise für Babas Allwissenheit vor Augen geführt bekommen hatte, ist es doch immer wieder absolut unglaublich, wenn sie einen dann überrumpeln, wenn man am wenigsten darauf gefaßt ist. Sein Erscheinungsbild ähnelt so sehr dir und mir, daß es einen überwältigt, wenn er ganz lässig seine offenkundige atemberaubende Allwissenheit zeigt. Ich wurde nervös, verlor etwas das Gleichgewicht und begann hin- und herzuschwanken. „Oh, Baba, sie hatte ein Problem."

Mit einem breiten Lächeln und großer Güte sagte er: „Ja, ich weiß - der Magen."

Er materialisierte *vibhūti* und ließ sie in meine Hände gleiten. Jetzt hatte ich meine Haltung verloren und sagte: „Für mich, Baba?" und begann zu essen.

„Nein, nein", erwiderte er, „für die Patientin. Bring sie alle morgen her, und ich werde sie sehen."

Ich war völlig am Ende - von diesem Augenblick überrumpelt. Als ich mich niedergesetzt hatte, beugte sich Dr. H. zu mir herüber und meinte: „Wissen Sie, ich habe ihn sehr genau beobachtet. Ich hatte es Ihnen nicht verraten, aber ich bin ein Zauberer und kenne Taschenspielertricks. Wie er das gemacht hat, weiß ich nicht."

„Ja, stimmt", murmelte ich.

Als wir wieder im Hotel waren, suchte ich schnell N.S. auf und gab ihr die *vibhūti*. Sie war ganz erschüttert vor Freude bei dem Gedanken, daß Baba nicht nur wußte, wer sie war, sondern auch etwas für ihre Schmerzen mitschickte. Sie schluckte die Asche sofort, und am nächsten Tag war sie wieder gesund.

Von Anfang an hatten wir Glück und wurden in das Vestibül von Babas Wohnhaus eingelassen, in das nur wenige dürfen. Wir sahen, wie Baba kam und ging und Besucher begrüßte; manchmal blieb er zu einer kurzen Bemerkung stehen. Doch die meiste Zeit war es ein Warten in der Stille - zurückgeworfen auf unsere eigene innere Welt. Ich liebe diese Zeit einfachen Ruhigseins, die vom erregenden Kontakt mit Baba zwischendurch aufgeladen wird. Aber meine Bekannten waren an die Stille nicht gewöhnt und wurden etwas gereizt.

Am Ende des ersten Tages wurden wir gemeinsam mit einigen der Studenten aus Babas College und älteren Devotees in das Haupthaus eingeladen. Baba wählte zwei oder drei Studenten aus der Menge aus, die ad-hoc Reden halten sollten. Mir graute immer vor dem Gedanken, ausgewählt zu werden. Seit ich Baba kenne, bin ich mir meiner Unwissenheit schmerzlich bewußt geworden. Ich frage mich: „Was in aller Welt würde ich denn sagen?" - und ich bewunderte diese jungen Studenten, die ergreifende spirituelle Vorträge ohne Vorbereitung und Vorwarnung halten konnten - und dabei einfach vom Herzen über ihre Erfahrungen mit Baba sprachen.

Nach den Reden folgte eine Einlage mit herrlichen *bhajans*, und dann sprach Baba:

„Für den Menschen ist es wichtig, Vertrauen zu haben. Ein Kind ohne Vertrauen in seine Mutter, ein Ehemann ohne Vertrauen in seine Frau, ein Schüler ohne Vertrauen in seinen Lehrer führen ein erbärmliches Leben. In Indien gehen viele Menschen auf Pilgerreisen. Sie besuchen heilige Zentren und Tempel, aber die Frage ist: Mit wieviel Hingabe und Vertrauen machen sie sich auf den Weg?
Der Erfolg jeder Handlung hängt davon ab, mit wieviel Vertrauen man an sie herangeht. Vielleicht haben wir kein Vertrauen in das, was wir unternehmen, glauben nicht daran, und doch bitten wir dabei Gott um große Geschenke. Wenn jemand etwas von seiner Tätigkeit haben will, muß er sie stetig ausüben und eine Zielvorstellung haben, die nicht so leicht zu erschüttern ist.
Heutzutage ist das Gehörorgan des Menschen krank geworden. Viele Leute leihen ihr Ohr allen Arten von spirituellen Vorträgen, aber das heißt nicht, daß sie versuchen, daraus einen maximalen Nutzen zu ziehen. Viele geben sich damit zufrieden, sich zu sagen, es reicht doch, wenn ich zuhöre. Diese Art Vertrauen, diese Einstellung ist nicht richtig. Wir hören *Swamis* Vorträgen lange zu und erleben allein beim Zuhören ein großes Glücksgefühl. Aber die eigentliche Frage ist: Sind wir imstande, irgendetwas von dem, was wir gehört haben, in die Tat umzusetzen? Wenn nicht, dann können wir daraus schließen, daß der Gehörsinn anfängt, krank zu werden. Neben dem Hören sollen wir die Fähigkeit entwickeln, über das nachzudenken, was wir gehört haben, und zu überlegen, was daran gut und nützlich ist - und dann das Gute, das wir gehört haben, auch verwirklichen.

Gar nichts erreicht man durch bloßes Zuhören, ohne darüber nachzudenken und danach zu handeln.

Ein kleines Beispiel. Vergleichen wir das mit der Zubereitung einer Mahlzeit in der Küche. Ist unser Hunger schon durch die Vorbereitungen in der Küche gestillt? Das ist wie das Zuhören. Dann tragen wir die Speise zum Eßtisch und stellen sie hin. Aber stillt das bloße Auftragen des Essens unseren Hunger? Die Zubereitung in der Küche und das Auftragen im Eßzimmer - das sind die ersten beiden Stufen, wie das Zuhören und das Denken. Sie stillen nicht den Hunger. Das Verspeisen und anschließend die richtige Verdauung im Körper - das Handeln - das ist es erst, was den Hunger stillt. Wenn ihr alle spirituelle Kraft aus etwas schöpfen wollt, dann müßt ihr alle drei Tätigkeiten entwickeln: das Hören, das ständige Abwägen des Wortes - was ist gut oder nützlich daran - und dann die Verwirklichung. Ohne diese drei Aspekte kann man nicht zu der spirituellen Kraft oder der spirituellen Glückseligkeit gelangen, die sich erst als Folge einstellen können.

Nehmen wir zum Beispiel, was jetzt in dieser Halle geschieht: Wir sitzen alle da und hören *Swami* zu. Anschließend werdet ihr die Halle verlassen und alles vergessen. Was für eine Haltung ist das? Was für ein Vertrauen in *Swamis* Lehren? Wenn ihr gleich wieder alles vergeßt, was ist das dann für eine Zeitverschwendung für uns alle! Welche Anstrengungen von seiten *Swamis* sind vergeudet! Denkt darüber nach, was ihr von *Swami* erwartet, welche Art von geistigem Geschenk ihr von mir empfangen wollt. Habt ihr das Vertrauen - seid ihr bereit, das Maß an Aufmerksamkeit und Übung einzusetzen, um euren Traum zu verwirklichen? Nur wenn ihr nachdenkt über das, was ihr gehört habt, und zumindest den einen oder anderen Punkt, über den *Swami* gesprochen hat, in die Tat umsetzt - nur dann werdet ihr euer Leben heiligen und durch euer Hiersein einen Sinn für euer Leben gefunden haben."

Ich war betroffen darüber, wieviel Zeit und Nachdruck Baba auf diesen Punkt verwendete. Wie traurig zu sehen, daß wir, obwohl wir mit dem *Avatar* zusammen sind, das Gefühl für den Wert und die Wichtigkeit seiner Worte verloren haben. Unter dem Bombardement so vieler „Weiser" haben wir das Vertrauen in den einen verloren, der wirklich Antworten hat - und mehr noch, wir haben unser Vertrauen in uns selbst und unser großes Potential verloren. Folglich gehen die Worte bei einem Ohr hinein und beim anderen hinaus. Aber welche ist denn nun die Botschaft, von der Baba will, daß wir sie hören und befolgen sollen? Er fuhr fort:

„Wir müssen ein Gefühl des Einsseins und der Brüderlichkeit entwickeln. Wenn wir die Vision unserer atmischen Realität erreichen wollen, wenn wir die Erfahrung der Einheit und Liebe machen wollen, welche die Grundlage aller Schöpfung sind, müssen wir uns in Brüderlichkeit üben. Doch der Mensch ist in einen traurigen Zustand verfallen. Er sagt das eine und tut das andere. Er behauptet, wir sind alle Brüder - aber dann zerrt der Bruder den Bruder vor Gericht und kämpft mit ihm wegen Geld und Landbesitz - einer gegen den anderen. Zur Glückseligkeit gelangen heißt, den *ātman* in die Wirklichkeit umsetzen. Dazu muß man in echter Brüderlichkeit handeln. Vier Tugenden sind es, die das menschliche Wesen ausmachen: die Liebe, das Verzeihen, das Mitgefühl und die Fähigkeit zum geduldigen Ertragen. Solange ein Mensch nicht diese vier Charakterzüge hat, kann man ihn mit einem Tier vergleichen. Der Mensch muß diese Qualitäten entfalten und sie in der äußeren Welt durch eine Haltung zum Ausdruck bringen, die immer zu Dienst und Brüderlichkeit bereit ist."

Der Abend war lang und ermüdend. Wir hatten den ganzen Tag gesessen, und meine vier Freunde fühlten sich geschwächt und waren reizbar. Die Rückfahrt zum Hotel im Dunkel der Nacht war ungemütlich. Es herrschte langes Schweigen. Die eine oder andere Bemerkung ließ erkennen, daß im allgemeinen das Gefühl herrschte, Babas Vortrag sei allzu simpel gewesen.

Aber die Lehre von der Brüderlichkeit ist alles andere als simpel - sie erscheint nur so. Baba erläutert in Wirklichkeit die tiefste spirituelle Einsicht des Menschen - den Weg, die Einheit mit dem Allumfassenden herzustellen. Er lehrt, daß alles zu einer Einheit gehört, und wie man das durch Liebe verwirklichen kann - wie Jesus in seiner Botschaft über die Brüderlichkeit gelehrt hat: „Handle dem Nächsten gegenüber so wie du willst, daß er dir gegenüber handle." Die Botschaft klingt so einfach, aber welche tiefe kosmische Schau ist in diesen wenigen, schlichten Worten enthalten! Wenn man von der zentralen Erkenntnis ausgeht, daß das flüchtige, sich wandelnde Universum von einem unwandelbaren und ewigen Bewußtsein erschaffen und getragen wird, dann erkennt man, daß dies eine großartige Bestätigung der Realität Gottes und unserer Fähigkeit zum Einswerden mit ihm ist. Baba hat vielleicht die Essenz seiner Lehre am besten in den folgenden „einfachen" Worten zusammengefaßt, die zur Förderung seiner Devotees immer wieder wiederholt werden:

Es gibt nur eine Kaste,
die Kaste der Menschheit.
Es gibt nur eine Sprache,
die Sprache des Herzens.
Es gibt nur eine Religion,
die Religion der Liebe.
Es gibt nur einen Gott,
und er ist allgegenwärtig.

Es tut mir leid, feststellen zu müssen, daß die heutige moderne Psychotherapie mit ihren Wurzeln nicht an eine derartig tiefgründige Schau heranreicht. Statt zu Selbstlosigkeit, zu einer Vorstellung von Brüderlichkeit zu führen, zu einem freiwilligen Opfer zum Wohl der Allgemeinheit und zur Erreichung höherer Bewußtseinsebenen, verführen ihre Wertvorstellungen - die häufig das Emotionale überbetonen - allzu oft zur überwiegenden Beschäftigung mit den persönlichen Interessen. Wir scheinen nicht so recht zu verstehen, was die Heiligen schon lange wissen, welch ganz besondere

Rolle bei der Formung des Charakters der Tugend zukommt, und wie der Charakter die Entfaltung des Bewußtseins beeinflußt. Denn der Charakter ist es, die konkretisierte Ethik, welche die Höhen bestimmt, zu denen sich unsere Visionen aufschwingen können.

Wie wesentlich ist es für die Erreichung des Weltfriedens und des Höchstmaßes an individueller Reife, daß wir dazu kommen, eine Tugendhaftigkeit, die im Wissen um ein Universales Bewußtsein verankert ist und zu Selbstlosigkeit und Brüderlichkeit führt, wieder anzuerkennen und anzunehmen. Statt uns über diese heilige Vision hinwegzusetzen, sollten wir fragen, was denn diese Werte sind, diese Ethik, die zur Vereinigung führen - und wie sollen wir uns diesen speziellen Zugang zur Realität zu eigen machen und unserem Charakter einverleiben?

Die meisten Entscheidungen, die wir im Alltag treffen, sind im Grunde göttlicher Natur; sie verlangen von uns die Fähigkeit, zwischen unserem Bedürfnis nach der Befriedigung der animalischen Triebe und Impulse und den höheren menschlichen Bestrebungen wie unserem Sehnen nach dem Unendlichen ein Gleichgewicht herzustellen. Sie reichen auf der niederen Ebene von der Auswahl, die zur Einordnung und Beherrschung der Sinne und Triebe zu treffen ist („Brauche ich wirklich so viel zum Essen?"), bis zu den höheren Entscheidungen („Soll ich lügen um eines einzigen Vorteils willen?") - zu noch anspruchsvolleren Entscheidungen, etwa wie man am besten seine Zeit verbringt: zu persönlichem Nutzen und zur Selbstbefriedigung oder zum opfervollen Dienst für das Wohl und das Glück anderer und zur Pflege unserer Beziehung zu Gott?

Diese Entscheidungen führen zum Handeln; die Handlungen führen zu Gewohnheiten; Gewohnheiten festigen sich zu Charaktereigenschaften. Die Heiligen sagen uns, daß der Charakter eine Konkretisierung unserer moralischen Vorstellungen ist und daß diese Struktur die Tiefe unserer Einsicht in die Realität bestimmt. Wenn die Entscheidungen stark von höheren Werten und Bestrebungen geprägt sind; wenn der Charakter aus der spirituellen Vision von Einheit und Brüderlichkeit erwächst, dann wird er uns zur letzten Vereinigung mit dem Ewigen führen. So gesehen, erlangt die Moral - die Richtschnur für die Gedanken, Handlungen und das Benehmen - ein ganz neues Gewicht.

Therapeuten mag es schwerfallen, Moral und Ethik in diesem neuen Licht zu betrachten. Zu oft haben wir mit angesehen, wie zu strenges, strafendes Moralisieren zu psychischen Krankheiten und Abhängigkeit statt zu Freiheit führte. Aber es ist notwendig, tiefer in das Wesen einer ausgewogenen und vernünftigen Moral einzudringen und die wichtige, zentrale Rolle, die sie beim Entfaltungsprozeß des Bewußtseins spielt, zu erkennen.

In der Psychotherapie haben wir es mit Menschen zu tun, deren Bewußtsein fixiert oder in Konflikten gefangen ist, deren Ursprung in frühen Entwicklungsstadien liegt. Häufig ist es das Ziel des Therapeuten, mit dem Patienten zu dieser Entwicklungsphase zurückzugehen, um den fixierten Zustand zu lösen und neu zu lernen. Wenn das Bewußtsein aus der Verstrickung in Ängste befreit wird, gewinnt es die Freiheit, auf seinem Weg zu höheren Ebenen weiterzukommen. Genau an diesem Punkt kann der Therapeut unbewußt oder bewußt zu sehr die Befriedigung der animalischen Bedürfnisse als den Weg zu Glück und einem stärkeren Selbstgefühl in den Mittelpunkt stellen, wenn er nicht über die Dynamik der höheren Bewußtseinsebenen Bescheid weiß.

Aber die großen spirituellen Persönlichkeiten haben in allen Geschichtsepochen vor der Gefahr dieses Weges gewarnt und gelehrt, daß die Stabilisierung der ethischen Werte und des Charakters, die zu echtem und dauerhaftem Glück führt, wichtiger ist als die Befriedigung des Selbst. Von den Heiligen können wir die besondere Art disziplinierter spiritueller Arbeit lernen, die zur Loslösung vom Temporären und Flüchtigen führt, von der Welt der dualistischen Gespaltenheit - der Welt, die von den Emotionen und vom Schmerz-Lust-Prinzip beherrscht wird - zu höheren Bewußtseinsebenen, um zuletzt die Vereinigung mit dem Göttlichen zu erreichen.

Dieser Prozeß spielt sich etwa folgendermaßen ab: Zuerst muß man an die tatsächliche Existenz des Universalen Bewußtseins oder an Gott glauben, der all das schuf, was wir den Kosmos nennen. Je mehr sich der Glaube an diese Realität vertieft, desto mehr nimmt unsere Aufgeschlossenheit und Dankbarkeit für die Herrlichkeit und Größe seines Werkes zu. Mit dieser tieferen Wertschätzung geht eine Einsicht in die Liebe, die zur Schöpfung führte, Hand in Hand. Daran wiederum entzünden sich unsere eigene Liebe und Verehrung und bilden die Grundlage für die Entfaltung eines höheren Bewußtseins. Wir beginnen, in allem das göttliche Wirken und Gottes Liebe wahrzunehmen, und so gewinnen wir eine Vision von der Einheit, die aller scheinbaren Vielfalt im Universum zugrunde liegt.

Diese Einsicht veranlaßt uns in der Außenwelt zu praktischem Dienst am Nächsten und zu aktiver Brüderlichkeit im Sinne der spirituellen Haltung der Selbstlosigkeit, die nicht nach persönlichem Gewinn oder einer Gegenleistung fragt. Gleichzeitig führt sie zu einer noch tieferen Schau und einem tiefen, starken Gefühl des Friedens und der Liebe. Indem wir uns so von den Höhen und Tiefen eines Lebens distanzieren, das vom Schmerz-Lust-Prinzip beherrscht wird, betreten wir das Reich der beständigen Gefühle und Gedanken, des Friedens und der Freude.

Wenn die Emotionen und der Verstand beruhigt sind, verstärkt sich die Vision des Göttlichen - und unser Vertrauen in und der Glaube an dieses innere Bild wachsen. Je tiefer wir in dieser Realität verankert sind, desto mehr drängt es uns zu größeren Opfern in ihrem Namen und zur Hingabe an sie. Dieses Opfer aus Liebe, dieser heilige Akt der Hingabe ist es schließlich, der zum Erlebnis der Vereinigung und zur endgültigen Erkenntnis führt, daß er und ich eins sind. Das ist das Geheimnis des transzendenten Wirkungsgefüges in Sai Babas einfacher Lehre von der Brüderlichkeit.

Wenn ich höre, wie Kollegen geringschätzen, was flüchtig betrachtet wie eine „simple" Lehre erscheint, kann ich daraus nur schließen, daß sich ihr Bewußtsein noch nicht genügend entfaltet hat, um einerseits die bedrohliche Situation in der Welt und andererseits die großen Möglichkeiten unseres menschlichen Potentials zu erfassen. Doch wir müssen diese Lehren äußerst ernst nehmen. Dies zu versäumen hieße, das Bewußtsein einzuschränken und sich mit einem Leben in Enge und seichten Gewässern zufriedenzugeben. Es ist ein Zeichen hochgradiger Kurzsichtigkeit, eine Weigerung oder riesige Angst davor, unserer Sterblichkeit - oder Unsterblichkeit - ins Auge zu sehen.

Die Fahrt zum Hotel war peinvoll. In zwei kurzen Tagen waren wir etwas sehr Zentralem in unserem Leben begegnet - und nun mußten wir im Dunkeln sitzen und es in uns hineinsinken lassen. Wie traurig, wenn wir diese Chance ungenutzt ließen: zu Füßen eines *Avatars* zu sitzen, seinen Worten unmittelbar lauschen zu dürfen. Wie schade, wenn wir seine großartige Vision der Wirklichkeit vergäßen oder aus unseren Gedanken so leicht eliminierten wie eine Reise zu einem der üblichen Marktplätze. Ach ja, vielleicht würde es morgen besser sein.

Der Mensch ist nicht nur ein Geschöpf mit Händen und Füßen, Ohren, Kopf und Rumpf. Er ist viel mehr als die Gesamtheit aller dieser Organe und Teile. Sie sind nichts anderes als ein roher Abdruck, der soeben dem Model entnommen wurde. Sie müssen mit Hilfe des Intellekts, der höheren Impulse und der reinen Absichten und Ideale geschliffen, geschabt, poliert, vervollkommnet, geglättet und verfeinert werden. Dann wird der Mensch zum geeigneten Anwärter auf die Göttlichkeit, die seine wahre Bestimmung ist. Die Impulse werden gereinigt sein und die Absichten sich den höheren Ebenen zuwenden, wenn der Mensch nur beschließt, all sein Tun, seine Worte und Gedanken auf den Herrn zu richten. Dazu gehört der Glaube an eine höchste Intelligenz, die dieses Universum erdenkt, erhält und in sich zurücknimmt.

Sathya Sai Baba

DIE BEGEGNUNG

KAPITEL 23

Ein weiterer Tag kam und ging - und immer noch kein Interview. Wir durften zwar in das Haus, aber unsere kurzen Kontakte mit Sai Baba reichten nicht aus, die strapazierten Nerven meiner Freunde zu beruhigen. Sie wurden immer gereizter und ließen ihren Verdruß über ihr Leben im allgemeinen aus. Ich wurde zum Zeugen ihrer Gespräche über ihre Sorgen, Ängste, Enttäuschungen und Hoffnungen. Mit der altbewährten Sai-Baba-Technik wurden sie so „geöffnet": Sie mußten in Ruhe auf den rechten Augenblick warten. Als sie davon anfingen, abreisen zu wollen, sagte ich: „Bitte warten Sie nur noch ein bißchen länger; ich weiß, daß Sie ein Interview bekommen werden, und dann wird alles klarer sein. Warten Sie nur - haben Sie Geduld und warten Sie." Aber zu diesem Zeitpunkt hatten sie bereits genug von meinen Vertröstungen und schmiedeten weiter Pläne. Da, am Ende des zweiten Tages, sagte Baba, er werde sie am nächsten Morgen empfangen.

Während der beiden Tage in *Bangalore* hatten wir einige interessante Gespräche, besonders wenn es heiß war, was die Gefühle besonders zum Kochen brachte. Dr. J. ist ein schlichter, praktisch denkender Bursche und athletisch gebaut; offensichtlich hat ihn sein Interesse am Körper zur Bioenergetik geführt. Als ich mich selbst vor acht Jahren für Bioenergetik interessierte, besuchte ich sogar sein dreitägiges Seminar darüber. Jetzt sprachen wir über die Theorie der Bioenergetik und ihre Beziehung zum *Yoga*.

Wilhelm Reich, der Begründer dieser Richtung, entdeckte, daß die individuelle Körperhaltung, die Bewegungsweise und der Gang etwas ausdrücken, was er „die Körperpanzerung" nannte. Defensive Körperhaltungen zielen darauf ab, den freien Fluß der Energie anzuhalten, um die Wiederkehr unangenehmer Gefühle zu vermeiden, die in der Kindheit dramatische Erlebnisse ausgelöst haben. Die Körperpanzerung, so nahm man an, verhinderte den unmittelbaren Kontakt mit dem eigenen Selbst und der Umgebung durch die Blockade des natürlichen, freien Energieflusses.

Psychoanalytiker dringen zu diesen unangenehmen, abgewehrten, ausgesperrten oder unterdrückten Gefühlen mit verbalen Techniken vor; die bioenergetischen Therapeuten arbeiten mit dem Körper und erreichen diese Bereiche durch die Steigerung des Energieflusses und seiner Lenkung in diese „abgestorbenen" Gebiete durch spezifische Übungen oder durch die Ermutigung zu entgegenwirkenden Haltungen bzw. Bewegungen. Die Bioenergetiker kümmern sich um den Energiefluß vom Kopf bis zum Fuß und in den Boden. Wenn die Energie frei und ungehindert fließt, fühlt man sich geerdet („grounding"). Ein enger, solider Bodenkontakt bringt, wie man annimmt, ein Gefühl der Stärke und Beständigkeit des Charakters mit sich.

Ich hatte das Gefühl, daß die bioenergetische Theorie nicht so gut definiert und so umfassend ist wie die der *Yogis*[1]. Die Bioenergetik konzentriert sich auf energetische Ebenen, die für die niederen Stadien der physischen und psychischen Entwicklung charakteristisch sind. Sie befaßt sich mit einigen der schweren Blockierungen dieser Energie - im Zusammenhang mit Störungen in der frühen Kindheit - und mit der Energie selbst als Antriebs- und Emotionalkraft. Dagegen beschäftigt sie sich nur begrenzt mit dem feineren *prāna* und der *Kundalinī*-Energie.

Auf diese Weise kann die bioenergetische Behandlung tatsächlich zu größerer sexueller und aggressiver Freiheit und Potenz führen, aber wenn man nicht einbezieht, wie das feinstoffliche *prāna* und die *Kundalinī*-Kraft die höheren *Cakras* (Zentren) aktivieren, wird man nicht die höheren Bewußtseinsebenen erreichen. Die *Yogis* verstehen jedoch die Wirkungsweise, die Organisation, den Fluß und die Funktion der subtileren *prāna*- und *Kundalinī*-Kräfte und ihren Einfluß auf die höheren *Cakras*. Diese bilden das Wirkungsgefüge des spirituellen Wachstums und der Bewußtseinserweiterung.

Während das bioenergetische System beschreibt, wie die Energie in die Erde hinabsteigt - deren eigentliche Funktion es ist, uns in der realen Welt sozusagen „fest zu verankern" -, beschreiben die *Yogis* ein himmelwärts gerichtetes Energiesystem, dessen Funktion es ist, das Individuum zu befähigen, über die Welt der Materie, der Dualität und Trennung hinauszuwachsen. Sowohl die Psychoanalyse als auch die bioenergetische Therapie dürften ihr Interesse mehr auf die niederen Stufen der energetischen Organisation und der Persönlichkeitsentfaltung beschränken; *Yoga* dagegen beschreibt und definiert die Dynamik der energetischen Entfaltung des Individuums, der Persönlichkeit und des Bewußtseins durch die Aktivierung der höheren *Cakras* (Zentren) - was man die „transpersonalen" Teile des Selbst nennen könnte. Eine detaillierte Darstellung dieser Vorgänge findet der Leser in Anhang III und IV.

Dr. J. war bereits eine Reihe von Jahren Bioenergetik-Therapeut und experimentierte nun mit neuen Techniken, aber er zweifelte an ihrem Wert. Er erhoffte sich mehr Klarheit und konnte sich auch ein ungewöhnliches Gefühl an seiner Augenbraue nicht erklären, als ob sich sein *Cakra* zwischen den Brauen (das dritte Auge) öffnete, aber undeutlich und vage. Seine Frau B.J. stellte keine Fragen. Sie hatte das Gefühl, ihr Leben sei erfüllt und glücklich, und wollte die Dinge an sich herankommen lassen.

Am Morgen des dritten Tages, als die Stimmung ihren Tiefpunkt erreicht hatte, trafen wir uns zum Frühstück im East-West-Hotel. Meine Freunde sprachen kaum noch ein Wort mit mir. Sie hatten genug von meinem Optimismus und wollten nur ihrem Unmut Luft machen. Dr. H. sprach lange über seine Unzufriedenheit mit seiner Arbeit im Rahmen der kommunalen Betreuung der psychisch Kranken. Da er sich neue Einblicke und Richtlinien versprochen hatte, war er enttäuscht, daß der Besuch bei Sai Baba nicht seine Hoffnungen erfüllte. Als er sich den anderen mitteilte, reagierten sie damit, daß sie von ihren eigenen Sorgen und Schwierigkeiten sprachen. Die Konversation entfernte sich von Baba; kein Gedanke schien eine Verbindung zwischen ihrem Leben und diesem Augenblick herzustellen, obgleich wir unmittelbar davorstanden, Sai Baba in dem so sehnlich erhofften Interview zu begegnen. Es war mit klar, daß es eine äußerst bedeutsame, wichtige Begegnung für sie werden würde, aber sie hatten die Hoffnung auf einen solchen Ausgang aufgegeben, und ihre Gedanken waren bereits woanders. Obwohl nun meine Beziehung zu ihnen gespannt war, versuchte ich es noch einmal:

„Entschuldigen Sie, aber wir stehen vor einer wirklich wichtigen Begegnung mit Sai Baba. Es wäre vielleicht angebracht, daran zu denken und an das, was wir ihn fragen möchten und was wir vielleicht von dem Interview erwarten."

Sie schnitten mir rasch das Wort ab. B.J. sagte: „Können Sie nicht die Dinge auf sich beruhen lassen - wozu bringen Sie immer wieder Ihren Sai Baba aufs Tapet?"

Während der Taxifahrt nach *Brindāvan* schwieg ich. Die anderen zeigten mir ihre Gefühle deutlich genug. Sie meinten, daß Baba nett aussieht und daß er zeitweise bezaubernd sei - aber sie hatten nicht das Gefühl, daß er in irgendeiner Weise göttlich wirke. Der Kontakt mit ihm hatte ihr Leben auf persönlicher Ebene nicht verändert. „Wir haben genug, und es ist Zeit, daß wir unsere Reise fortsetzen." Ich dachte: „Lieber *Swami*, laß sehen, was du damit anfängst."

Wir wurden in ein Sprechzimmer geführt. Ich erkannte eine Reihe meiner Freunde: Mike Goldstein, einen Arzt aus Los Angeles, John Svensson, den Kapitän eines Öltankers aus San Pedro in Kalifornien, und Dr. V.K. Gokak, Professor und früherer Rektor der Indischen Universität in *Bangalore*. Er hatte einen Bekannten mitgebracht, den Rektor einer Universität aus Nordindien. Auch eine Reihe anderer Inder war anwesend. Als wir den Raum betraten, materialisierte Baba schnell Asche für B.J. und N.S. und ein Silbermedaillon in Form eines *OM* für N.S. Sie brach in Tränen aus, wie vom Blitz getroffen. Sie war überwältigt und schluchzte heftig.

Baba materialisierte noch einige andere Gegenstände für die Inder und setzte sich dann in seinen Sessel, während wir uns alle rund um ihn auf dem Boden niederließen. Ungefähr fünfundzwanzig Leute waren im Raum.

Es überraschte mich, hier Dr. Gokak zu sehen. Erst vor einigen Tagen hatte ich ihn in seinem Heim in *Bangalore* besucht. Wir hatten damals ein sehr interessantes Gespräch über den Vorgang der spirituellen Entfaltung geführt. Ich hatte darauf hingewiesen, daß dieser Weg zeitweise sehr schwierig sei und starke Disziplin, Durchhaltevermögen, die Bereitschaft zum Verzicht und große Leidensfähigkeit nötig seien. Dr. Gokak hatte geantwortet, daß spirituelle Aspiranten manchmal Schwierigkeiten geradezu suchen, und in poetischer Form umschrieb er den Prozeß als den der natürlichen Entfaltung einer Blume. Es braucht Geduld und Zeit, meinte er, aber der Vorgang könnte ebenso natürlich und schmerzlos sein wie die Entwicklung einer Eichel zur Eiche.

Als wir beide unsere Meinung geäußert hatten, schauten wir einander wie unschuldige Kinder an und gaben ehrlich zu, daß das Geheimnis weit größer ist, als einer von uns je erfassen kann. Hier waren wir - ein Professor über viele Jahre, anerkannt wie selten ein anderer Gelehrter, und ein amerikanischer Psychiater, seit vierzehn Jahren im Beruf - wie zu kleinen Kindern geworden. Lächelnd schlossen wir einen Pakt: „Fragen wir Baba zu diesem Punkt, und wer das Geheimnis zuerst herausfindet, muß es dem anderen mitteilen."

Und wie es das Schicksal so wollte, saß ich nun neben meinem großen Freund und Mitspieler in diesem Schauspiel, um die Antwort vielleicht gerade in diesem Augenblick zu erhalten. Die Anhänger Sai Babas sagen, daß diejenigen, die bei einem Interview anwesend sind, dazu vorherbestimmt worden seien; die Sitzordnungen wurden vom Herrn selbst schon vor vielen Lebzeiten festgelegt. Und so saßen wir da, vielleicht zufällig, vielleicht nicht; ich genau zu Babas Füßen, Dr. Gokak hinter mir - und wer war da zur Rechten Babas? Niemand anderer als mein Freund aus San Pedro, der Öltanker-Kapitän John Svensson.

Wie interessant. Ich hatte John vor einigen Tagen auf dem Gelände kennengelernt und hatte ein ungewöhnliches Erlebnis mit ihm. Ich muß zu meinem Bedauern gestehen - denn es zeigt meinen Mangel an spiritueller Reife -, daß ich zur Zeit unseres Gesprächs das Gefühl hatte, John sei ein bißchen naiv in seinen spirituellen Ansichten. Er war damals ein Mann in den Siebzigern, der ein erfülltes und tätiges Leben hinter sich hatte, und er war so freundlich und liebenswert, wie man nur sein kann. Aber aus irgendeinem Grund hatte ich das falsche Gefühl, ich sei in spirituellen Angelegenheiten weiter vorangekommen als er. John hatte mich mit einem unschuldigen Augenzwinkern gefragt: „Was werden Sie Baba antworten, wenn er Sie fragt, was Sie sich wünschen?" Ich erwiderte, daß ich es nicht recht wisse, und damit versuchte ich die Frage zu übergehen, da ich mich nicht auf eine Diskussion mit John einlassen wollte.

Aber er fuhr fort: „Oh, ich würde ihn um Selbstverwirklichung bitten." John war Skandinavier und sprach das Wort „Verwirklichung" mit einer Betonung aus, die nur die Skandinavier haben. Ich lächelte über diese Art der Aussprache, und mit einem Gefühl der Überlegenheit fragte ich mich, ob John überhaupt verstand, worum er bat. Ich hatte wenig Ahnung davon, daß Baba im Begriff war, mir damit eine tiefgehende Lektion über meine Urteilsfähigkeit und mein Ego zu erteilen.

Hier waren wir nun also, die Therapeuten, Dr. Gokak und John. Das Schauspiel ließ sich gut an. Aller Augen waren auf Baba gerichtet, und genau wie John Svensson vorhergesagt hatte, wandte sich Baba ihm zu und fragte: „Sir, was wünschen Sie sich?"

John blickte mit seinen unschuldigen Augen auf, und wie er schon gesagt hatte, bat er um „Selbstverwirklichung" - mit derselben skandinavischen Betonung und Schwingung, die ich kannte.

Baba blickte ihn mit großer Liebe an und fragte: „Und was ist Selbstverwirklichung?"

„Jetzt bist du dran, John", dachte ich. John begann Worte herauszusprudeln und zu stottern. So fuhr Baba fort: „Der Mensch ist göttlich. Aber er ist sich seiner Göttlichkeit nicht bewußt. Er glaubt irrigerweise, daß er dieser kleine Körper sei. Aber er ist nicht dieser Körper, und er ist nicht der Verstand." Er hielt einen Augenblick inne und blickte die Runde an. „Es sind einige Psychotherapeuten hier. Sie studieren die Gedanken der Menschen und wissen nicht, daß diese nicht wirklich das sind, was den Menschen ausmacht. Der Mensch ist etwas Unendliches, Unveränderliches und Ewiges - jenseits von Zeit und Raum, jenseits seines Körpers. Die Psychotherapeuten machen den Fehler, zu glauben, daß der Mensch ist, weil er denkt. Der Verstand ist ein Teil der Welt der Dualität, der Welt der vielen Namen und

Formen. Aber ihr seid jenseits von all dem. Ihr seid jenseits des materiellen Universums, jenseits des Unterschieds, jenseits der Dualität. Ihr seid ewig und unwandelbar - jenseits von Raum und Zeit."

Er wandte sich um und deutete auf eine Anzahl von Leuten im Raum, während er erklärte: „Sie sagt ‚ich‘, er sagt ‚ich‘, sie sagen ‚ich‘ - wir alle erleben dieses ‚Ich‘. Was bedeutet es? Es ist so, daß jenseits aller einzelnen und unterschiedlichen Namen und Formen eine tiefere Realität existiert, die für jeden die gleiche ist. Diese innere Erfahrung des ‚Ich‘ spiegelt eine ewige und universale Grundlage, aus der alles kommt und zu der alles zurückkehren muß, eine Realität über der Zeit und dem Raum. Diese Wirklichkeit ist es, welche die Beachtung des Menschen verdient. Sie zu erreichen, zu verwirklichen - das ist der Zweck menschlicher Existenz."

Einen Augenblick hielt Baba inne. Sein „Gedankengang" schien sich in eine andere Richtung zu wenden, und er fuhr mit erhöhter Erregung in der Stimme fort: „*Shirdi Baba* hatte einen Ring mit einem großen blauen Stein. Blau ist die Farbe des Unendlichen - dessen, was unermeßlich ist, unergründlich. Seht," sagte er und machte eine Geste mit den Armen, „der Himmel ist blau, und das Meer ist blau. Blau ist eine kühle Farbe. Sie ist friedvoll. Seht euch um, die Doktoren im Raum tragen alle Blau - es tröstet und beruhigt."

Richtig, jeder Arzt im Zimmer trug ein blaues Hemd. Er fuhr fort: „Und eingraviert in der Mitte dieses blauen Steins ist das Symbol *OM*. *OM* ist das innerste Wesen dieser unergründlichen Wirklichkeit. Diese innere Realität, dieses Gewahrsein des unendlichen, universalen Selbst ist es, was wir lernen müssen zu verwirklichen." Da er begann, mit der Hand einen Kreis in der Luft zu beschreiben, erstarrte jeder in Staunen und in Erwartung eines Schöpfungsaktes. Blitzartig brachte er einen großen Ring hervor. „Hier ist der Ring, den *Shirdi Baba* zur Zeit seines Todes trug."

Baba ließ diesen Ring mit dem schönen blauen Stein im Raum herumreichen, damit ihn jeder sehen und anfassen konnte. Aus seinem Inneren schien ein Licht zu leuchten und das auf der Oberfläche eingravierte *OM*-Symbol noch stärker hervorzuheben.

Menschen aus dem Westen werden *Shirdi Baba* nicht kennen - jene spirituelle Persönlichkeit, die in Indien Millionen als *Avatar* verehren. Ein Gegenstand, der dieser heiligen Gestalt gehörte, wird ebenso hochgeschätzt, wie man etwas hochschätzen würde, das Christus gehört hat. *Shirdi Baba* starb 1918, nachdem er seinen Anhängern gesagt hatte, daß er nach acht Jahren wiedergeboren werden würde. Sai Baba kam 1926 auf die Welt. Schon von früher Jugend an sagte er seinen Devotees, daß er vorher *Shirdi Baba* gewesen und wiedergekommen sei, um weiter zu lehren. Außerdem erklärt er, daß er noch einmal als *Prema Sai Baba* kommen werde, bald nachdem er diesen Körper im Alter von sechsundneunzig Jahren verlassen haben wird. Nun brachte er offensichtlich einen Ring hierher, den er während seiner vorangegangenen Inkarnation getragen hat.

Wer unter den Anwesenden von *Shirdi Baba* wußte, erlebte dies als einen ganz besonders heiligen Augenblick; diese Menschen waren, genau wie ich, wie betäubt. Der Ring machte die Runde, und alle hatten Gelegenheit, ihn zu berühren und seine Schönheit zu bewundern. Wir legten ihn an unsere Stirn als Zeichen unseres Wunsches, daß seine heilige Schwingung unser drittes Auge der spirituellen Weisheit öffnen möge. Als er herumgereicht war, nahm ihn Baba in die Hand, hielt ihn einen Augenblick, und dann blickte er sanft und gütig John Svensson an und gab ihm den Ring. „Hier, er gehört dir", sagte er. „Trage ihn."

Später sollte ich erfahren, daß Baba John erzählt hatte, daß sie in früheren Lebzeiten eng verbunden waren und daß er ihm bald mehr darüber offenbaren werde, wer er war, und den Sinn und Zweck seiner jetzigen Lebensspanne. Ich hatte mir ein klägliches, abwertendes Urteil über die Reife von Johns Spiritualität gebildet, und nun mußte ich erfahren, daß er und Baba viele Lebzeiten lang Kameraden gewesen waren. Es half, meine Wertschätzung des großen Geheimnisses, welches das Leben ist, zu vertiefen. Wir haben nicht die geringste Ahnung, wer wir wirklich sind und warum wir dieses dramatische Rollenspiel miteinander veranstalten. Jahrelang hatte ich mich gefragt, was die Leute wohl meinten, wenn sie beschrieben, wie sie Babas Spiel erlebten: wie er der Drahtzieher ist. Diese Äußerung hatte für mich immer nur einen intellektuellen Sinn gehabt. Nun hatte ich die Bedeutung dieser Realität direkt erfahren.

Baba sah wieder in die Runde. „Möchtet ihr irgendwelche Fragen stellen?"

Dr. J. begann: „Ich habe das seltsame Gefühl, daß meine Reise nach Indien, daß ich den Weg hierher gefunden habe, nicht nur ein Zufall oder eine glückliche Begebenheit ist. Da muß etwas Tieferes dahinterstecken, das ich nicht erkennen kann. Stimmt es?"

„Ja, das stimmt", bestätigte Baba. „Es ist da etwas mehr; dein höheres Selbst, deine höhere Intelligenz führt diese Erfahrung herbei, weil du nun so weit bist, einen tieferen Einblick in die spirituellen Dinge zu gewinnen."

Dr. J. überlegte einen Augenblick und antwortete: „Weißt du, ich glaube, daß das ein sehr wichtiger Augenblick ist, ein bedeutungsvoller Augenblick in meinem Leben."

Baba erwiderte mit großer Güte: „Ja, und noch mehr." Er begann, direkt zu Dr. J. über die Sorgen und Ängste zu sprechen, die er vorher geäußert hatte. Es war, als wäre Baba tatsächlich bei unserem Frühstück und dem Gespräch dabei gewesen. Er berührte Details bezüglich der Sorgen und Fragen von Dr. J. über die neuen psychotherapeutischen Wege, die er erprobte. Baba riet ihm, diese Wege nicht weiter zu verfolgen, sondern die Linie weiterzuführen, auf der er vorher gearbeitet hatte. Und dann schaute er ihm gerade in die Augen und sagte: „Ich weiß, daß du anfängst, das Öffnen deines dritten Auges zu fühlen, aber jetzt ist es ein wenig umwölkt. Mach dir keine Sorgen, ich werde dir helfen."

Was für ein ergreifender Augenblick - mit anzusehen, wie Baba unmittelbar auf das tiefste Streben dieses Mannes eingeht und mit ihm wie ein beschützender Vater spricht, der ihm seine liebevolle Obhut und Hilfe zusagt. In einem Augenblick wie diesem erwacht in einem ein starker Glaube und Liebe; man schöpft daraus auch für später das Gefühl einer engen persönlichen Beziehung mit dem Göttlichen.

Anschließend wandte sich Baba Dr. H. zu: „Ich weiß, du hast gerade mit einer Arbeit aufgehört", sagte er, „und das ist gut. Du warst mit deiner Tätigkeit unzufrieden, und ich werde helfen. Ich rede noch unter vier Augen mit dir." Dann materialisierte er ein großes Goldmedaillon mit der

Gestalt von *Shirdi Baba* darauf, eine Halskette für Dr. Goldstein und eine Medaille für einen der indischen Gäste und ließ uns wissen, daß er mit jedem von uns im angrenzenden Raum einzeln sprechen werde.

Genau das tat er: Jeder meiner vier Freunde kam strahlend und voller Leben aus dem Zimmer. Dann rief Baba mich in den Privatraum und meinte strahlend: „Sie sind sehr glücklich."

„Ja, Baba, sie sind sehr glücklich - ich danke dir, vielen Dank. Und ich bin auch sehr glücklich."

Er materialisierte etwas *vibhūti* für mich, und als ich meine Hand ausstreckte, um es entgegenzunehmen, sagte er: „Nein, mach den Mund auf." Als ich meinen Mund wie ein junger Vogel aufsperrte, hielt er seine Hand darüber und ließ *vibhūti* hineingleiten. Ich kann nicht sagen, wie ergreifend und rührend dieser Augenblick zarter Güte war.

Was für ein Stimmungswandel im Taxi auf der Rückfahrt zur Stadt! Alle waren ekstatisch gestimmt und dankten mir überschwenglich. Die Begegnung mit Baba war tief bewegend und für alle sehr bedeutsam gewesen. Er hatte Dr. J. geraten, als Therapeut weiter mit den Methoden zu arbeiten, die er angewandt hatte, und nicht nach neuen Wegen zu forschen. Dr. H. hatte er privat gesagt, daß der richtige Weg in der psychiatrischen Praxis darin bestehe, so lange geduldig zuzuhören, bis man das Leben des Patienten zutiefst versteht und fühlt. „Wenn dann der Patient und du eins seid, dann kannst du ihn über unsere Realität belehren." Dr. H. war gerührt von dieser ganz persönlichen Bemerkung: „Unsere Realität." Was B. J. betrifft, bestätigte Baba, daß sie glücklich sei und nichts zu ändern brauche.

Babas Beziehung zu N. S. schien ganz besonderer Art. Dies hatte sich gleich zu Beginn gezeigt, als er wußte, daß sie am ersten Tag wegen Magenschmerzen nicht zum *Ashram* mitkommen konnte. Während des Privatgesprächs hatte er ihr seine Allwissenheit dadurch bewiesen, daß er über ihre gemütskranke Tochter sprach, auch darüber, daß Dr. H. das Mädchen behandelte und Hilfe versprochen hatte. Er sagte ihr, sie solle später wegen einer „speziellen *vibhūti*" wiederkommen, welches die Tochter als Medikament nehmen sollte.

An jenem Nachmittag gingen wir alle getrennte Wege. Als wir uns am späten Abend zum endgültigen Abschied wieder trafen, kam N. S. mit Tränen in den Augen: „Es ist schrecklich. Ich weiß nicht wie, aber ich habe dieses schöne kleine *OM*-Medaillon verloren. Ich kann es nirgends finden. Ich werde zu Baba beten, es für mich zu finden und mir zurückzugeben."

„Es geschieht nicht oft, daß er so etwas tut, aber möglich ist es", erwiderte ich.

Da rief Dr. H. laut und schrill: „Wenn er das kann, dann bin ich wirklich überzeugt."

Ein paar Wochen nach meiner Heimkehr nach San Diego rief mich N. S. an. „Hören Sie, was geschehen ist. Nachdem ich das Medaillon verloren hatte, war ich am Boden zerstört. Ich kehrte nach Delhi zurück; ich reiste mit der Gruppe und beendete die Tour in Bombay. Jede Nacht betete ich von ganzem Herzen zu Baba, es mir zurückzubringen. In Bombay machte ich es genauso und bat Baba wieder um das Medaillon. Am Morgen nach meiner Ankunft fand ich es direkt neben mir im Bett!

Ich empfand einen so tiefen Kontakt mit Baba, ich weinte und weinte -

ich war überglücklich. Dr. H. war wie betäubt. Es ist so schwer, ein Erlebnis dieser Art mitzuteilen. Die Menschen fragen sich, ob alles nicht bloß Einbildung ist, oder ob ich es nicht vielleicht bei meiner Suche einfach übersehen habe - aber ich weiß, wieviel ich an jedem Tag der Reise gesucht hatte. Ich weiß, was ich alles unternahm, um das Medaillon zu finden - und dann taucht es direkt neben mir im Bett auf - das war ein absolutes Wunder."

Ich erzählte es dem Gruppenleiter, und er bat mich, an jenem Abend der Gruppe zu berichten, was wir bei und mit Sai Baba erlebt haben. Ich empfand es als eine große Ehre und ein Privileg, über Sai Baba zu den anderen sprechen zu dürfen.

Anmerkungen

1. Siehe Anhang III über *prāna* und *Kundalinī* und in Anhang IV eine Erörterung über die Grenzen der humanistischen und existentialistischen Theorien über Energie im Vergleich zum Verständnis der *Yogis*, was die Wirkkräfte von *prāna*, *Kundalinī* und die *Cakras* anbelangt sowie den fördernden Einfluß auf das spirituelle Wachstum und die Bewußtseinserweiterung.
2. Die fotographische Abbildung des *Shirdi-Baba*-Ringes befindet sich auf Seite 288.

Du hältst an etwas fest, suchst etwas,
woran du dich halten kannst.
Halte es stark und fest.
Du hast um etwas gebeten,
obwohl bitten nicht notwendig ist.
Fahr fort damit, bis dir das Geschenk gewährt wird.
Du hast einen Entschluß im Sinn,
obwohl es nicht nötig ist zu entscheiden.
Dennoch, klopfe an, bis die Tür sich öffnet
und deiner Entschlossenheit gewährt wird.
Entweder muß ich dir geben,
wonach du dich verzehrst, weil ich
deinem Sehnen nicht widerstehen kann.
Oder du mußt den Wahnwitz, die Kühnheit einsehen
und damit über die falsche Sehnsucht siegen.

Sathya Sai Baba

VORBEREITUNG ZUM NEW-AGE-THERAPEUTEN

Kapitel 24

Wie schult man einen Therapeuten in der Dynamik eines sich entfaltenden Bewußtseins? Er muß nicht nur über die niederen Bereiche des Denkens, die von Wünschen, Lust, Leid und Ego geprägt sind, Bescheid wissen, sondern auch über dessen höhere Bereiche und darüber hinaus. Das bedeutet direkte Erfahrung der höheren spirituellen Dimension - mit anderen Worten, nicht weniger, als selbst ein spiritueller Aspirant zu werden. Ein solcher Therapeut muß mit weit mehr als den animalischen Instinkten vertraut sein und erfolgreich mit der Erfüllung von Grundbedürfnissen umgehen können; er muß ein Lehrer im höchsten Sinn des Wortes sein - eine wahrhaft moralische und gerechte Persönlichkeit. Vielleicht werden dem Therapeuten gerade dabei die grundlegendsten Forderungen seines Berufes bewußt - und es erhebt sich gerade an diesem Punkt der tief verankerte Widerstand gegen die Spiritualität. Bei ihm wie bei jedem anderen setzt der Weg ein tiefes Bedürfnis nach spiritueller Erkenntnis ebenso voraus wie den Mut, die Herausforderungen und Ängste, die auf ihn zukommen, anzunehmen.

Sai Baba hat vier Stufen innerhalb der spirituellen Entfaltung umrissen - Selbstvertrauen, Zufriedenheit mit sich selbst, Aufopferung und Selbstverwirklichung. Diese Phasen entsprechen dem gleichen Prozeßablauf und der Transzendenz, die Wilber mit den Termini der Differenzierung, Transzendenz (Tod des Alten und Wiedergeburt zum Neuen) und Integration beschrieb - und Hegel (1949): „Überwinden ist zugleich ein Verneinen und Bewahren."

Ich würde gerne auf diese Schritte auf dem Pfad einer spirituellen Erziehung näher eingehen, indem ich erzähle, wie ich sie auf meinem Weg erlebte. Die Reise mit ihren Zwischenfällen und Lektionen während ihres Verlaufs gleicht in Wirklichkeit einem Puzzle-Spiel, einem ganz persönlichen Spiel zwischen dem Aspiranten und Gott selbst, voller Überraschungen, Prüfungen und Leiden, Sorgen, Freuden und Humor, voller Erregung und ehrfürchtigem Schauer. Wenn es auch erfrischend und ehrfurchterregend ist, in das Neue hineingeboren zu werden, muß man andererseits doch Mut und Glauben aufbringen, um sich vom Alten loszusagen. Und immer muß man offen, empfänglich für das Unerwartete sein, man muß Unsicherheit in Kauf nehmen und sich der ständigen Gegenwart Gottes als Lehrer, Lenker und Herr in steter Dankbarkeit bewußt und von ihr erfüllt sein.

1. Selbstvertrauen: Die Entwicklung zum Vertrauen in das Höhere Selbst beginnt mit einem explosiven Erwachen. Die plötzliche Einsicht, daß eine spirituelle Dimension, die den Verstand überragt, tat-

sächlich existiert, ist ein Schock - alle vorherigen Vorstellungen von der Welt brechen dabei in sich zusammen, das Verstandesdenken wird gedemütigt. Das Erwachen kann so tief gehen und so bewegend sein, daß die Psyche dabei fast zerrüttet wird; im allgemeinen wird diese Erfahrung als ein Tod beschrieben. Man wird „aufgelöst", um in eine neue Dimension der Realität hineingeboren zu werden, womit gleichzeitig eine Neuorganisation und Integration des Charakters stattfindet. Es ist ein Stadium großer Verwundbarkeit, da man den Ängsten aufgrund des Absterbens des Alten mit der Unschuld und Offenheit eines Neugeborenen ausgesetzt ist. Es braucht Mut, all diesen Ängsten, einschließlich der Todesangst, immer wieder eine stete Vision des Göttlichen entgegenzuhalten. Hand in Hand damit geht vielleicht eine Phase des Rückzugs in diese neue innere Welt, um in ihr Halt zu gewinnen und mit ihr vertraut zu werden. Es ist, als ob man um einen kleinen Setzling einen Zaun anlegt, um sein Heranwachsen und Reifen zu schützen, damit er eines Tages, wenn er stark genug geworden ist, selbst den äußeren Elementen gewachsen ist und sogar anderen Schutz und Schirm bieten kann. Mit dem steigenden Vertrauen durch die direkten Erfahrungen mit diesem inneren Höheren Selbst zerbröckelt allmählich der Wahn des alten, begrenzten Selbst.

2. Zufriedenheit mit sich selbst: Die Realität des Höheren Bewußtseins stabilisiert und festigt sich durch das Erleben einer tiefen Zufriedenheit - einem Gefühl des Friedens, der Glückseligkeit und Liebe, das alle Handlungen begleitet, die auf eine höhere Erfahrung hinzielen, wie die Gedanken, Betrachtungen, Meditation, Gebetspraktiken und die Entfaltung eines gerechten und moralischen Charakters ebenso wie auf den selbstlosen Dienst gegenüber jenen, die in Not sind. Man „spürt" das Höhere Selbst immer direkter und stärker, bis es zur Triebkraft und bedeutungsvollsten Erfahrung des Lebens wird: zur Quelle aller Intuition, aller Einfühlung und Kreativität.

3. Sich dem Selbst opfern: Das Höhere Selbst ist selbstlos und wird von höheren moralischen Impulsen, von Mitleid und Liebe motiviert. Wenn diese selbstlose Liebe ein immer zentraleres Handlungsmotiv wird, verwandelt sich das Leben zu einem Dienst an anderen ohne den Wunsch nach persönlichem Gewinn. Dieses selbstlose Opfer, das Handeln, ohne einen persönlichen Vorteil zu erwarten, löst seinerseits die Fesseln des Schmerz-Lust-Prinzips immer mehr.

4. Selbstverwirklichung: Durch die Opferung des kleinen Selbst, das an das Schmerz-Lust-Prinzip gebunden ist, verwirklicht man den selbstlosen, universalen Zustand der Einheit mit dem Göttlichen.

SELBSTVERTRAUEN UND SELBSTZUFRIEDENHEIT

Viele unter uns, die sich auf das Gebiet der Verhaltensforschung begeben, sind auf der Suche nach dem eigenen Höheren Selbst, und unser Interesse an unserem Fach kann man als ein spirituelles Suchen ansehen. Im Laufe der Ausbildung und Praxis befällt dann viele das Gefühl, daß es an Geschlossenheit und Erfülltheit in einem Fach fehlt, das den Menschen schlichtweg mit seinem Körper, seinen Gefühlen, seinen Sinnen und seinem Verstand identifiziert. Was ich für die Vorzüge und Schwächen der psychoanalytischen, der Gestalt- und energetischen Therapien halte, faßte ich in meinem ersten Buch „Sai Baba - Der Heilige und der Psychotherapeut" zusammen. Ich war in eine Sackgasse geraten. Obwohl das Ausforschen der Gedanken, Gefühle und Emotionen mit Hilfe jener Methoden zu einer größeren Weite und Tiefe des emotionalen Ausdrucks gegenüber anderen führte, wurde ich mir auch meiner Einsamkeit stärker bewußt. Diese Methoden brachten mich an den Rand „der großen Leere - des dunklen Abgrundes" - wie es die Existentialisten nennen - und überließen es mir, mit meiner begrenzten, manchmal absurd erscheinenden Sterblichkeit als letzter Realität fertigzuwerden.

Das ist die Verwirrung und Furcht, die uns auf dem Weg zu einer neuen Sicht des Höheren Selbst überfällt. Entsprang mein Verlangen nach der Überwindung dieses düsteren Schicksals dem Bedürfnis, mich gegen die Todesangst zu wehren? Die meisten Therapeuten würden „Ja" sagen. Freud kommt in: „Die Zukunft einer Illusion", „Totem und Tabu" und in „Der Mann Moses und die monotheistische Religion" zu dem Schluß, daß Religion eine Illusion und das Postulieren eines allgegenwärtigen Gottes eine Abwehrreaktion gegen Angstgefühle und Hilflosigkeit sei.

Wenn wir die Transzendenz suchen, müssen wir als Therapeuten also nicht nur unsere Motive anzweifeln, sondern wir stehen auch vor der noch schrecklicheren Alternative, unsere Grundauffassungen, auf denen unser Leben und unser Beruf beruhen, aufgeben zu müssen. Aus Furcht, das Gemeinschaftsgefühl mit den Standeskollegen und deren Referenzen, ja die Existenzgrundlage zu verlieren, wenn man mit der Konvention bricht, mauern sich viele Therapeuten ein und festigen noch mehr ihre traditionelle Position. Viele werden starrsinnig, widerspenstig, unbeugsam, sobald sie mit Daten konfrontiert werden, die ihren Annahmen widersprechen. Auf der anderen Seite gibt es Therapeuten, die „glauben" und abtrünnig werden - der Hauptrichtung trotzen und sie lächerlich machen. Es ist wahrhaftig schwer, diesen Sprung zu wagen und zu versuchen, von dem einen zum anderen System eine Brücke zu bauen.

Um diesen Herausforderungen und Befürchtungen standzuhalten, muß man auf eine tiefe innere Kraftquelle zurückgreifen können. Ein außergewöhnlich beeindruckendes Erlebnis mit Sai Baba, das mich von der Existenz des Göttlichen überzeugte und mir die Kraft gab, die Ängste vor Tod und Wiedergeburt zu überwinden, schenkte mir diese innere Stärke.

Als ich Sai Baba im Mai 1972 zum ersten Mal besuchte, hielt er einen Einführungskurs über indische Kultur und Spiritualität an seinem hochgeachteten natur- und geisteswissenschaftlichen College in *Brindāvan*. Ich kam als 35jähriger dorthin und dachte, ich wisse, wer ich sei und was es mit dem Leben auf sich habe. Wenn man sich das gründlich überlegt, so war es absurd. Bei all den Äonen vor und nach uns, einer zeitlichen Ausdehnung jenseits unserer Vorstellungskraft, hatte ich die großartige Illusion (gewiß nicht als einziger) zu wissen, was das Leben sei. Da stieß ich auf Baba, und er machte natürlich solche Ideen sehr schnell zunichte und verwandelte sie auf der Stelle in Demut.

Die College-Anlagen sind heute alle fertiggestellt, aber zu jener Zeit wurden die Kurse in einem behelfsmäßigen Auditorium, das aus Stangen und Blättern bestand, abgehalten, während überall Affen herumsprangen. Und doch war es äußerst anregend wegen der vielen prominenten Redner und intelligenten Studenten, die aus ganz Indien und aus allen Erdteilen zu dieser Einweihungsfeier mit Baba angereist waren. Die Sprecher saßen vorne in der Nähe des Podiums, die Studenten auf dem Boden. Ich hatte das Glück, bei den Sprechern sitzen zu dürfen. Das war einfach großartig für mein Ego, denn es paßte zu meiner Einbildung, daß ich etwas wirklich Signifikantes wüßte und vielleicht sogar selbst für einen Lehrer gehalten würde. Dabei warteten wir auf den Beginn unserer ersten Unterrichtsstunde.

Es gab eine Verzögerung im Programm, und ich begann, zu einem großen, vornehm aussehenden Amerikaner vor mir zu sprechen. Er erzählte mir, daß sein Sohn nach seiner Graduierung vom Harvard Business College auf eine Ferienreise nach Indien gegangen sei und zurückschrieb, daß er Gott begegnet sei und hierbleiben wolle. Wie jeder besorgte Vater war er ihm nachgereist, um den törichten Jungen heimzuholen. Aus unserem Gespräch ging hervor, daß der Vater als Inhaber eines erfolgreichen Geschäftes im Mittleren Westen ziemlich reich war und ebenso intelligent wie seelisch stark.

„Wer ist dieser Sai Baba?“ fragten wir uns beide. „Am ehesten ist er, soweit ich bisher herausfinden konnte, wahrscheinlich so etwas wie ein indischer Billy Graham“, meinte er. Da weiß ich mehr, sagte ich mir, aber warten wir es ab.

Plötzlich verstummte alles, und am Eingang des Hörsaals stand Baba. Er wiegte sich leicht vor und zurück und wirkte friedvoll, schön - sehr souverän. Aller Augen wandten sich ihm zu; es herrschte absolute Stille.

Er lächelte und begann, den Raum mit Liebe zu erfüllen, während er unter den Studenten umherging, zu einem kleinen Gespräch stehenblieb und damit rasch für alle der Atmosphäre die Spannung nahm. Er machte langsam die Runde in der Halle und näherte sich auch uns. Als er an meinem Bekannten vorüberging, klopfte er ihm anerkennend auf die Schulter, und ganz plötzlich begann dieser große, starke Mann zu weinen. So heftig, daß es mir peinlich wurde hinzusehen.

Erschüttert von dieser plötzlichen Wende, dachte ich: „O mein Gott, was geschieht mit uns?“ Dann kam ein freiwilliger Helfer auf den Mann zu und holte ihn zu einem Interview mit Baba. Als er nach einer Weile zurückkam, schien er ganz verwandelt. Ich beugte mich vor und fragte flüsternd: „Kann er wirklich Gegenstände aus dem Nichts materialisieren?“ Das war es, was mich damals interessierte: ein materielles Zeichen für eine Bewußtseinsebene, die höher war als diejenige, die alle übrigen Hunderte von Lehrern besitzen, von denen wir immer wieder hören.

Ganz „klein“ geworden, antwortete er: „Ja, er kann Gegenstände materialisieren, aber viel bewegender ist seine Freude, seine Freundlichkeit - seine Liebe." Von da an verhielt er sich sehr ruhig. Ich sah ihn auf dem Gelände in Gedanken oder in die Lektüre eines Buches von Baba versunken. Es schien, als habe Baba ihn in einem Augenblick zu einem neuen Menschen gemacht.

Nicht lange nach diesem Schock und nachdem ich aus nächster Nähe der ungewöhnlichsten Materialisation von Gegenständen zugesehen und unglaubliche Geschichten über Babas Kräfte und seinen Ruhm gehört hatte, begann ich zu begreifen, wie außergewöhnlich Baba ist. Redner standen auf und sprachen, aber was wußten sie? Baba pflegte zweimal täglich zu erscheinen. Mit großer Liebe ging er durch die Reihen der Zuhörer und war anscheinend über jeden einzelnen völlig informiert, energiegeladen, friedvoll und ganz im Gleichgewicht - und niemand mochte die Augen von ihm wenden. Es war ganz eindeutig: Die Redner waren schließlich alle nur Sterbliche - aber Sai Baba war etwas anderes. Damals begann ich, eine Abneigung gegen das Redenhalten zu entwickeln.

Das Vertrauen in mein altes Selbst und mein Wissen zerbröckelte. „Was ist, wenn er mich bittet, vor den Studenten zu reden?" fragte ich mich. Schlagartig wurde mir bewußt, daß ich viel weniger wußte als sie. Ich sollte in Wirklichkeit in der letzten Reihe und nicht hier bei den Lehrern sitzen. Jeder einzelne der Studenten wußte von einer Wirklichkeit, die weit jenseits der meinen lag; ich war wie ein Findelkind im Wald. Ich begann zu zittern: „O mein Gott, was passiert, wenn er mich auffordert zu sprechen?" Das wäre meine Vernichtung gewesen. Ich erkannte, daß ich absolut nichts wußte; ich zog mich zurück.

Was für ein gewaltiges Erwachen! Durch die Gewißheit, daß das, was ich beobachtete, absolut wahr und wirklich war, trat ich in eine andere Dimension des Bewußtseins ein. Völlig entblößt aller vorgeformten Begriffe über die Realität, stieg das Gefühl in mir auf, daß alles möglich sei. Ich wurde wieder zum unschuldigen Kind: ganz offen und verwundbar, nach einer Identität suchend. Die Wirklichkeit veränderte sich - es war ein ganz neues Ballspiel, und ich kannte nicht alle Regeln und Bestimmungen. Wie würde ich von nun an mein Leben führen, meinen Beruf ausüben, mich zu meiner Frau und meinen Kindern verhalten? Trotz der Verlorenheit fühlte ich buchstäblich körperlich eine sich ausdehnende, heiter stimmende innere Dimension über mich hinaus in den Raum aufsteigen und sich immer weiter ausdehnen. Vielleicht war ich im Begriff, vertraute Theorien und Methoden aufzugeben, um zu einem Wissen zu gelangen, welches das Denken übersteigt - zu einer direkten Erfahrung einer höheren intuitiven Ebene. Bedeutete dieses expansive Gefühl tatsächlich eine Erweiterung des Bewußtseins und konnte es bei der Therapie in größere Einfühlung, in ein tieferes Erkennen des anderen umgesetzt werden?

Als ich heimkehrte, fühlte ich mich in gehobener Stimmung, aber äußerst verwundbar. Die Leute schöpften Verdacht wegen dieses dramatischen Wandels bei mir. In ihren Augen muß ich total verrückt gewirkt haben. In der naiven Annahme, daß jeder gleich von Sai Baba und dem, was er für das menschliche Bewußtsein darstellt, im Innersten aufgewühlt sein müßte, luden meine Frau und ich dreihundert Freunde und Bekannte ein, darunter viele meiner Kollegen von der Universität. Angesehene und hervorragende Redner sprachen über ihre Erfahrungen mit Sai Baba und bestätigten seine göttlichen Eigenschaften. Alle waren glaubwürdige, gefestigte, anständige und energische Persönlichkeiten in angesehenen gesellschaftlichen Positionen. Aber man höre und staune, an diesem Abend trennten sich die meisten meiner Freunde und Bekannten von mir. Im Vorbeigehen sagten sie noch „Hallo", aber mit einem recht seltsamen Ausdruck in den Augen.

Ich gehörte in San Diego zwei großen Krankenhäusern an, einschließlich der Universitätsklinik der Kommission für Abtreibungen. Damals halfen Therapeuten bei der Entscheidungsfindung, ob bei einer Frau eine Abtreibung aus medizinischen Gründen in Betracht komme, weil die Schwangerschaft ihre geistige Gesundheit gefährden könnte. Vor Indien nahm ich eine „liberale" Haltung ein und dachte, daß alle Frauen, die eine Abtreibung wünschen, sie auch haben sollten. Mein Porsche und mein schmutziges Motorrad rundeten das Bild ab. Nun kündigte ich aus Gewissensgründen. - „Diese Art von Entscheidung über Leben und Tod sollte Gott und nicht Sterblichen überlassen werden." Das war ein allzu plötzlicher Gesinnungswandel, als daß man ihn als einwandfrei gesund betrachten konnte. Ich verkaufte den Porsche und das Motorrad und erwarb einen alten Jeep.

Wie sollte ich die „Fassade" in den zwischenmenschlichen Beziehungen und im Beruf aufrechterhalten, wenn alles im Innern so verwandelt war? Um mein Gleichgewicht und meine Haltung zurückzugewinnen, wandte ich mich wieder nach „innen" zum Realen, Greifbaren, zur als köstlich empfundenen Weite des Raumes, des Friedens und der Freude, die ich in Indien entdeckt hatte. Ich verspürte das Bedürfnis, meine Verbindung zu Sai Baba zu vertiefen, um Trost und Schutz in der Bestätigung all dessen zu finden, wofür er steht.

Und er schützte tatsächlich - das ist keine Frage! Eines seiner größten Wunder war, daß er meine Praxis am Leben erhielt. Obwohl die Quellen der Überweisungen versiegten und trotz all der Statuen und Bilder von Hindu-Göttern und -Göttinnen und von Baba, die meine Ordinationsräume schmückten, blühte meine Praxis; auch daß ich mich zu Meditation und Gebet nach innen wandte, störte nicht. Wieso, das werde ich nie erfahren. Man sollte meinen, ein liberal denkender Therapeut, der aus Indien von Gott besessen zurückkehrt und nicht aufhören kann, über einen Heiligen zu reden, würde ziemlich schnell pleite machen.

Als ich zum zweiten Mal zu Baba kam, nahm er mich beiseite und fragte: „Wie steht es mit deiner Praxis?"

„Du weißt davon, *Swami*?" fragte ich mit einem Lächeln. „Die Leute verstehen es nicht."

Mit einem Blick voller Liebe sagte er: „Ich weiß, ich weiß - mit der Zeit werden sie verstehen. Mach dir keine Sorgen um Geld - alles wird in Ordnung kommen."

Ich sagte: „Okay - danke, *Swami*." Ich machte mir keine Sorgen mehr (zumindest nicht zu viele), und er hielt die Praxis in Schwung. Welch herrliches Gefühl eines allgegenwärtigen Schutzes in einer Zeit großer Verletzlichkeit! Das zementierte die Verbindung für immer.

Während ich mich in Sai Baba versenkte, fühlte ich plötzlich den Drang, über meine Erlebnisse mit ihm zu schreiben.

Dabei war aber das Schreiben für mich immer eine schwierige Sache gewesen. Als Student wäre ich im ersten Jahr am College in Englisch beinahe durchgefallen und erhielt nicht mehr als „Genügend" in den anderen Materien. Auf dem Papier vermochte ich kaum zwei Wörter richtig aneinanderzureihen, doch nun konnte ich urplötzlich nicht aufhören zu schreiben.

Ich nahm unser Schlafzimmer in Beschlag. Meine Frau war freilich sehr begeistert! Papier, Bleistifte, Radierer überall. Sie fand kaum noch Platz zum Schlafen. Aber die Worte strömten nur so, und ich konnte an nichts anderes als an Baba denken.

RÜCKZUG NACH INNEN

Das Erwachen ist herrlich - aber trotzdem ist der Weg nicht leicht. Auf dem Weg des „Nichtswerdens" wird man verletzlich wie ein Kind. Gerade in diesem verwundbaren Stadium macht man so leicht Fehler, und es wirkt albern, daß man so deutlich Babas Schutz spürt. Denn ohne ihn würde man ganz gewiß versagen. Mut, der Angst ins Auge zu sehen, Standfestigkeit gepaart mit Babas immer gegenwärtigem Schutz - das ist das Erfolgsrezept. Ich möchte Ihnen von meinen Fehlern und dem drohenden Untergang erzählen - und wie ich im letzten Augenblick gerettet wurde, was natürlich mein Vertrauen in das Höhere Selbst festigte.

Nach meiner Begegnung mit Baba richtete ich in meiner Praxis einen Meditations- und Gebetsraum ein - direkt neben dem Wartezimmer: eine schlechte Wahl. Nur eine hauchdünne Wand trennte die beiden Räume. Eines Tages, als ein Patient im Wartezimmer saß, huschte Indra Devi, eine der glühendsten Verehrerinnen von Sai Baba, herein und sagte mit freudestrahlendem Lächeln zu mir: „Laß uns *bhajans* singen!" „Gern, ich bin jederzeit dazu bereit", antwortete ich glücklich und ging - so würdevoll wie möglich - ins Wartezimmer und sagte: „Ich werde mich nur ein paar Minuten verspäten, es ist etwas geschehen, um das ich mich sofort kümmern muß. Ich bin bald bei Ihnen." Dann verzogen wir uns mit Trommel und Rassel in der Hand in den Andachtsraum und sangen ekstatisch und aus ganzer Seele, klatschten und schrien wie die feurigsten, fanatischsten Devotees.

Als ich zur Besinnung kam und auf die Uhr schaute, waren 15 Minuten vergangen. Ich klopfte Indra Devi auf die Schulter und deutete ihr an, daß es an der Zeit sei aufzuhören. Als ich die Tür zum Wartezimmer öffnete, war alles, was ich wahrnehmen konnte, die offene Tür ins Freie und eine leichte Brise, die sanft durch den völlig leeren Raum strich: eine Dematerialisation.

Ein junger graduierter Chemie-Student kam zu mir. Er hatte Kommunikationsschwierigkeiten mit seinen Eltern, die kühl und reserviert waren. Dadurch verhärtete er sich und wurde allgemein widerspenstig gegenüber Autorität, hielt sich lieber von anderen fern und neigte deshalb zu Depressionen. Die Gefühle, die man den Eltern gegenüber hegt, werden leicht auf den Therapeuten übertragen, und ein solcher Patient kann zornig, trotzig und herausfordernd werden. Es war gerade die Zeit meiner sich anbahnenden Beziehung zu Sai Baba, und ich versuchte, seine Lehre über die *so'ham*-Meditation in die Praxis umzusetzen. Ich hatte Baba darum gebeten, mir beizubringen, wie ich meine Praxis zum Gottesdienst machen könnte, so daß ich immer an ihn denken würde. Ich hatte durch mein Studium Kenntnisse, Fertigkeiten und Einblicke gewonnen, aber sie waren eng begrenzt gewesen. Nun wollte ich all das aufgeben und Sai Baba als meinen alleinigen Lehrer anerkennen, um seine Lehren in jeder Hinsicht in meinem Beruf anzuwenden. Es ging einfach nicht mehr, mich während meines Berufslebens auf andere Lehrer zu beziehen - auf Freud, Jung, Maslow, Perls, und auf Sai Baba nur dann, wenn ich in meinem Andachtsraum zu Hause war. Es war an der Zeit, meine Arbeit in einen Dienst für Gott umzuwandeln, damit sie zu einem Teil meiner ständigen Verehrung für ihn würde.

Ich stand jedoch erst am Anfang meiner Verbundenheit mit Sai Baba und suchte tastend, war ungeschickt und machte Fehler. Während dieser Stunde mit dem Studenten fühlte ich mich weit und „high" durch die Übungen zur Atemführung und Meditation mit *so'ham*. Ich benutzte die Energie des Klienten, um die innere Erfahrung der Meditation zu erhöhen. Wenn er daher ärgerlich wurde, sich stemmte oder trotzte, ging ich auf diese Gefühle nicht unmittelbar ein, sondern versuchte, ihre energetische Stoßkraft zu benutzen, um die Meditation zu fördern und zu intensivieren. Ich war im Begriff, mit dem Atmen Gefühle zu verbinden, diese Gefühle praktisch einzuatmen, um die Meditation aufzuladen.

Dieser junge Mann begann, meine Distanz zu fühlen und wurde ärgerlich, und ich, der ich versuchte, die äußere Welt als Täuschung und Baba hinter jeder Handlung und alles als Energie zum Einatmen für die Meditation zu sehen, sagte mir: „Wunderbar, das ist in Wirklichkeit nicht ein junger Mann, der auf dich wütend ist, sondern das bist du, *Swami*, der seine Liebe in eine andere Form kleidet. Laß mich diese wundervolle Energie dazu nutzen, um die Meditation zu fördern und zu intensivieren." Ich saß da und lächelte. Mein Klient wurde zornig: „Warum grinsen Sie?" Wieder sagte ich mir im Inneren: „Oh, prima, du willst mich prüfen, um zu sehen, ob ich mich im äußeren Schein verfange und vergesse, daß du alles bist. Aber nein, ich werde nicht reagieren - ich weiß, das ist nur eine maskierte Ausdrucksform deiner Liebe - und ich werde diese wunderbare Liebesenergie dazu verwenden, um meine Meditation und das Eintauchen in deine Herrlichkeit zu steigern."

Zurückblickend weiß ich jetzt, daß ich naiv und ein Tölpel war - ein kleines Kind, das gehen lernt und stolpert. Völlig versunken in die innere Welt, hatte ich das Gefühl für die richtige Beziehung zum Mitmenschen verloren. Mein Klient, der meine scheinbare Gleichgültigkeit mißverstand, wurde immer wütender: „Sie sind genau wie meine Eltern! Warum verhöhnen Sie mich so - Sie antworten nicht - lächeln nur - warum tun Sie das?" Damit stand er auf und stampfte fort.

In diesem frühen Übergangsstadium sind wir sehr verwundbar, und ohne den Schutz des Herrn selbst würden wir bestimmt untergehen. Nur langsam, durch die Höhen und Tiefen, die Fehler und Triumphe gewinnt man Vertrauen in das Höhere Selbst und Genugtuung in der Erfahrung, daß dieses Höhere Selbst dieses Vertrauen vertieft. Dann ist man für die nächste Stufe bereit: die Selbstaufopferung.

DIE SELBSTAUFOPFERUNG

Wir müssen auch der äußeren Welt Beachtung schenken und uns davor hüten, unseren spirituellen Weg in Narzißmus und Egozentrik ausarten zu lassen. Ferner müssen wir bereit sein, unsere eigenen Wünsche und Vergnügen einem höheren Zweck zu opfern. Wir müssen unsere innere Welt mit der äußeren in Einklang bringen und sensibel sein. Nach einer gewissen Zeit der „Flitterwochen" mit ihren Gefühlen der großen Nähe des Göttlichen, während der uns gestattet sein mag, uns von der Außenwelt abzuriegeln, werden wir „zurückgeschickt", jetzt neu geboren im Geist. Denn nur für kurze Zeit dürfen wir uns in diesem Zeitalter zurückziehen. Danach heißt es, sich wieder in die Außenwelt begeben und unsere Arbeit auf eine geistige Ebene stellen.

Da spirituell bewußt lebende Menschen moralisch sind, kann es sein, daß ihnen in der Außenwelt ein Opfer auferlegt wird. Sai Baba sagt, daß er den Himmel in die Erde und die Erde in den Himmel verwandeln kann. Sein größtes Wunder scheint mir zu sein, daß er den Himmel (das Überbewußtsein, er selbst) in die Erde in Gestalt von Sai Baba verwandelt hat, um uns (die Erde) in den Himmel (ihn, das Überbewußtsein) zu verwandeln. Unsere Aufgabe ist es, die Art, ihn (den Himmel) zu sehen, in unsere Arbeit auf der Erde umzusetzen, so daß sie zum Himmel wird. Welch großartige Verwandlung!

So kommt nach dem ersten Stadium, in dem wir uns in uns zurückziehen, um größeres Vertrauen in das Höhere Selbst zu entwickeln, ein Tag, an dem wir uns in die Außenwelt zurückbegeben müssen, neu geformt im Sinne seiner Lehren, um die Fähigkeiten zu entwickeln, mit denen wir in der Außenwelt wirken und sie in einen Himmel verwandeln können. Diese Rückkehr, nachdem man in der Innenwelt so zufrieden war, kann schwierig sein, und genaugenommen ist sie wirklich ein Opfer. Sich in der äußeren Welt zu befinden heißt, der Versuchung und der Anziehungskraft der niederen Elemente ausgesetzt sein, und um dem zu entrinnen bedarf es einer ständigen Erinnerung an das höhere Leben. Das Kunststück ist, in der äußeren Welt zwar zu leben, aber sich nicht von ihr beeinflussen zu lassen. In einem gewissen Stadium meiner Entwicklung begann ich, die Botschaft zu hören, daß ich mich aktiver in die Außenwelt einmischen sollte. Eines Tages, als ich durch das Krankenhaus ging, kam eine Sekretärin auf mich zu und sagte: „Dr. Sandweiss, Sie sollten jetzt aufhören!" „Aufhören, womit?" Sie darauf: „Ihre Hosen hängen so an Ihnen herum, Sie sind zu dünn." Bevor ich Baba kennenlernte, war ich ein stämmiger 205-Pfünder gewesen. Danach wurde ich strikter Vegetarier, hielt Fastenzeiten ein und verlor 20 kg. Daher schlabberten die Hosen an mir, und ich war nahe daran, zu dem berühmten Strich in der Landschaft zu werden. Nicht einmal mein bester Freund hatte mich auf diese „spirituelle Anorexie" aufmerksam gemacht, bis eine freundliche Sekretärin mich ermahnte, doch damit aufzuhören.

Und so half mir Sai Baba, aufzuwachen und zu meinen Verantwortungen in der äußeren Welt zurückzukehren. Es geschah, als ich während der Weihnachtstage des Jahres 1978 bei Sai Baba war. Ich fliege sehr gerne nach Indien - immer ereignet sich etwas Besonderes. Weit weg vom hektischen Getriebe hier beruhigen sich die Emotionen und die Seele, und ich kehre von der äußeren Welt zurück in die innere Welt - in einen scheinbar paradoxen Zustand, in dem sich ein großer Friede mit Heiterkeit paart. Es ist eine Bewußtseinsebene und eine Lebensweise, die ich nicht in Worten wiedergeben kann, obwohl ich mich, weiß Gott, bemüht habe.

Das Zentrum in *Prashānti Nilayam*, Babas *Ashram*, ist der Tempel, in dem er lebt. Er geht ständig ein und aus, so daß die Leute immer in diese Richtung blicken und sich im und um den Tempel herum versammeln, um ihn zu sehen und für ihn zu singen. Wenn man besonderes Glück hat, wie es mir gelegentlich passierte, darf man auf der Veranda sitzen, in direkter Nähe des Tempeltores. Der ganze Platz ist von einer wunderbaren Erregtheit erfüllt. Ich fühle dort Babas Anwesenheit stark, und wenn er an der Tür erscheint, könnte ich fast zerspringen, so groß ist die freudige Erregung. Zweimal am Tag versammeln sich seine Anhänger um den Tempel zum *darshan*, wenn er durch die Menge geht. Baba inmitten all dieser geöffneten Herzen zu sehen ist wunderschön. Ich liebe es, an jenem Portal „wegzutauchen" und mich in mein inneres Leben zurückzuziehen. Ich könnte acht bis zehn Stunden am Tag dort sitzen, bis mir die Beine abfallen, und mich immer noch danach sehnen, länger zu bleiben.

Ganz besonders angetan hat es mir die *so'ham*-Meditation. Baba zufolge ist der Atem selbst ein sehr heiliger *Mantra*, eine heilige Klangfolge: *so'ham* - „er ist ich". Mit jedem Atemzug sagen wir „er ist ich, er ist ich", damit wird dauernd daran erinnert, daß wir eins mit Gott sind. Baba sagt, wir sollten unsere Aufmerksamkeit jedem der 21.600 Atemzüge schenken, die wir täglich machen, um unentwegt der Täuschung der Dualität entgegenzutreten. Er bittet uns, dies in unserem spirituellen Leben anzustreben, und diese Erfahrung verhalf mir zu großer Kraft.

Wir sahen einer großen Weihnachtsfeier entgegen. Es sollte ein besonderes Spiel geben, das Leute aus dem Westen aufführen wollten. Der ganze *Ashram* war in froher Stimmung. All die Gedanken und Herzen der Devotees waren von einem köstlichen Gefühl der Liebe und der Opferfreude erfüllt, die zu schenken Christus gekommen war.

Die „Westler" hatten wochenlang an ihrem Spiel gearbeitet. Ich hatte damit nicht viel zu tun gehabt und hielt mich zu der Zeit von den meisten Leuten fern, außer von denen, die gelegentlich mit einem emotionalen Problem kamen und ein wenig Thorazin oder Valium brauchten. Doch die meiste Zeit versuchte ich, anderen auszuweichen, die mich von meiner Konzentration auf Sai Baba ablenken konnten. Ich hatte gehört, daß es wegen einiger Meinungsverschiedenheiten Schwierigkeiten gab, mit dem Spiel voranzukommen, und daß es möglicherweise überhaupt nicht aufgeführt würde. Aber das war alles, was ich wußte. Ich blieb einfach allein, in Meditation. Nur ab und zu öffnete ich die Augen und sah Baba und war so froh gestimmt und so beseelt, daß ich nie wieder auf die Erde zurückkommen wollte.

Eine Stunde vor Beginn der Aufführung saß ich auf der Veranda, die

Augen geschlossen, und meditierte. Plötzlich schwieg die Menge, und ich hörte: „Sandweiss!" Ich blinzelte aus meinen halb geschlossenen Augenlidern hervor und stellte fassungslos fest, daß Baba mich rief. So huschte ich zu ihm wie eine kleine Maus und sagte: „Ja, *Swami*." „Sandweiss, heute Abend bist du für alle Aktivitäten verantwortlich, das Weihnachtsspiel und alles, was geschieht." Auch jetzt, da ich fester in der Welt stehe, wäre ich wahrscheinlich nicht imstande, mit dieser Verantwortung fertigzuwerden, aber damals, in meiner Verwundbarkeit, war ich praktisch hilflos. Ich stotterte: „Ich, *Swami?*", und er antwortete: „Ja." So blieb mir nichts anderes übrig, als „Danke" zu sagen.

Kleine Schweißperlen sammelten sich auf meiner Stirn. Der Weg ist wirklich nicht leicht - schon gar nicht in dieser Phase. So mußte ich mit dem unangenehmen Auftrag umhergehen und den Leuten sagen, wer die Aufsicht hatte, daß ich die Verantwortung hatte. Natürlich wußten sie nicht, was sie davon halten sollten.

Äußerst peinlich. Und mich überwältigte der Drang, die Toilette aufzusuchen. Ich rannte zu meinem kleinen Appartement und war nur etwa zehn Minuten fort. Aber als ich zurückkam, hatte das Stück begonnen - und ich sah, daß ich über gar nichts die Aufsicht gehabt hatte. Ich ging in den rückwärtigen Teil des Raumes, setzte mich einfach hin, schaute Baba an und sagte innerlich: „Mach' ich's gut, *Swami?*" Manchmal mahlen die Mühlen Gottes langsam, aber immer ausgezeichnet. War es an der Zeit, sich mehr in der Welt zu betätigen und doch davon unbeeinflußt zu bleiben?

NOCH MEHR HINAUS IN DIE ÄUSSERE WELT

Eines Tages saß ich wieder auf der Veranda, meditierte *so'ham* und war buchstäblich „weggetaucht", als Baba aus dem Tempel kam. Er sagte: „Sandweiss!" Ich blickte auf und murmelte: „Ja, *Swami?*" Er darauf: „Komm mit - und dein Bruder (der mich auf dieser Reise begleitete) soll auch kommen."

Wir stiegen also in seinen Wagen und fuhren mit ihm in die kleine Stadt *Anantapur*, wo er ein Mädchencollege hat. Es war die reinste Gnade, während dieser einstündigen Fahrt mit ihm zusammenzusein. Er nahm uns die Scheu, fast so, als sei er ein alter Schulkamerad. Als wir an einem Bahnübergang hielten, kamen alle Leute von der Straße herbeigelaufen. Sie warfen sich auf den Boden, hoben ihre Hände und Arme in Anbetung und weinten und baten um einen Blick oder ein Winken. Da durchfuhr mich wieder der seltsame Gedanke wie ein Schock, daß wir ja neben einem *Avatar* saßen! Einfach im Wagen zu sitzen und Zeuge dessen zu werden, was sich entlang der Straße abspielte, war unfaßbar, wundervoll. Schließlich fuhren wir weiter, und „*māyā*" kehrte zurück, und wir meinten, wir seien wieder bei unserem alten Schulkameraden.

Während wir an jenem Tag mit Baba unterwegs waren, sah ich das Wesen der Losgelöstheit (detachment) in einer Weise, wie ich es mir bisher niemals vorgestellt hatte: Baba schien tatsächlich zu vibrieren; Energie von unglaublicher Intensität schien von ihm auszugehen. Die meiste Zeit hatte man den Eindruck, er sei in einer anderen Dimension. Er wandte seinen Blick nach innen und machte Handbewegungen oder nahm im Sitzen eine spezielle Körperhaltung ein, die einen Zustand auszudrücken schien, zu dem wir keinen Zugang hatten. Ganz plötzlich lenkte er dann seine Aufmerksamkeit wieder auf den Wagen - erzählte uns einen Witz oder eine kleine Geschichte und behandelte uns wie alte Kumpel. Ebenso plötzlich war er dann wieder „weg".

An einer Stelle machte die Straße einen Bogen und verlief in einem langgestreckten, flachen Landstrich weiter. Eine halbe Meile vor uns konnte ich einen winzigen Fleck sehen, von dem ich annahm, es sei jemand, der sich bewegte. Baba lehnte sich nach vorne: „Schaut, seht ihr die Frau? Sie weiß, daß Baba kommt. Diese Frau ist von Geburt an blind, aber sie ist immer froh. Ihre Aufmerksamkeit war noch nie ans Sehen gebunden. Ihr Blick geht immer nach innen. Hätte sie zuerst das Augenlicht gehabt und es dann verloren, würde sie dem Vorzug dieses Sinnesorgans nachtrauern. Aber ihre Aufmerksamkeit ist immer innen gewesen - da, wo sie mich zu finden lernte. Sie weiß, daß ich komme. Beobachtet, wie sie zur Straße geht, um mich zu grüßen. Seht ihr?" Als wir näherkamen, stand die alte Frau erregt auf und humpelte zum Straßenrand, verbeugte sich in Ehrfurcht und mit einem breiten Lächeln.

Leicht macht es einem Baba nie. Mein Bruder Donald und ich teilten uns einen vorderen durchgesessenen Sitz, zusammengequetscht wie Sardinen. Der Fahrer war rechts von uns, Baba direkt hinter uns und Herr Joga Rao, ein Bauunternehmer, der für Baba viel gebaut hat, neben ihm. Natürlich kann man nicht einfach dasitzen und durch die Frontscheibe gucken, wenn Baba hinter einem sitzt. Man kann einfach die Augen nicht von ihm wenden! So verrenkten wir uns den Hals bis zum Geht-nicht-mehr und schauten Nase an Nase über unsere Schultern zurück wie zwei große Schoßhunde. Aber lange konnten wir so nicht sitzen. Baba gestattet zwar den Menschen, ihn den ganzen Tag lang zu beobachten, ihn Tag für Tag „einzusaugen", aber wenn man dies ganz intensiv aus solcher Nähe tut, dann wird es einfach unerträglich. Wenn wir auch unseren Blick immer wieder zur Seite wandten, um für einen Augenblick zu entspannen, drehten wir uns doch sogleich wieder um und starrten ihn an, eben wie leibhaftige Schoßhunde.

Etwa zehn Minuten vor der Ankunft sah Baba in meine Richtung und sagte: „Sandweiss."

„Ja, *Swami*", antwortete ich, wobei ich meinen Hals noch mehr verrenkte, um ihm in die Augen zu sehen.

„Du wirst den Mädchen einige Ratschläge geben", sagte er mit einem Lächeln. Meine Phobie vor dem Sprechen brüllte in mir leidenschaftlich auf.

„Den Mädchen Ratschläge geben, *Swami*?" Man kann Baba nicht nein sagen; so wollte ich nur auf Nummer sicher gehen.

„Ja."

„Was soll ich über Baba sagen?"

„Irgend etwas", meinte er. „Gib Ratschläge."

„Wieviele Studentinnen?" fragte ich.

„So tausend", erwiderte er.

Der letzte Teil der Fahrt war sehr hart. Bei der Anstrengung, darüber nachzudenken, was ich sagen könnte, quollen Schweißperlen auf meiner Stirn. Ich war ganz in diese Gedanken versunken, als wir bei der Schule vorfuhren. Die Verehrung und Liebe dieser Studentinnen war überwältigend. Welch ein Erlebnis, dies zu sehen: die Honoratioren dieses Gebietes, all die Mädchen adrett und sauber, voller Hingabe und Disziplin, wie sie ruhig dasaßen und sangen; Menschen, die sich vor Babas Füße warfen, die Hände in ehrfürchtiger Weise vor dem Herzen gefaltet - aller Augen und Seelen Baba zugewandt.

Es ist, als käme man mit der denkbar größten Berühmtheit an. Welch ein gewaltiger Eindruck, diese Art der Hingabe jemandem gegenüber zu sehen, mit dem man noch Minuten vorher so gemütlich beisammen war wie mit einem Klassenkameraden. Es war ein Schock, in die Wirklichkeit zurückgeholt zu werden, wieder darauf hingewiesen, daß wir mit dem *Avatar* im Auto saßen! Baba stieg aus und wandelte unter den Menschen, Liebe spendend ... Liebe ... Liebe.

Wir gingen durch die Menge - die Treppe hinauf zum weiträumigen Speisesaal, wo wir bewirtet wurden, bevor Baba seine Ansprache hielt. Blätter, zu flachen Tabletts zusammengenäht, säumten den Saal. Das sollten unsere Teller sein. Vor dem Essen gingen wir alle in eine Vorhalle, die an eine niedere Ziegelwand grenzte. Als wir dastanden und unsere Hände über die Wand hielten, kam jemand und goß aus einem Krug Wasser darüber, das unten auf den Boden plätscherte. Anschließend setzten wir uns mit gekreuzten Beinen auf den Fußboden, und aller Augen wandten sich Baba zu, der an dem einen Ende der „Tafel" saß.

Ich versuchte, für meine Ansprache ein paar Gedanken zu sammeln, wurde aber durch die Geräusche abgelenkt, die mein Bruder verursachte, der sich leidenschaftlich auf seinen Reis stürzte. Das war derselbe Mensch, der tödliche Angst gehabt hatte, in Indien irgendeine Krankheit zu erwischen. Jetzt trieb ihn der Hunger dazu, wie ein eingeborener Inder mit den Händen zu essen. Sogar belustigend fand er es, wenn er auch zu beschäftigt war, um Zeit zum Lachen zu finden.

Nach der Mahlzeit wurden mein Bruder und ich zu einem Warteraum im Erdgeschoß der Schule eskortiert. Ich war froh für ein wenig Zeit, meine Gedanken zu sammeln. Meine Angst, in Babas Gegenwart zu sprechen, ist schwer zu erklären, aber es ist mehr als bloß Lampenfieber. Eher hat es etwas mit echter Sprachlosigkeit zu tun, weil man mit dem Versuch beschäftigt ist, die volle Bedeutung Babas und die Wirklichkeit, für die er steht, in Worte zu fassen.

Früher hatte ich die Behauptung bezweifelt, daß das Göttliche alle Worte und Begriffe übersteigt. Nun begann ich die Gottheit als mehr als einen bloß abstrakten Begriff anzusehen. Wenn man Baba betrachtet oder erlebt, geht mit den Denkprozessen etwas Seltsames vor sich. Sie verwischen sich, verblassen, und man nimmt eine intensive innere Weite wahr, in der Worte und Begriffe einfach keinen Platz haben. Ich habe mich sehr bemüht, diese herrliche innere Erfahrung der Ausdehnung und Grenzenlosigkeit in begrifflicher Form oder Beschreibung wiederzugeben - aber welch ein vergebliches Unterfangen!

Wenn ich wirklich mit Baba Kontakt habe, ist die einzige natürliche Reaktion, still zu sein, die Augen zu schließen und in Anbetung, Frohsinn,

Ehrfurcht und Dankbarkeit zu versinken. Doch er hatte gesagt, ich solle irgendwelche Ratschläge geben; so würde ich versuchen, Ratschläge zu geben. Nebenbei dachte ich noch: „Wird es ein Test sein?" Von anderen Devotees hatte ich gehört, daß dann, wenn sie an der Reihe waren, bei einer solchen Gelegenheit zu sprechen, sie nur dazustehen brauchten und den Mund aufzutun, und Baba sprach durch sie. Jetzt konnte ich das also selbst ausprobieren.

Nach einer Weile betrat Baba den Raum und erhellte ihn mit der frohen Erregung, die sein Erscheinen hervorrief. Wir alle folgten ihm der Reihe nach ins Auditorium. Bevor ich den Raum verließ, bat mich eine der Lehrerinnen am College um einige Angaben über meine Person, da sie mich einführen sollte. Ich sagte, ich sei einfach ein Devotee, und sie lächelte.

Das Auditorium war bis zum letzten Platz gefüllt. Welch ein entzückender Anblick! Diese wohlerzogenen jungen Damen, schlank und aufrecht dasitzend, mit Gesichtern, die ein großes Licht der Liebe ausstrahlten. Innerhalb von Augenblicken war ich dran. Knieweich ging ich zum Podium, öffnete den Mund - und zu meiner großen Enttäuschung sprach Baba nicht durch mich. Ich war mir selbst überlassen - ich wankte hin und her und wand mich wie ein betrunkener Seemann auf wackeligen Beinen, gestrandet mitten in meiner Phobie. Schwindlig und benommen, mit wirr durcheinander wirbelnden Gedanken sagte ich mein Sprüchlein, Babas Lehre über die vier „F"s: „Follow the Master. Face the devil. Fight to the end. Finish the game." Folge dem Herrn, sieh dem Teufel ins Angesicht - was in diesem Falle meine besondere Phobie war, ein Teufel, den zu packen Baba mich direkt und mit aller Kraft zwang; kämpfe bis zum Ende - was ich auf meinen Gummibeinen versuchte, während ich jedoch gleichzeitig Baba immerfort um Hilfe anflehte, das Spiel doch zu beenden - die vierte Forderung, der nachzukommen mir mit einem unsicheren Lächeln auf den Lippen schließlich auch gelang. Welche Erleichterung!

Anschließend sprach Baba. Schon ihn zu beobachten ist ein Genuß, und das umso mehr, wenn man, wie ich, glücklich ist, daß man sein Gefecht mit bescheidenem Erfolg überstanden hat. Aber diese erhabene Gestalt zu beobachten, die so viele Große dieser Welt anzieht und zum Licht und Dienen bekehrt - zu sehen, wie er mit Treffsicherheit und bedeutungsvoll die tiefsten Botschaften aller Heiligen Schriften vorträgt, uns mit Parabeln und Geschichten belehrt, und vor allem seine große Liebe und das Beispiel seines Lebens - das alles erfüllt einen mit der tiefsten Verehrung. Seine Bewegungen, seine Stimme, seine Gesten, seine Liebe kommen so spontan, so unmittelbar und mit solcher Unschuld. Da schmelzen alle Herzen. Man muß das einmal erlebt haben - wie Liebe buchstäblich aus seinem Herzen hervorquillt. Er sang für die Mädchen, und seine Liebe hüllte uns alle in Wogen der Ekstase.

Er sprach in *Telugu*. Ich saß jetzt neben meinem Bruder und war so froh, meinen Teil hinter mich gebracht zu haben und nun diese göttliche Rede genießen zu dürfen, daß ich einfach nur strahlte. Obwohl ich kein Wort verstand, war ich so von Babas spontanen Gesten und seinem Entzücken gefangen, daß ich von Liebe erfüllt wurde. An dem Lächeln auf den Gesichtern der jungen Mädchen konnte man sehen, daß sie jedes Wort tranken und mit unendlicher Verehrung erwiderten. Ich lächelte von einem Ohr zum anderen, und jede seiner Gesten bejahte ich mit einem Kopfnicken und stieß meinen Bruder an, was in der Körpersprache soviel hieß wie: „Ist er nicht großartig, ist er nicht wundervoll?" Schließlich schaute mein Bruder zu mir herüber und flüsterte mir ins Ohr: „Sam, ich habe noch nie jemanden gesehen, der so schnell *Telugu* gelernt hat."

Am Ende der Ansprache sang Sai Baba ein *bhajan* mit solcher Inbrunst und Melodik, daß jeder eins wurde mit seiner Musik der Liebe. Und als es für diese jungen Mädchen Zeit war, ihm mit Gesang zu antworten, begeistert mit ihren hohen, zwitschernden Stimmen, durfte man Zeuge einer innigen Zwiesprache zwischen Göttlichkeit und Unschuld werden.

Warum, Baba, bringst du uns zuerst um unseren Verstand und in die tiefste, hingebungsvollste Verehrung und möchtest dann von uns, daß wir dieses große Erleben wieder in Worte kleiden? Die *so'ham*-Meditation, das *bhajan*-Singen, dich zu sehen, was und wie du allen diesen Menschen gibst - das hat nichts mit dem Intellekt zu tun, übersteigt alle Begriffe und Worte. Wie sollten wir dieses große Schauen in Worte fassen? Was soll man denn sagen, um dein Geheimnis einzufangen? Und doch, Baba, gerade das verlangst du von deinen Anbetern.

Du erwartest von uns, daß wir unseren größten Schwächen die Stirn bieten und unseren Ängsten trotzen und sie überwinden. Du holst uns aus der Welt heraus, zeigst uns, daß sie eine Illusion ist, und stößt uns in genau diese verräterischen Fangarme zurück, während wir uns, um zu überleben, an deine schützende Liebe klammern. Welch unglaubliches Spiel! Du willst, daß wir stark in der Welt sind, uns nicht in ihr verfangen, sondern zum Dienen bereit sind - willst uns als Rollenmodell benutzen. Nun gut, ich bitte darum, daß du mir die Kraft gibst, meine Rolle gut zu spielen, damit du mir ein Lächeln schenkst. Ich will versuchen, deinem Beispiel zu folgen. Ich weiß, du brauchst die Welt überhaupt nicht, nicht im geringsten. Du bist vollkommene Liebe, der Ursprung aller Schöpfung; du bist gekommen, den Leuten zu erlauben, an deinem Gewand zu zupfen, nach dir zu rufen, um all die vielen verschiedenen und verrückten Dinge zu bitten, die uns in der Welt versuchen. Du kommst einfach mit, ja, ja, ja! Ach, wie soll man nur an dein göttliches Beispiel herankommen - aber ich will es versuchen.

Bist du etwa darüber entzückt, wenn ich dir erlaube, in meiner Nähe zu sein? Im nächsten Augenblick kann ich dir Trennungsschmerz verursachen. Redet ihr untereinander darüber, daß Sai sich über eure Tränen freut? Im nächsten Augenblick lasse ich euch vielleicht lachen, daß euch die Seiten schmerzen, und überschütte euch immer wieder mit Freude. Fühlt ihr euch emporgehoben, weil ich euch ein wenig lobe? Im gleichen Augenblick steche ich vielleicht in die Seifenblase, indem ich euch lächerlich mache. Fühlt ihr euch sicher, weil ich euch so gnädig war? Fürchtet nichts. Im nächsten Augenblick kann ich euch Schmerz zufügen und stumm bleiben, während ihr um Erleichterung fleht. Ich lasse euch nicht vorankommen. Ich mache euren Verstand verrückt und zerschlage euer Ego. Findet selbst heraus, wie man sich von diesem berückenden Sai „befreien" kann, dieser Verkörperung von Liebe und Licht. Findet selbst heraus, warum er unverzichtbar ist, trotz dieser Doppelrolle.

Sathya Sai Baba

SELBSTAUFOPFERUNG

KAPITEL 25

Einmal habe ich Baba nach Bombay begleitet, wo er zu einer Gruppe von Erziehern, Juristen, Naturwissenschaftlern und Gelehrten sprach. Er war im Auditorium eines Gebäudes, das den Namen Bhārtya Vidyā Bhavan trägt. Jedermann sah wohlerzogen und gebildet aus, wenn er einmal durch die Eingangstür eingetreten war. Aber durch diese Tür hindurchzukommen war eine schwierige Angelegenheit. Sie war sehr klein, und alle wollten gleichzeitig hindurch, besonders weil jemand dastand, um manche am Eintreten zu hindern. Aus diesem Grund erinnerte mich das Drängen und Schieben an das grimmige Spiel an der Frontlinie bei einem Fußballspiel der San-Diego-Charger. Aber sobald alle die Tür passiert hatten, herrschte Frieden. Wir warteten in großer Spannung.

Nach einer Weile betrat Baba die Bühne. Aller Augen waren auf ihn geheftet, während er sich langsam und anmutig auf die Mitte der Bühne zubewegte und sich dann auf dem Teppich in einer friedvoll ruhenden Stellung niederließ. Leicht nach links geneigt und sich auf seinen ausgestreckten Arm stützend, schien er in einer anderen Dimension, in Ekstase zu sein und erfüllte den Raum mit Glückseligkeit. Nach kurzer Zeit stand er auf und kam ruhevoll und mit einem Lächeln auf die Menge zu, klopfte dabei hier dem einen verspielt auf die Schulter, blieb dort zu einer Ermunterung oder einem ernsten Wort stehen, materialisierte etwas *vibhūti* für einen Glücklichen, bis wir alle einen tiefen, innigen Kontakt mit ihm verspürten. Gemessen kehrte er zum Podium zurück und wandte sich behutsam zum Mikrofon. Dann sang er in verzaubernder, engelsgleicher Weise. Er war so voller Liebreiz, reinste Süße.

Dann kam er zur Sache. Verhalten setzte er an, dann wurde seine Rede, von einem Dolmetscher ins Englische übersetzt, immer kraftvoller und lauter, bis er zu seinen wesentlichen Punkten kam - und er unterstrich sie mit Wucht und Autorität wie ein König, ein Herrscher, ein Gott. Er sagte: „Es ist so leicht für die Armen, arm zu bleiben, mit den Armen zu essen, zu spielen und weiter die Leiden und Probleme der Armen anzunehmen. Und es ist so leicht für die Reichen, mit Reichen zusammen zu sein, mit ihnen zu essen, zu spielen und die Armen zu vergessen. Es ist sehr ungewöhnlich und schwierig für die Reichen, mit den Armen zu leben, mit ihnen zu essen, ihre Probleme und Leiden anzunehmen. Aber genau das ist es, was ich euch sage zu tun. Geht zu den Armen, lebt mit den Armen, seid unter ihnen, den Armen, Hilflosen, den Leidenden, und dient ihnen."

Ich war einfach überwältigt von der Kraft und Autorität dieser Verkündigung. Was für eine ungeheure Botschaft, die er uns brachte - und mit solcher Autorität! Mein Bruder war auf diese Reise mitgekommen, und ich sagte zu ihm: „Donald, hast du das gehört? Hast du gehört, was er sagte, was wir tun sollen?" Ich war sehr bewegt, weil ich es mir zu Herzen nahm. Und mein Bruder sagte: „Ja, ja, jeder Religionsführer redet so."

Später, nach unserer Rückkehr von Bombay nach *Brindāvan*, stand ich neben Baba. Er muß gewußt haben, daß ich von seiner Rede sehr beeindruckt war, und er prüfte mich seelisch, ob ich die Kraft hätte, seine Anweisungen zu befolgen. Mit einem gütigen Lächeln sah er mich an und sagte: „Wie hat dir meine Rede gefallen?" Ich erwiderte: „*Swami*, du warst großartig." Mit einem breiten Lächeln antwortete er: „Ja, ich war stark, nicht wahr?"

Sind wir stark genug zu tun, was wir als richtig erkennen? Und wenn wir unsere materiellen Güter, unsere Stellung und Bequemlichkeit für diese Ideale opfern, kommt dann der Herr selbst, um zu schützen, zu lehren und zu helfen? Bis dahin hatte ich bereits so viele Bestätigungen, daß Sai Baba tatsächlich kommt und direkt und konkret in unser Leben eingreift, wenn wir es ihm zuwenden, daß ich bereit war, es mit einem kleinen Opfer zu versuchen. Was ich wirklich wollte und vorhatte, war zu packen und nach Indien überzusiedeln, sehr zur Beunruhigung meiner Frau. Aber jedesmal, wenn ich Baba darum um Erlaubnis bat, schickte er mich zurück in die USA.

So beschloß ich, die Fähigkeiten zu entwickeln, die ich vielleicht brauchen würde, wenn er mir doch eines Tages gestattete, bei ihm zu leben. Ich entschied mich, einige Erfahrungen in der Arbeit für die Armen im Rahmen einer Klinik zu sammeln; vielleicht könnte ich eines Tages eine Klinik oder eine ambulante Station mit einem Tagesprogramm in Babas Krankenhaus einrichten. Natürlich fragte ich mich, was fängt ein *Avatar* mit einem Psychiater an - aber nichtsdestoweniger muß man von etwas träumen, und vielleicht konnte dieser Traum Wirklichkeit werden. Baba will durchaus, daß wir unsere Fähigkeiten für den Tag perfektionieren, an dem er uns vielleicht gestattet, unmittelbar mit ihm als Werkzeug an der weiteren Durchführung seiner Mission zu arbeiten.

Als ich wieder in San Diego war, ging ich zu einer Klinik in einem armen Stadtviertel und sprach mit der Leiterin der psychosozialen Abteilung. Ich sagte ihr, daß ich einen halben Tag in der Woche gern volontieren würde, und sie war begeistert. Sie erklärte mir den Betrieb in der Klinik, und dann hatte sie eine Frage: „Sie sind der erste Arzt, der jemals kam und freiwillig mitarbeiten will - sie verdienen alle eine Menge Geld da draußen. Warum tun Sie das also?"

Zögernd begann ich: „Ja nun, wenn Sie es wirklich wissen wollen" - ich war noch naiv genug anzunehmen, daß die Leute mein Erlebnis mit Baba verstehen würden. Wie oft ich mir auch die Nase anrenne, weil ich meinen großen Mund zu schnell aufreiße, so kann ich doch nicht aufhören, von Baba zu reden. So hielt ich wieder nicht den Mund und sagte: „Weil der Herr der Schöpfung - falls Sie es glauben können - der Herr des ganzen Kosmos, der die Welt einfach durch einen Gedanken erschaffen hat, in Menschengestalt zur Erde gekommen ist und in Indien lebt. Er ist tatsächlich hier, wandelt auf der Erde, lehrt uns selbst in diesem Augenblick - welche außergewöhnliche Gnade, welche reine, nie endende Freude ist das! Und er sagt uns, wir sollen zu den Armen und Leidenden gehen und ihnen dienen."

Und das eigentliche Wunder bei der ganzen Sache war, daß sie zwar ein bißchen erschrocken schaute, aber trotzdem sagte: „Nun ja, okay, fangen wir nächste Woche an."

So arbeitete ich also in der Klinik, stellte meine Zeit zur Verfügung, um Dinge zu tun, mit denen ich vertraut war, und nichts Neues oder Überraschendes geschah. Aber ich lernte dabei, daß man langsam, allmählich anfangen und Geduld haben muß. Um auf dem Pfad voranzukommen, braucht man Zeit, Ausdauer, Stetigkeit und ein hohes Maß an Geduld. Ungefähr ein Jahr lang arbeitete ich in der Klinik, obwohl ich nicht den Eindruck hatte, daß das viel brachte oder daß ich viel lernte - im Grunde empfand ich es als ein wenig langweilig, um die Wahrheit zu sagen. Schließlich beschloß ich aufzuhören. Kurz darauf sah ich eine Anzeige in der Zeitung; man suchte einen medizinischen Leiter für eine Tages-Behandlungsstelle. Es war genau das, was ich wollte. Ein Rahmen, in dem ich ein Therapieprogramm für geistig Behinderte leiten und an der Entwicklung einer Gemeinschaftsform für sie arbeiten und Erfahrungen sammeln konnte; denn bis zu fünf Tagen in der Woche sollten diese Menschen sieben bis acht Stunden täglich an durchgeplanten, bereichernden, weiterbildenden und therapeutischen Erlebnissen teilnehmen. Ich bekam die Stelle.

Ich hatte nicht vor, den gleichen Fehler zweimal zu machen. Ich sagte mir: „Sam, du mußt nicht über den inkarnierten Gott reden, du brauchst nicht jedem von deinen Erlebnissen mit Baba zu erzählen. Wenn du nur nach seiner Botschaft leben kannst; sei freundlich und nett - mach es auf diese Art. Schaukle nicht im Boot. Du hast hier einen Nebenjob, jetzt paß bloß auf dich auf." Mit diesem Entschluß startete ich das Erziehungsprogramm. Sie respektierten und mochten mich - und ich sie. Wir kamen prächtig miteinander aus.

Etwa eineinhalb Monate, nachdem ich begonnen hatte, machten die Mitarbeiter und ich uns zur Besichtigung eines Pflegeheims auf - eine geregelte Lebensform und Umgebung für Leute, die zu behindert sind, um für sich selbst zu sorgen. Wir wollten unsere Dienste anbieten und für einige Bereicherungen sorgen. Als wir auf den Parkplatz gingen, fragte jemand: „Wessen Wagen sollen wir nehmen - Sam, wie wär's, wenn wir den deinen nehmen?"

Ich erwiderte: „In Ordnung", bevor ich begriff, was ich tat. Ich hatte einen kleinen, recht hergenommenen Jeep, der von außen nicht allzu übel aussah - aber innen war er voll mit Sai Baba-Bildern beklebt, und Räucherstäbchen standen überall heraus - ein unordentlicher, phantastischer New-Age-Tempel auf Rädern. Da kamen mir Bedenken: „Wie wär's - ich meine, wir könnten doch den Wagen von jemand anderem nehmen?"

„Komm Sam, fahren wir in deinem", denn sie wollten sehen, wie der Wagen eines reichen Psychiaters aussieht. Sie hatten keine Ahnung, daß ich nicht reich bin - aber als sie meinen Wagen sahen, wurde es ihnen klar. Und als ich die Tür öffnete - boing! Ich will sagen, es war ein enormer Schock. Stille. Als ob niemand etwas sehen würde. Dann fragte einer mutig: „Wer ist das?"

„Oh, ein Freund", entgegnete ich.

Sai Babas Geheimnis ist wirklich allerhand. Was er uns armen Seelen alles zumutet! Man kann natürlich sagen, das ist alles eine Fata Morgana; es ist alles ein Traum, und ich reagiere einfach nicht, und sie reagieren nicht. Es ist für sie ja nicht wirklich unangenehm - ich bin nur das „Ich", der ewige Zeuge. Aber, wissen Sie, solange wir in diesem Körper stecken, reagieren wir eben noch ein bißchen, und ich fühlte mich miserabel.

Einer versuchte höflich, eine Frage zustandezubringen: „Fahren Sie mit diesem Jeep auch in die Berge?"

Ich darauf: „Nein, nicht sehr oft." Das war das ganze Gespräch. Als wir ankamen, war ich ziemlich gereizt.

Das Pflegeheim hatte etwa sieben Betreuer, und wir waren zusätzlich fünf. Während der Besprechung war ich wie betäubt. Ich glaube, wir sagten alle etwas, aber ich kann mich kaum erinnern an das, was vorging. Anschließend zeigte uns der Anstaltsleiter die Räume, stellte uns einigen Heiminsassen vor und machte mit uns eine Runde durch die Außenanlagen. Als der Besuch sich seinem Ende näherte, begann ich mich unbehaglich zu fühlen - angesichts der Rückfahrt. Wir blieben vor dem Heim stehen, unsere Leute und der Leiter. Ich hatte ihn nie vorher gesehen, und er schien recht freundlich.

Dann geschah etwas Ungewöhnliches. Dieser junge Mann, der Heimleiter, ging, die Hände vor der Brust gefaltet, in der ehrerbietigen Gebetshaltung, mit der man einander in Indien grüßt, auf mich zu. Und mit strahlendem Lächeln fragte er: „Ist das *Swamis* Ring, den Sie da tragen?" und deutete dabei auf einen Ring, den Baba für mich materialisiert hatte. Da brach ich in ein breites Grinsen aus. Können Sie sich diese Wende im Verlauf der Begebenheit vorstellen? In den Augen der Mitarbeiter war ich eine Null gewesen, und jetzt war ich ein Held. „*Swami* ist auch mein *Guru*", rief er freudig aus. Wir wurden beide zu Kindern und strahlten von einem Ohr zum anderen, als er mir über seine Indienreise erzählte, wie er in Nordindien todkrank wurde und Sai Baba ihn rettete.

Das war wundervoll. Ob du ein Held bist oder eine Null, das macht keinen Unterschied. Worauf es ankommt, ist der Glaube und die Geduld, die beide entstehen, wenn er dich mit einem gütigen und liebevollen Zeichen seiner Allgegenwart auszeichnet. Was immer gespielt wird - und das Spiel kann äußerst mysteriös und anstrengend sein -, wir müssen Glauben, Standfestigkeit, Geduld haben und wissen, daß er immer bei uns ist. Wir können alle möglichen Fehler machen und uns als Null fühlen, das ist nicht wirklich wichtig. Wenn wir nur lange genug durchhalten im standhaften Glauben, dann schenkt er uns eine tiefere Einsicht - so spielt sich das ab. Nur abwarten. Er rettet erst im letzten Augenblick.

Wichtig ist, sehr fest zu ihm zu halten. Dann übernimmt er die Verantwortung für das Lernen und Erretten. Wir müssen nur den Glauben entwickeln, daß, was auch immer geschieht, ganz gleich, wie es von der materiellen Welt her aussieht, alles in Wirklichkeit Gnade ist; Gnade, durch die er uns die tiefsten spirituellen Einsichten übermittelt. An solche Einsichten kommt man nicht so leicht heran. Er lehrt, daß wir uns, um Leid und Schmerz zu entgehen, so stark nach Gott sehnen müssen wie ein Säugling, der nach seiner Mutter schreit, wie ein erbarmungswürdiger, verhungernder Bettler nach einem eßbaren Brocken schreit.

Eine Erkenntnis, die man nur schwer erlangt: Das Ich muß demütig werden, bevor sich uns eine deutliche Vision vom Göttlichen erschließt.

Aber lassen wir uns nicht von dieser überwältigenden Aufgabe erdrücken. Lassen wir keine Angst aufkommen - halten wir uns nur noch fester am Saum seines Gewandes. Eines Tages wird er mit der Sekundenschnelle eines Augenzwinkerns in seiner vollen Herrlichkeit erscheinen und uns zeigen, daß er immer bei uns war. Wenn wir unser Leben zu einer Übung in Andacht und Hingabe machen, wenn wir dem Herrn alles opfern, dann wird er kommen, um uns zu zeigen, daß er immer mit uns war und jetzt hier ist, um zu schützen und zu retten.

Zum Schutz der Guten, zur Vernichtung der Bösen und zur Wiederherstellung der gottgewollten Ordnung werde ich von Zeitalter zu Zeitalter geboren. Immer, wenn Unfrieden sich der Welt bemächtigt, verkörpert sich der Herr in menschlicher Form, um erneut (den Weg) festzulegen, wie man göttlichen Frieden erlangt, und um die menschliche Gemeinschaft wieder zum Frieden zu erziehen... *Sādhus* haben gebetet, und so bin ich gekommen. Meine wichtigsten Aufgaben sind es, die *Veden* zu stärken und meinen Devotees zu helfen. Eure Tugend, eure Selbstbeherrschung, eure innere Freiheit, euer Glaube, eure Beständigkeit: das sind Zeichen, an denen die Menschen meine Herrlichkeit erkennen...
Der *Avatar* verhält sich wie ein Mensch, damit die Menschen sich ihm verwandt fühlen können, aber er zeigt sich auch in seiner übermenschlichen Größe, damit die Menschen nach dieser Größe streben und durch dieses Streben zu ihm kommen können. Er kommt in menschlicher Gestalt, damit ihr erkennt, daß es Gott ist, der alles bewirkt und durch den alles geschieht, und daß dieser Gott in eurem Herzen wohnt...
Jeder Schritt des *Avatars* während seines Verweilens auf der Erde ist vorherbestimmt. *Rāma* erschien, um die Wurzeln der Wahrheit und der Rechtschaffenheit zu stärken. *Krishna* kam, um Frieden und Liebe zu bewahren. In unserer Zeit sind alle vier in Gefahr auszusterben. Aus diesem Grund ist der gegenwärtige *Avatar* gekommen...
Ich bin gekommen, um euch die Schlüssel zum Schatzhaus der Glückseligkeit zu geben und euch zu lehren, wie man sich diese Quelle erschliesst, denn ihr habt den Weg zu einem gesegneten Leben aus den Augen verloren...
Bringt etwas in euren Alltag hinein als Beweis dafür, daß ihr durch mich das Geheimnis des höheren Lebens erfahren habt. Zeigt mehr Brüderlichkeit. Sprecht sanfter und mit mehr Selbstbeherrschung. Nehmt beides, Niederlage und Sieg, mit der gleichen Gelassenheit hin...
Meine Taten sind die Grundmauern, auf denen ich mein Werk errichte, die Aufgabe, um derentwillen ich gekommen bin. All die Wunder, die ihr beobachtet, sollten in diesem Licht gesehen werden...
Die Wiedereinführung der gottgewollten Ordnung ist meine Absicht. Die Lehre von der Rechtschaffenheit, die Macht der Rechtschaffenheit: das ist mein Ziel. Diese Wunder, wie ihr sie nennt, sind nur ein Mittel zu diesem Zweck.

Diese siddhis oder yogischen Fähigkeiten gehören zum Wesen des *Avatars*. Die Erschaffung von Gegenständen, die beschützen und Freude bereiten sollen, ist spontan und dauerhaft. Erschaffen, erhalten und auflösen kann nur der Allmächtige, sonst niemand...

Die Jagd nach äußerlichen Dingen ist die Ursache all eurer Unzufriedenheit. Diese Art des Verlangens ist unstillbar. Bist du erst einmal Sklave deiner Sinne geworden, lassen sie dich bis zum Tod nicht mehr los. Es ist ein unlöschbarer Durst. Ich aber rufe euch zu mir und erfülle euch auch weltliche Wünsche, damit ihr euch Gott zuwendet. Kein *Avatar* hat das jemals zuvor getan: unter die Menge gehen, sie beraten, führen, trösten, aufrichten und ihr den Weg von *satya*, *dharma*, *shānti* und *prema* zeigen... Wenn ihr euch ganz hingebt und euch dem Herrn überantwortet, dann wird er euch führen und beschützen. Dafür ist er ja gekommen. Er sagt ausdrücklich, daß er das tun wird und daß es eben diese Aufgabe ist, die ihn hierher gebracht hat.

Ich kenne die Ungeduld eures Herzens und eure Sehnsüchte. Aber ihr kennt nicht mein Herz. Ich fühle die Schmerzen, die ihr leidet, und die Freude, die ihr empfindet, denn ich bin in euren Herzen. Ich wohne in dem Tempel jedes Herzens. Verliert nicht den Kontakt zu Gott, gebt die Gemeinschaft mit ihm nicht auf, denn nur wenn die Kohle mit der lebendigen Glut in Berührung ist, kann auch sie zu glühen anfangen.

Pflegt die Nähe zu mir in euren Herzen, das wird euer Leben bereichern. Dann werdet auch ihr einen Teil dieser höchsten Liebe besitzen. Euch ist eine großartige Gelegenheit gegeben. Vertraut darauf, daß ihr alle befreit werdet. Seid euch bewußt, daß ihr erlöst seid. Viele zögern noch zu glauben, daß alles besser wird, daß das Goldene Zeitalter wiederkommt. Laßt mich euch versichern, daß diese göttliche Inkarnation nicht vergebens gekommen ist. Sie wird die Krise, in der sich die Menschheit befindet, abwenden.

Sathya Sai Baba, 23. November 1968

Das Pūrnacandra Auditorium, die größte überdachte Halle ohne Stützpfeiler im Innenbereich. An der linken Stirnseite sind von rechts nach links vier der großen Weltlehrer abgebildet: *Krishna*, Jesus Christus, Buddha und Zarathustra. Auf der rechten Seite befinden sich Darstellungen der wichtigsten *Avatare* der Hindu-Tradition.

In diesem Buch habe ich den Standpunkt vertreten, daß Sai Baba möglicherweise der eindeutigste lebende Beweis für das höchste geistige Prinzip und für die Realität des *ātman* ist, der Ausweitung unserer Seele über Zeit, Raum und Tod hinaus. Ich habe auf seine Bedeutung für die Wissenschaften vom menschlichen Verhalten (die Psychologie) hingewiesen und wie die Einsicht in seine tatsächliche Existenz in unser Fachgebiet Seele und Substanz bringen wird. Ferner halte ich es für wichtig zu bedenken, welche Relevanz Sai Baba für die Menschen auf der ganzen Welt hat und welchen Anstoß er für ein globales Bewußtsein gibt.

Im nächsten Teil werden wir uns mit der Möglichkeit auseinandersetzen, daß Sai Baba in der Tat ein Weltlehrer von unvergleichlichem Format ist. Ich gebe meine Beobachtungen wieder, die ich bei einer Weltkonferenz der Sathya Sai Organisation in *Prashānti Nilayam* im Süden Indiens im November 1980 gesammelt habe. Anschließend folgt der Text einer Ansprache, in der Sai Baba auf die Natur und Bedeutung seiner Wunder eingeht. Daran schließt sich ein ungewöhnlich aufschlußreiches Interview an, das Sai Baba Mr. Karanjia, dem Chefredakteur des BLITZ, eines der größten Nachrichtenmagazine Indiens, gegeben hat. Bei dieser Gelegenheit erklärt und diskutiert Sai Baba einige der wichtigsten zentralen Aspekte der Bedeutung seines Lebens und seiner Weltmission.

DIE WELTKONFERENZ

KAPITEL 26

Vom 19. bis zum 21. November 1980 wurde in der Nähe des kleinen indischen Dorfes *Puttaparthi* die dritte Weltkonferenz der Shrī Sathya Sai Organisation abgehalten. Sai Baba rief Mitglieder seiner Helfergruppen aus der ganzen Welt zu diesem Treffen. Was war es für eine Freude, bei einem Ereignis dabei zu sein, das sich ebenso als Botschaft wie als Zukunftsvision erwies - das Zeichen und Wunder einer spirituellen Wahrheit und die Morgendämmerung einer neuen Weltordnung offenbarte, deren zentraler Kern jene Wahrheit ist! R. N. Goenka schrieb in einem Artikel, der am 16. November 1980 in der indischen Zeitschrift „Sunday Standard Magazine" erschien:

Man schätzt, daß Sai Baba jetzt mehr als 30 Millionen Anhänger hat und die Sathya Sai Organisation heute aus mehr als 15.000 Gruppen in 64 Ländern besteht. Diese Bewegung erscheint als die Speerspitze einer Revolution, die mächtiger und überzeugender ist als alles, was die Menschheit bisher gekannt hat. Sie ist weder politisch noch wirtschaftlich noch wissenschaftlich oder technisch. Sie geht tiefer und ist grundlegender. Es ist eine spirituelle Revolution, bei der Liebe und Mitgefühl sowohl Mittel wie Zweck sind. Es ist die Hoffnung für die gesamte Menschheit.

DER ORT

Bei der Ankunft in *Bangalore*, einer etwa 450 Meilen südöstlich von Bombay auf einem Hochplateau liegenden Stadt mit ca. 1 Million Einwohnern, wurden wir mit Willkommensgrüßen auf großen Spruchbändern empfangen, die den Eingang des Flughafens schmückten. Ähnliche Spruchbänder waren über die Straße gespannt, auf der wir die 120 Meilen zum Dorf *Puttaparthi* fuhren. Die dreieinhalbstündige Fahrt wurde an Rastplätzen unterbrochen, an denen Sai-Anhänger unaufgefordert Kaffee, Tee und Kekse anboten.

Sai Babas *Ashram Prashānti Nilayam* (der Name bedeutet: „Wohnort des höchsten Friedens") ist ein Wallfahrtsort für Hunderttausende aus der ganzen Welt. Die Lage, direkt an *Puttaparthi*, den Geburtsort Sai Babas, angrenzend, sagt viel über seine Wertbegriffe aus.

Obgleich Sai Baba jetzt in ganz Indien berühmt ist und fast überall einen Platz für seinen *Ashram* wählen könnte, bleibt er ganz in der Nähe seines Geburtsortes und heute wie damals dient er seiner Familie, seinen früheren Freunden und den Bewohnern seines Dorfes und unterstützt und beschützt sie. Er sagt seinen Anhängern, daß Freundschaft sich mit dem Alter vertiefen und reifen sollte - daß „alt Gold ist" (old is gold).

Rund um den Erdball haben Devotees Sai Baba gebeten, ihr Land zu besuchen. „Zuerst muß man genug Kraft haben, für sich selbst zu sorgen", sagt er, „und wenn man darüber hinaus noch Kraft erübrigt, dann muß man sich um seine Familie kümmern, um seine Gemeinde, seine Stadt, den Staat und das Land." Nur wenn man auf diese Weise den Menschen dienen kann, hat man das Recht, sein Land zu verlassen und woanders Ratschläge zu geben, sagt er.

Sai Baba scheint eine universale Anziehungskraft zu haben, für alle Rassen und Farben, Glaubensrichtungen, Nationalitäten, Religionen und Sprachen - für Menschen aller Bildungsgrade, Kulturstufen und Lebensstellungen - für Leute, die, sonst durch Myriaden von Schranken und Unterschieden getrennt, sich hier zusammenfinden als eine vereinte Familie - schätzungsweise kamen im ganzen 200.000 Menschen zu diesem Ereignis.

Wenn man inmitten dieser riesigen Versammlung sitzt, die Intensität der Kraft, der Energie und Erregung inmitten dieser Menge spürt, dann fragt man sich, was in der Seele dieses Wesens wohnen muß, das so anzieht und inspiriert. Ein Kind Indiens, in einem unbekannten, abgelegenen indischen Dorf, genaugenommen auf einer Kuhweide zur Welt gekommen, ist nun der Mittelpunkt einer ungeheuer eindrucksvollen Anordnung von Bauten, Herzen und Seelen.

Der Gebäudekomplex, der diese Versammlung beherbergt, ist riesig und noch immer im Wachsen begriffen. Auf Hunderten von Morgen (1 Morgen ist 40.000 Ar) einst unbewirtschafteten Landes stehen jetzt Bauwerke aller Art und Größe. Sie und die großen Statuen der Hindu-Götter und -Göttinnen, die sie schmücken, leuchten in den hellen Pastelltönen rosa, hellgelb und hellblau als eine schimmernde, surrealistische Traumszenerie. Die Schlafsäle an der Peripherie des *Ashrams* können Tausende von Devotees beherbergen. Im Herzen des *Ashrams* befindet sich der heilige *mandir* (Tempel), in dem Baba lebt, und das Pūrnacandra-Auditorium, das durch den Zustrom von 20.000 Menschen nun in seiner Kapazität voll ausgelastet ist.

Außerhalb der *Ashram*-Mauern bilden vier massive zwei- bis dreistökkige Gebäude den Schultrakt, bestehend aus einer Grund- und einer Mittelschule (High School) sowie aus einem natur- und geisteswissenschaftlichen College, aus Wohnblöcken, Klassenzimmern, Auditorien und Werkstätten. Alles in allem erstreckt sich das Bildungszentrum über mehr als eine halbe Quadratmeile. Das Shrī Sathya Sai Institute of Higher Learning (College) erfreut sich eines so guten Rufes, daß es die erste Universität wurde, welche die indische Regierung seit der Unabhängigkeit Indiens 1947 staatlich anerkannte. Dies ist in Ziegel und Mörtel der sichtbare Ausdruck der zentralen Bedeutung, die Sai Baba der Erziehung der Jugend beimißt.

Der Erfolg seines Lehrprogramms drückt sich in der Vorzüglichkeit seiner Studenten und in ihren inzwischen anerkannten Leistungen innerhalb der indischen Gesellschaft aus. Die indische Regierung ist so sehr vom Ergebnis dieses spirituell orientierten Lehrplans beeindruckt, daß sie einen seiner Aspekte für alle indischen Grundschulen übernommen hat. Darin spiegelt sich Sai Babas Richtung in dem Sinn, daß „das Ziel aller Erziehung der Charakter ist", was dieses Programm unter der Bezeichnung „Erziehung in Menschlichen Werten" als die zentralen Wertbegriffe lehrt, über die in allen Religionen Übereinstimmung herrscht. Die Lebensweise der Heiligen und großen Seelen aller Religionen werden hier studiert, wobei auf die Entwicklung der sittlichen Stärke und des guten Charakters der größte Nachdruck gelegt wird.

MENSCHEN UND EREIGNISSE

Als wir, meine Frau Sharon, meine dreizehnjährigen Zwillingstöchter Ruth und Rachel und ich, in *Prashānti Nilayam* ankamen, wurden wir in einem neu errichteten sechsstöckigen runden Gebäude untergebracht. Unsere Nachbarn waren hochgebildete und geachtete Menschen aus der ganzen Welt. Ravi Shankar, der weltbekannte indische Sitar-Spieler, erfolgreiche Geschäftsleute aus Schweden, Italien, Zentralamerika, Indien und den USA - darunter einige, die alles aufgegeben hatten, um in der Nähe Sai Babas zu leben; Ärzte, Wissenschaftler, Juristen, Journalisten, Politiker und Generäle. Alle gemeinsam bildeten eine wirklich internationale Familie.

Von den Studenten und Professoren des Sai Baba College wurden den Gästen westliche Mahlzeiten gereicht - alle weiß gekleidet, makellos sauber, mit guten Manieren, immer höflich, freundlich, bescheiden und glücklich. Für unseren Komfort wurde jede Anstrengung unternommen - von Botengängen bis zum Nachservieren zweiter Portionen, vom Geschirrspülen bis zum Reinigen der Anlagen. Sehr verblüffend war es, denselben Helfern wieder zu begegnen, wenn sie profunde, ergreifende Ansprachen vor Tausenden im großen Pūrnacandra-Auditorium im Lauf der Konferenz hielten! Sobald sie geendet hatten, verließen sie rasch und informell das Rednerpult und eilten zum Schauplatz ihrer Pflichten zurück. Sie haben es nicht nötig, zu zeigen, daß sie mehr als Diener sind. Was für eine Lehre für meine Töchter - welche Lektion in Demut für mich!

Die berauschenden Anblicke, die Klänge, die Aktivitäten, die Menschen wurden von zahlreichen Filmleuten, Fotografen und Journalisten festgehalten. Sai Gītā, Babas Elefantenliebling, führte in prächtiger, festlicher Ausstattung Paraden und Prozessionen an. Affen, Esel, Hunde, Krähen, Wasserbüffel, Eidechsen und Pfauen bildeten ein vielgestaltiges Tieraufgebot. Dudelsackpfeifen, Trommeln und Jagdhörner sorgten für eine phrenetische Begleitmusik. Zeremonien, Opferriten, Einweihungen mit Band-Durchschneidung, Girlanden, Feuerwerke, Spiele, Widmungen und Reden - Lieder, Tänze und Darbietungen von einigen der ersten Musiker Indiens füllten die Tage mit freudiger Erregung.

Ansprachen von einer Vielfalt hervorragender Männer und Frauen aus verschiedenen Schichten und Ländern vermittelten einen Einblick in das Ausmaß und die Bedeutung dieser internationalen Bewegung. Dr. V.K. Gokak - ein bekannter Schriftsteller, Dichter, Professor und Erzieher, früherer Vizekanzler der Universität *Bangalore* und ehemaliger Direktor des Indischen Institute of Advanced Study in Simla, der außerdem Autor von mehr als 30 Büchern in Englisch und Kannada ist - hielt die Eröffnungsrede. Er sprach von einer im Entstehen begriffenen neuen Weltordnung, an der wir alle teilhaben und deren zentrales Anliegen ein Gefühl für Brüderlichkeit, Einheit und Liebe ist.

Bücher als allen Winkeln der Welt - ausländische Übersetzungen von Babas Lehren und Biographien über ihn waren ausgestellt. „Golden Age 1980"[1], eine Sammlung von Artikeln hervorragender Schriftsteller und Pädagogen, herausgegeben von einer Gruppe von Absolventen der Sai Baba Colleges, die sich „The Kingdom of Sathya Sai" (Königreich von Sathya Sai) nennen, lag bereit. Diese Sammlung zeigt den Einfluß von Sai, der bereits in jeder Dimension und in jedem sozialen Aspekt in der Welt gegenwärtig ist; sie belegt auch, welch hohe Achtung Sai Baba in seinem eigenen Land genießt! Er ist heute der weitaus angesehenste lebende Heilige Indiens mit der größten Anhängerschaft.

DIE BOTSCHAFT

Während der Konferenz hielt Baba eine Reihe packender Ansprachen. Am Anfang eines zentralen Themas oder einer Botschaft wird immer gemeinsam gesungen, dann spricht Baba ungefähr eineinhalb Stunden ohne Notizen, stets ungezwungen, spontan, fesselnd und voller Anmut. Er wirkt wie von einer inneren Vision gelenkt, die für uns Sterbliche schwer vorstellbar ist. Wenn er uns anblickt, dürfte er nicht einzelne Körper wie wir sehen, sondern ein herrlich strahlendes Licht - oder ozeanische, meeresgleiche Lichtwellen, welche die Herzen untereinander und uns alle gemeinsam zu einem einzigen herrlichen Körper aus Licht und Liebe verbinden. Es muß so sein, denn er spricht immer wieder von dieser Tatsache und betont, daß auch Christus davon sprach, wenn er sagte: „Ihr seid alle mein einer Sohn; seid zu jedem gleich." Gerade über diese Einheit, dieses Einssein, diese atmische[2] Wirklichkeit sprach er am ergreifendsten - und lehrte uns mit einem Lächeln voller Liebe und Mitgefühl, allen zu dienen, denn Gott ist in allen.

Zeitweise ändert Baba plötzlich das Thema seiner Rede, als ob er auf das eingehe, was ein Devotee gerade braucht - oder als ob er das Gefühl habe, daß es gerade der richtige Augenblick für eine gewisse Lehre sei. Während einer besonders denkwürdigen Ansprache wechselte er einmal ganz plötzlich das Thema, um eine historisch interessante und spirituelle Belehrung einzufügen. Vielleicht, weil mehrere russische und chinesische Gruppen zum ersten Mal anwesend waren. Jedenfalls sprach Baba plötzlich die folgenden Worte:

> Um das Jahr 1917 kam Stalin in Rußland an die Macht. Es vollzog sich ein großer Wandel in der Gesellschaftsordnung. Ein Mann namens Wolf Messing kam zu Stalin, um ihm von der Realität des *ātman*, dem unsichtbaren Urgrund, dem realen Selbst, dem ewigen göttlichen Aspekt des Menschen, zu erzählen. Stalin konnte Wolf Messing und seine Botschaft nicht verstehen, und was danach folgte, war Not und Leid in Rußland. Wolf Messing ging nach Wien. Er traf Freud, der an ihm interessiert schien und sich mit ihm

beschäftigen wollte, aber Messing war seinerseits nicht interessiert und zog weiter. Im Jahr 1937, als dieser, mein Körper, elf Jahre alt war, ging ich in der Nähe einer Bahnstation spazieren. Auf dem Bahnsteig war ein einsamer Mann, der auf einen Zug wartete. Er war nach Indien gekommen, um die großen Heiligen zu sehen und weitere Beweise für seine Vision vom *ātman* zu finden. Als ich näherkam, blickten seine Augen in die meinen und füllten sich mit Tränen. Er war außer sich vor Freude und stürzte auf mich zu. Er streckte die Arme nach mir aus und rief: „Ich liebe dich, ich liebe dich, ich liebe dich!"

Und als er das sagte, geriet Baba in reinste Verzückung und Wellen freudiger Erregung und Liebe erreichten seine Zuhörerschaft. Wir saßen wie elektrisiert da, als Baba fortfuhr:

Dieser Mann stürzte auf mich zu und nahm meine Hand. Er war voller Freude - in Ekstase. Meine Freunde waren erschrocken, weil sie dachten, er würde mich entführen. Sie packten mich und wollten mich von ihm losreißen. Sie holten mich vom Bahnsteig weg. Obwohl der Mann diesen Körper nicht mehr halten konnte, ließen mich seine Augen nicht los, bis ich außer Sichtweite war. Das war Wolf Messing. Er hatte den *ātman* gesehen.

Anmerkungen

1. Liste der in diesem Buch erwähnten Titel und Autoren:
   „God Fulfills Himself" von The Honorable Justice Shrī V. R. Krishna Iyer, dem ehrwürdigen Vorsitzenden des Supreme Court of India.
   „The Sathya Sai Era: Glimpses of a Spiritual Revolution" von Dr. Duane Robinson, College Professor, Soziologe und Sozialarbeiter.
   „What Shrī Sathya Sai Baba Means to Me" von Shrī V. K. Narshimhan, international bekannter Journalist. Er war zweiter Herausgeber von „The Hindu" und Herausgeber von „Indian Express", der weitverbreitetsten Zeitung Indiens, und ebenso von „Financial Express Deccan Herald".
   „The Second Coming Has Come!" von Ron Laing, britischer Schriftsteller für übernatürliche Phänomene.
   „The Finger of God" von Horward Murphet, Lehrer, Journalist und Schriftsteller in Australien, der das erste bedeutende westliche Buch über Sai Baba geschrieben hat: „Sai Baba und seine Wunder", Sathya Sai Vereinigung e. V., Bonn, 1991, ISBN 3-924739-18-8. Er schrieb auch ein zweites Buch: „Sai Baba Avatar", Mirapuri Verlag, 1986, ISBN 3-922800-25-4.
   „Grains of Grace" von Shrī Govind Narain, Gouverneur von Karnataka.
   „At His Blue Lotos Feet" von Charles Penn, Werbemanager eines Verlagshauses in Los Angeles und Herausgeber und Verleger technischer Zeitschriften in Australien und Kanada.
   „An Avatar's Reality, His Powers and His Mission" von Shrī Maharajakrishna Rasgotra, zur Zeit indischer Gesandter in Frankreich und früher indischer Gesandter in Marokko und Tunesien, Acting High Commissioner in London.
   „The Oneness of Jesus Christ and Sathya Sai Baba" von Rev. Robert E. Pipes, einem geweihten Baptistenpfarrer in den USA.
   „Reflections" von R. R. Divakar, gegenwärtig Vorsitzender der Gandhi Friedens-Foundation.

„Brighter Than a Thousand Suns" von C. C. Chang, der Professor für Mathematik an der Universität von Kalifornien war.

„Preparation for the Boon" von Dr. William M. Harvey, dem Direktor des Narcotics Service Council von St. Louis, Missouri. Er ist Professor an der Washington Universität in St. Louis.

„Baba and His Materializations" von Dr. Man Mohan Varma, einem Wissenschaftler, der an der Universität von Oklahoma, der Universität von Tuft und in Harvard gelehrt hat.

„All the World's a Stage" von Christopher St. John, Filmproduzent, Regisseur, Schriftsteller und Schauspieler.

„The Priest and the Avatar" von Rev. Canon John Rossner, anglikanischer Geistlicher und Professor für Vergleichende Religionswissenschaft an der Concordia Universität in Montreal, Kanada.

„The Avatar's Time-Clock" von dem Hon. Justice Sr. V. Balakrishna Eradi, gegenwärtig Oberster Richter des Kerala Gerichtshofes.

„Coming Home" von Peggy Mason, einer begabten englischen Schriftstellerin.

„Singular and Plural" von Professor N. Kasturi, Sai Babas Biograph, bekannter Humorist und Professor für Geschichte.

„My Beacon" von Dr. V. K. Phillay, Orthopäde und Master an der Medizinischen Akademie in Singapur.

„Communicating Divinity" von Richard Bock, einem bekannten westlichen Sai Baba-Filmhersteller.

„A Tribute to Baba" von *pāndit* Ravi Shankar, dem international bekannten Sitaristen, Komponisten und Musikdirektor.

„Shrī Sathya Sai Baba: The World Phenomen" von Shrī J. Jegathesan, Direktor, Investment Promotion, Malaysian Industrial Development Authority, Kuala Lumpur.

„My Spiritual Journey to Sathya Sai Baba" von Victor Kanu, dem früheren High Commissioner von Sierra Leone in England, Norwegen und Schweden.

„The International Problem" von Dr. John S. Hislop, dem hochgeehrten Akademiker, Geschäftsmann, Verwalter, Philosophen und Präsidenten der Sathya Sai Baba Organisation in den USA.

„The Sathya Sai Theory of Education" von Dr. V. K. Gokak, einem bedeutenden Schriftsteller, Dichter, Professor und Erziehungswissenschaftler.

„One Flower Does Not Make a Garland" von Dr. Somnath Saraf, gegenwärtig Senior Consultant am UNESCO International Institute for Educational Planning, Paris.

„The Battle of Love" von Nithyananda Menon, President, Kingdom of Sathya Sai, und einer der ersten Studenten, der im Sai Baba College in *Brindāvan* graduierte.

„True to His Nation" von Dr. Erlendur Haraldsson, Associate Professor of Psychology an der Universität von Island.

„Parapsychology and Sathya Sai Baba" von Dr. Karlis Osis, international bekannter Parapsychologe und Mitglied der Amerikanischen Gesellschaft für psychische Forschung.

2. „Der *ātman* ist die unsichtbare Grundsubstanz der gesamten objektiven Welt, die Wirklichkeit hinter dem Schein - universal und in jedem Geschöpf immanent. Sie ist ihrem Wesen nach frei von Bindung, unzerstörbar und stirbt nie. Er ist der Zeuge, der von all dem Wandel in Zeit und Raum unberührt bleibt, er ist der im Körper immanente Geist, das Treibende hinter seinen Impulsen und Intentionen. Er ist in jedem einzelnen die innere Realität, seine Göttlichkeit, das wahre Selbst - die Seele.

Der *ātman* läßt sich nicht in Metaphern und Beispielen veranschaulichen. Keine Form kann ihn fassen, kein Name ihn benennen. Wie soll das Unbegrenzte vom Begrenzten begriffen werden, das Jetzt das Immer messen, das Schwankende das Unwandelbare verstehen? Der *ātman* bleibt unverändert, wie vielen Wandlungen das von ihm Motivierte auch unterworfen sein mag. Er tritt mit den Wahrnehmungsorganen in Verbindung und beeinflußt das Denken. Er weckt im Verstand die Fähigkeit, zu unterscheiden und über die Art des Handelns zu entscheiden. Er aktiviert die Instrumente des Denkens, der Sprache und des Tuns, des Ausdrucks und der Mitteilung. Die Augen sehen, aber welche Kraft steht hinter ihnen? Du magst Ohren haben, aber wer verleiht ihnen das Gehör? Worte strömen aus deinem Mund, aber was drängt uns zu sprechen und bestimmt Art und Inhalt der Rede? Diese Kraft wirkt wie die galvanischen Elemente in einer Taschenlampe, die der Birne den Strom liefern, um sie zum Leuchten zu bringen. Die Ärzte wissen, daß der Körper aus Zellen besteht, aus Milliarden lebendiger, hellwacher, geschäftiger und aktiver Zellen. Jede von ihnen wird vom *ātman* belebt, er ist überall immanent. Wie der *ātman* in jeder von ihnen ist, so ist er auch in jedem Punkt des Raums. Wenn wir ihn als das erkennen, dann erleben wir ihn als Schimmer, als Glanz, als völlig strahlendes Licht - grenzenloses, unvergleichliches, einzigartiges Licht." Sathya Sai Baba

Gott stellt das konkretisierte göttliche Prinzip dar, das im Universum immanent ist - das den Tau zu Tropfen sammelt, den Lotos zum Blühen und den Schmetterling zum Flattern bringt und die Sonne zum Aufgehen bewegt. Das ist die gesamte Kraft, Weisheit, Liebe und das Wunderbare, das je war, ist und sein wird.

Sathya Sai Baba

ZEICHEN UND WUNDER

KAPITEL 27

Die Materialisationen von *vibhūti* (heiliger Asche), von religiösen Objekten, Talismanen und Geschenken, von Fisch und Brotlaiben für die Armen, die Erweckung der Toten - was bedeuten all diese Zeichen und Wunder, welchem Zweck dienen sie? Sind es wirklich Anzeichen eines höheren, vielleicht Universalen Bewußtseins? Wenn ja, kann sich das menschliche Bewußtsein erweitern und buchstäblich einswerden mit dem Universalen Bewußtsein? Wie entfaltet sich das Bewußtsein zu dieser Dimension?

Sai Baba spricht diese Fragen in einem spirituellen Diskurs an, den er an seinem Geburtstag, dem 23. November 1976, hielt. Das Thema hieß: „Zeichen und Wunder", und er sprach über Begriffe, welche die westliche Psychologie nicht richtig versteht. Versuchen wir, den Sinn zu begreifen.

ZEICHEN UND WUNDER

Der Konflikt zwischen denjenigen, die Gott anerkennen, und jenen, die ihn leugnen; denen, die erklären, Gott finde man hier, und denen, die behaupten, Gott sei nirgends zu finden, zieht sich durch alle Zeitalter hindurch und endet nie. Bei der Betrachtung dieser Situation muß man bedenken, daß, während es unnötig ist, jemanden zu wecken, der schon wach ist, und es leicht ist, jemanden zu wecken, der schläft, wir jemanden, der vorgibt zu schlafen, nicht wecken können, so sehr wir uns auch bemühen. Die Wissenden kann man mit Hilfe einfacher Illustrationen über das belehren, was sie noch nicht wissen. Aber dem, der mit Halbwissen „geschlagen" und noch stolz darauf ist, dem ist jede Weiterbildung verbaut.

Die beiden Augen vermitteln das Bild eines weiten Raumes; aber sie können nicht das Gesicht sehen, dessen Bestandteil sie sind! Sie sind wichtige Werkzeuge des Körpers, aber sie können nicht den ganzen Körper sehen; der Rücken ist jenseits ihres Blickwinkels. Wenn man sein Gesicht und seinen Rücken sehen will, muß man sich einen Spiegel vorhalten und einen weiteren Spiegel im Rücken haben. Durch den vorderen kann man das Spiegelbild im rückwärtigen sehen. So ist es auch, wenn man seine Wirklichkeit erkennen will (das Gesicht) und seine Zukunft (den Rücken). Dann muß man den Spiegel des „Selbst-Vertrauens" (das Vertrauen, daß man das Selbst ist) vorne und den Spiegel der göttlichen Gnade im Rücken haben. Ohne diese beiden Spiegel ist es reine Phantasterei zu behaupten, daß man sich der eigenen Wirklichkeit oder seines Schicksals bewußt sei.

Das Göttliche wird heute mit allen möglichen Namen bezeichnet, wie sie im allgemeinen Sprachgebrauch des begrenzten menschlichen Vokabulars üblich sind. Diese Ausdrücke beschreiben und unterstellen dem Göttlichen eine Bedeutung - „Wunder", „Zauber", „Unerklärliches" etc. Natürlich können die Menschen mit ihren Verstandeskräften nicht mehr aufnehmen, als sie zu fassen vermögen. Sie können das Unaussprechliche in Worten nicht aussprechen. Nur diejenigen, die tief hineingetaucht sind und mit dem zugrundeliegenden Prinzip der Liebe in Berührung kamen, können ein einigermaßen klares Bild von der Göttlichkeit entwerfen. Die Göttlichkeit, die ich verkörpere, ist weder erworben noch verdient worden, noch ist sie nach Ablauf einer gewissen Zeitspanne von Jahren hinzugekommen und hat sich auch nicht in der Mitte dieser Karriere kundgetan.

Das Göttliche muß sich durch diese Manifestationen offenbaren, deren Formen den Zeiten, der Region und dem kulturellen Umfeld entsprechend gestaltet und angepaßt sind. Den Zeichen und Wundern, die ich wirke, gibt man Namen, die weder über ihren Zweck noch über ihre Wirkung etwas aussagen. Man kann sie in die Rubrik der staunenswerten Taten *(camatkāra)* einordnen; diese führen zur Verfeinerung der Neigungen *(samskāra)*, welche den Menschen zum Dienst am Nächsten *(paropakāra)* weiterdrängt, woraus sich eine unmittelbare Schau der Wirklichkeit *(sākshātkāra)* entwickelt. *Camatkāra* ist jede beliebige Handlung, die aufgrund ihrer Rätselhaftigkeit anzieht. Dieser Aspekt der Anziehungskraft gehört zum *Avatar*. Der Name „*Rāma*" bedeutet: „der Freude oder Entzücken weckt". *Krishna* heißt: „Er, der sich anziehen läßt" oder „Er, der Anziehungskraft bewirkt" (karshatīti-krishnah). Dieses Attribut der Anziehung ist ein typisches Merkmal für Göttlichkeit.

Warum zieht das Göttliche an? Soll es täuschen und irreführen? Nein. Es soll transformieren, rekonstruieren und reformieren - ein Prozeß, den man *samskāra* nennt. Was ist der Zweck der Rekonstruktion? Den Menschen für die Gesellschaft nützlich und ihr dienstbar zu machen, sein Ego auszulöschen und in ihm die Einheit aller Wesen in Gott zu bestätigen. Wer durch *samskāra* gegangen ist, wird zu einem bescheidenen, demütigen Diener derer, die Hilfe brauchen. Das ist das Stadium von *paropakāra*. Dienst dieser Art, in Verehrung und Selbstlosigkeit geleistet, bereitet den Menschen darauf vor zu erkennen, daß das Eine die Vielfalt durchdringt. Die letzte Etappe ist *sākshātkāra*. Die *Veden* verkünden, daß die Unsterblichkeit (die Stufe, in der man sich in der ungeborenen, unsterblichen, universalen Entität aufgelöst hat) nur durch Verzicht und Loslösung möglich wird, und nicht durch Rituale, Nachkommenschaft oder Reichtum. Dazu muß man auf eigensüchtige Wünsche verzichten und seine Liebe bis in die weitesten Regionen des Universums ausdehnen, bis man der kosmischen Liebe gewahr wird, die den vier genannten Entwicklungsprozessen Nahrung gibt. Es ist wichtig, daß ihr diesen Impuls kennt, der meiner ganzen Tätigkeit zugrunde liegt. Betrachten wir den *camatkāra*, die Handlungen, die Wunder auslösen und anziehen. Ihr seht eine Blume. Ihr möchtet sie nur dann in der Hand halten, wenn ihre Farbe und ihr Duft anziehend sind. Oder ihr geht auf den Markt und seht Berge von Früchten. Wenn sie nicht attraktiv sind, drängt es euch nicht, sie zu erwerben und zu genießen. Die Anziehung ist die eigentliche Natur des Göttlichen.

Wenn der Mensch angezogen wird, beginnt der Prozeß des *samskāra*. Ohne ihn bleibt der Mensch ein brachliegendes Feld und schwach. Er hat keine Würde und Persönlichkeit. Eine kleine Menge reinen Stahls kann mit Hilfe geschickter Techniken in Schrauben, Muttern und Federn verwandelt werden oder in eine Uhr, die 200 oder 300 Rupien wert ist. Das ist der Erfolg von *samskāra*, der den Stahl in ein nützliches Werkzeug umgeformt hat, das die Zeit anzeigt. So kann auch der Mensch zu einem hochwertigen, tüchtigen, glücklichen und disziplinierten Mitglied der Gesellschaft umgeformt werden, wenn man in ihn gute Gedanken, Feinfühligkeit, gute Taten und gute Emotionen einpflanzt. Der Mensch kann in einen *mahātma*, eine große Seele, verwandelt werden. Solche verwandelten Persönlichkeiten werden sich spontan bei der Aufgabe engagieren, das Wohl der Menschen zu fördern. Sie werden zu Förderern der Ideale der Brüderlichkeit unter den Menschen und der Vaterschaft Gottes werden.

Nun sprechen aber Leute, die weder über Kenntnisse noch über Erfahrungen in der spirituellen Wissenschaft verfügen oder einen Begriff vom Göttlichen haben, über Themen, bei denen sie in die Irre gehen. Das Auge kann sehen, aber nicht hören, die Zunge kann sprechen, aber nicht hören. Das Ohr kann hören, aber weder sehen noch sprechen. Jeder muß seine Schranken akzeptieren und sich mit ihnen abfinden. Das Göttliche kann nur über die Liebe erfaßt werden, durch Glauben und *sādhana* (spirituelle Arbeit), die von universaler Liebe gekrönt werden. Die Vernunft ist ein zu schwaches Instrument, sie zu ermessen. Die Verleugnung des Göttlichen kann es nicht negieren. Die Logik kann es nicht offenbaren. Alle leidenschaftlichen Reden, die man heute über das Göttliche hält, stammen von opportunistischen Atheisten. Daher ist es eure Pflicht, Gleichmut zu bewahren. Seid aufrichtig zu euch selbst, bleibt euch treu und schwankt nicht. Mich berühren weder Lob noch Tadel. Meine Liebe und mein Mitgefühl umfängt alle. An meiner Güte können alle teilhaben. Ich erkläre das öffentlich, so daß ihr all dem kraftvoll entgegentreten könnt. Je tiefer ihr grabt, desto größer der Spott; je höher der Hügel, desto höher das Lob. Leute mit einer kranken Nase können den Duft einer Blume nicht schätzen. Wer das Göttliche nicht erkennen oder schätzen kann, leidet an einer Krankheit, die ihn behindert.   Sathya Sai Baba

FRAGEN UND ANTWORTEN

KAPITEL 28

Hier folgt ein ausführliches Interview, das Shrī Sathya Sai Baba Herrn R.K. Karanjia, dem Chefredakteur des indischen Nachrichtenmagazins BLITZ, im September 1976 gegeben hat.[1]

Frage: Zu Beginn, *Swamiji*, würden wir gerne etwas über deine dreifache Inkarnation wissen - die vergangene, gegenwärtige und zukünftige -, d.h. von Shirdi Sai Baba zu Sathya Sai Baba und dem künftigen *Prema Sai Baba*, den du prophezeist.

Baba: Vor allem müßt ihr die völlige Einheit der drei neuzeitlichen Inkarnationen mit denen der Vergangenheit - *Rāma* und *Krishna* - begreifen. Das ist schwierig. Wenn die Menschen nicht einmal die Inkarnationen dieser Epoche verstehen, wie dann die vergangenen? Jede Inkarnation steht voll und ganz in Beziehung zu der betreffenden Zeit, Umgebung und Aufgabe. Es gibt keinen Unterschied zwischen den verschiedenen Erscheinungsformen Gottes als *Rāma*, *Krishna* oder Sai.

Rāma kam, um die Wurzeln der Wahrheit und Rechtschaffenheit zu nähren, *Krishna* folgte, um die Pflanze des Friedens und der Liebe zu pflegen. Jetzt sind diese heiligen Prinzipien in Gefahr, aufgrund der menschlichen Schwäche durch den heftigen Angriff der Mächte des Bösen völlig zerstört zu werden. Sie sind dabei, das Gute, Spirituelle und Göttliche im Menschen zu untergraben. Das ist der Grund, der den gegenwärtigen *Avatar* veranlaßte, mit der Fülle aller kosmischen Kräfte zu kommen, um *dharma* (die Rechtschaffenheit) vor dem adharma (ihrem Gegenteil) zu retten.

WARUM GOTT MENSCHLICHE GESTALT ANNAHM

F: Mit dem gegenwärtigen *Avatar* meinst du Sai Baba?

Baba: Ja, ich inkarniere mich von Zeit zu Zeit, von Zeitalter zu Zeitalter, um *dharma* vor *adharma* zu retten. Wann immer Kriege, Zwietracht und Disharmonie in der Welt überhandnehmen, inkarniert sich Gott in Menschengestalt, um der Menschheit den Weg zur Liebe, zur Harmonie und zum Frieden zu zeigen.

F: Das versteht man. Aber Skeptiker fragen sich, warum Gott menschliche Gestalt annimmt.

Baba: Weil es der einzige Weg ist, den Gott im Menschen zu inkarnieren. Der *Avatar* nimmt Menschengestalt an und benimmt sich menschlich, damit die Menschheit sich mit dem Göttlichen verwandt fühlen kann. Gleichzeitig steigt er zu göttlichen Höhen auf, damit die Menschheit auch danach streben kann, Gott zu erreichen. Die Verwirklichung des innewohnenden Gottes als Motivation zum Leben ist die Aufgabe, um derentwillen *Avatare* in Menschengestalt auftreten.

Frühere *Avatare* wie *Rāma* und *Krishna* mußten einige Individuen vernichten, die als Feinde der göttlichen Lebensform identifiziert werden konnten, um auf diese Weise den Weg der Rechtschaffenheit wiederherzustellen. Heutzutage hat aber die Schlechtigkeit so viele angesteckt, daß die ganze Menschheit von der Zerstörung bedroht ist. Deshalb bin ich als gegenwärtiger *Avatar* mit der Fülle der Macht des gestaltlosen Gottes ausgerüstet gekommen, um die Menschheit zurechtzuweisen, das menschliche Bewußtsein zu heben und die Menschen auf den rechten Pfad der Wahrheit, Rechtschaffenheit, des Friedens und der Liebe zu Gott zurückzuführen.

DIE BOTSCHAFT DER DREIEINIGEN INKARNATION

F: Warum mußte diese Aufgabe auf die drei getrennten Inkarnationen *Shirdi-*, Sathya- und *Prema Baba* verteilt werden?

Baba: Sie sind nicht getrennt. Ich habe bereits von der völligen Einheit der drei Inkarnationen im Sinne des Gesamtziels der Mission gesprochen. Ich werde euch ein Beispiel geben. Nehmt ein Kilo gur (eine süße Substanz); das Ganze schmeckt süß. Dann zerteilt es in kleine Stücke. Jedes davon ist süß. Zerdrückt es in kleine Körner. Ihr findet darin die gleiche Süße. Daher liegt der Unterschied in der Quantität und nicht in der Qualität. Das gleiche gilt für die *Avatare*. Ihre Aufgaben und ihr Bedarf an Kräften variiert je nach der Zeit, der Situation und der Umgebung. Aber sie gehören zu ein und demselben *dharmasvarūpa* oder göttlichen Körper.

Nehmen wir das Beispiel der Frucht. Sie beginnt mit dem Samen, der zu einem Baum emporwächst und Früchte trägt. Die Arbeit kann man mit dem Samen vergleichen, die Anbetung mit dem Baum und die Weisheit mit der Frucht.

Der vorangegangene *Avatar, Shirdi Baba*, legte die Grundlage für eine säkulare Integration und brachte der Menschheit die Botschaft, daß Arbeit Pflicht ist. Die Mission des gegenwärtigen *Avatars* ist es, allen klarzumachen, daß derselbe Gott oder dieselbe Göttlichkeit in jedem wohnt. Die Menschen sollten einander achten, lieben und helfen, ohne Unterschied der Hautfarbe und des Glaubens. Dabei kann jede Arbeit zum Gottesdienst werden. *Prema Sai Baba* schließlich, der dritte *Avatar*, wird die frohe Botschaft verbreiten, daß nicht nur Gott in jedem Menschen wohnt, sondern jeder Gott ist. Das wird die höchste Weisheit sein, die jedem, ob Mann oder Frau, ermöglicht, Gott zu erreichen.

Die drei *Avatare* bringen die dreifache Botschaft der Arbeit, des Gottesdienstes und der Weisheit.

DER MENSCH MUSS SICH ZUM WAHREN MENSCH-SEIN HIN ENTWICKELN

F: Das also ist die heilige Mission oder der göttliche Sinn dieser dreifachen Inkarnation?

Baba: Die ganze Menschheit zu einer Kaste oder zu einer Familie zu vereinen - das ist die Verwirklichung des wahren Seins *(ātman)* - in jedem Mann, jeder Frau, denn auf dieser Grundlage ist der ganze kosmische Plan aufgebaut. Wenn das einmal erreicht ist, wird das gemeinsame göttliche Erbe sichtbar werden, das den Menschen mit dem Mitmenschen und den Menschen mit Gott verbindet. Dann wird die Liebe vorherrschen als das Licht, das dem Universum voranleuchtet.

In erster Linie muß sich der Mensch zum Menschsein in der ganzen Fülle des ihm innewohnenden Potentials hin entwickeln. Gegenwärtig ist das Menschsein als solches in der Welt nicht vorhanden. Es gibt keine Synthese zwischen Gedanken, Worten und Taten. Der Mensch von heute denkt etwas, sagt etwas anderes und handelt im Gegensatz zu beiden. Daher haben wir den Individualisten, der verwirrt, bestürzt ist und von widersprüchlichen Gedanken bombardiert wird. Was wir nicht in ihm finden, ist die Verwirklichung des Menschseins, das gute Gedanken, gute Worte und gute Taten motiviert. Wir müssen ihn dahin bringen, daß er Gott in sich selbst verwirklicht und damit eine Synthese schafft, in der die Gedanken, Worte und Werke in Wechselbeziehung aufeinander abgestimmt sind.

DAS EVANGELIUM DER LIEBE UND DER ANBETUNG

Wenn einmal diese grundlegende Lektion in der Familie, der Schule, dem College, der Gesellschaft, in den Städten, Staaten und den Völkern der Welt gelehrt wird, dann wird dem Menschen die Tatsache bewußt werden, daß die ganze Menschheit zu einer Familie gehört. Christus predigte: „Alle sind eins, seid zu jedem gleich." Das entscheidende Grundproblem ist das Einssein: eine Kaste, eine Klasse, ein Glaube für die ganze Menschheit: Das kann Menschsein bedeuten. Und das läßt sich durch die Aufopferung des eigenen Selbst oder des Egos in reiner, selbstloser, universaler Liebe und Anbetung erreichen. Liebe ist die Grundlage, der gemeinsame Nenner, die Verehrung, der göttliche Funke, der Zement, der einigende integrierende Faktor zwischen den Menschen und zwischen Mensch und Gott.

Laß es mich veranschaulichen. (Baba breitete sein Taschentuch auf dem Boden zwischen uns aus.) Hier ist ein Stück Stoff. Wie du siehst, besteht es ganz aus Fäden. Ziehst du die Fäden einzeln heraus, dann wird das Gewebe schwach. Setzt du es zusammen, dann ist es fest und stark. Das gleiche gilt für die Menschheit. Die Liebe verbindet sie wie die Millionen, Milliarden Fäden das Gewebe, und die Hingabe vereint sie mit Gott. Daher verkörpere ich die Liebe und verwende sie als Werkzeug, um den Menschen zu erneuern und die Bruderschaft der Menschheit mit Hilfe ihrer Hingabe zu schaffen. Ich sage immer: Beginne den Tag mit Liebe, fülle den Tag mit Liebe, beende den Tag mit Liebe. Das ist der schnellste Weg, der sicherste Pfad zu Gott.

> Das Leben ist Liebe, erfreue dich daran;
> Das Leben ist eine Herausforderung, nimm sie an;
> Das Leben ist ein Lied, singe es;
> Das Leben ist ein Traum, erkenne das;
> Das Leben ist ein Spiel, spiele es.

DIE INKARNATION SHIRDI BABA

F: Hat *Shirdi Baba* wirklich behauptet, daß er acht Jahre nach seinem Tod im Jahre 1918 wiederkehren würde?

Baba: Jawohl, das tat er. Es ist von Kaka Dikshit ebenso wie von einer Reihe anderer Devotees aufgezeichnet worden, die bei *Shirdi Baba* waren.

F: Was gibt dir die Gewißheit, daß du der wiedergeborene *Shirdi Baba* bist?

Baba: Das Wissen über meine eigene authentische Erfahrung natürlich. Da niemand, der *Shirdi Baba* kannte, heute lebt, gibt es keinen anderen Beweis außer meinem eigenen Wissen und meiner Erfahrung.

Aber die Tatsache, daß ich vor vierzig Jahren, als ich erst zehn Jahre alt war, verkündete, daß ich *Shirdi Baba* bin, und daß niemand in diesem Teil des Südens *Shirdi Baba* kannte oder auch nur von ihm gehört hatte, beweist es.

NUR RECHTSCHAFFENHEIT (DHARMA) KANN DIE WELT RETTEN

F: Die gegenwärtige Lage, die, wie du richtig feststellst, von bösen Kräften in die Zerstörung hineingetrieben wird, scheint auf die Unvermeidbarkeit eines neuerlichen, *mahābhārata*-ähnlichen Krieges - das *Mahābhārata* ist jene epische Erzählung der Schlacht von *Kurukshetra* - hinzuweisen. Bedeutet dies, daß die Rettung, für die du arbeitest, erst nach einem zerstörerischen Krieg vollzogen werden kann?

Baba: Das Übel wird und muß vor einer solchen Katastrophe aus dem Weg geräumt sein. Natürlich wird es kleinere Kriege und Scharmützel geben: Dagegen kann man beim gegenwärtigen Stand der Dinge nichts tun. Beim *Mahābhārata*-Krieg ging es um einen völlig anderen Sachverhalt. Lord *Krishna* ordnete ihn an und führte in Wirklichkeit *Arjuna* auf das Schlachtfeld, um die Welt von bösen Menschen und gottlosen Kräften zu befreien.

Heute ist, wie ich sagte, das Böse so weit verbreitet, daß die Menschheit selbst bei einem nuklearen Holocaust im Falle eines Weltkrieges zerstört würde. Eine solche Katastrophe zu verhindern, ist dieser *Avatar* gekommen:

um das menschliche Bewußtsein über das bestehende Syndrom aus Ärger, Haß, Gewalt und Krieg hinauszuheben und die Welt vor dem Untergang zu erretten. Das kann durch nichts anderes als die erneute Einführung der Brüderlichkeit unter den Menschen durch die *Veden*, die *shāstras* und alle Religionen mit ihrem Evangelium der Rechtschaffenheit *(dharma)* geschehen, damit die Menschenrasse sich von den Fesseln des *Karmas* befreit.

Ich sage immer wieder: Laßt die verschiedenen Religionen nebeneinander bestehen, laßt sie blühen und gedeihen, laßt die Herrlichkeit Gottes in allen Sprachen und in den verschiedenen Weisen besungen werden. Das sollte das Ideal sein. Achtet die Unterschiede zwischen den Glaubensrichtungen und erkennt sie als gültig an, soweit sie nicht die Flamme der Einigkeit zertreten.

GOTT IST MENSCH OHNE VERLANGEN

F: Nach all dem, was Baba gesagt hat, scheint kein großer Unterschied oder kaum ein Unterschied zwischen Gott und Mensch zu bestehen. Habe ich recht?

Baba: Ganz recht, Gott ist Mensch, und Mensch ist Gott. Wir alle haben etwas von Gott in uns, den göttlichen Funken. Alle Menschen sind göttlich wie ich selbst, aber mit einem im menschlichen Fleisch und Blut eingeschlossenen Geist. Der einzige Unterschied besteht darin, daß die Menschen sich ihrer Göttlichkeit nicht bewußt sind. Sie sind durch die Fehler vieler Leben in dieses karmische Gefängnis geraten. Ich habe diese sterbliche Gestalt aus freiem Willen angenommen. Sie sind an den Körper gebunden, während ich frei von dieser Fessel bin. Der Hauptunterschied besteht darin, daß sie durch ihr Verlangen hierhin und dorthin gezogen werden, während ich kein anderes Verlangen als dieses eine, höchste habe, sie wunschlos zu machen.

Nehmt paddy (indischer Reis in der Hülse) als Illustration. Jedes Reiskorn ist in einer Hülle eingeschlossen. Man muß sie entfernen, um zum Korn zu gelangen. Doch Hülse und Reis entspringen derselben Saat. Das Reiskorn ist mit Gott im Menschen, die Hülse mit seinem Wunschdenken vergleichbar, das Gott zum Menschen reduziert. Deshalb ist meine Formel:

$$LEBEN + VERLANGEN = MENSCH$$

$$LEBEN - VERLANGEN = GOTT$$

DER WEG ZUR SELBSTVERWIRKLICHUNG

F: Wie kann ein wunschloses Leben aus den Menschen Götter machen?

Baba: Leben ohne Wünsche bedeutet die Verwirklichung des reinen, echten Selbst, das *ātman* ist. Ist es an Wünsche gebunden, degeneriert das Selbst zur Eigensucht - *ātman* wird zum Ego. Der Weg der Selbstverwirklichung besteht in der Reinigung des Selbst von diesem Ego der Selbstsucht. Dann erst erreichst du einen Zustand des Bewußtseins, der jenseits des Verstandes oder Intellekts ist und das wahre Selbst enthüllt, das Gott ist. Der Verstand ist wie eine Stoffhülle, die das Bewußtsein, deren Einzelfäden die Wünsche sind, zudeckt und erstickt. Wenn wir sie aufgeben, dann fallen die Fäden weg, das Tuch verschwindet, und unsere wahre Natur kommt zum Vorschein. Das ist es, was *Vedanta* meint (Epos uralter Erkenntnisse und Weisheiten), wenn er betont, daß man sich vom Ego befreien muß, um sich selbst zu verwirklichen.

F: Du willst damit sagen, daß der Verstand des Menschen als solcher die Barriere zwischen Mensch und Gott errichtet?

Baba: Ja. Du mußt aber einen Unterschied zwischen dem Verstand, der zum Ego gehört, und dem wahren Selbst machen, welches das Bewußtsein ist. Letzteres hilft uns, die Grenzen des Egos und des Verstandes zu überschreiten und unser Selbst als den Zeugen der Wahrheit zu erkennen. Normalerweise richtet sich das wissenschaftliche Verstandesdenken nach außen und betrachtet, was die Sinne in der Welt als existent erfassen können, und fragt: Was ist das? Der Wissenschaftler des Bewußtseins blickt dagegen nach innen auf das, was jenseits der Sinne und der Reichweite des Verstandes liegt, und fragt: Was ist das?

Du mußt daher über den Verstand hinaus zum Bewußtsein gelangen, um die Selbstverwirklichung zu erreichen. Um den unendlichen, universalen *ātman* zu erlangen, muß das im Körper eingeschlossene Selbst aus dem winzig kleinen, beengenden Gefängnis der Individualität ausbrechen. Das Verlangen, die Wünsche, gehören zum Bereich der Sinne, des Gehirns, des Verstandes; befreist du dich einmal davon, erkennst du das Selbst, den *ātman*, das Bewußtsein und die Erleuchtung, dann wirst du eins mit der kosmischen Macht. Selbstverwirklichung ist eine Verwirklichung Gottes. So erreicht der Mensch Gott.

F: Was bedeuten *vibhūti* und die Schmuckstücke, die du materialisierst und den Leuten schenkst? Hat es ein Gott-Mensch nötig, solche Wunder zu zeigen, die jeder Zauberer auch kann?

Baba: Was mich betrifft, sind das Beweise meiner Göttlichkeit. Es ist keinesfalls eine Zurschaustellung von Göttlichkeit. Alle Zauberkunststücke werden, wie ihr wißt, um der Einkünfte willen vorgeführt. Das sind die Tricks derer, die zum Gewerbe der Zauberer gehören. Es handelt sich dabei um eine Art legalisierten Betrug, den Transport eines Gegenstandes von einem Platz zu einem anderen durch einen Kunstgriff der Hand, der unbemerkt bleibt. Dabei ist keine siddhi (okkulte Kraft) beteiligt.

Was ich tue, ist ein ganz anderer Akt der Schöpfung. Es ist weder Magie noch siddhi. Zum einen: Ich erwarte dafür nichts. Zum anderen: Ich betrüge die Leute nicht durch ein Transferieren von Gegenständen, sondern ich erschaffe sie. Ferner mache ich das nicht aufgrund irgendeines Bedürfnisses oder Wunsches, meine Kräfte zur Schau zu stellen. Für mich ist das eine Art Visitenkarte, um die Menschen von meiner Liebe für sie zu überzeugen und ihre Hingabe zu gewinnen. Da Liebe gestaltlos ist, materialisiere ich einen Beweis meiner Liebe, nur ein Symbol.

F: Ich verstehe noch immer nicht, wozu du Ringe, Armbänder, Uhren und dergleichen Schmuckstücke materialisierst.

Statue von Shirdi Sai Baba im mandir (Tempel) in Prashānti Nilayam

SCHÜTZENDER TALISMAN

Baba: Die meisten Leute wünschen sich Talismane als Symbol meines Schutzes. So beschaffe ich sie. Wenn sie in Schwierigkeiten sind, fühlen sie, wie der Ring ihren Finger umspannt. Das Armband oder die Uhr erinnert sie an mich und daran, mich zu rufen, damit ich ihnen helfen kann. Wenn ich ihnen andererseits etwas gebe, was sie nicht tragen können, dann heben sie es wahrscheinlich irgendwo auf und vergessen es.

Die Hauptsache ist, daß diese Schmuckgegenstände oder Talismane, wie immer ihr sie nennt, den Menschen ein Gefühl der Sicherheit und des Beschütztseins geben, das sie in Schwierigkeiten oder Krisen brauchen, und daß sie ein symbolisches Band über weite Entfernungen zwischen ihnen und mir schaffen. Wenn meine Devotees mich brauchen, dann funken diese Gegenstände wie telegraphisch die Botschaft zu mir, und ich komme augenblicklich zu Hilfe.

F: Entschuldige *Swamiji*, wenn ich so hartnäckig bin, aber ist das Geschenk einer Omega- oder HMT-Uhr nicht ein Akt des Betrugs an der Firma oder ein Vergehen gegen das Patentrecht?

Baba: Ich versichere dir, es ist nichts dergleichen. Das wäre der Fall, wenn ich die Uhr von einem Ort zu einem anderen brächte. Aber ich transferiere nicht, ich schaffe völlig neu. Was immer ich will, materialisiert sich sofort. Ich kenne keine Firma, die sich über einen Bruch ihres Patentrechts beschwert hätte.

DIE BEDEUTUNG VON VIBHŪTI

F: Wie ist das mit der *vibhūti*, die du materialisierst? Wir wüßten gerne ihre Bedeutung, wozu sie dient, denn deine Kritiker versuchen, dich zu diskreditieren, indem sie Zauberer herumschicken, die genaue Nachahmungen von *vibhūti* erzeugen.

Baba: Was ich materialisiere, ist eine Manifestation der Göttlichkeit mit einer starken Bedeutung und Symbolkraft. Es symbolisiert die kosmische, unsterbliche und ewige Natur aller Formen Gottes, des *ātman* - d.h. das, was übrigbleibt, wenn alles Weltliche, Vorübergehende und Wandelbare ausgebrannt ist.

Ich habe zu euch vom Gebot des wunschlosen Lebens gesprochen. Als *Shiva* den Gott des Verlangens zu einem Häufchen Asche verbrannt hatte, schmückte er sich mit der Asche, um als der Sieger über das Verlangen zu glänzen. Als *Karma* zerstört war, regierte *prema* als die Göttin der Liebe. Das ist die Bedeutung der Asche.

An erster Stelle ist sie ein Symbol des Lebens- und Todeszyklus, innerhalb dessen sich alles letzten Endes zu Asche reduziert. „Denn Staub bist du, und zu Staub wirst du werden." Asche oder Staub sind der letzte Zustand der Dinge. Sie bzw. er kann sich nicht weiter verändern. In diesem Sinn ist die Asche eine Warnung an den Empfänger, von seinen Wünschen abzulassen, alle Leidenschaften, Bindungen und Versuchungen zu verbrennen. Sie reinigt den Menschen in Gedanken, Worten und Taten.

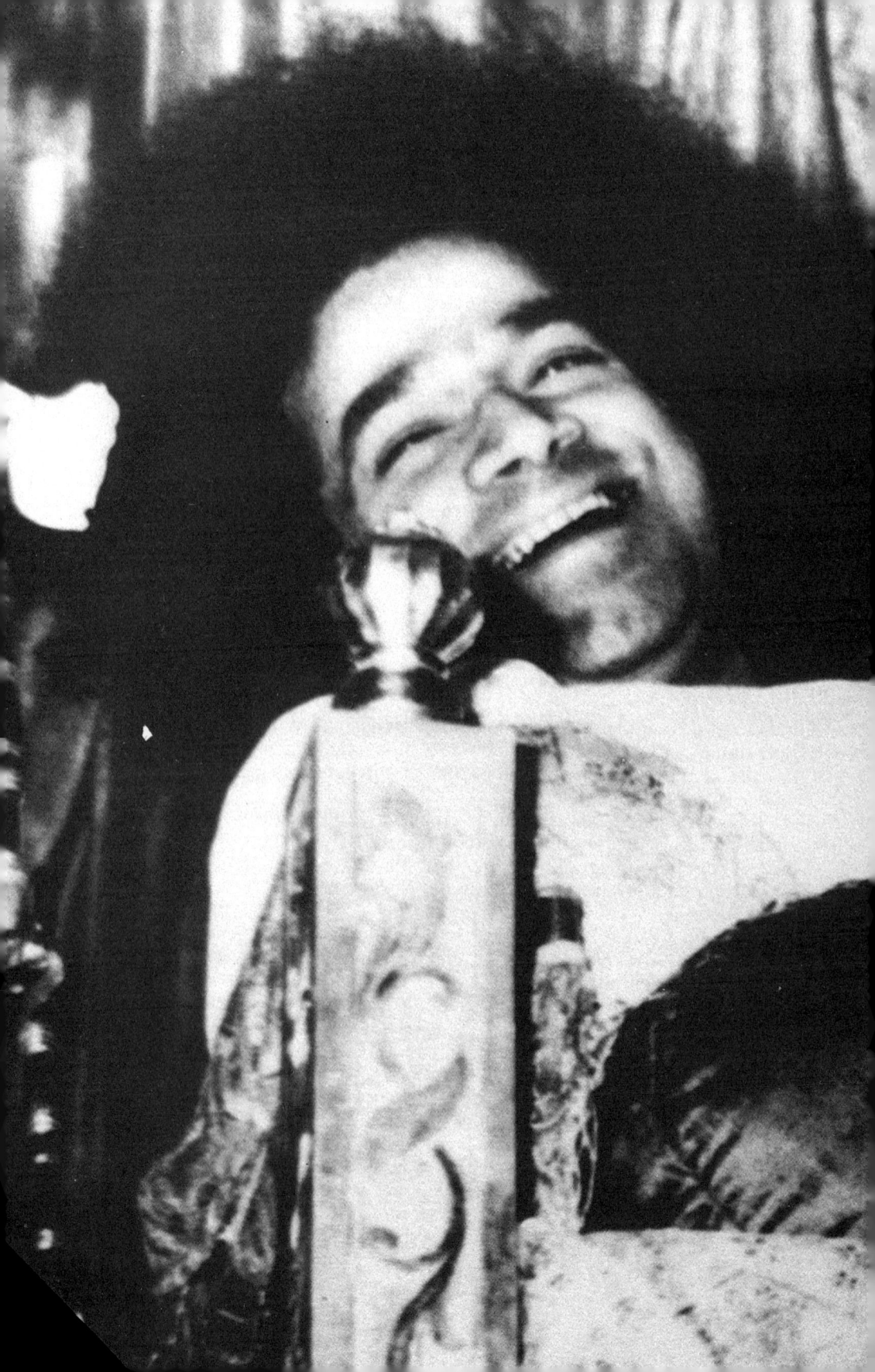

Um dieser Lektion starken Nachdruck zu verleihen, materialisiere ich für diejenigen Asche, die in Liebe und Verehrung zu mir kommen. Wie die anderen Materialisationen wirkt sie auch als Talisman, heilt die Kranken und beschützt jene, die es brauchen. Sie ist das Symbol der Göttlichkeit, etwas völlig anderes als der von dir erwähnte Betrug von Zauberern.

WUNDERHEILUNGEN

F: Man glaubt, daß du wunderbare Heilungen bewirkt hast, bis hin zur Erweckung von Toten. Es gibt Fälle, in denen du den Berichten zufolge vor dem Ertrinken gerettet hast oder vor anderen Unfällen in weiter Entfernung. Experten der Medizin haben attestiert, daß du ferngesteuerte Operationen durchführtest. Wie machst du das?

Baba: Durch meinen eigenen *samkalpa* - das heißt, meinen göttlichen Willen und meine Kraft. Als *Avatar* gehört diese Kraft zu mir, ist ein Teil meiner selbst, völlig und natürlich von meinem Willen und meinem Entschluß abhängig. Ich brauche keinen *Mantra* (mystische Formel), kein *sādhana* (spirituelle Praktik), kein tantra (Heilige Schriften) und kein yantra (ein Symbol des Göttlichen, Mittel für geistiges Wirken), um die sogenannten Wunder zu wirken, die für mich natürlich sind. Meine Kräfte sind einfach der Ausdruck oder die Bestätigung der wirklichen Göttlichkeit, die mich mit allem vereint, überall, zu allen Zeiten und an allen Orten. Die Wunder gehören zu der grenzenlosen Macht Gottes.

Nun zum Hauptpunkt deiner Frage: Das heilende Phänomen hat einen zweifachen Aspekt. Ich kann heilen, retten, selbst Menschen vom Tod erwecken, vorausgesetzt, daß sie in einem spirituell empfänglichen Zustand sind. Das gleicht den positiven und negativen Strömen der Elektrizität. Meine Fähigkeit zu heilen kann man mit dem positiven Strom vergleichen. Die Verehrung und die Hingabe, die sie mir entgegenbringen, ist der negative Strom. Treffen die beiden aufeinander, dann bewirken diese Hingabe und diese Verehrung das, was man Wunderheilung nennt.

In Wirklichkeit ist das Denken des Menschen für seine Krankheit oder Gesundheit verantwortlich. Der Mensch ist der Verursacher oder der Antrieb für beides. Wenn es dann um Heilen oder Kurieren geht, muß im Denken des Menschen der nötige Glaube für diesen Vorgang aufgebracht werden. Ich tue nichts anderes, als ihn mit dem Vertrauen, dem Willen und der Kraft auszustatten, um sich selbst zu heilen. Wenn meine überquellende Liebe auf der Seite des Devotees mit tiefer Gläubigkeit erwidert wird, dann bewirkt sie den erwünschten Erfolg.

KEINE SIDDHIS, AUCH KEINE ZAUBERTRICKS

F: So sind das also keine okkulten Kräfte oder Zaubertricks, wie deine Kritiker andeuten?

Baba: Es sind weder Zaubertricks noch siddhis, die jeder mit der nötigen Disziplin oder mit *Yoga*-Übungen erreichen kann, sondern meine Kräfte schützen, heilen und retten Menschen und materialisieren Objekte göttlichen Ursprungs, die nur einem *Avatar* zur Verfügung stehen. Sie werden weder in irgendeiner Weise entworfen oder entwickelt, sondern entströmen der kosmischen Macht.

F: Einige behaupten, daß du unsichtbaren Geistern Befehle erteilst, die daraufhin Objekte von einem Ort zum anderen tragen.

Baba: Ich brauche keinen unsichtbaren Geistern Befehle zu geben, denn meine eigene göttliche Kraft materialisiert die Objekte. Ich bin alles, überall, allwissend, allmächtig und allgegenwärtig; deshalb geschieht alles, was ich will, sofort. Wie die Eigenschaften der Wahrheit, der Liebe und des Friedens sind dies Dinge, welche die atmischen (göttlichen) Kräfte hinter dem Universum hervorbringen.

F: Deine Anhänger daheim und im Ausland behaupten, positive Beweise für Babas Gegenwart im Innersten ihrer Herzen zu haben. Einige haben über dich als dem ihnen innewohnenden Gott geschrieben. Welche Erklärung gibt es für dieses Phänomen?

DER INNEWOHNENDE GOTT

Baba: Das ist die Gnade, die meine Liebe erzeugt, wenn sie von ihnen mit Hingabe und Verehrung erwidert wird. Schließlich gehören wir alle, wie ich immer sage, zum selben göttlichen Prinzip. Die Göttlichkeit, die in jedem Menschen in Form eines kleinen Funkens präsent ist, lebt in mir als die lodernde Flamme, und es ist meine Mission, jeden kleinen Funken Gottes in jedem einzelnen Menschen zur Fülle der göttlichen Flamme anzufachen.

Bei dieser Entwicklung ist es vor allem erforderlich, daß der Empfänger der Gnade auch selbst das Maß an hingebungsvoller Liebe aufbringt, das für die Erreichung des Ziels Vorbedingung ist. Diejenigen, die Babas Gegenwart in ihren Herzen tragen wie einen innewohnenden Gott, gehören zu dieser Art von Gläubigen. Sie kommen zu mir, sehen und hören mich, erleben meine Liebe für sie und empfangen sie mit inniger, hingebungsvoller Gegenliebe. Damit werden sie zu einem Teil meines Selbst und meiner Göttlichkeit.

Den Zweiflern und den Verwirrten sage ich zur Veranschaulichung: Wer sich aus dem Meer Perlen holen will, muß tief tauchen. Es nützt nichts, in den seichten Gewässern nahe der Küste herumzuplanschen und zu sagen: „Im Meer sind keine Perlen, und alle Geschichten darüber stimmen nicht." Ähnlich ist es, wenn sich jemand der Liebe und Gnade dieses *Avatars* vergewissern will; auch er muß tief eintauchen und sich in Sai Baba versenken. Nur dann wird er mit mir einswerden und mich in seinem innersten Herzen tragen.

F: *Swamijis* Kritiker fragen, warum Sai Baba nicht Menschen hilft, die verzweifelt sind, indem er während Dürrezeiten Regen schickt oder Nahrung beschafft, wo eine Hungersnot herrscht, indem er seine *samkalpa shakti* (göttliche oder universale Energie) einsetzt. Kann ein *Avatar* nicht der Menschheit helfen, die Naturgewalten zu beherrschen und Katastrophen wie Erdbeben, Überschwemmungen, Trockenheit, Hungersnöte und Epidemien zu verhindern?

Baba: Genau das tue ich, indem ich den dem Menschen innewohnenden Gott verkörpere, damit er solche Unglücksfälle übersteht. Es gibt zwei Möglichkeiten für einen *Avatar*, um den Menschen zu helfen: eine unmittelbare Lösung und eine Lösung auf lange Sicht.

Jede Sofortlösung wäre wider die fundamentalen Eigenschaften der Natur selbst und gegen das karmische Gesetz von Ursache und Wirkung. Die meisten Menschen leben in der materiellen Welt ihrer Wünsche und ihres Egos, die diesem Gesetz unterstellt sind. Sie ernten die Früchte ihrer Handlungen. So vollzieht sich ihre Evolution oder Devolution. Würde der *Avatar* eingreifen, um ihre Probleme auf der Stelle zu lösen, so würde er damit jedes Tun, jede Entwicklung, ja selbst die Evolution zum Stillstand bringen. Diese Lösung kann man vergessen, weil sie völlig den Naturgesetzen widerspricht.

Die andere und wirksamere Alternative bietet eine Langzeitlösung, wobei der *Avatar* die Menschen so führt, daß sie von selbst zu einer höheren Bewußtseinsebene gelangen, um ihr Verständnis für die spirituellen Gesetze zu wecken. Damit sie sich der Rechtschaffenheit zuwenden können und damit sie ausdauernd an der Verbesserung der Zustände arbeiten. Das führt sie zur Natur und zum karmischen Gesetz zurück. Dann werden sie den Kreislauf von Ursache und Wirkung überschreiten, in den sie heute als Opfer verstrickt sind, und damit den Naturgesetzen befehlen und sie beherrschen können, um die Arten von Unheil abzuwenden, von denen sie sprechen.

DEN MENSCHEN ZU GOTT ERHEBEN

F: Du willst sagen, daß du gegenwärtig dabei bist, das Bewußtsein der Menschheit in einen gottähnlichen Zustand zu versetzen, um die einzelnen zu befähigen, ihr eigenes Schicksal zu beherrschen?

Baba: Genau. Sie werden damit Teilhaber meiner göttlichen Macht oder Universalen Energie (in Skr.: *samkalpa shakti*). Ich muß durch sie wirken, den innewohnenden Gott in ihnen erwecken und so weit entfalten, daß sie auf eine höhere Ebene der Realität gelangen, damit sie selbst die Naturgesetze und Kräfte beherrschen lernen. Wenn ich alles sofort in Ordnung brächte und die Menschen dabei auf ihrer gegenwärtigen Bewußtseinsebene stehenließe, dann würden sie wieder alles durcheinanderbringen und sich wieder gegenseitig an die Gurgel gehen mit dem Erfolg, daß bald die gleiche chaotische Situation herrschen würde wie die, die wir jetzt in der Welt haben.

Leid und Elend sind die unausweichlichen Akte im Ablauf des kosmischen Schauspiels. Gott befiehlt nicht diese Kalamitäten, sondern der Mensch beschwört sie als Vergeltung für seine eigenen bösen Taten herauf. Es sind erzieherische Strafen, die den Menschen dazu führen sollen, den falschen Weg aufzugeben und auf den rechten zurückzukehren, damit er den gottähnlichen Zustand des *sat-cit-ānanda* - d. h. ein Leben in Weisheit und Glückseligkeit erfahren kann. All das ist Teil einer großartigen Synthese, in der das Negative dazu dient, das Positive zu verherrlichen. So verklärt der Tod die Unsterblichkeit, die Unwissenheit die Weisheit, der Schmerz die Trübsal und die Nacht die Morgendämmerung.

So würde letzten Endes der *Avatar* das ganze Schauspiel der Schöpfung mitsamt dem Gesetz des *Karmas* (der universalen, unentrinnbaren Pflicht) zusammenbrechen lassen, wenn er den von dir erwähnten Katastrophen ein unverzügliches Ende setzte - was ich kann und auch tue, wenn es unbedingt nötig ist. Vergiß nicht, diese Mißgeschicke sind nicht die Folge dessen, was Gott aus dem Menschen gemacht hat, sondern dessen, was der Mensch aus dem Menschen gemacht hat. Deshalb muß der Mensch auseinandergenommen und neu zusammengesetzt (engl.: unmade and remade) werden, wobei sein Ego zerstört und durch ein transzendentales Bewußtsein ersetzt wird, das ihm hilft, sich über das *Karma*-Bewußtsein hinaus zur Herrschaft zu erheben.

F: Ist es dir gelungen, diese Synthese herzustellen, *Swamiji*, besonders bei den reichen und mächtigen Gesellschaftsklassen?

FUSION ZWISCHEN REICHEN UND ARMEN

Baba: Ich habe sie nicht insgesamt als eine Klasse erreicht, aber so weit, daß ich mit ihnen persönlich in Kontakt treten kann; die Erfolge sind ermutigend. Natürlich sind die Reichen und Mächtigen ein schwierigeres Problem, was die Transformation anbelangt. Man muß auf eine besondere Art an sie herantreten. Die ärmeren Menschen sind dagegen sehr hilfsbereit. Sie verstehen, schätzen und unterstützen meine Pläne und Ideen.

F: Welche Lösung hast du für den eskalierenden Konflikt zwischen Reichtum und Macht auf der einen und Armut und Schwäche auf der anderen Seite?

Baba: Die Umwandlung beider Gruppen zu einer einzigen, zusammenarbeitenden Bruderschaft unter Gleichberechtigten ohne Wettstreit und Konflikt. Das kann nur als Folge von Aufrichtigkeit und Liebe entstehen. Das Hauptproblem ist die Verschmelzung der beiden Schichten in eine einzige Klasse. Die Schwierigkeit besteht darin, sie auf einer gemeinsamen Basis zusammenzuführen. Reiche Leute leben isoliert in einem bestimmten Stand oder Rang. Die Armen sind ebenfalls in einem Stand oder Rang isoliert. Wie sollen wir sie einander annähern?

Ich mache das auf viele subtile Arten, indem ich die Barrieren zwischen Reichtum und Armut breche und ein Gefühl der Gleichheit und des Einsseins zwischen Armen und Reichen schaffe. In diesem *Ashram* leben und arbeiten sie zusammen, und die Reichen verrichten auch niedere Arbeiten unter völlig gleichen Bedingungen. Hier gibt es keinerlei Unterschiede, noch irgendwelche besonderen Erleichterungen für die Reichen. Sie leben, essen, arbeiten, beten und schlafen wie die Armen. Alle leben wie eine Gemeinschaft von Arbeitern und teilen die allgemeine Einfachheit des *Ashrams*.

SEELENFRIEDE JENSEITS VON REICHTUM

Trotz unserer strengen Disziplin haben Industrielle und Geschäftsleute den Wunsch, hierherzukommen. Warum? Weil sie sich jenseits des leiblichen Wohlergehens seelischen Frieden verschaffen wollen, den kein Reichtum und keine Macht der Erde kaufen oder liefern kann.

Daher erschließen wir ihnen eine wundervolle neue Welt geistiger Reichtümer, und sie müssen dafür materielle Wünsche und Bequemlichkeiten aufgeben. Meine Aufgabe ist es, ihnen den Weg zum Seelenfrieden zu zeigen, den jeder, ob reich oder arm, in gleicher Weise wünscht. Bei diesem Prozeß der spirituellen Evolution lernt der Suchende, daß der glückselige Zustand nicht für Geld in einem Laden käuflich ist und daß kein anderer ihn uns zu schenken vermag, außer wir uns selbst. Er kann nur von der universalen Quelle und Göttlichkeit kommen, dem innewohnenden Gott, der die Armen und Reichen in gleicher Weise umarmt.

Aus dieser Einstellung erwächst eine kameradschaftliche Gemeinschaft, eine Brüderlichkeit im Geben und Nehmen zwischen den Reichen und Armen. Wer zu viel hat, ist verpflichtet, unnötige Bedürfnisse aufzugeben, während diejenigen, die zu wenig haben, das Nötige erhalten.

Schließlich gehört aus spiritueller Sicht die ganze Menschheit zu ein und derselben Klasse, Kaste und Religion. Die göttlichen Prinzipien im einzelnen und in allen gemeinsam stammen von ein und demselben Gott. Diese fundamentale Einheit muß man ihnen durch direkten Kontakt mit spirituellen Wahrheiten und der überzeugenden Macht sich verbreitender Liebe klarmachen, bis sie zum Bestandteil der universalen Religion der Arbeit, des Gebetes und der Weisheit wird.

MATERIELLER REICHTUM IST SPIRITUELLE ARMUT

F: All das wäre ein einfaches und willkommenes Evangelium für die Armen, da sie nichts dabei verlieren und alles durch deine Philosophie gewinnen. Aber was ist mit den Reichen, die alles verlieren müßten, wenn sie nach ihr leben wollten?

Baba: Das ist die Crux des Problems. Sie müssen einfach verlieren, hergeben, ihre falschen Werte fallenlassen, wenn sie meine Gnade wollen. Solange Menschen weiterhin Sklaven materialistischer Vorstellungen von Reichtum und Armut sind, gibt es keine Lösung. Ich versuche daher, ihren Sinn und ihr Herz zu spirituellen Werten und Wahrheiten zu bekehren.

Wer ist schließlich der reichste Mensch? Einer, der die größten Bedürfnisse und deshalb Unannehmlichkeiten und Sorgen hat? Oder einer, der mit dem Lebensnotwendigen zufrieden ist und deshalb mehr oder weniger wunschlos und vergleichsweise glücklich ist? Wenn man von diesem Kriterium des Glücks ausgeht, sind die Armen spirituell reich, während die Reichen spirituell arm sind. Nicht materielle, sondern spirituelle Zufriedenheit macht letztlich das Leben lebenswert.

Wie ich schon sagte, ein Leben ohne Verlangen schenkt dem Menschen

Göttlichkeit; und diejenigen, die meine Gnade suchen, schütteln das Verlangen und die Gier ab. Reichtümer bringen fatale Versuchungen mit sich. Sie sind die Quelle und Ursache menschlicher Gebundenheit. Der Wunsch, den Lebensstandard zu heben, kann nie befriedigt werden. Das führt zum ständigen Anwachsen der Bedürfnisse und folglich zu Schwierigkeiten und Frustrationen.

KEINE GNADE OHNE OPFER

Die Lösung liegt in unserer Betonung der Qualität des Lebens statt des Lebensstandards, der hohen Qualität des Denkens in einem bescheidenen Leben. Der Verstand ist das Pferd, der Körper das Gefährt: Um zu innerem, seelischem Frieden zu gelangen, muß man das Pferd hochwertiger Gedanken vor den Wagen des physischen Komforts spannen.

F: Das ist eine gesunde Philosophie, aber wie verwirklicht man sie praktisch? Was ist zu tun?

Baba: Die Reichen wie die Armen kommen zu Baba und suchen Liebe, Frieden und Befreiung von ihren Problemen und Schwierigkeiten. Mein Rezept ist für sie völlige Selbst- und Wunschlosigkeit. Für die Armen ist das der natürliche Zustand. Deshalb strömt ihnen meine Liebe entgegen, um sie in ihrer gläubigen Hingebung zu umarmen; so erhalten sie meine Gnade.

DIE FESSELN DES „MONKEY-MIND"

Auf der anderen Seite können die Reichen solche Gnade nicht erlangen, ohne ihre materialistische Einstellung und ihre ichbezogenen Neigungen aufzugeben. Daher wird es für sie unerläßlich, ihre Habsucht abzulegen, um spirituelle Gnade zu finden. Ich sage ihnen:

Das Ego lebt vom Bekommen und Vergessen,
Die Liebe lebt vom Geben und Vergeben.

Auf diese Weise ändere ich ihre geistige Haltung. Ich verwandle ihren „monkey-mind" in liebende, gebende und vergebende Gesinnung.

F: „Monkey-mind", Baba - was meinst du damit?

Baba: Es ist eine Art Mentalität, welche die Bauern nutzen, um Affen in Fallen zu locken und zu töten. Wenn der Bauer einen Affen fangen will, verwendet er einen großen Krug mit einer engen Öffnung als Falle. Da hinein legt er Leckerbissen für Affen. Wenn ein Affe kommt und den Krug findet, streckt er seinen Arm hinein, um sich soviel wie möglich zu schnappen. Sowie er die Beute festhält, kann er die Hand nicht mehr durch den engen Gefäßhals herausziehen. Er glaubt, daß irgend jemand im Inneren seine Finger festhält. Deshalb ringt er und versucht, mitsamt dem Krug wegzulaufen. Das gelingt ihm jedoch nicht, und so ist er in der Falle. Niemand hält den Affen; er steckt nur wegen seiner Habgier in der Falle. Wenn er das Zeug losließe, wäre er frei.

So veranschauliche ich den Reichen, wie der Mensch durch den Reichtum, die weltlichen Vergnügungen und Wünsche in Versuchung gerät. Wenn er sich in einer derartigen Bindung verliert und an den Konsequenzen der Habgier leidet, bildet er sich ein, daß ihn etwas fesselt, ihn einfängt und zerstört. Er begreift nicht, daß er allein für diese Fessel verantwortlich ist. Im Augenblick, da er den materiellen Reichtum und die Wünsche, die dieser erweckt, aufgibt, ist er frei. Ich zeige ihm, daß ihn allein sein unsteter Geist bindet und daß er sich selbst befreien kann.

BABAS SPIRITUELLER SOZIALISMUS

F: Baba scheint eine Art spirituellen Sozialismus zu verschreiben, der auf der Konvertierung des Reichtums in eine Treuhänderschaft zur Beseitigung der Armut beruht.

Baba: Ja, eine Treuhänderschaft, deren Grundlage Liebe, Hilfsbereitschaft und Brüderlichkeit ist. Was kann man sonst machen? Der Wandel muß vom Herzen ausgehen, er kann nicht von außen auferlegt werden. Alle materialistischen Doktrinen waren nicht imstande, eine wirkliche Umwälzung herbeizuführen. Nirgends gibt es Gleichheit. Nur ein spiritueller Wandel hin zu einer Geisteshaltung der Wunschlosigkeit kann zu dieser absolut notwendigen Revolutionierung des menschlichen Bewußtseins führen, aus der allein die erforderlichen Veränderungen erwachsen können.

Wir müssen die Gesellschaft von den falschen zu den richtigen Wertvorstellungen hinführen. Wir müssen die Leute davon überzeugen, daß das Ideal eines hohen Lebensstandards falsch ist. An seine Stelle muß ein hohes Lebens- und Denkniveau treten, zu dem Bescheidenheit, ein hohes Ethos, Mitgefühl und innere Freiheit vom Weltlichen gehören, ganz im Gegensatz zu dem maßlosen Bestreben, sich gegenseitig an Luxus und ausgefallenen Konsumgütern zu übertreffen. Die Menschen müssen davon überzeugt werden, daß der einzige Weg zur Erweckung der in ihnen schlummernden Göttlichkeit die Beherrschung des „Haben-Müssens" und der Sieg über das unersättliche Verlangen nach Vergnügungen und Luxus ist, statt der Sklave dieser falschen materiellen Wertbegriffe zu bleiben.

DER SAI-WEG ZUM DHARMA (RECHTSCHAFFEN-HEIT)

F: Nach all dem nehme ich an, daß die verschiedenen Erziehungseinrichtungen und sozialen Organisationen, die Baba leitet - etwa 3.000 im ganzen -, die notwendigen Kader schaffen sollen, um den gewünschten sozio-ökonomischen Wandel durch Liebe und Überredung herbeizuführen?

Baba: Sie entspringen der Absicht, die neue Generation auf den Sai-Pfad der Wahrheit, der Rechtschaffenheit, des Friedens und der Gewaltlosigkeit zu führen. Ihr Motto - Arbeit ist Gebet, und Pflicht ist Gott - versucht, die neue soziale Ordnung in Verbindung mit *satya* - d. h. Wahrheit und *dharma* - dem richtigen Handeln - einzuführen.

F: Indien ist als ein reiches Land armer Leute beschrieben worden. Im Busen unserer guten Erde ist der Reichtum der ganzen Welt eingeschlossen. Und doch bleiben die Menschen wirtschaftlich mittellos und rückständig. Hast du irgendeine Lösung zur Gesundung der Wirtschaft?

SOZIO-ÖKONOMISCHE SYNTHESE

Baba: Deine Analyse stimmt. Die Lösung des Problems, das du ansprichst, liegt in harter Arbeit und erhöhter Produktion auf einer kooperativen Basis. Um das zu erreichen, muß man die Leute von der Krankheit der Individualität, der Habgier und des Egoismus heilen. Jedem einzelnen muß man beibringen, von dem erweiterten Begriff der Gesellschaft und ihrer Bedürfnisse in seinen Gedanken und seiner Arbeit auszugehen. Wenn das einmal geschieht, wird weniger geredet und mehr gearbeitet werden.

Hier ist es wieder der spirituelle Weg, der dieses Land und die Welt vor den Übeln der materialistischen Ordnung retten kann. Was wir brauchen, ist eine Synthese des spirituellen und des materiellen Aspektes des Lebens. Das wird die Menschen mit dem sozialen Gewissen und dem Geist der Zusammenarbeit ausstatten, die für die Begründung nationalen Wohlstands durch selbstlosen, kooperativen Einsatz unabdingbare Voraussetzung sind.

F: Ein sehr guter Rat, *Swamiji* - aber die Schwierigkeit besteht darin, daß der ganze Reichtum, den die Arbeit schafft, anscheinend in die Taschen der reichen und mächtigen Minderheit fließt. Hast du ein spirituelles Rezept für dieses Ungleichgewicht?

DIE WÜNSCHE MÜSSEN VEREINHEITLICHT WERDEN

Baba: Zweifellos geschieht die Verteilung nicht in der richtigen Weise. Die vorhandenen Lehrmeinungen von Gleichheit, Sozialismus usw. haben zu keinem Ausgleich bei der Verteilung der Güter geführt. Das Problem besteht darin, daß sich zwar per Gesetz die gleichmäßige Verteilung der Reichtümer, Ländereien und anderen Güter anordnen läßt. Aber kann das Gesetz eine Gleichheit in den Wünschen und Ansprüchen der Menschen herbeiführen? Hier ist der heilende Einfluß der Spiritualität nötig.

Zuerst muß man die Ansprüche und ihre üblen Folgen heilen. Wir müssen die Reichen überzeugen, daß die materialistischen Wünsche und ihre Erfüllung ein Aspekt des unsteten Geistes (monkey-mind) sind. Das allein vermag das Problem der Ungleichheit und der schlechten Verteilung zu lösen.

Die Reichen werden ihre extravaganten Wünsche aufgeben, die Armen werden bekommen, was sie brauchen und etwas mehr; und das wird zu einer gerechteren Verteilung führen.

F: Um dieses Kapitel abzuschließen, würdest du bitte, *Swamiji*, die Hauptursache der Rückständigkeit Indiens auf sozialem und wirtschaftlichem Gebiet zusammenfassen?

Baba: Vom rein materiellen Gesichtspunkt aus ist es eine Frage von Angebot und Nachfrage. Wegen des gewaltigen Übergewichts, das die materiellen Werte in unserer Gesellschaft haben, wird der Bedarf immer größer, während das Angebot gleichbleibt oder sinkt. Die Lösung liegt daher offensichtlich in der Erhöhung des Angebots oder der Senkung des Bedarfs. Dazu kommt natürlich noch das Anwachsen der Bevölkerungszahl. Dieses dreifache Problem wirtschaftlicher Unausgewogenheit muß von der spirituellen Seite angepackt werden, wenn man eine wirksame Lösung durchsetzen will.

WENIGER GEPÄCK, BESSERE REISE

Hier kommt uns unsere Forderung nach einem wunschfreien Leben, in dem die menschlichen Bedürfnisse auf das Notwendige beschränkt werden, zu Hilfe, da es die einzige Möglichkeit ist, das soziale und wirtschaftliche Gleichgewicht herzustellen. Schränken wir unsere Bedürfnisse ein, reduzieren wir unsere Wünsche, leben wir in spiritueller Anspruchslosigkeit, dann wird das, was an materiellen Gütern vorhanden ist, für die ganze Menschheit reichen. Außerdem werden sich die Spannungen lösen, die zwangsläufig zu einem sozio-ökonomischen System gehören, das auf Wettbewerb beruht, und die Gemüter werden wieder friedfertiger sein.

Das Leben gleicht einer Reise in einem Gefährt zwischen Geburt und Tod. Der Körper ist das Vehikel, in dem man zum Tod fährt. Je weniger Gepäck man auflädt, desto besser. Wozu sich mit weltlichen Gütern und mit materiellem Komfort belasten, wenn man vielleicht seine Fahrtrichtung ändern muß oder sich irgendwie verrenkt und einen Unfall hat? Jedenfalls muß man am Ende der Reise alles zurücklassen bis auf seinen *ātman*. Wäre es da nicht besser, sich mehr um den unsterblichen Geist zu kümmern als die schwindende Zeit mit dem Absichern von Reichtümern und Luxus zu verschwenden?

Das ist die Logik des Spiritualismus, mit der ich die Haltung der Menschen zu ändern versuche.

WARUM NICHT KÜRBISSE ODER GURKEN?

F: Baba hat die meisten strittigen Fragen, die Dr. Narasimhiah und andere Kritiker aufgeworfen haben, bereits geklärt. Einige jedoch sind noch nicht beantwortet. Narasimhiah fragt, warum du nicht einen Kürbis, eine Gurke oder eine Uhr mit einem deutlichen Kennzeichen materialisierst, um zu beweisen, daß es deine Schöpfung ist und nicht ein herbeigeholtes Produkt, das jemand anderer herstellte?

Baba: Kürbisse und Gurken können ebenso leicht materialisiert werden wie Ringe oder beliebige andere Objekte. Aber sie sind verderblich, und der ganze Sinn der Materialisation besteht darin, wie ich schon sagte, daß die Gegenstände von Dauer sind. Deshalb sind Ringe und Armbanduhren als Talismane oder Kontakt- und Kommunikationsmittel zwischen dem *Avatar* und seinen Anhängern zweckdienlicher.

Kritiker wollen damit darauf hinweisen, daß große Objekte wie Kürbisse nicht (unsichtbar) transportiert werden können, während das bei kleinen Gegenständen wie Ringen möglich ist. Aber wie ich schon mehrmals betont habe, verlagere ich die Gegenstände nicht mit einem Taschenspielertrick. Ich erschaffe sie als Talismane.

Nun zu deiner Frage wegen eines Ringes oder einer Uhr mit einem deutlichen Zeichen, um zu beweisen, daß sie meine eigenen Schöpfungen sind. Möchtest du, daß ich etwas für dich materialisiere?

DAS WUNDER DES OM-RINGES

F: Ja, *Swamiji*, gewiß möchte ich das.

Baba ließ seine rechte Hand durch die Luft kreisen und materialisierte einen Silberring mit der Inschrift *OM* in der Mitte und Sai-Ram-Zeichen an den Seiten, nahm meine rechte Hand und steckte den Ring behutsam an meinen Mittelfinger. Er paßte genau, und es war haargenau das, was ich mir von Baba gewünscht hatte.

F: Danke Baba, du hast die Frage wunderbar beantwortet. Nun zu Narasimhiahs Behauptung im Zusammenhang mit dem Schwindler Sai Krishna oder Pandavapura, den sein Ausschuß als Betrüger und Schwindler entlarvt hat. Er behauptet, dieser Bursche hätte unter deinem Schutz gestanden.

KEIN KONTAKT MIT DEM JUNGEN SCHWINDLER

Baba: Ich kann dir versichern, daß es absolut keine Verbindung zwischen ihm und mir gibt. Seine Leute haben mehrere Male versucht, ein Treffen zwischen uns zu arrangieren, aber wir haben ihre Bitten zurückgewiesen. Natürlich können Tausende Menschen, wie du an diesem Morgen gesehen hast, hierher zum *darshan* kommen. Es gibt auch solche, die sich als meine Jünger verkleiden oder unter der Verwendung meines Namens Geld machen. Da das nicht nur hier, sondern auch in anderen Staaten und selbst im Ausland geschieht, können wir nichts dagegen tun. Früher oder später entlarven sie sich selbst, wie dieser Bursche. Ich habe nicht den geringsten Kontakt und nichts mit solchen Leuten zu tun.

F: Der Narasimhiah-Ausschuß wollte deine Wunder wissenschaftlich untersuchen, unter kontrollierten Bedingungen, wie sie es nennen. Du lehntest den Vorschlag ab. Würdest du zu dieser Kontroverse etwas sagen wollen?

Baba: Wie soll die Wissenschaft, die an die physikalische und materielle Weltanschauung gebunden ist, transzendentale Phänomene, die ihren Horizont übersteigen, erreichen oder verstehen können? Das läßt sich schon auf den ersten Blick als Trugschluß erkennen. Das eine gehört auf die stoffliche, das andere auf die spirituelle Ebene. Die Wissenschaft muß ihre Untersuchungen allein auf die Dinge beschränken, die zum Bereich der menschlichen Sinne gehören, während Spiritualität über die Sinne hinausgeht. Wenn man die Natur der spirituellen Kräfte verstehen will, kann man das nur auf dem Pfad der Spiritualität und nicht mit Hilfe der Naturwissenschaft. Was die Naturwissenschaft enträtseln konnte, ist nur ein Bruchteil der kosmischen Phänomene. Sie neigt jedoch dazu, ihren Beitrag zu überschätzen.

F: Das ist wahr, *Swamiji*, aber die Wissenschaft entwickelt sich dauernd fort, so daß die Metaphysik von gestern die Physik von heute ist.

GLÜHWURM IM SONNENLICHT

Baba: Ganz richtig, aber sie ist für die weite und unsichtbare Welt des Bewußtseins noch blind. Gerade die Tatsache, daß sich die Naturwissenschaft dauernd verändert, beweist ihre Unfähigkeit, die letzte und absolute Wahrheit zu erforschen. Vor einiger Zeit behaupteten die Wissenschaftler, daß das Atom unteilbar sei, aber vor nicht allzu langer Zeit gelang es ihnen, es zu spalten. Sie haben noch keine Ahnung von der Tatsache der *prāna*-Kraft hinter dem Atom, welche das Wesentlichste seiner Bestandteile ist.

Die Naturwissenschaft ist bloß ein Glühwürmchen im Licht und in der Pracht der Sonne. Richtig ist, daß man viele Informationen über die Natur und ihre stoffliche Funktionsweise erforschen, entdecken, sammeln und zur Entwicklung weltlicher Dinge einsetzen kann. Der Spiritualismus beherrscht dagegen das kosmische Feld, auf dem für die Naturwissenschaft kein Platz ist. Deshalb sind manche Entdeckungen der Wissenschaft nützlich, während andere verheerend sein können.

Wie ich schon erwähnte, Dr. Narasimhiah und seine Gruppe gleichen *Telugu*-Männern, die ins Kino gehen, um einen Tamilen-Film zu sehen. Sie sehen bloß den Tanz, die Kämpfe und Gewalttaten, die Helden und Schufte, den Star mit dem schönen Gesicht und alle diese oberflächlichen Dinge, aber die subtileren Aspekte wie die Musik und die Poesie, die Handlung, der Dialog, die Witze und dergleichen, die entgehen ihnen.

FALSCHER GEIST UND FALSCHE BETRACHTUNGS-WEISE

Dennoch, wer mich verstehen will, ist hier willkommen, wie ich immer wieder betone. Auf den Geist und das Suchen kommt es an. Ausländische Parapsychologen sind hergekommen und haben mich in einer positiven Weise und in konstruktivem Geist geprüft. Du hast ihre Berichte gesehen. Sie schreiben keine Briefe und stellen keine öffentlichen Forderungen.

Narasimhiahs Betrachtungsweise war untauglich, deshalb lehnte ich ab. Wäre es nicht so gewesen, hätte ich ihn willkommen geheißen. Ich rufe die Leute nicht her, damit sie sich vor einem Gott verbeugen. Ich möchte, daß sie kommen, sich umsehen, hören, hinterfragen, beobachten, Erfahrungen sammeln und Baba erkennen. Nur dann werden sie mich verstehen und den *Avatar* schätzen lernen.

F: Dr. Narasimhiah behauptet, daß vom Standpunkt der Wissenschaft „nichts aus dem Nichts erschaffen werden kann." Du hast offensichtlich dieses Gesetz der Naturwissenschaft mit einer transzendentalen Formel zur Beherrschung der kosmischen Energie und der Erzeugung paranormaler Kräfte widerlegt. Kannst du dieses Mysterium erklären?

„WAS ICH WILL, GESCHIEHT"

Baba: Die Formel, daß nichts aus dem Nichts geschaffen werden kann, ist dem begrenzten Feld wie den begrenzten Dimensionen der Naturwissenschaft angemessen. Sie gilt keineswegs auf dem transzendentalen Gebiet und in den Dimensionen der Spiritualität. Auf dem letztgenannten Feld kann alles durch den höchsten Willen erschaffen werden. Alles Bestehende kann er zum Verschwinden bringen und was nicht existiert in Erscheinung treten lassen.

Unsere Geschichte und Tradition in den Heiligen Schriften und in der Literatur enthält eine Fülle solcher Ereignisse, die sie Wunder nennen. Die Gesetze und Formeln der Materie sind nicht auf die Göttlichkeit anwendbar. Für mich ist das keineswegs ein Mysterium oder eine rätselhafte Sache. Was ich will, das geschieht: Was ich befehle, materialisiert sich.

F: Der Vizekanzler scheint sich über deine Behauptung „Gott ist in uns allen" lustig zu machen. Er fragt: „Ist das nicht reine Wirklichkeitsflucht? Wie kann Gott seiner selbst so unsicher sein?" Ich bitte dich um deine Erwiderung.

GOTT EXISTIERT IN JEDEM

Baba: Seine Fragen widersprechen direkt der Grundlage der indischen Philosophie ebenso wie der Grundlage der meisten Religionen. Alle unsere Heiligen Schriften versichern, daß Gott in jedem anwesend ist. Um Vivekananda zu zitieren: „Gott ist in allen gegenwärtig." Das einzige, was allgemein und auf der ganzen Welt manifest ist und in Wirklichkeit das ganze Universum regiert und leitet, ist Göttlichkeit. In der Tat existiert nichts außer Gott.

Was ich sage, hat nichts mit Wirklichkeitsflucht zu tun, sondern ist fundamentale und ewige Wahrheit. Ich sage das nicht, weil ich mir meiner eigenen Göttlichkeit nicht sicher wäre. Gerade das Vertrauen, das ich in ihre absolute und totale Authentizität habe, veranlaßt mich, diese Tatsache zu bekräftigen. Es sind die Naturwissenschaftler, die ihrer selbst so unsicher sind, daß sie sich zu Theorien hinreißen lassen, welche die Realität fliehen.

Sie sagen z. B., der Mond sei leblos. Gleichzeitig behaupten sie, daß die ganze Materie aus sich bewegenden Atomen besteht. Ist denn der Mond nicht auch ein Gemisch aus dergleichen bewegten Atomen? Wie kann er dann leblos sein? Es gibt keine Materie, die nicht aus Atomen, Elektronen, Neutronen und Protonen besteht, die sich alle fortwährend bewegen. Auch diese Energie ist Gott.

Daher gibt es auch kein menschliches Wesen, in dem nicht Göttlichkeit vorhanden ist. Zu sagen, daß kein Gott im Menschen sei, ist das gleiche wie zu behaupten, es gäbe kein Atom im Mond oder sonst einem großen Brokken Materie. Unsere alten Schriften haben die Allgegenwart Gottes so beschrieben: „Anor anīyān mahato mahīyān" - (Gott ist) kleiner als das Kleinste und größer als das Größte. Wie kann man vor diesem Hintergrund sagen, daß Gott nicht im Menschen sei?

WEDER DIE REICHEN NOCH DIE ARMEN WERDEN BEVORZUGT

F: Ein weiterer Streitpunkt wird immer wieder von deinen Kritikern vorgebracht, daß du nämlich den Reichen und Mächtigen den Vorzug vor den Armen und Schwachen gibst, was göttliche Geschenke, Wunderheilungen und individuelle *darshans* anbelangt. Ist das richtig, und wenn ja, warum?

Baba: Es ist falsch. Ich sehe und mache nie einen Unterschied zwischen arm und reich. Ich sehe die Menschen nur unter dem Gesichtspunkt ihrer Hingabe und Liebe, ihrer Wünsche, ihres Opfers, das sie zu bringen bereit sind, und ihrer Schwierigkeiten. Du warst heute morgen hier und sahst Hunderte von Menschen, darunter ein paar Reiche; die Mehrzahl waren Arme. Hattest du den Eindruck, daß ich einen Unterschied machte? Alle, die ich mit in diesen Raum nahm, waren arm und schwach oder mit Kummer beladen.

Mein Blick sagt mir, daß diejenigen, die in der Welt als reich oder mächtig gelten, ihre gequälten Herzen und ihr krankes Gemüt zu mir bringen. Ich heile sie, indem ich ihnen rate, sich von ihrem materiellen Reichtum und ihrer Macht zu trennen, um spirituellen Frieden und Gnade zu erlangen.

(Ende des ersten Teils des Interviews).

DER WEG ZU GOTT

(Kommentare von Mr. Karanjia)

Wie läßt sich letzten Endes die Gesamtheit von Sathya Sai Babas Mission umreißen? Verwirklichung Gottes durch Selbstverwirklichung, antwortete er. In dieser Serie von Interviews hat Baba den Weg zu Gott gezeigt, zur Verwirklichung von *sat-cit-ānanda* - das heißt vollkommenes Leben, Wissen und Glückseligkeit.

Nach den Worten von Baba steht dieser höchste Bewußtseinszustand oder die Erleuchtung jedem Mann und jeder Frau offen, wenn sie sich von der Ego-Fessel des Körpers und des Verstandes lösen, um das wahre Selbst zu verwirklichen - das heißt *jīvātman. Jīvātman* ist der Aufenthaltsort des im Menschen innewohnenden Gottes. Es ist die verkörperte Essenz von *paramātman*, dem kosmischen Selbst.

Baba zufolge besteht die Mission des *Avatars* darin, der Menschheit zu helfen, die Barriere des Egos und mit ihr die des Verstandes aufzuheben, so daß der verkörperte *jīvātman* einfließen und mit dem universalen *paramātman* verschmelzen kann - mit dem gewaltigen Ozean göttlichen Nektars - wie er es beschreibt, damit die Menschheit zu einer Rasse von Gottmenschen werden kann.

Baba sucht das universale Problem der Entfremdung zwischen Mensch und Mensch, Gott und Natur mit der Sai-Philosophie der reinen spirituellen Liebe zu lösen.

DEM TERROR DER EXISTENZ ENTRINNEN

Ruth Nanda Anshen, die Verlegerin der bekannten Bücher „Religions Perspectives", bezeichnet als die ernsteste Krise unserer apokalyptischen Ära folgendes: „Die Krise der Trennung des Menschen vom Menschen und des Menschen von Gott, das Versagen in der Liebe" - dies macht sie für die „Dunkelheit und Kälte, für die Not in der spirituellen Eiszeit der Gegenwart" verantwortlich. Sie beschwört das Bild vom „homo cum deo" (vom Menschen mit Gott), um nach „einer neuen Formel für die Zusammenarbeit des Menschen mit dem schöpferischen Prozeß" zu rufen - „der einzigen, die den Menschen vor dem Terror der Existenz schützen kann."

Sathya Sai Baba liefert die gewünschte Formel: Nur die Entfaltung zu einer höheren Bewußtseinsebene kann den Menschen vor diesem Terror retten, dieser Dunkelheit und Kälte, diesem eisigen spirituellen Elend.

Die Formel entspringt Babas fachmännischem Gutachter-Urteil im Bereich der Wissenschaft des Bewußtseins und seiner Kenntnis der kosmischen Dimensionen des Wesens der Wirklichkeit. Naturwissenschaftler spotten natürlich über Babas Betonung der Spiritualität. Doch die Hervorragendsten unter ihnen, wie Dr. S. Bhagavāntam und Dr. U. J. Rao, beglaubigen „rechtskräftig" den Vorrang der Spiritualität.

Dr. Rao ist ein bekannter Geologe, der dem Geologischen Institut der Universität Osmania vorsteht. Er war Zeuge der Verwandlung eines Steines zu Gott. Baba hatte ein Stück rohen Granitstein vom Boden aufgehoben, um Rao zu fragen, was es enthalte. Der Geologe nannte einige Minerale. Baba forschte weiter: „Das meine ich nicht, sondern etwas Tieferes!" Rao erwiderte: „Nun ja, Moleküle, Atome, Elektronen, Protonen..." Baba war nicht zufrieden: „Nein, nein, geh noch tiefer!" Rao bekannte seine Unwissenheit.

WENN EIN STEIN ZU GOTT WERDEN KANN ...

Dann nahm Baba den Stein aus der Hand des Geologen, blies seinen Atem darauf und gab ihn Rao zurück. Dem Geologen verschlug es die Sprache, denn der Granitstein war in eine Statue *Krishnas*, der die Flöte hält, verwandelt worden. Baba ermahnte ihn: „Siehst du, jenseits deiner Atome und dem allem war Gott im Stein. Und Gott ist Süße und Freude. Brich *Krishnas* Fuß ab und probier ihn."

Rao hatte keine Schwierigkeiten, der Granitstatue den Fuß abzubrechen und ihn zu kosten. Es war Zuckerwerk von ganz eigener Süße. Kein Wunder, daß Rao Babas Biographen Howard Murphet gestand: „Die Naturwissenschaft ist nur das erste Wort; das letzte Wort wissen nur die großen Wissenschaftler der Spiritualität wie Sai Baba."

... WARUM DENN NICHT AUCH DER MENSCH?

Wenn Baba einen Stein in Gott verwandeln kann - und wir haben Dr. Raos Wort für dieses Wunder -, warum denn nicht auch das Wesen „Mensch", das schon die göttliche Eingebung oder das von Gott mitgeteilte Wissen in sich trägt? Abgesehen von seinem eigenen wunderbaren spirituellen Image, das Millionen von Devotees umgibt, benutzt Baba die mehr als 3.000 Sai-Institutionen des spirituell ausbildenden und sozialen Dienstes im ganzen Land, um sein Evangelium mit dem Ziel der Umbildung der einfachen Leute zu einer Rasse von erleuchteten Gottmenschen zu erreichen.

Wie widersprüchlich auch einige von Babas Behauptungen sein mögen, das integrierte Bildungssystem und der Sozialdienst, die von ihm entwickkelt wurden, stellen in ihrer Art ein Modell dar. Es trägt zum Verständnis und zur Entwicklung der ganzen menschlichen Natur bei. Hier wird die Sai-Philosophie mit ihren fünf Säulen Wahrheit, Rechtschaffenheit, Frieden, Liebe und Gewaltlosigkeit nicht nur gelehrt, sondern durch die Weitergabe von Wissen, Geschicklichkeit, Ausgeglichenheit und von einem Zukunftsbild - einer Vision - an Tausende von Studenten und Arbeitern verwirklicht. So plant Baba, die ganze Gemeinde und schließlich die ganze Nation in sein spirituelles Reich der Liebe und der Zusammenarbeit einzubeziehen. Er selbst erwartet für sich nichts dabei. „Kommt zu mir mit leeren Händen, und ich werde sie mit meiner Liebe und mit meiner Güte füllen," fordert er uns auf.

278

SELBSTVERWIRKLICHUNG IST VERWIRKLICHUNG GOTTES

Das genügt, um den Leser in den letzten Abschnitt des Interviews einzuführen. Lassen wir nun Baba wieder für sich selbst sprechen.

F: Nach dem, was Baba bisher sagte, scheint es, daß es deine Aufgabe ist, die Menschheit zu befähigen, ihre verlorene Göttlichkeit wiederzuentdecken und zu inkarnieren. Habe ich recht?

Baba: Du hast recht. Wenn sich der Mensch nach innen wendet, um sein wahres Selbst zu erkennen, dann wird Gott für ihn manifest. Selbstverwirklichung ist Gottverwirklichung. Einfach gesagt, es ist die Erkenntnis, daß du nicht nur Körper und Verstand mit physischen Organen bist, sondern daß in dir ein Selbst ist - der *ātman*, der Gott ist -, deutlich unterschieden von den sterblichen Dingen. Dieses Selbst ist allmächtig, allgegenwärtig, allwissend. Das Begreifen dieser Wahrheit führt dich auf den richtigen Pfad der Verwirklichung Gottes.

ĀTMAN ALS SOZIALE GANZHEIT

(Eine Zusammenfassung von Mr. Karanjia)

Baba, du hast recht. Das ist die Aufgabe des einzelnen genauso wie die der Gesellschaft: Jedes Mitglied muß befähigt werden, diese atmische Wahrheit zu erkennen, welche die ganze Welt umschließt und integriert. Nicht die Kasten, Klassen, Gruppen, Familien und Gemeinden verbinden die Menschheit, sondern die Tatsache, daß die gesamte Menschheit zu dem einen und gleichen *ātman* gehört, der Gott ist.

Dieser eine Faktor bringt wieder das „Menschsein" in den Menschen, um ihn zu einem sozial bewußten, humanen Wesen zu machen. Wie die *shāstras* sagen: vāsudaiva kutumbakam - die ganze Welt ist eine Familie. Diese Einheit, die von Gott stammt, kann jeder erfahren, wenn er das Vorrecht des gemeinsamen Nenners des Selbst oder des *ātman* in jedem einzelnen Menschenwesen anerkennt.

DER SCHRECKEN EINES ATOMKRIEGES

F: Dein Ziel besteht also im ganzen gesehen darin, die Menschheit durch die Lehre der Liebe zu einer einzigen Bruderschaft werden zu lassen?

Baba: Ja, was sonst kann die Welt vor dem thermonuklearen Feuer retten? Alles weist auf den Terror dieses bevorstehenden Brandes hin, und meine Mission ist es, solchen Bränden durch die Wiederherstellung des *dharma* und des spirituellen Gesetzes von dem einen Gott, der einen Religion, der einen Sprache, welche die eine Menschheit umfassen, zuvorzukommen.

Ich predige für alle nur die eine Religion der Liebe, die allein die menschliche Rasse zu einer Bruderschaft der Menschen unter der Vaterschaft Gottes vereinen kann. Ich kenne nur die eine Sprache des Herzens, jenseits von Verstand oder Intellekt, die den Menschen an den Menschen und die Menschheit an Gott bindet und dabei gegenseitiges Verständnis, Zusammenarbeit und ein gemeinsames Leben in Frieden und Harmonie schafft. Auf dieser Basis will ich die eine Menschheit ohne irgendwelche religiösen, kastengebundenen oder anderen Barrieren zu einem universalen Reich der Liebe umformen, das es meinen Devotees ermöglicht, die ganze Welt als ihre eigene Familie zu empfinden.

F: Gut gesagt, Baba - aber würde nicht dieses *dharma* mit seiner hinduistischen Orientierung mit den bestehenden Religionen in Konflikt geraten?

Baba: Nein, nichts dergleichen, denn mein Ziel ist die Begründung von *sanātana dharma*, dem ewigen Pfad der Rechtschaffenheit, wozu die Gründer aller Religionen geneigt waren. Daher braucht niemand seine Religion oder Gottheit aufzugeben, sondern durch sie hindurch (oder in ihnen) den einen Gott in allen anbeten. Ich bin nicht gekommen, zu stören oder zu zerstören, sondern jeden in seinem eigenen Glauben zu rechtfertigen und zu schützen.

DER WEG DER RECHTSCHAFFENHEIT ZUM FRI DEN

F: Aber wie wird das einen nuklearen Holocaust verhindern?

Baba: Durch die Entfernung aller Ursachen, Quellen, Barrieren und Provokationen der Klassen, Kasten, Glaubensrichtungen, Farben und Rassen, und dadurch, daß der bestehende Haß und die Gewalt durch Liebe und Gewaltlosigkeit ersetzt werden. Ich erwarte, daß ich die Menschheit mit einem Evangelium der friedlichen Kooperation ausstatten kann, das dann die gegenwärtige Eskalation der Gefahr eines Todes durch allgemeine Zerstörung ersetzen wird.

R.K. Karanjia: Danke, *Swamiji*. Ich bin dir umso dankbarer, als ich wirklich nicht erwartet habe, daß du die ganze lange Liste meiner Fragen beantworten würdest.

Anmerkung

1. Nachgedruckt mit der freundlichen Genehmigung von Herrn R.K. Karanjia, Bombay.

(Oben) Das Symbol der Sathya Sai Organisation, das die Einheit darstellt - das grundlegende Einssein aller Religionen von Ost und
West von Spiritualität und Wissenschaft

(S. 284/285) Der Tempel von Prashānti Nilayam - von innen

(S. 286) Der Tempel von Prashānti Nilayam -
von außen

Der folgende Abschnitt ist dem ernsthaften Schüler der Psychologie gewid-
met und mag viele Leser etwas zu theoretisch und zu technisch anmuten.
Anhang I ist ein Glossar der Definitionen zum Begriff „Bewußtsein".
Anhang II faßt einige historische sowie zeitgenössische Arbeiten zum
Thema „Bewußtsein" zusammen, mit Ergebnissen und Beobachtungen aus
dem Bereich der Physik, und einige zeitgenössische spirituell-orientierte
Trends in der Psychologie. In Anhang III und IV werden westliche wissenschaftliche Begriffsvorstellungen über Gemüt und Denkvorgänge und über
Bewußtsein mit östlichen spirituellen Begriffen verglichen - in einer Weise,
die, wie ich hoffe, unsere Erkenntnisse über beide Ansätze ergänzt und vertieft.

TEIL IV   Anhänge

Der erste Ring von Sathya Sai Baba, 1974 für mich materialisiert. Geschichte auf Seite 23.

Zweiter Ring, vom ersten Ring transformiert durch Sai Babas Atem 1978. Geschichte dazu Seite 23.

Goldener Ring, transformiert vom zweiten Ring durch Sai Babas Atem 1980. Geschichte dazu auf Seite 274.

Shirdi Baba Ring, materialisiert von Sathya Sai Baba 1977. Geschichte dazu auf Seite 136.

EINE DARBRINGUNG

KAPITEL 29

Alles war im großen Pūrnacandra-Auditorium versammelt, nur ich saß allein auf der Veranda des Tempels. Ein paar Frauen bereiteten eifrig den Tempelvorplatz vor. Sie besprengten den Boden mit Wasser und zeichneten mit verschiedenfarbigen Pulvern bunte Ornamente darauf, setzten flakkernde Lichter mit Unmengen von kleinen Öllämpchen an besondere Stellen - kurzum, sie überzogen den Erdboden rund um den Tempel mit einem leuchtenden „Zuckerguß", wie bei einem Geburtstagskuchen - mit dem pastellfarbenen Tempel als Krönung in der Mitte. Die Sonne ging rasch unter.

Die Weltkonferenz war vorüber; es war der Vorabend von Sai Babas 55. Geburtstag. Tagelang hatte ich geduldig gewartet, immer voller Hoffnung, ihm die Bücher überreichen zu können, die unsere Birth Day Publishing Company im vergangenen Jahr ihm zu Ehren herausgebracht hatte. Immer wieder schien er seinen Blick von meinem abzuwenden. Ich machte einen letzten kühnen Versuch, einen Blick von Baba zu erhaschen, und hatte dazu die Chance geopfert, im Auditorium einen Sitzplatz zu erobern. Ich bezog auf der Tempelveranda Stellung, dicht an der Tür, aus der er kommen würde, um zum Auditorium zu gehen.

Aber es gelang mir nicht. In weißer Geburtstagsrobe und umgeben von ein paar ihm nahestehenden Studenten, war er mit seinen Devotees in das große Auditorium gegangen, ohne mich eines Blickes zu würdigen. In einer großen Silberschaukel (jhūlā), von Kissen und Blumen umgeben, würde er zu den himmlischen Klängen der besten Musik Indiens hin- und herschwingen - ein Anblick für Engel und Götter.

Aber für mich war es zu spät für diesen Anblick. Das Auditorium mit seinen 20.000 Plätzen war bis ins letzte Eckchen besetzt, und ich war ausgeschlossen, allein in einer stillen, immer dunkler werdenden Nacht. Nur von ferne konnte ich die frohen Laute des Festes hören.

Als ich so am Geländer der Veranda stand und über die sorgfältig gepflegten Anlagen in die Dunkelheit blickte, war alles, was ich sehen konnte, meine Einsamkeit. Kein einziger freundlicher Augenblick mehr in seiner Gegenwart vor meiner Abreise!

Aber Erinnerungen an die vergangenen Tage hellten meine Stimmung auf. Gemeinsam mit 200.000 anderen hatten meine Frau, unsere Zwillingstöchter und ich Zeugen der Entfaltung einer vieldimensionalen, erhabenen Herrlichkeit sein dürfen, wie man sie selten in einem Leben zu Gesicht bekommt. Abgesehen von den großen Ereignissen, an denen ungeheure Menschenmassen teilnahmen, hatte es auch rührende und in liebevoller Erinnerung haftende Augenblicke mit Baba gegeben - etwa als er zum ersten Mal mit meinen beiden unschuldigen 13jährigen Töchtern Kontakt aufgenommen hatte. Wir hatten tagelang in der Sonne unter der großen

Menge gesessen und geduldig auf einen einzigen Augenblick oder auf ein Lächeln gewartet; aufregend war es gewesen, als er schließlich näherkam. Während er vorbeiging, hatte er sich ganz unerwartet ihnen zugewendet, und sie waren entzückt, als er Kandiszucker materialisierte und ihnen freundlich zuwarf.

Dann die Zeit, in der wir mit ihm ganz familiär zusammengesessen und über die Erziehung unserer Töchter gesprochen hatten und die Arbeit, die wir für die Zukunft planten. Plötzlich hatte er sich zu mir herübergedreht mit einem Blinzeln in den Augen und nach meinem Ring gegriffen, den er vier Jahre zuvor materialisiert hatte. Während er ihn vor sich hinhielt, damit ihn meine Familie sehen konnte, fragte er leichthin: „Willst du Gold?" Überrascht und zögernd antwortete ich: „Nicht unbedingt, *Swami* - nur Deine Liebe." „Nein, nein, Gold", antwortete er und hielt dabei den Silberring an seine Lippen. Mit dreimaligem langsamem Anhauchen verwandelte er ihn in einem Augenblick des Staunens und Luftanhaltens in einen hell glänzenden Goldring, der sein Bild trägt.[1] Es war ein völlig neuer Ring. Zu meiner Überraschung steckte er ihn nicht an meinen linken Finger, an dem ich den anderen getragen hatte, sondern an den rechten, an dem er genau paßte. Später fand ich heraus, daß er für meinen linken Ringfinger zu groß war. Aus irgendeinem unbekannten Grund hatte er den Ring speziell für die rechte Hand geschaffen.

Ja, ich hatte viele wunderbare Erinnerungen - auch an den Tag, an dem er meiner Frau und den beiden Mädchen drei entzückende Saris schenkte. Seine Ermutigung, seine Liebe und persönliche Aufmerksamkeit - die Erkenntnis, daß er ein nahes Familienmitglied war, all das machte mich froh und glücklich, aber nun litt ich an der Begrenztheit meines Bewußtseins, das mir nicht erlaubte, im Pūrnacandra-Auditorium in Babas geliebter Nähe zu sein, und mich stattdessen an meinen personalen Körper hier auf der Veranda gebunden hielt inmitten all dessen, was ich als die „Einsamkeit meiner Realität" betrachtete. Die Nacht war hereingebrochen, und ich war allein in der finsteren Leere - in der lautlosen Stille - abgetrennt, im Abseits - völlig allein.

Wie aus dem Nichts tauchte plötzlich ein Lehrer des College auf. „Lassen Sie die Bücher hier und kommen Sie - schnell!" flüsterte er. Eilig folgte ich ihm über die 45 Meter weichen Sandes und durch die Hintertür des Pūrnacandra-Auditoriums. Augenblicklich hieß er mich mit etwa 30 anderen hinter der Bühne sitzen, von wo aus man die Rückseite der Silberschaukel sehen konnte; ein wirrer, schwarzer Haarschopf, der über dem Rücken der Schaukel in alle Richtungen flog, zeigte genau an, wo Baba saß. Im Nu war die lautlose Stille und Einsamkeit in eine fröhliche Feier des göttlichen Geburtstages verwandelt - und ich befand mich mittendrin.

Die Musiker spielten und sangen vom Leben des Lord *Rāma*. Ein paar Glückliche saßen hinter der jhūlā und wiegten Baba langsam nach der *Rāma*-Melodie hin und her. Die sich drängenden Besucherscharen verfolgten mit Inbrunst den herrlichen Anblick - wie der wiedererkannte König der Könige den reinen, süßen Nektar der Anbetung der Menschheit entgegennimmt.

Mein unerwarteter Freund tauchte wieder auf und winkte mir, zu der jhūlā zu gehen und mich an dem Hin- und Herbewegen der Silberschaukel zu beteiligen. Ich kam noch näher heran und beugte mich langsam zur Schaukel hin - da fühlte ich, wie ihr leichter Widerstand mich in einen wunderbaren Tanz von Bewegung und Musik einbezog. Zurück und vor, zurück und vor - wir schwangen nun alle mit Sai Baba - zum himmlischen Gesang der *Rāma*-Geschichte und zu seiner höchsten inneren Ekstase. Keine Stille mehr und keine Dunkelheit - sondern Gnade, reine Seligkeit, Staunen und Liebe.

Nach kurzer Zeit zog ich mich zurück, um andere an dem Segen, die Silberschaukel zu berühren, teilhaben zu lassen. Ich schloß meine Augen und verschmolz mit dem Äther. Bald ging das Programm zu Ende. Baba stand auf, wurde rasch von den Musikern und Gratulanten umringt. In wenigen Augenblicken würde er das Auditorium durch die Hintertür verlassen, und es herrschte großes Gedränge, weil jeder noch einen letzten Blick auf ihn werfen wollte.

Noch einmal erschien da mein Schutzengel. „Kommen Sie schnell! Er wird durch diese Tür gehen." Ich packte ihn am Hemdzipfel und wurde rasch zum rückwärtigen Eingang geleitet. Die steigende Erregung und Woge der Menge stießen mich dahin und dorthin. Ja, Baba ging in Richtung dieser Tür. Im nächsten Augenblick stand er vor mir.

Das Blitzen und Strahlen in seinem Lächeln erfüllte den Raum mit Licht. Von der sanften Magie dieses Lächelns gefangen, begann ich den Kontakt mit der Menge zu verlieren. In diesem Augenblick trat das Toben in den Hintergrund und war für mich nur noch als etwas Zartes, Privates, Heiliges zu vernehmen. „Darf ich deine Füße berühren, *Swami*?" flüsterte ich. Er lächelte zustimmend, und als ich mich niederkniete und meine Lippen seine Füße berührten, zerschmolz der Augenblick in Jasmin und süßem Honig. Verscheucht waren die Dunkelheit der Nacht und die Einsamkeit - fort waren Vergangenheit und Zukunft - das Gefühl der Getrenntheit. Jetzt war da nur ein weißes, fließendes Gewand - ein Sichauflösen in der Ewigkeit von Licht und Weite und Einssein. Aus dem Nichts wurde alles. Und mit der Erinnerung an diesen ewigen Augenblick, der tief in meinem Herzen bewahrt ist, übergab ich ihm dieses Buch...

Anmerkung

1. Das Foto des Goldrings befindet sich auf Seite 288.

ANHANG I

GLOSSAR DER BEWUSSTSEINSZUSTÄNDE

Die Hauptrichtung der westlichen Psychologie sah im Bewußtsein eine Funktion oder ein Produkt des Verstandes, der seinen Sitz im physischen Gehirn hat. In den Bezeichnungen und Definitionen, die sich auf die verschiedenen Aspekte unseres Bewußtseins beziehen, spiegelt sich diese Auffassung wider. Im Glossar des Comprehensive Textbook of Psychiatry/III (Umfassendes Lehrbuch der Psychiatrie/III 1980, S. 3318 der amerikanischen Ausgabe) heißt es unter dem Stichwort „consciousness": „siehe Sensorium". Der Begriff wird folgendermaßen definiert:

> Hypothetisches sensorisches Zentrum im Gehirn, von dem das klare Gewahrsein der Person von sich selbst und ihrer Umgebung ausgeht und jene Fähigkeit ihren Sitz hat, die Vorgänge wahrnimmt und unter Einbeziehung vorangegangener Erfahrungen, zweckdienlicher Möglichkeiten und gegebener Umstände verarbeitet. Manchmal wird das Wort „Sensorium" alternativ zu dem Ausdruck „Gewahrsein" verwendet.

Doch viele neue Erkenntnisse im Rahmen der behavioristischen Wissenschaften (Verhaltenswissenschaften) stellen die Annahme in Frage, daß das Bewußtsein eine Funktion des Verstandes in Verbindung mit dem Gehirn sei. Wie Dr. Kenneth Pelletier in „Toward a Science of Consciousness" (Auf dem Weg zu einer Wissenschaft vom Bewußtsein) ausführt, ist es nicht angemessen, „das Bewußtsein lediglich als Sekundärerscheinung der neurophysiologischen und biochemischen Prozesse, die einzig dem menschlichen Gehirn eigen sind..."[1] anzusehen. Man ist im Begriff, das Bewußtsein als etwas Fundamentaleres zu erkennen, als es das Denken ist, ja, es hat vielleicht sogar den Verstand ebenso geschaffen wie den gesamten Kosmos.

Über die Definitionen und die Eigenschaften des Bewußtseins herrscht weitgehend Verwirrung.

> Nach einem behavioristischen Einbruch vor mehr als einem halben Jahrhundert begann die Psychologie in den Jahren um 1960 wieder, anfänglich erst zögernd, dem Bewußtsein seine frühere zentrale Bedeutung beizumessen. In dieser langen Periode, in der die Verwendung dieses Terminus verpönt war, ging uns die gedankliche Verbindung zu den historischen Ursprüngen mehrerer verschiedenartiger, aber dennoch legitimer Definitionen des Bewußtseins verloren. Heute finden wir Psychologen der verschiedensten Richtungen, die

sich dieser Bezeichnungen bedienen und meinen, daß sie für andere das Gleiche bedeuten wie für sie selbst.[2]

Damit ergibt sich die Notwendigkeit, neue Formulierungen für unsere Erkenntnisse zu finden. Ich schlage die folgenden vor:

1. „Bewußtsein" - im weitesten Sinn unsere Fähigkeit des Gewahrwerdens, des Erkennens. In seinem grundlegendsten und reinsten Zustand ist das Bewußtsein unbegrenzt, absolut, ewig und universal (siehe Kapitel 12, Universales Bewußtsein). Im Hinduismus wird das Bewußtsein als eine der drei fundamentalen Attribute der Göttlichkeit neben der absoluten Wahrheit und Seligkeit angesehen.[3]

Wenn das Bewußtsein tiefere Wurzeln als das Verstandesdenken hat, dann kann es von diesem auch nicht begriffen werden. Deshalb müssen wir von Anfang an eine grundlegende Zweideutigkeit akzeptieren, die sich durch die Unfähigkeit des Verstandes ergibt, tiefe spirituelle Wahrheiten völlig zu erfassen. Um spezifische Angaben über den Typus, den Aspekt, die Orientierung und die Qualität des Zustandes einer begrenzten Bewußtheit machen zu können, brauchen wir zuerst näher qualifizierende Ausdrücke wie die folgenden:

2. „Bewußtes Bewußtsein" (conscious consciousness) - unmittelbares Gewahrwerden, Erfassen: Wahrnehmungen und Eindrücke, die sofort die Aufmerksamkeit erregen.

3. „Unbewußtes Bewußtsein" (unconscious consciousness) - in der Psychoanalyse ein Terminus, der sich auf eine Dimension der Psyche oder des Mentalen bezieht, in der nicht das gesamte mentale Material der bewußten Wahrnehmung mit den üblichen Mitteln zugänglich ist. Wenn wir annehmen, daß es einen Bereich jenseits des Verstandes (mind) gibt, dann fügen wir hinzu: „Das gesamte verstandesmäßige (mentale) und den Verstand übersteigende (supramentale) Material", das der bewußten Wahrnehmung mit den üblichen Mitteln nicht zugänglich ist. Daß wir ein Bewußtsein des Unbewußten haben, läßt sich aus seinem Auftauchen in Träumen, in Fehlleistungen beim Sprechen und aus der Symptombildung schließen.

4. „Das sich selbst beobachtende Bewußtsein" (witness consciousness) - diese Erkenntnis, daß wir ein Bewußtsein besitzen, ist der Aspekt, der den Menschen vom (übrigen) Tierreich aussondert. Der sich seiner Zeugenschaft bewußte „Beobachter", der sich seines Bewußtseins bewußt ist, steht außerhalb des denkenden Verstandes und ist der Ausdruck eines supramentalen Bewußtseins.

Dieser allgemein als „Ich" erlebte Aspekt des Supramentalen ist von großer Bedeutung. Sich mit diesem Zeugen zu identifizieren und ihn im Verlauf einer ersten und intensiven Frage nach dem „Wer-bin-ich" als das eigene Wesenszentrum zu erkennen, vermag den Menschen zur totalen, grenzenlosen Bewußtheit zu führen (siehe Universales Bewußtsein).

5. „Das niedere mentale (psychische) Bewußtsein" ist ein Bewußtsein, das

vorwiegend von den einzelnen psychosexuellen Entwicklungsphasen, wie sie Freud beschreibt, bestimmt wird (siehe Kapitel 2). Es charakterisiert gewisse Persönlichkeitstypen mit „Fixierungen" oder (zwanghafter) Gebundenheit an Gedanken, Phantasien, Gefühle, Wünsche (Begierden), Impulse, Ängste, Motivationen und Verhaltensweisen der niederen Entwicklungszustände wie der oralen, analen, phallischen, genitalen Phasen. Das Verhalten wird durch den Wunsch nach Ich-Befriedigung bestimmt, d. h. es ist vorwiegend egozentrisch und selbstsüchtig.

6. „Das psychische (Psi-)Bewußtsein". Die Wahrnehmungen dieses Bewußtseins lassen sich in drei allgemeine Klassen einteilen: Obgleich Psi-Forscher sich darüber im klaren sind, daß es beträchtliche Überlappungen geben kann, gehören die „Telepathie, die unmittelbare Kommunikation von Gehirn zu Gehirn, dazu, die Hellsichtigkeit (die Wahrnehmung von gleichzeitigen Ereignissen, das Sehen von Gegenständen oder Menschen, die für die fünf Sinne nicht wahrnehmbar sind) und das Vorauswissen künftiger Geschehnisse, die durch keines der bekannten Sensorien wahrgenommen werden können."[4] Diese Eindrücke stehen jenseits von Raum und Zeit und entspringen dem niederen Denken (wie etwa das Empfinden des Schmerzes eines anderen Menschen in unbestimmter Ferne) oder dem höheren Denken (wie das „Wissen" einer Heilmethode, die Gesundheit und Glück bringt).

Spirituelle Texte warnen davor, sich zu sehr von dieser Dimension des Bewußtseins anziehen zu lassen, da es zu einem selbstherrlichen Gefühl der eigenen Wichtigkeit und Macht führen kann und so vom eigentlichen spirituellen Ziel, der Erreichung des völligen Freiseins oder des Universalen Bewußtseins, abhalten kann.

Sai Babas Wunder sind anderen Ursprungs. Sie sind eine Manifestation des Universalen Bewußtseins (siehe 12. dieses Abschnittes und die Abhandlung darüber in Teil III dieses Buches). Was seine Fähigkeit zur Materialisation von Gegenständen und andere Kräfte betrifft, hat Sai Baba folgendes gesagt:

> Einige Gegenstände schafft *Swami* auf die gleiche Art, wie er das Universum geschaffen hat. Andere Dinge wie Armbanduhren werden aus bestehenden Vorräten genommen. Es helfen dabei keine unsichtbaren Wesen, die *Swami* diese Dinge etwa bringen. Sein *samkalpa*, sein göttlicher Wille, schafft die Dinge augenblicklich her. *Swami* ist überall. Seine Schöpfungen gehören zur natürlichen, unbegrenzten Macht Gottes und sind in keiner Weise das Produkt der *Yogi*-Kräfte wie bei den *Yogis* oder der Zauberei der Zauberkünstler. Die Schöpferkraft kann weder ersonnen noch hergestellt oder entwickelt werden und ist dennoch völlig natürlich... Denkt daran, daß es nichts gibt, was göttliche Kraft nicht vollbringen kann. Dies zu bezweifeln, ist ein Zeichen dafür, daß man zu schwach ist, um große Dinge wie die Großartigkeit des Universums zu erfassen.

7. „Das höhere mentale (psychische) Bewußtsein" strebt vorwiegend danach, die höheren Bedürfnisse des Menschen, wie sie von Maslow (siehe

Kapitel 2) definiert werden, zum Ausdruck zu bringen. Das Verhalten ist selbstloser und von Einfühlung, Mitleid und Liebe motiviert.

8. „Das intelligente Bewußtsein *(buddhi)*" bedeutet höhere Vernunft und abstraktes Denken, wie es für eine hochentwickelte Intelligenz charakteristisch ist. Die Urteilskraft und die Fähigkeit zu einsichtsvoller, scharfsichtiger Auswahl kommen zur Geltung.

9. „Das Weisheits-Bewußtsein *(vijnāna)*" ist hohe Einsicht, hohes Wissen: Die Fähigkeit, spirituelle Ziele und den letzten Zweck und Sinn des Lebens zu erkennen; die höhere Unterscheidungsfähigkeit zwischen gut und böse, real und irreal, ewig und zeitlich. Dieser Aspekt des höheren Denkvermögens lenkt die Intelligenz und die Gedanken zur richtigen Art der Fragestellung und bestimmt, was man zum Zentrum des eigenen Lebens macht. Es handelt sich dabei um die Weite der spirituellen Wahrnehmung, welche die Dinge in ihrem Wesenskern und ihrer Totalität durchschaut.

10. „Das Gewissen" - ein Aspekt der Weisheit: die Fähigkeit, Recht von Unrecht zu unterscheiden und Eingebungen höherer Ordnung von seiten des transzendentalen Bewußtseins in bezug auf Rechtschaffenheit zu erlangen. Dabei handelt es sich um die Erfahrungsmöglichkeit des absoluten Gutseins der Schöpfung und der Möglichkeit, die Harmonie mit ihr zu wählen, auch auf Kosten von niederen Bedürfnissen und Wünschen.

11. „Das transzendentale (supramentale) Bewußtsein" - Impressionen, Intuitionen und Visionen höherer Ordnung jenseits von Worten und Begriffen, die ein Zeichen für die Wahrnehmungsfähigkeit von Dimensionen jenseits des denkenden Verstandes sind. Solche Wahrnehmungen können furchterregend sein, wie die Todesangst, die mit dem Gefühl unserer Sterblichkeit auftaucht, diesem demütigenden Mysterium des Todes und der Möglichkeit unseres Nicht-Seins. Oder sie können auch froh stimmen, wenn man etwa wirklich die erschütternde Großartigkeit der Schöpfung erschaut; wenn man im Gefühl der Gegenwart Gottes in Demut erschauert; im Gefühl des Wunderbaren und der Heiligkeit der Existenz; wenn man die Realität der absoluten Wahrheit erfühlt, die tiefe Ehrfurcht, das Mitleid und die selbstlose Liebe für alle Menschen erlebt oder einen tiefen, unerschütterlichen, ewigen Frieden in Glückseligkeit. Eine vereinende Erfahrung einer grenzenlosen Verwandtschaft mit allem, was da ist, kann dazukommen. Man hat es ein Gipfelerlebnis genannt, *samādhi,* satori, eine ozeanische Einheit mit allem.

12. „Das Universale Bewußtsein" - bewußtes Bewußtsein ohne Grenzen. „Es transzendiert die Dichotomie zwischen Subjekt und Objekt, und eine alles beherrschende Erfahrung des Einsseins entsteht, die all die anderen Bewußtseinsformen in sich einschließt." Das ist Allgegenwart, Allmacht, Allwissenheit, grenzenlose Liebe, unendliches, ewiges, absolutes Bewußtsein.

Anmerkungen

1. Kenneth R. Pelletier, Ph. D., „Toward a Science of Consciousness"; New York: Dell Publishing Company, 1978, S. 241
2. Jack R. Strange, „A Search for the Sources of the Stream of Consciousness" (Der Strom des Bewußtseins), Hrsg. Kenneth S. Pope und Jerome L. Singer, New York: Plenum Press, 1978, S. 9
3. Ein ungeheuer wichtiger Bericht, in dem sich der wachsende Respekt des modernen wissenschaftlichen Denkens vor der Bedeutung der östlichen Ansichten über das Bewußtsein widerspiegelt und ursprünglich vom Stanford Research Institute stammt, schlägt eine Vereinigung des östlichen und westlichen Weges vor. Zusammengestellt wurde der Bericht vom Stab und den Beratern des Center for the Study of Social Policy: „Changing Images of Man".* Als Autoren sind so bedeutende Denker wie der berühmte Mythologe Joseph Campbell und Willis Haerman zu nennen; letzterer ist der Chefsoziologe am SRI International und unter anderem auch Vorsitzender des Instituts für Noetische Wissenschaften. Die Kernaussage des Berichts ist:

   > Die Zeit ist für eine neue Anschauungsweise eindeutig reif, und man fragt sich natürlich ... ob sie in einer Erkenntnistheorie des Selbst, wie sie im Osten vorherrscht, gefunden werden wird... Das soll nicht heißen, daß die moderne Wissenschaft alle östlichen Begriffe des Bewußtseins übernehmen würde oder sollte, sondern daß diese vielmehr zu einer fruchtbaren Synthese mit den traditionellen wissenschaftlichen Methoden des Westens vereint werden könnten, um so zur nächsten Stufe in der Evolution des Menschen zu führen.

4. Russell Targ und Keith Harary, „The Mind Race", New York: Villard Books, 1984, S. 53
5. John R. Battista, „The Stream of Consciousness", Hrsg. Kenneth S. Pope und Jerome L. Singer, New York: Plenum Press, 1978, S. 61

   * O. W. Markley et al., Hrsg., „Changing Images of Man", Systems Science and World Order Library - Pergamon International Library (Oxford, England: Pergamon Press, 1982, S. 105)

ANHANG II

VERGANGENHEITS- UND GEGENWARTSVORSTEL-
LUNG ÜBER DAS BEWUSSTSEIN

Eine Anhäufung einzelner Tatsachen im Bereich der Naturwissenschaften, wie etwa in der Physik, und in den Geisteswissenschaften, z. B. in der Psychologie, stellen gemeinsam die in beiden Bereichen allgemein gültigen Vorstellungen über die Materie, das Bewußtsein und die grundlegende Identität des Menschen in Frage. Diese neuen Erkenntnisse lassen vermuten, daß unsere menschliche Identität sich möglicherweise über die Zeit, den Raum und den physikalischen, unseren Sinnen wahrnehmbaren Körper hinaus erstreckt. Sie haben viel dazu beigetragen, das wachsende allgemeine Interesse an der Spiritualität im Westen wiederzubeleben, wenn man vom Widerstand der Hauptrichtung der Psychiatrie absieht. Es folgt ein Überblick über diese neuen Erkenntnisse.

Anfang 1900 führte C. G. Jung den Begriff des Kollektiven Unbewußten sowie die Vorstellung ein, daß es durchaus möglich ist, daß wir über Raum und Zeit hinausreichen und letztlich Teil einer anderen Dimension der Realität sein könnten als die der psychischen Welt. Er glaubte, daß unser Bewußtsein diese höhere Wirklichkeit „anzapfen" und von ihr Intuition und schöpferische Einsicht, Weisheit und Orientierung beziehen kann. Dieses Kollektive Unbewußte, das man in neuerer Zeit die Objektive Psyche nannte, ist nach C. G. Jung die tiefste Schicht des Unbewußten und für gewöhnlich der bewußten Erfahrung unzugänglich. Es stellt den weitaus größten Bereich des Geistigen (mind) dar, und sein Inhalt stammt nicht aus den individuellen Lebenserfahrungen, sondern aus den Erfahrungen der ganzen menschlichen Art - der gesamten Geschichte psychischer Funktionen.

Jung glaubte, daß das Kollektive Unbewußte die Weisheit der Zeitalter sei, ein Wissen, das dem des einzelnen Individuums bei weitem überlegen ist. Seine Inhalte - oder Archetypen - und seine symbolische Darstellung archetypischer Bilder sind in den Urbildern und Themen aller Religionen, Mythologien, Legenden und Märchen aller Zeiten zu finden. Die Archetypen tauchen in Träumen und Visionen, in Fällen tiefenpsychologischer Analysen ebenso auf, wie bei tiefen subjektiven Erlebnissen und starken geistigen Störungen.

Jungs Arbeit mit den Archetypen erweiterte sehr unsere Vorstellung vom Selbst, da er auf Bewußtseinsschichten stieß, die über Raum und Zeit hinausgehen und allen Menschen gemeinsam sind - ein inneres Gedächtnis unserer gesamten Existenz als einem einzigen Volk. Diese archetypischen Bilder sind so verschieden und so zahlreich, daß sie sich nicht umfassend auflisten lassen, aber man hat vier große Kategorien beschrieben, die im folgenden kurz zusammengefaßt werden. Es sind dies der Archetyp der großen Mutter, des geistigen Vaters, der Archetyp der Transformation (der zum psychischen Wachstumsprozeß, zum Wandel und zum Übergang gehört) und der zentrale Archetyp des Selbst (der eine psychische Ganzheit oder Totalität bedeutet). Der auftauchende zentrale Archetyp, der eine vertiefte spirituelle Wahrnehmungsfähigkeit darstellt, kann sich in Form einer speziellen geometrischen Figur, Mandala genannt, manifestieren. In seiner einfachsten Form ist ein Mandala ein Kreis im Quadrat und kombiniert auf diese Weise die Elemente des Kreises mit einem Quadrat, einem Kreuz oder irgendeiner anderen Form der Vierheit. Es verkörpert ein im Grunde einigendes und integrierendes Prinzip, das zur Wurzel der Psyche gehört. Bei der Jungschen Analyse hat man das Gefühl, daß ein voll ausgeprägtes Mandala in den Träumen einer Person auftaucht, wenn sie einen langen Prozeß der psychologischen Entwicklung hinter sich hat. Das kann von einem Gefühl der Befreiung von einem bisher unversöhnlichen Konflikt begleitet sein und ein erhöhtes Gewahrwerden der Einheit der gesamten Schöpfung mit sich bringen.[1]

Entwicklungen innerhalb der Psychologie der letzten 20 Jahre, die man zuerst locker unter dem allgemeinen Begriff „Neue Psychologie" verband und in jüngerer Zeit „Humanistische Psychologie" nennt, haben die Möglichkeit der Bewußtseinserweiterung erforscht, um die Kreativität zu steigern und einen tieferen Sinn und Zweck im Leben zu entdecken.

Von Abraham Maslow ins Leben gerufen, führte die Humanistische Psychologie zur „Bewegung Menschliches Potential" und wurde 1973 von der Amerikanischen Psychologischen Gesellschaft als ihr jüngster Zweig anerkannt. Maslow war der erste große amerikanische Psychologe, der postulierte, daß der Mensch ein sich entfaltendes Geschöpf ist, dessen höhere Natur genauso gewiß nach Verwirklichung strebt wie seine niedere Natur, und daß es zur Erkrankung führt, wenn diese aufwärts strebende Evolution, dieses Bedürfnis nach Selbstverwirklichung, blockiert wird. „Die höhere Natur", sagt Maslow, „schließt das Bedürfnis nach sinnvoller Arbeit, nach Verantwortung, Kreativität ebenso ein wie das Bedürfnis, fair und gerecht zu sein und etwas zu tun, was der Mühe wert ist, und den Wunsch, es auch gut zu machen." Dies steht im Gegensatz zur niederen Natur des Menschen, die nach der selbstsüchtigen Befriedigung der animalischen Triebe und Instinkte strebt.

Ausdrücke dieser neuen Psychologie wie „Gipfel", ekstatische Erfahrungen, Selbstüberschreitung und Selbstverwirklichung, Energiefluß und Energiefelder, Liebe, Bewußtsein, die spirituelle Dimension - schaffen eine Sprache, die jener der Mystiker und spirituellen Aspiranten ähnlich ist. Die Forscher glauben, daß man lohnende Aufschlüsse dadurch gewinnen kann, daß man veränderte Bewußtseinszustände erlebt, wie man sie in der Meditation, in der Hypnose und bei sensorischer Deprivation erfahren kann.

Wie bereits in Kapitel 2 erwähnt, beschrieb Maslow einen tief beeindruckenden transzendentalen Zustand, den er „Gipfelerfahrung" nannte. Dabei erlebt der Betreffende das Gefühl einer erhöhten noetischen (geistigen und intellektuellen) Klarheit und erhöhter Verständnismöglichkeit, eine starke Euphorie, verbunden mit dem dankbaren Empfinden für die holistische, alles umfassende Natur des Universums und die persönliche Einheit mit ihm. Er hoffte, daß Studien von Gipfelerfahrungen helfen werden, die

Kluft zwischen dem Relativen und dem Absoluten zu überbrücken und eine wissenschaftliche Basis für Erlebnisse des Einsseins und der Ewigkeit zu schaffen.

In jüngerer Zeit haben Forscher ein wachsendes Interesse am Studium psychischer Phänomene gezeigt. Stanley Krippner schreibt: „Es ist wahrscheinlich, daß der Höhepunkt der Veröffentlichung von Büchern über Parapsychologie in den Jahren 1974-76 erreicht war...“[2] In seiner Bibliographie zählt er 93 Bücher unter 14 verschiedenen thematischen Überschriften auf, darunter „Medicin, Psychiatry and Parapsychology“, „Parapsychology and Other Sciences“, „Philosophy und Parapsychology“ und „Religion und Parapsychology“.

Die Fragen nach der Natur des Bewußtseins und dem Zusammenhang zwischen Gehirn und Bewußtsein sind Jahrhunderte alt. Immanuel Kant, der im 19. Jahrhundert Professor für Logik und Metaphysik in Preußen war, erklärte: „Keine Erfahrung sagt mir, daß ich irgendwo in meinem Gehirn eingeschlossen bin.“ Charles Darwin meinte andererseits: „Warum ist das Denken als Absonderung des Gehirns wunderbarer als die Schwerkraft, die Eigenschaft der Materie?“ Manche, die diese Streitfrage verwirrte, mögen sich auf den Standpunkt der Einsicht eines Satirikers gestellt haben: „What ist mind? No matter. What ist matter? Never mind.“ [Wortspiel; ins Deutsche übersetzt etwa: „Was ist das Denken? Keine Ur-Sache. Was ist Sache? Nicht Denken (oder: Vergiß es).“]. Schopenhauer bezeichnete diese Schranke zwischen Denken und Materie als „Weltknoten“.

In der Physik und in der Neurologie bediente man sich bei der Frage nach dem Zusammenhang zwischen Gehirn und Bewußtsein der Bezeichnungen Denken (mind) und Gehirn oder Denken und Materie. In diesem Buch vertrete ich die Ansicht, daß das Bewußtsein etwas viel Ursprünglicheres als Denken und Gehirn ist und daß das Denken nur eine Wasserblase im Vergleich zur Größe des Ozeans des Bewußtseins ist - da in Wirklichkeit das Bewußtsein Gehirn wie Denktätigkeit aus sich heraus erschafft. Da frühere Beobachter nicht klar zwischen Bewußtsein und Denken unterschieden, ist es wahrscheinlich günstiger, wenn wir bei ihren Äußerungen anstelle von „mind“ das Wort „consciousness“ (Bewußtsein) einsetzen. Wie ich meine, sind es die Eigenschaften des Bewußtseins, d.h. also von „consciousness“ und nicht des „mind“, die von den frühen Beobachtern als nicht zum Gehirn gehörend erachtet wurden.

Ein führender Gehirnforscher und Neurochirurg, Dr. Wilder Penfield, arbeitete 50 Jahre lang an dem Beweis, daß das Gehirn für „mind“ im Sinne von Bewußtsein zuständig sei. Die Probleme, die sich bei diesem Versuch ergeben haben, führten ihn aber schließlich zu folgender Ansicht: „Letzten Endes komme ich zu der Schlußfolgerung, daß es keinen deutlichen Beweis dafür gibt - trotz neuer Methoden wie des Einsatzes stimulierender Elektroden, der Beobachtung von Patienten bei vollem Bewußtsein und der Analyse epileptischer Anfälle - daß das Gehirn allein die Arbeit leisten könnte, die das Denken und Fühlen vollbringt. Daraus folgere ich, daß es leichter ist, das menschliche Sein auf der Basis von zwei Elementen statt auf der Grundlage von einem allein (dem Gehirn) zu verstehen.“[3]

Dr. Candace Pert von der Abteilung für Psychiatrische Biologie am National Institute of Mental Health, glaubt, daß die Neurologie eines Tages imstande sein wird, eine vielfarbige Landkarte des Gehirns anzulegen. Trotzdem verneint sie, daß ein solches Diagramm das Bewußtsein erklären würde. „Genau wie jemand einen Fernsehapparat völlig verstehen kann - d. h. ihn auseinandernehmen und wieder zusammensetzen kann - ohne jedoch etwas von der elektromagnetischen Strahlung zu wissen, so können wir das Gehirn als Input/Output-Instrument verstehen: den sensorischen Input, die Funktionsweise des Output. Wir legen zwar Karten an, aber wir sollten nie die Landkarte mit dem Gebiet selbst verwechseln. Ich bin davon abgekommen, das Gehirn als das Ende der Leitung zu sehen. Es ist ein Empfänger, Verstärker, ein kleiner, feuchter Miniempfänger für die kollektive Realität." Und was hat es mit dem Bewußtsein auf sich? „Das Bewußtsein", versichert Mrs. Pert, „ist vor dem Gehirn da, denke ich. Viele Menschen glauben an das Leben nach dem Tod, und das Gehirn ist möglicherweise für das Bewußtsein nicht nötig. Das Bewußtsein könnte auf andere Orte projiziert werden. Das gleicht dem Versuch, zu beschreiben, was geschieht, wenn drei Menschen ein Gespräch über unglaubliche Dinge miteinander führen. Es wirkt fast, als wäre ein vierter oder fünfter Gesprächspartner anwesend. Das Ganze ist größer als die Summe seiner Teile."

Zu guter Letzt kommt die Bewußtseinsforschung im Westen zu hohem Ansehen. Im Annual Review of Neurosciences schreibt der Nobelpreisträger Roger Sperry, berühmt wegen seiner Arbeit auf dem Gebiet der hemisphärischen Funktion des Gehirns, im Jahr 1981:

> Die gegenwärtigen Vorstellungen über die Beziehung zwischen Denken und Fühlen (mind) und Gehirn (mind-brain relation) führen zu einem klaren Bruch mit der lange gültigen materialistisch-behavioristischen Doktrin, welche die Neurologie während vieler Jahrzehnte beherrscht hat. Statt auf das Bewußtsein ganz zu verzichten oder es zu ignorieren, erkennt die neue Interpretation voll den Primat des inneren bewußten Gewahrseins als einer kausalen Realität an... Sobald die Wissenschaft ihre traditionell materialistische und behavioristische Fixierung lockert und beginnt, die gesamte Innenwelt der bewußten, subjektiven Erfahrung (die Welt der Humanwissenschaften) in ihrer naturwissenschaftlichen Theorie zuzulassen und in der Praxis in ihre kausale Domäne einzubeziehen, ändert sich das Wesen der (Natur-)Wissenschaft selbst... Neue begriffliche Entwicklungen in der Geist-Gehirn-Forschung verwerfen den Reduktionismus und den mechanistischen Determinismus einerseits und die Dualismen andererseits und legen den Weg für eine rationale Annäherung an die Theorie und die Einführung von Wertbegriffen und letztlich für eine natürliche Fusion von Wissenschaft und Religion frei.[5]

Direktes, unmittelbares Gewahrwerden (awareness) führt uns zu der einen unbestreitbaren Tatsache, für die wir im Hinblick auf das Universum, in dem wir leben, eintreten - nämlich die des menschlichen Bewußtseins. Die westliche Wissenschaft bemüht sich nun, dieses Bewußtsein besser zu verstehen, das so lange die Basis spekulativer Systeme war. Viele Physiker wie Eugene Wigner[6] halten die Einbeziehung der Bewußtseinsforschung für eine wesentliche Voraussetzung für die Erweiterung des naturwissenschaftlichen Verständnisses. Und wie der Physiker Sir Arthur Eddington folgerte: „Indem wir erkennen, daß die physikalische Welt völlig abstrakt und nicht tatsächlich wirklich ist, es sei denn durch ihre Verbindung mit Bewußtheit, setzen wir das Bewußtsein wieder an seinen fundamentalen Platz, anstatt es als eine unbedeutende Komplikation anzusehen, auf die man gelegentlich inmitten anorganischer Natur in einem späten Stadium der Evolutionsgeschichte gestoßen ist."[7]

In der australischen Zeitschrift „Gazette" (Dezember 1984, S. 14) behauptet Professor Brian McCusker - Atomphysiker an der Universität von Sydney und als Forscher auf dem Gebiet der kosmischen Strahlung bekannt -, daß die Quantenmechanik, die aufgrund von Experimenten bewiesenermaßen die genauste und brauchbarste Beschreibung des physikalischen Universums darstellt, zu dem Schluß zwingt, daß das Universum als eine unteilbare und bewußte Ganzheit anzusehen ist, von welcher der Beobachter ein wesentlicher Teil ist. Die logische Folge, die sich für ihn daraus ergibt, bedeutet, daß jeder Wissenschaftler, der das Universum in der richtigen Weise studieren will, sein eigenes Bewußtsein studieren muß.

Obgleich seine eigene Forschung den Beweis für ein freies „Quark" erbrachte - ein, wie angenommen, grundlegender Baustein für die physikalische Materie -, behauptet er nun in einem neuen Buch „The Quest for Quarks", daß die materialistische Vorstellung vom Universum einfach nicht mit den durch Experimente erbrachten Fakten übereinstimmt und daß eine Suche nach grundlegenden Bausteinen zwecklos sei: „Es ist klar, daß es solche Dinge nicht gibt: Nach den Quarks würde man doch wieder auf eine weitere Teilchenproliferation (auf noch kleinere Teilchen) stoßen... Der Materialismus gleicht einem Spiel mit der Spielzeugeisenbahn - es ist der größte Spaß der Welt, wenn man sechs oder sieben Jahre alt ist - aber mit 40?"

Professor McCusker berichtet, daß „Versuche mit Bells Theorem,[8] die man vor zwei Jahren durchführte, gezeigt haben, daß das Universum nicht aus Einzelteilen zusammengesetzt ist, zwischen denen sich leerer Raum befindet - es ist vielmehr ein zusammenhängendes Ganzes, und die Art, wie die Dinge einander beeinflussen, hängt von ihrer geschichtlichen Vergangenheit ab, egal, wie weit sie voneinander getrennt erscheinen." Er schließt daraus, daß Levitation, außersinnliche Wahrnehmung, Tarotkarten-Legen und viele andere psychische Phänomene wissenschaftlich gültig sind.

Das Feld der Bewußtseinsforschung hat sich auf das Gebiet der Psi-Forschung ausgedehnt. Im Jahr 1969 nahm die Amerikanische Gesellschaft zur Förderung der Wissenschaft die Parapsychologische Gesellschaft als Mitglied in ihre Reihen auf. Mehr als zehn Jahre lang hat die amerikanische Regierung mit vielen Millionen Dollar ein Programm am SRI International in Menlo Park, Kalifornien, gefördert. Es schließt die Erkundung von Techniken einer Wahrnehmungsfähigkeit ein, die man „remote viewing" (wörtl.: Entfernte Dinge sehen) nennt. Diese Art von Hellsehen, die zu den Psi- oder parapsychologischen Funktionen gehört, stellt sich bei vielen Menschen ganz natürlich im Verlauf des täglichen Lebens ein. Es geht dabei um die Wahrnehmung von Orten, Ereignissen und Gegenständen, die man aufgrund der für sie typischen Distanz unmöglich mit den bekannten fünf Sinnen wahrnehmen kann. Das Committee on Science and Technology berichtete dem Kongreß: „Jüngste Experimente auf dem Gebiet des Hellsehens und andere parapsychologische Studien legen nahe, daß es eine Verbindung zwischen dem menschlichen ‚mind' (Geist, Bewußtsein) und anderen Bewußtseinsträgern und mit stofflichen Dingen gibt... Diese Experimente führen zu der Annahme, daß menschlicher Geist imstande sein könnte, von Ort und Zeit unabhängige Informationen zu erhalten...“[9]

Obgleich Freud ursprünglich Psi-Phänomene verwarf, änderte er in späteren Jahren seine Meinung. Er war sowohl Mitglied der britischen wie der amerikanischen Gesellschaft für parapsychologische Forschung. Da er von der telepathischen Kommunikation zwischen Therapeut und Klienten überzeugt war, postulierte er, daß es sich dabei um eine archaische Art des Kontaktes handle, die später durch die Kommunikation über die Sinnesorgane ersetzt werde. 1924 schrieb er an Ernest Jones von seiner Absicht, „dem Gegenstand der Telepathie die Unterstützung der Psychoanalyse angedeihen zu lassen.“ Es scheint, daß Jones aus Furcht, daß dadurch der Ruf der Psychoanalyse Schaden erleiden könnte, Freud eine öffentliche Stellungnahme zu dieser Frage ausgeredet hat. Jones hatte Freud auch davon abgeraten, eine Schrift mit dem Titel „Psychoanalysis and Telepathy“ dem International Psychoanalytic Congress 1922 vorzulegen. Die Abhandlung erschien erst nach Freuds Tod.[10]

Stanley R. Dean, M.D., Professor für klinische Psychiatrie an den Universitäten von Miami und Florida, außerdem Begründer der Stiftung zur Erforschung der Schizophrenie sowie der Amerikanischen Gesellschaft für Metapsychiatrie und Autor von fast 100 Schriften, tritt für die Ausweitung des medizinischen Horizonts durch die Erforschung psychischer Phänomene ein. Metapsychiatrie, ein Terminus, den er 1971 vorschlug, ist nun in dem offiziellen Glossar der Amerikanischen Gesellschaft für Psychiatrie und in der Internationalen Enzyklopädie für Neurologie, Psychiatrie, Psychoanalyse und Psychologie aufgenommen worden, in einem Artikel unter dem Titel „Metapsychiatrie und Psychosoziale Futurologie“. In der Fachzeitschrift M.D. vom Dezember 1978 erläutert er wie folgt: „Der Terminus Metapsychiatrie entspringt der semantischen Notwendigkeit, den wichtigen, aber bis jetzt nirgends zugeordneten Grenzbereich zwischen Psychiatrie und Mystizismus zu benennen... Es handelt sich dabei nicht um ein Synonym für Parapsychologie, denn Metapsychiatrie beinhaltet das gesamte Alphabet der psychischen Phänomene von Aura bis Zen... Man kann sich dieses Gebiet als die Basis einer Pyramide vorstellen, deren Seiten Psychiatrie, Technologie, Parapsychologie und Mystizismus sind.“ (Letzteren kann man als „jede Art von Glauben an die Existenz von Wirklichkeiten jenseits der Wahrnehmung oder des verstandesmäßigen Auffassungsvermögens definieren, der jedoch im Zentrum des Seins steht und für das Bewußtsein zugänglich ist.“)[11]

„Meiner Meinung nach“, schreibt Dr. Dean, „ist die psychische Forschung ein legitimes Anliegen der Psychiatrie, die als medizinisches Fachgebiet am besten geeignet ist, diese Phänomene zu untersuchen, ihre Gültigkeit einzuschätzen und Irrtümer, Trugschlüsse in psychischen Dingen, zu entlarven. Es kann kaum bezweifelt werden, daß ein höherer Grad gegenseitiger Aufklärung erreicht würde, wenn die Psychiatrie ihre akademische und klassifizierende Erfahrung auf die religiösen und philosophischen Spekulationen übertragen würde, die (bisher) das Gebiet ausschließlich beherrschen."

Dr. Dean läßt durchblicken, daß die Psychiatrie ganz natürlicherweise auf diesen Bereich stößt, wenn er uns daran erinnert, daß „ein Psychiater, Dr. Maurice Bucke, in seinem Buch: ‚Cosmic Consciousness‘, das 1898 veröffentlicht wurde, bereits eine Theorie entwickelte, daß ein anscheinend übernatürliches, höheres Bewußtsein, das immer wieder sporadisch im Laufe der Zeitalter auftaucht, eher ein natürliches als ein okkultes Phänomen ist, das in allen unter uns latent vorhanden ist und in Wirklichkeit zu einem Evolutionsprozeß gehört, der allmählich die Menschheit auf eine höhere Seinsebene führen wird."

In seinem Aufsatz stellt Dr. Dean außerdem fest: „Die Literatur hat bis jetzt ihr Hauptaugenmerk auf die Beschreibungen psychischer Phänomene konzentriert, ohne jedoch genügend auf ihren Sinn und Zweck einzugehen; deshalb möchte ich nicht nur die Frage stellen: Was sind psychische Phänomene?, sondern auch: Wozu sind sie gut?" Anschließend beschreibt Dr. Dean eine Reihe möglicher Zwecke, einschließlich einer lebenserhaltenden Funktion von außersinnlicher Wahrnehmung, ähnlich den Flucht- oder Kampfmechanismen und der selbstheilenden Wirkungsmechanik von Trauma und Krankheit. Er zitiert Dr. William Tiller, einen gewissenhaften Forscher an der Stanford University, der bezüglich der zukünftigen Nutzanwendung der Kirlian-Photographie als einem Überwachungssystem für die Lebensenergie optimistisch ist. (Die Kirlian-Photographie ist eine Technik, welche die pulsierenden Energiefelder, die, wie es heißt, alle Lebensformen ausstrahlen, photographisch festhält und, wie man annimmt, imstande ist, mit anderen Energiefeldern der Vergangenheit, Gegenwart und Zukunft in Wechselwirkung zu treten.) Damit sollte es möglich sein, ein verläßliches Abhörgerät zur Entdeckung des psychischen, emotionalen und mentalen Tones der Menschen zu entwickeln; und auch Systeme zur Feststellung der Höchstform bei Teilnehmern an kritischen Teamarbeiten sowie einen dringend benötigten Standard für die psychiatrische Forschung und Therapie festzulegen.

Anmerkungen

1. C.G. Jung, „Mandala-Symbolik", in: „Die Archetypen und das kollektive Unbewußte." Gesammelte Werke Bd. 9/I
2. „Advances in Parapsychological Research", 1. Psychokinese; New York und London: Plenum Press, 1975, S. 191
3. Wilder Penfield, „The Mystery of the Mind"; New Jersey: Princeton University Press, 1975, S. 114. Dr. Wilder Penfield (1891-1976), einer der größten Gehirnforscher und Neurochirurgen, war der Gründer des Neurologischen Instituts in Montreal, Kanada. Er lokalisierte mehrere Funktionsbereiche der menschlichen zerebralen Kortex im Rahmen der Entwicklung einer chirurgischen Behandlung der Epilepsie. Penfield entdeckte, daß die Stimulation des interpretierenden Kortex das neuronale Gedächtnis für frühere Erfahrungen aktiviert; in logischer Schlußfolgerung entwickelt er die zentro-zephalische Hypothese der Gedächtniskontrolle.
4. Interview, „Candace Pert", Omni, Februar 1982, S. 64 und 112

5. Wie in Russel Targ und Keith Harary, „The Mind Race"; New York: Villard Books, 1984, S. XV
6. Eugene Wigner, ein herausragender Physiker, bekannt durch seine Arbeit über die Auswirkung der Quantenmechanik auf die Philosophie. Er wurde 1960 mit dem Atoms for Peace Award (Preis für die friedliche Nutzung des Atoms) und 1963 mit dem Nobelpreis für Physik sowie dem Albert Einstein-Preis 1972 ausgezeichnet.
7. Arthur S. Eddington, „The Nature of the Physical World", Cambridge University Press, 1931, S. 332
8. Diese Tests, die im Zusammenhang mit dem Einstein-Podolsky-Rosen-Paradox stehen, scheinen ein Phänomen, das von Bells Mathematik vorausgesagt wurde, zu bestätigen - daß nämlich die Art, wie man ein Partikelpaar, das einmal aufeinander einwirkte, mißt, augenblicklich das Verhalten des anderen beeinflußt, auch dann, wenn sie durch große Entfernung voneinander getrennt sind - in einer Art und Weise, die aufgrund der bisher bekannten Gesetze der Physik nicht zu verstehen ist. Das weist auf einen Grad der Verbundenheit zwischen Objekten hin, der viel tiefer geht, als man sich vorher im Bereich der Physik vorstellen konnte.

   Einstein war von dieser Möglichkeit verblüfft, da diese unmittelbare Reaktion seinen Glauben widerlegte, daß ein Objekt an ein von ihm getrenntes Objekt keine Nachricht mit einer größeren Geschwindigkeit als der des Lichtes im Vakuum weitergeben kann. Einige Physiker vermuten, daß dieses Phänomen ebenso wie mystische und Psi-Phänomene Aspekte eines subatomaren, aber universalen Informationssystems sind, das Mitteilungen empfängt, integriert und weitergibt und zwar auf einer viel tieferen Ebene als jener der sinnlich wahrnehmbaren Erscheinungen dessen, was wir Raum, Zeit und Getrenntheit, Besonderheit oder Isoliertheit nennen. Damit erhebt sich in der Physik die ernste Frage, ob das Universum in Wirklichkeit aus separaten, eindeutig getrennten Objekten aufgebaut ist oder im Grunde ein einheitliches Ganzes - der Ausdruck eines ursprünglichen, tragenden, unendlichen Bewußtseins - ist.
9. Komitee für Wissenschaft und Technologie (U. S. House of Repräsentatives), Survey of Science and Technology Issues Present and Future, Juni 1981
10. Arthur Koestler, „The Roots of Coincidence"; New York: Random House, 1972, S. 101
11. Stanniol R. Den M. D., „Metaypsychiatry and Psychosocial Futurology"; M. D. 22/12, S. 11-13

Statue eines alten Symbols der *Kundalinī*-Energie in *Prashānti Nilayam*

ANHANG III

PSYCHOLOGIE UND SPIRITUALITÄT

Die Verwandtschaft zwischen Psychologie und Spiritualität können wir am besten verstehen, wenn wir sie als verschiedene Wege zum Studium des sich entfaltenden Bewußtseins begreifen. Joseph Campbell[1] und Ken Wilber[2], die wie ich selbst[3] über das Gebiet der Transpersonalen Psychologie publizierten, haben darauf hingewiesen, wie die von Freud genannten psychosexuellen Entwicklungsstufen in engem Zusammenhang mit den niederen Bewußtseinsebenen stehen, die von den *Yogis* beschrieben wurden. Wilber hat gezeigt, wie aufschlußreich es ist, alle Stufen der psychologischen Entfaltung im Sinn der Evolution des Bewußtseins zu betrachten. Er zieht Parallelen zwischen den Entwicklungsstadien des denkenden Geistes im Sinne der westlichen Psychologie einerseits und den fein voneinander unterschiedenen Bewußtseinsstufen in den Studien der *Yogis* andererseits.

Jede einzelne dieser Stufen wird durch ein ganzes Beziehungsnetz von Einflüssen charakterisiert: durch Stilarten, Formen, Gedankeninhalte, Verhaltens- und Motivationsmuster und ihre Beziehungen zu früheren Umwelteinflüssen; darüber hinaus werden sie von der Art der verschiedenen Erfahrungen - zwischenmenschlichen wie innerpsychischen - bestimmt, die nötig sind, um die Entfaltung von einer Stufe zur nächsten zu treiben (später mehr darüber). Außerdem sind einige der angewandten spirituellen Techniken, um den Menschen zu helfen, von niederen zu höheren Stufen zu gelangen, den psychologischen Techniken ähnlich und umgekehrt.

Wir wollen uns hier einige der grundlegenden psychologischen und spirituellen Konzepte vergegenwärtigen, um zu sehen, ob wir Zusammenhänge zwischen ihnen entdecken, die als Basis für die Praxis einer spirituellen Psychologie dienen könnten. Und während wir das theoretische Fundament entwickeln, wollen wir eine sehr wichtige empirische Beobachtung im Auge behalten, welche die Komplexität der Beziehung zwischen Spiritualität und Psychotherapie verdeutlicht.

Menschen, die auf einer der höheren psychologischen Entwicklungsstufen stehen, lassen nicht unbedingt höhere Grade spiritueller Einsicht erkennen; andererseits können Leute mit schweren emotionalen Problemen einen sehr hohen Grad spiritueller Einsicht haben. Ein einflußreicher Bankdirektor hat vielleicht sehr wenig Interesse an spirituellen Fragen und zeigt sehr geringe spirituelle Qualitäten wie Mitgefühl, Gelassenheit und Ehrfurcht. Dagegen kann ein schwer geschädigter Alkoholiker über authentische spirituelle Einsicht und sogar tiefe mystische Erfahrungen verfügen. Er mag spirituelle Themen und Gefühle auf eine verzerrte Art interpretieren, weil er der Spiritualität übertrieben viel Aufmerksamkeit schenkt, da er sie als Verteidigung benutzt und als eine Methode, psychologischen Fragen auszuweichen, aber trotzdem kann er authentische Erlebnisse haben.

Und tatsächlich schrieb William James, daß die psychisch Kranken häufiger authentische mystische Erlebnisse haben als der Durchschnittsmensch. Und Christus sagte: „Die Sanftmütigen werden das Himmelreich erben", und „Eher geht ein Kamel durchs Nadelöhr, als daß ein Reicher in den Himmel gelangt."

Ich habe immer wieder beobachtet, daß ich, wenn ich mit Leuten über meine Erfahrungen mit Sai Baba spreche, niemals aufgrund ihrer psychischen Kraft und ihres Erfolges in der äußeren Welt vorhersagen kann, wer von ihnen mit Tränen und ehrfürchtigem Schauer reagieren und wer völlig unberührt bleiben wird - wer auf einer tieferen Ebene zu verstehen scheint und wer nicht. Sind das also zwei Dimensionen, die miteinander nichts zu tun haben? Die zeitgenössische Auseinandersetzung zwischen jenen, die glauben, daß sich der Mensch durch einen Evolutionsprozeß ohne Intervention einer höheren Macht entfaltet, und denen, die glauben, daß Gott dabei irgendwie mitwirkt, zeigt, wie schwer es uns fällt, die Möglichkeit einer Wechselbeziehung zwischen den Dimensionen der Materie und der Spiritualität anzuerkennen.

PSYCHOLOGISCHE BEGRIFFE
STUFENTHEORIEN IN DER PSYCHOTHERAPIE

Vorstellungen von Evolution haben beide, sowohl die Psychologie als auch die Spiritualität. Im Grunde sagen sie, daß jede Stufe der höheren Entfaltung im Pflanzen- und Tierleben auf der vorhergehenden beruht und aus ihr erwächst. Man kann als Hypothese annehmen, daß gewisse, genetisch bestimmte menschliche Funktionen sich unabhängig davon entwickeln, was während der vorangegangenen Stadien passierte, und nur wenig von Umwelt- und psychologischen Faktoren beeinflußt werden; aber vor allem scheint die Anpassung auf den niederen Entwicklungsstufen entscheidend und tiefgreifend die Art zu beeinflussen, in der sich ein Organismus entfaltet und entwickelt - sich sozusagen herausschält.

Im Tierreich z.B. wiederholt der Embryo bei seiner individuellen Entfaltung den gesamten Evolutionsprozeß und durchläuft alle Stadien der niederen Lebensformen bis hin zur Erreichung der charakteristischen Gestalt der Klasse seiner Spezies: Die Ontogenese ist eine Wiederholung der Phylogenese. Das gleiche Evolutionsschema von der primitiven, noch wenig differenzierten zur komplexeren und höheren Funktion findet man bei unserer psychischen Entfaltung wieder. Die Entwicklung des denkenden Geistes und der besonderen Art, wie der Organismus seine angeborenen Bedürfnisse mit den Anforderungen und Bedingungen der Umwelt vereinbart, beschreibt die Psychoanalyse als Entwicklungsstadien. Die Entwicklung der Objektbeziehung gliedert man in fünf Phasen:

FREUDSCHE PSYCHOANALYSE

1. Die Phase der Autoerotik - von der Geburt bis ungefähr zum dritten Lebensjahr;
2. des Narzißmus - vom dritten bis zum sechsten Jahr;
3. der Homoerotik - vom sechsten Lebensjahr bis zur Pubertät;
4. der Heteroerotik während der Adoleszenz und
5. der Erotik zwischen den Geschlechtern - das Stadium der Reife.

Die fortschreitenden Veränderungen, der Wandel der angeborenen Impulse und Triebe in Relation zur Realität, werden in drei Stufen wie folgt beschrieben:

1. die Sexualität vor der Entfaltung des Über-Ichs:

    a. die orale Phase von der Geburt bis zum zweiten Lebensjahr,
    b. die phallische Phase vom zweiten bis zum sechsten Lebensjahr;

2. die Latenzperiode vom sechsten Jahr bis zur Pubertät,
3. die Geschlechtsreife.

ERIKSON

Erik H. Erikson definiert „acht Stadien des Menschen" oder die psychosoziale Entfaltung des Menschen, wieder von den primitiven zu den weiter entwickelten Stadien fortschreitend:
1. Vertrauen gegen Mißtrauen, das sich über das erste Lebensjahr erstreckt und bei Freud der oralen Phase entspricht;
2. Autonomie gegen Zweifel, zweites und drittes Lebensjahr (bei Freud die anale Phase);
3. Initiative gegen Schuld, viertes und fünftes Lebensjahr (bei Freud die phallische Phase);
4. Fleiß gegen Minderwertigkeit, sechstes bis elftes Jahr (bei Freud die Latenzperiode; die Zeit, in der das Kind lernt, vernunftmäßige Schlüsse zu ziehen);
5. Identität gegen Rollenkonfusion, Adoleszenz - ungefähr vom zwölften bis zum achtzehnten Lebensjahr, eine Zeit, in der sich eine deutliche Veränderung in der gedanklichen Aktivität abspielt, wobei das abstrakte Denken zunimmt und eine tiefere Erkenntnis der Komplexität des Lebens zutage tritt. Der Mensch wird gehemmter, fragt sich, was andere wohl von ihm denken, und entwickelt ein Gefühl dafür, wer er ist, wo er war und wohin er geht. Vielleicht vergleicht er auch den Stellenwert seiner Familie innerhalb der Gesellschaft mit dem anderer Familien und überlegt auch, was er sich als ideale Familie oder Gesellschaft vorstellt;
6. Intimität gegen Isolation, von der Adoleszenz bis zum Beginn des

mittleren Lebensalters;

7. Zeugungskraft gegen Versenkung in sich selbst, mittleres Alter. In dieser Phase beginnt der einzelne, sich über den Familienkreis hinaus um andere zu kümmern und um das Wesen der Gesellschaft und der Welt, in der künftige Generationen leben werden;

8. Integrität gegen Verzweiflung; hohes Alter.

PIAGET

Piaget beschreibt vier wichtige Phasen der kognitiven Entwicklung:

1. Das sensorisch-motorische Stadium von der Geburt bis zu achtzehn Monaten: Während dieser Zeit beginnt das Kind, die Fähigkeit zu vernünftigen Schlußfolgerungen zu entwickeln. Gedankliche Versuche und Fehlschläge beginnen nun, Fehler bei tatsächlich ausgeführten Handlungen zu ersetzen. Bis spätestens im achten oder neunten Monat beginnt das Kind, ein gedankliches Bild eines Gegenstandes im Gedächtnis zu behalten.

2. Eine der Eigentätigkeit vorangehende Phase von achtzehn Monaten bis zu sieben Jahren: Das Denken in Symbolen entwickelt sich zwar, aber das Kind ist noch nicht imstande, logisch oder deduktiv zu argumentieren. Das Denken wird charakterisiert durch Egozentrik und durch Nebeneinanderstellen und transduktives Argumentieren - bei dem Ereignisse und Gegenstände durch primitive logische Verbindungen wie zufälliges Nebeneinanderstehen miteinander in Zusammenhang gebracht werden - anstatt innerhalb von hierarchischen und logischen Kategorien. Die Reaktionen erfolgen auf das, was in der Umgebung am meisten verblüfft, statt daß sie durch Verstehen ausgelöst werden. Symbolische Spiele, graphische, gedankliche Phantasien und die Sprache verfestigen sich im allgemeinen zwischen dem zweiten und vierten Lebensjahr.

3. Zwischen dem siebten und elften Lebensjahr erstreckt sich eine Phase konkreter Tätigkeiten, wenn das Kind nicht mehr an seine momentanen Eindrücke gebunden ist und die Vernunft einsetzen kann.

4. Vom elften Jahr an haben wir die Stufe der formalen (gedanklichen) Operationen, aufgrund deren der/die junge Heranwachsende nun mit Hypothesen, Experimenten, Deduktionen und Ideen geschickt umgehen kann.

GLAUBE UND ETHIK

Auch Erzieher und Psychologen haben ihr Interesse auf die Entwicklungsstadien der höheren Aspekte des Menschen gerichtet, wie etwa die Entwicklung seines Wertgefühls, der Ethik und des Glaubens. Lawrence Kohlberg zum Beispiel, der vor kurzem ein Zentrum für ethische Entfaltung an der School of Graduate Education an der Harvard University einrichtete, hat sechs Entwicklungsstufen in der Entfaltung des menschlichen Sinns für Ethik definiert - indem er sie mit seinem sich verstärkenden sozialen Gewissen und der Fähigkeit zu intuitivem, abstraktem, logischem und einsichtsvollem Denken in Beziehung setzte. Dr. James W. Fowler, Ph. D., von der Harvard Divinity School beschreibt sechs Stadien der Glaubensentfaltung, die bei Piagets kognitiven, Kohlbergs ethischen und Eriksons psychosozialen Studien ihre Entsprechung finden.

Jede dieser Entwicklungsphasen kann man mit Hilfe einer Anzahl von variablen Nebengrößen, einschließlich des Alters, in dem sie auftreten, und der Verbindung mit bestimmten Körperstellen beschreiben. Dazu gehören auch charakteristische strittige Fragen wie Abhängigkeit, Vertrauen und Selbstvertrauen, spezifische Neigungen, Bedürfnisse und Wünsche; kritische Aufgaben wie das Gehen, die Sauberkeit und Einfügung in die Gesellschaft; besondere Gedankenmuster, Verhaltenstypen, Motivationen, Ängste und Bestrebungen sowie ihr Zusammenhang mit Umwelteinflüssen (familiärer, gesellschaftlicher, kultureller und ökonomischer Art); der Reifegrad der regulativen Mechanismen wie des Egos, des Über-Ichs und der Egodefensiven; die Stärke und das Potential zur Evolution; charakteristische Konflikte und Hindernisse sowie spezifische Techniken und Wege zur Transzendenz.

Die einwandfreie und volle Erreichung jeder einzelnen Entwicklungsstufe setzt eine gesunde, vollständige Entfaltung des vorhergehenden Stadiums voraus, d. h. die Meisterung seiner entwicklungsbedingten Herausforderungen, Probleme und Konflikte. Wenn ungelöste Aufgaben aus einem früheren Stadium übrigbleiben, dann bestehen sie im darauf folgenden als ungelöster Konflikt weiter und erzwingen Aufmerksamkeit. Deshalb kann man bei einer Persönlichkeit zu jeder Zeit Konflikte, Emotionen und Motivationen vorfinden, die für eine Reihe verschiedener Entwicklungsstadien typisch sind. Bei ein und derselben Persönlichkeit (ob Mann oder Frau) kann man völlig unterschiedliche Grade von Reife und Unreife antreffen, die jeweils den Erfolgen und Mißerfolgen im Verlauf des Reifungsprozesses entsprechen.

BEGRENZUNGEN

Die zeitgenössischen psychologischen Theorien sind nicht imstande, die Beziehungen innerhalb vieler unserer therapeutischen Praktiken aufzuzeigen. Wie verhalten sich z. B. die intellektuell orientierten Gesprächstherapien der modernen Psychologie zu den Körperhaltungen und Atempraktiken des *Yoga* oder zu den subtilen Energieströmen der Akupunktur oder zur Bioenergetik, zu den nichtklinischen, aber nichtsdestoweniger therapeutischen Andachtsübungen der spirituellen Systeme?

Spirituelle Lehren behaupten, daß das Kräftespiel des Denkens (mind) - der Bewußtseinsaspekt, mit dem es die Psychologie zu tun hat - nicht ganz auf den weiteren und fundamentaleren Geist (spirit), von dem das Denken ausgeht, anzuwenden ist. Nun ja, dann bedeutet die Annahme einer spirituellen Sicht nicht notwendigerweise, daß man die Theorien und Techniken der Psychologie aufgeben muß, sondern bietet in Wirklichkeit die Möglichkeit, sie wirksamer zu gestalten - indem man sie in ein umfassenderes System zum Verständnis des menschlichen Verhaltens einbezieht.

Betrachten wir ein solches spirituelles Lehrgebäude. Es folgt ein Überblick über Einsichten des Hinduismus in die Wirkweise des Bewußtseins. Zu Anfang mögen die Ausdrücke und Vorstellungen ein wenig befremden und die Materie vielleicht schwer glaubhaft wirken. Aber ich möchte Sie dazu ermutigen, offenen Sinnes an die Sache heranzugehen, denn wir werden bald einige interessante und wichtige Zusammenhänge entdecken.

SPIRITUELLE ANSÄTZE
DIE KOSHAS (HÜLLEN)

Der Begriff der *koshas* (das menschliche Bewußtsein umhüllende Schichten), der in den *Veden*[4] angewandt wird, vereint in sich sowohl westliche wie östliche Beobachtungen über die Psychologie und die Spiritualität des Menschen. Der Mensch lebt in einem Körper und hat Gefühle und Gedanken. Als seine wesentliche Identität gilt jedoch das zeitlose Universale Bewußtsein, *ātman* genannt.

In diesem Begriffssystem gibt es fünf Bewußtseinsebenen, die jedes Individuum durchschreiten muß, um den Ozean des wahren Selbst, den Zustand des totalen Einsseins zu erreichen. Jede einzelne dieser Ebenen betrachtet man als eine Hülle, die eine noch subtilere Ebene birgt. Durch eine ständige Betrachtung dieser *koshas* oder Hüllen erlangt der spirituelle Aspirant die Unterscheidungsfähigkeit, um von der einen zur nächsten, d. h. zu einer immer vertiefteren Erkenntnis der Realität vorzudringen. Schritt für Schritt überwindet er eine Hülle nach der anderen, bis er schließlich alle aufzulösen imstande ist, um das Wissen um seine Einheit mit dem Göttlichen zu erlangen.

Von der äußersten zur feinsten Hülle sind es:

1. annamayakosha - der physische Körper, der sich aus Nahrung zusammensetzt: die Ebene der Chemie und Physiologie; der zentrale Gegenstand der modernen Medizin des Westens.

2. prānamayakosha - die Sphäre der fünf Sinne, der Emotionen und der feinstofflichen Energie, die man *prāna* nennt (in Kürze mehr darüber).

3. manomayakosha - der niedere Mentalkörper, der aus Gedanken besteht. Ihn nennt man die Kausalhülle mit ihren Mustern aus Verlangen, Motiven, Entschlüssen und Wünschen, die den Komplex bilden, den man die Gedanken- und Gefühlswelt (mind) nennt. Der Gedanke ist feinstofflicher als die Gefühle oder *prāna*, und mit der Entwicklung unserer Fähigkeit, die Vorstellungen zu steuern, gewinnen wir ein größeres Maß an Beherrschung der äußeren Welt - mit größerer Kraft, unsere Bedürfnisse nach Ruhm, Macht und Sex zu befriedigen -, erben aber damit eine erhöhte Anfälligkeit für die

314

Gefahr der Verführung und das Steckenbleiben in dieser Hülle.

Das ist die große Herausforderung des modernen Menschen: über dieses Entwicklungsstadium hinauszusehen und mit Hilfe der größeren Einsicht, welche die nächste Stufe gewährt, darüber hinauszuwachsen. Später werden wir uns die Art des Kampfes näher ansehen, der dazu führt, daß man der Verstrickung in diese Stufe entrinnen und über sie hinauswachsen kann.

4. vijnānamayakosha - der höhere Mentalkörper, zu dem Intelligenz, Unterscheidungsfähigkeit, Intuition und die Fähigkeit, seine Wahl nach höheren Idealen auszurichten, gehören. Das ist der beherrschende Aspekt des Verstandes (mind), der die Aufgabe hat, die wankelmütigen Neigungen des Denkens zu beherrschen, sein Verlangen nach dem Momentanen und Vergänglichen zu zügeln. Das ist der Aspekt, dem hohe ethische Prinzipien einsichtig sind und der über das einzelne Individuum hinaus seinen Blick auf das Universale richten und das Ewige betrachten kann.

5. ānandamayakosha - der Zustand unentwegter Wonne jenseits der Gefühle, der Gedanken und dessen, was man im Englischen sonst noch unter „mind" versteht (Anm. d. Übers.: Kaum ein englisches Wort umfaßt so viele Bedeutungen, die verschiedenen deutschen Ausdrücken entsprechen; siehe Langenscheidts Enzyklopädisches Wörterbuch, Bd.I/1: Sinn, Gemüt, Herz, Seele, Verstand, Gesinnung, Meinung, Gedanken, Ansicht, Urteil, Lust, Neigung, Verlangen, Wille, Achtsamkeit, Sorge, Ansicht, Vorhaben, Zweck, Erinnerung, Gedächtnis, Geisteszustand, Geistesrichtung, Denken, Denker, Geist, Kopf, und philosophisch: Mensch). Siehe auch Anmerkungen Seite 7.

Jenseits dieser fünf Hüllen ist der *ātman* - den Sai Baba folgendermaßen beschreibt:

Die unsichtbare Basis, das wahre Selbst, die eigene Göttlichkeit - die Seele, die Wirklichkeit innerhalb der fünf Hüllen, deren äußerste der Körper ist. Er ist der innere Gottesfunke, die innerste Realität. Er ist die Substanz der gesamten objektiven Welt, das Echte hinter dem Schein, das Universale und Immanente in jedem Wesen. Er ist seiner innersten Natur nach frei von jeder Bindung. Er ist sich weder seiner Tätigkeit noch seiner Wirkung bewußt, noch seiner eigenen Bedürfnisse, seiner Natur oder seines Besitzes. Er hat kein Ich (Ich oder Mein). Gedächtnis ist eine Funktion des Intellekts, nicht des *ātman*. Der *ātman* ist unvergänglich. Er stirbt nicht wie der Körper und das Physische (mind). Er ist die wesentliche Wirklichkeit des Individuums, des Zeugen - unberührt von all diesem Wandel in Zeit und Raum, der innewohnende Geist (spirit), und der Körper ist der komplexe Aufenthaltsort; das Mysterium ist jenseits des Komplexen, es ist die motivierende Kraft der Impulse und Spannungen und der Absichten des Komplexen.

PRĀNA

C. W. Leadbeater definiert in seinem faszinierenden Buch „The Cakras" drei Hauptkräfte, von denen die *Yogis* sagen, daß sie die „grobstofflichen" und „feinstofflichen" Körper des Menschen mit Energie erfüllen. Die erste von ihnen nennt er die „Primär"- oder „Lebensenergie", die er als einen Strom göttlichen Lebens beschreibt, der in unseren Körper von außen fließt, um sich mit der „*Kundalinī*-Energie" zu vereinen, die dem Inneren entspringt. Zu dieser Mischung kommt eine dritte Kraft, *prāna* oder Vitalität genannt, hinzu, die, wie die *Yogis* behaupten, wie das Licht und die Hitze von der Sonne kommt und durch ein bestimmtes Energieportal im Körper aufgenommen wird, das Leadbeater das Milz-*Cakra* nennt. Man kann eventuell diese Energie tatsächlich als winzige Lichtpunkte nach allen Richtungen hin tanzen sehen, wenn man in den blauen Himmel schaut. Wenn das *prāna* in das Kraftzentrum des Milz-*Cakras* eingesaugt wird, dann wird es wahrscheinlich in Ströme verschiedenfarbiger Energie gebrochen, die, wie Leadbeater sagt, von Hellsichtigen gesehen werden können.

> Ein violett-blauer Strahl bewegt sich hinauf zur Kehle, wo der blaue Aspekt das Kehlkopfzentrum auflädt und der violette ins Gehirn eintritt. Ein gelber Strahl geht zum Herzen - ein grüner Strahl zum Unterleib, zum Zentrum im Solarplexus, von wo aus er die Leber, die Nieren, die Eingeweide und den Verdauungsapparat belebt. Ein rosafarbener Strahl durchläuft entlang der Nervenbahnen den ganzen Körper und ist eindeutig das Belebende des Nervensystems. Das ist die besondere Vitalität, die ein Mensch tatsächlich auf einen anderen übertragen kann, der daran Mangel leidet. Wenn die Nerven nicht genügend mit diesem rosa Licht versorgt werden, dann werden sie überempfindlich und äußerst reizbar. Ein Mensch mit robuster Gesundheit absorbiert und spezialisiert gewöhnlich sehr viel mehr von dieser Vitalität, als sein Körper tatsächlich braucht, so daß er ständig eine Flut dieser rosafarbenen Atome ausstrahlt und auf diese Weise unbewußt Kraft auf seine schwächeren Mitmenschen ausgießt, ohne selbst dabei etwas zu verlieren. Diese Vitalität ist die Nahrung für das ätherische Doppel und ist für dieses ebenso nötig wie die stoffliche Zufuhr für das Wachstum des physischen Körpers. Ein orangefarbener Strahl fließt zur Basis der Wirbelsäule und von da zu den Fortpflanzungsorganen, mit denen ein Teil seiner Funktion eng verbunden ist. Dieser Strahl belebt das körperlich-erotische Verlangen und scheint auch ins Blut überzugehen und zur Erhaltung der Körperwärme beizutragen. Wenn der Mensch sich weigert, seiner niedersten Natur nachzugeben, dann kann dieser Strahl im Laufe einer langen und entschlossenen Anstrengung aufwärts zum Gehirn umgepolt werden, wo er die Macht des Intellekts intensiviert und die Qualität selbstloser Liebe stark erhöht, während er gleichzeitig die spirituelle Seite der menschlichen Natur kräftigt.[5]

Man nimmt an, daß es möglich ist, auf das *prāna* durch mentale Konzentration und durch „rechte Gedanken und rechte Gefühle" steuernd einzuwirken, so daß der physische Körper seine Assimilationskraft steigern und dieses *prāna* dazu verwenden kann, seine physische, emotionale, mentale und spirituelle Vitalität zu steigern. Außerdem kann es durch eine bestimmte Zentrierung eine weitere mächtige, aber verborgene Kraft wecken, die *Kundalinī*, von der man sagt, daß sie bei der Entfaltung der spirituellen Natur des Menschen eine entscheidende Rolle spielt. Hier haben wir also ein ganz neues Energiesystem vor uns, das von Körperhaltungen und Atemübungen gesteuert wird und das noch nicht in die Hauptrichtung der psychologischen Theorie des Westens integriert scheint, obgleich es eine Beziehung zur Akupunktur und zur Bioenergie zu haben scheint. In der Tat beschrieb Wilhelm Reich, der Begründer der Bioenergetik, eine ähnliche, von ihm Orgon-Energie genannte Kraft. Im Anhang IV werde ich genauer darauf eingehen, wie eine stärkere Würdigung der Dynamik des *prāna* nicht nur zu größeren therapeutischen Erfolgen führen, sondern uns auch dem Verständnis des Zusammenhangs zwischen Psychologie und Spiritualität näherbringen wird.

Innerhalb der Theorie von den *koshas* hat jede Hülle ihre eigene Kraft und Art zu wirken. So gehören z. B. Theorien und Praktiken, die sich auf den Körper beziehen, einer anderen Dimension als diejenigen an, die sich auf das Denken und Fühlen etc. (mind) beziehen - und sind ähnlich verschieden wie, sagen wir, die Sprache der Chemie von jener der Hypnose. Erhöhte Meisterschaft auf der einen Stufe bringt bessere Beherrschung auf der anderen mit sich - d. h. Heilung im Körperlichen bewirkt Stärkung des Denkvermögens und umgekehrt. Doch die volle Kontrolle und Beherrschung unserer irdischen Existenz kann nicht eher erlangt werden, als der Mensch seine Identität mit Gott, mit der gesamten dazugehörigen Allwissenheit, Allgegenwart und Allmacht, erkannt hat.

Da sich das selten ereignet, wird sich der therapeutische Weg über dieses Bewußtseinsmodell normalerweise darauf beschränken, auf einer Anzahl verschiedener Ebenen gleichzeitig zu arbeiten - wie etwa durch die richtige Ernährung, durch Heilmittel, gymnastische Übungen und Entspannung (Körperebene); Akupunktur, Rolfing, Bioenergetik und Atemübungen (*prāna*-Ebene); zwischenmenschliche Beziehungen, kognitives Lernen und Hypnose (psychisch-mentale Ebene); religiöse Praktiken, selbstloser Dienst am Nächsten, Beachtung der Sittlichkeit und der inneren Einkehr (Meditation, spirituelle Ebene) -, wobei für jede Ebene verschiedene Techniken anzuwenden sind, während man auf ein allgemeines Ziel, wie etwa die Stärkung des Körpers oder die Entfaltung der Kontrolle der Emotionen und des Denkens, hinarbeitet.

KUNDALINĪ

Am besten läßt sich der dynamische Vorgang beim sich entfaltenden Bewußtsein, der Fortschritt von einer Bewußtseinsebene zur nächsten, anhand der Vorstellungen des *Yoga* über die Evolution der *Kundalinī*-Energie[6] verstehen - ein Energiesystem im Menschen, das im Westen wenig bekannt ist, obgleich es von den *Yogis* des Ostens schon seit Tausenden von Jahren studiert worden ist. Im Zusammenhang mit der spirituellen Entwicklung des Menschen bietet es auch tiefgründige Einblicke in die psychische Entfaltung des Menschen und kann uns dazu verhelfen, die Beziehung zwischen den Entwicklungsstadien auf dem Weg zur spirituellen Natur des Menschen bei Freud, Erikson und Piaget zu sehen.

Die Dynamik der *Kundalinī*-Energie wird von allen indischen *Yoga*-Schulen anerkannt, vom Rāja-, *Karma*-, *Jnāna*-, *Hatha*- und *Bhakti-Yoga*. Die Theorien über dieses Energiesystem ziehen die Entwicklungsstufen und Persönlichkeitsaspekte in Betracht, wie sie in der westlichen Psychologie beschrieben sind, und gehen dazu über, andere darüber hinausgehende zu definieren. Sie stimmen mit der Psychologie des Westens darin überein, daß die Persönlichkeit anfangs undifferenziert und primitiv ist, was ihre Organisation anbelangt, und daß sie sich im Lauf des normalen persönlichen Wachstumsprozesses höher organisiert. Höher entwickelte Persönlichkeiten sieht man als Repräsentanten höherer Bewußtseinsstufen an, wie sie aus anderen Ebenen nach gelungener Reife und Evolution zu einem freieren, gewandteren und kreativen Ineinanderwirken zwischen der inneren und äußeren Realität herangewachsen und nun typisch für ein sich weitendes Bewußtsein sind.

Doch während die Psychologie sich auf diejenigen Eigenschaften einer Persönlichkeit konzentriert, die für eine erfolgreiche Anpassung an die Außenwelt, die wir durch die Sinne wahrnehmen, geeignet sind, beschreibt das *Yogi*-System der *Kundalinī* außerdem die Entfaltung jener Qualitäten, die für die Beherrschung der inneren Welt des Geistes und zur letzten Transzendenz der materiellen und psychologischen Bereiche notwendig sind.

Ich werde hier das *Kundalinī*-System nur sparsam ins Detail gehend beschreiben, damit wir beginnen können, Elemente unserer Persönlichkeit und unseres menschlichen Potentials einzuschätzen, mit denen wir uns im Westen gewöhnlich gar nicht beschäftigen, von denen jedoch vielleicht eine tiefe Wirkung auf die Evolution unseres Bewußtseins ausgeht.

Die Theorie besagt, daß im Körper die *Kundalinī*-Energie an der Basis des Rückgrats latent vorhanden ist. Im Inneren der Wirbelsäule, sagen die *Yogis*, befindet sich ein zentraler Kanal, *sushumnā* genannt, gemeinsam mit zwei anderen - idā auf der linken und pingalā auf der rechten Seite - die sich um die Wirbelsäule wie die Schlangen um den Äskulapstab, das vertraute Symbol der Mediziner, herumwinden. In der Tat könnte der Äskulapstab des Merkur, noch vor seinem Erscheinen in der griechischen Mythologie, ursprünglich das Symbol der *Kundalinī* oder des „Schlangenfeuers" gewesen sein, welches das uralte Geheimnis der Erreichung der Transzendenz über den Körper und das Ego symbolisiert.[7]

Sobald die *Kundalinī*-Kraft erwacht, fließt sie in diese drei Kanäle. Bei einem gut entwickelten *Yogi* geht der Hauptstrom durch den zentralen *sushumnā*-Kanal. Die *Yogis* glauben, daß der Wille der höhere und das Verlangen der niedere Aspekt ein- und desselben Attributs sind; damit die *Kundalinī*-Kraft richtig gelenkt wird, muß der Wille gut ausgebildet sein. Zuerst bestimmt das Verlangen den Energiestrom, aber sobald sich das Bewußtsein des einzelnen entfaltet und höhere spirituelle Zentren aktiviert und sein Charakter stark und seine Intuition tiefgreifend werden, beginnt die Energie von „oben" statt von „unten" gesteuert und überwacht zu werden, d.h. mehr durch den Willen als durch das Wunschdenken oder Verlangen. Wenn sich dagegen solche höheren Eigenschaften nicht entfalten und der Mensch ein Sklave seiner Begierden bleibt, kann sein Bemühen leicht fehlgeleitet werden, und er verliert die Kontrolle über diese mächtige Energie. In der Literatur über die *Kundalinī* findet man immer eine Warnung vor dem verfrühten Erwecken dieser furchtbaren Macht, bevor die Ethik und die Selbstbeherrschung, die zu ihrer Lenkung auf den richtigen Pfad notwendig ist, erreicht wurden.

Wenn die *Kundalinī* vorzeitig geweckt wird, bevor die sittliche Kraft zur Selbstbeherrschung erlangt ist, besteht die Gefahr der Stimulierung ihrer negativen Aspekte. Es heißt, daß es in der Tat weit besser für die *Kundalinī* sei, an der Wurzel der Wirbelsäule zu schlafen, bis der Mensch eine entschieden ethische Entwicklungsstufe erreicht hat - d.h. bis sein Wille stark genug ist, diese Energie zu beherrschen, und seine Gedanken rein genug sind, um ihr Erwachen ohne Schaden zu überstehen. Denn wenn die *Kundalinī* verfrüht und ohne das Vorhandensein der Selbstdisziplin und sittlichen Stärke angefacht wird, kann sie außer Kontrolle geraten und die unerwünschtesten Leidenschaften wecken und sie in solchem Maß erregen und ihre Auswirkungen verstärken, daß es für den Menschen unmöglich wird, ihnen zu widerstehen. Sie kann alles in der Natur eines Menschen intensivieren, wobei sie die niederen und bösartigen Eigenschaften leichter erreicht als die guten. Im Mentalkörper wird z.B. der Ehrgeiz sehr rasch geweckt und schwillt bald zu einem unerhörten, ungewöhnlichen Ausmaß an. Leicht könnte dies eine starke Intensivierung der intellektuellen Kraft mit sich bringen, aber gleichzeitig einen abnormalen, satanischen Stolz hervorrufen, der für einen gewöhnlichen Menschen ganz unvorstellbar ist. Es heißt in „The Hathayoga Pradipika": „Sie befreit den *Yogi* und fesselt den Narren."

PATANJALI

Patanjali definierte in seinen *Yoga* Sūtras oder „Aphorismen des *Yoga*", die er im 4. Jahrhundert vor Christus verfaßte und die 1852 zum ersten Mal ins Englische übersetzt wurden, acht Schritte, die notwendig sind, um sicher auf dem Pfad der Spiritualität voranzukommen:

1. Die Beachtung des Sittlichen, der Zurückhaltung *(yama)*. Fünf moralische oder ethische Grundregeln betrachtet er als die Mindestanforderungen: Wahrhaftigkeit, Gewaltlosigkeit, Freiheit von Begierden, Keuschheit und Abstandnehmen vom Aneignen fremden Besitzes.
2. Persönliche Tugend, Disziplin *(niyama)*. Zu den fünf wesentlichen

Gewohnheiten gehören die Reinheit (in Gedanken, Worten und Taten), Zufriedenheit, Selbstverleugnung, das Studium der Heiligen Schriften, die Verehrung Gottes.

3. Körperhaltungen und Stellungen *(āsanas)*. Der Körper wird trainiert, richtig zu sitzen, was den Energiefluß erleichtert, so daß er die Meditation nicht unterbricht, sondern fördert.

4. Atemkontrolle (prānāyāma). Das richtige Atmen reinigt das Nervensystem, reguliert den Energiefluß und beruhigt das Denken für die Meditation.

5. Das Zurücknehmen der Sinne aus der äußeren Welt (pratyāhāra). Die Aufmerksamkeit richtet sich nach innen, weg von der Zerstreuung der Sinne und hin zu inneren, spirituellen Bewußtseinszuständen.

6. Konzentration (dhāranā). Die Aufmerksamkeit wird auf einen Gegenstand konzentriert, der als Sammelpunkt in die Meditation hineinträgt. Das kann ein Körperteil sein, etwa das Herz oder die Stelle zwischen den Augenbrauen, ein Ton wie das *OM* oder der Name, den man Gott gibt, eine visuelle Form oder ein Licht, etwa die Flamme einer Kerze.

7. Meditation *(dhyāna)*. Die Meditation wird als ein ungebrochener, konstanter Fluß der geistigen Tätigkeit (mind) beschrieben - ähnlich dem Umgießen von Öl aus einem Behälter in einen anderen - zum Gegenstand der Meditation hin. Dazu ist der Ausschluß aller anderen gedanklichen Ströme erforderlich.

8. Das Verschmelzen und die Transzendenz *(samādhi)*, der Zustand der Vereinigung jenseits des Denkens.

Es ist wichtig, nicht zu vergessen, daß die Vorbedingung für einen solchen Weg der Aufbau eines festen Ethos und eines entsprechenden Verhaltenskodex ist. Wieder finden wir hier den Zusammenhang zwischen der Ethik, den Körperübungen, dem Atmen, der Kontrolle der Sinne und des Denkens bei der Erlangung höherer spiritueller Bewußtseinszustände.

KARMA

Diesen Begriffen ist noch ein weiterer hinzuzufügen, jener des *Karma (karman)*. Einfach ausgedrückt: Wir ernten, was wir säen. Um spirituelle und psychologische Theorien voll zu integrieren, müssen wir uns mit der Möglichkeit vertraut machen, daß unsere individuelle Lebenssituation mit ihren Herausforderungen, Hindernissen, Fehlschlägen und Erfolgen von Kräften beeinflußt wird, die nicht nur auf das gegenwärtige Leben beschränkt sind. Es besteht die Möglichkeit, daß unser Bewußtsein bereits vor diesem Erdenleben existiert hat und auch nachher weiterbestehen wird, d.h. daß dieses Leben in einem hohen Ausmaß von den früheren irdischen Leben bestimmt wird.

Das Gesetz des *Karma,* d.h. von Ursache und Wirkung, besagt, daß wir geboren werden, um bestimmte unerledigte Aufgaben aus der Vergangenheit zu einem Abschluß zu bringen. Die Stärken und Schwächen, mit denen wir zur Welt kommen und die unseren Erfolg sichern oder zu Fehlschlägen führen, stehen in einem Kausalzusammenhang mit der Art und Weise, wie wir frühere Leben führten - was wir wählten, was wir vortrefflich machten, welche Fehler wir begingen, was richtig und was falsch war. Unsere spezielle Gen-Ausstattung und die Umgebung, in die wir hineingeboren werden, sind die Vorbedingungen, die wir erworben haben und die uns jetzt den Rahmen bieten, in dem wir begangene Fehler korrigieren können und andererseits von erworbenen Verdiensten bei unserer Reise zur Transzendenz unserer irdischen Existenz profitieren dürfen.

Aus unserer irdischen Bewußtseinsstufe läßt sich vielleicht nicht erschließen, ob eine Lebenssituation wirklich auf gutes oder schlechtes *Karma* zurückzuführen ist. Wenn man z. B. in eine reiche Familie hineingeboren wird und mit körperlicher Kraft ausgestattet ist, so bietet das möglicherweise nicht die gleichen Chancen zu spirituellem Wachstum und Erkenntnissen, wie wenn man physisch schwach in einer armen Familie zur Welt kommt - wenn auch die meisten von uns bestimmt das erstere wählen würden.

Es ist interessant, hier einzuflechten, daß Sai Baba uns sagt, daß einzig und allein auf der irdischen Ebene das Bewußtsein die Chance hat, sich so weit zu entfalten, daß es mit der Gottheit verschmelzen kann. Er erläutert, daß es eine unendliche Zahl von Dimensionen der Realität gibt, daß jedoch allein auf der Erde das Bewußtsein einen solchen Evolutionssprung machen kann, d.h. von den niederen Ebenen, die von den tierischen Bedürfnissen beherrscht werden, zu höherem Bewußtsein, in dem der einzelne mit dem Universalen Bewußtsein verschmelzen kann. Aus diesem Grund legen die *Yogis* so großes Gewicht auf die Reinigung des Charakters und die Beherrschung der Wünsche - des Verlangens -, indem man das Bewußtsein davon abhält, von der stofflichen, der Sinnenwelt angezogen zu werden. Die Entfaltung eines hochstehenden ethischen Charakters ist eine wesentliche Vorbedingung für den *Yoga*-Weg zur Erhebung des Bewußtseins.

DIE CAKRAS

Man nimmt an, daß durch streng sittliches Leben, bestimmte Körperhaltungen und Übungen, durch Atemkontrollübungen oder pränāyāma (Lebensatem), die Lenkung der Konzentration nach innen, das Singen von *Mantren* oder heiligen Klängen, Meditation über spirituelle Symbole und innere Erfahrungen und durch Gebet ein Mensch seine *Kundalinī* befreien kann. Wenn sie entlang bestimmter Bereiche, die man *Cakras* nennt, am Rückgrat aufsteigt, werden diese dadurch der Reihe nach erweckt und damit zu Zentren geordneter Energiesysteme. Sie dienen als Kontaktpunkte zwischen inneren und äußeren Kräften (William Tiller, Physiker an der Stanford University, nennt sie Überleiter - transducer), und sie bestimmen die Qualität des Bewußtseins, indem sie die Entfaltung des Individuums auf allen Ebenen regulieren, der biologischen, emotionalen, mentalen, ethischen und spirituellen.

Während die *Yogis* der Hindus bereits Jahrtausende lang über die *Cakras* geschrieben haben, behaupten erst in jüngerer Zeit Mystiker und Hellseher im Westen, diese energetischen Kraftfelder sehen zu können; sie sind nicht im physischen, sondern im ätherischen Körper zu finden, den man sich als ein gleichzeitig mit dem physischen Körper existierendes Gegenstück (auf der ätherischen Ebene) vorstellen muß. Auch bekannte Wissenschaftler wie Dr. Tiller haben diesem Energiesystem ihre Aufmerksamkeit zugewendet. Er bezieht die *Cakras* in sein wissenschaftliches Modell ein, wie sich der menschliche Körper durch Reaktionen auf energetische Bestrahlung und Informationen aus der Umgebung entwickelt. Er nennt den Ätherkörper den „negativen Raum-Zeit-Rahmen-Körper" („negative space time frame body") und betrachtet jeden der Körper in seiner Aktion als einen „abgestimmten Stromkreis", bei dem man Energie aus dem Kosmos anzapfen oder durch den man mit einem anderen Aspekt des Selbst in Verbindung treten kann. In „Breakthrough to Creativity" (Durchbruch zur Kreativität) beschreibt die Neurologin Dr. Shafica Karagulla in Los Angeles mit faszinierenden Details die *Cakras*, wie sie Sensitive sehen, mit denen sie zusammengearbeitet hat - Menschen mit hochentwickelten sinnlichen und übersinnlichen Wahrnehmungsfähigkeiten.

Wie bereits erwähnt, ist die *Kundalinī*-Energie deutlich unterschieden von dem, was man Lebenskraft oder *prāna* (Vitalität) nennt. Leadbeater vergleicht die Unterschiede zwischen *prāna* und *Kundalinī* wie folgt:

Die *Kundalinī* ist ein furchterregendes Feuer aus der Unterwelt. Diese feurige Kraft, wie sie in „The Voice of Silence" genannt wird, ist wahrhaftig wie flüssiges Feuer, das durch den Körper rast, wenn sie durch den Willen geweckt worden ist. Während die Vitalität zu Luft und Licht und zu den großen, offenen Räumen gehört, ähnelt das Feuer, das von unten kommt, der Gewalt und Energie, die man im Erdinneren findet, eine Hitze- und Kraftkonzentration von ungeheurer Intensität. Man sagt, es ist die Kraft, die Macht und die Energie des Göttlichen, die das Universum schuf, die sich ständig entfaltet und neue Elemente und Formen schafft. Man beschreibt sie als ein furchtbares Feuer der Unterwelt, weit mehr Materie als Vitalität - gleich dem Feuer des roten, heißen Eisens in glühendem Metall. Wenn diese *Kundalinī* spontan erwacht oder zufällig geweckt wird, dann versucht sie gewöhnlich, durch das Innere des Rückgrats aufzusteigen, und kann große Schmerzen verursachen, da die Passagen nicht darauf vorbereitet sind, und sie muß in diesem Fall ihren Weg freimachen durch das Verbrennen einer Menge von ätherischen Schlacken. Wenn diese Aufwärtsbewegung nicht vom Willen zurückgehalten werden kann, dann fährt die *Kundalinī* wahrscheinlich wie ein Blitz durch den Kopf nach außen und entweicht in die umgebende Atmosphäre, wobei höchstwahrscheinlich wenig Schaden entsteht, abgesehen von einer leichten Schwäche oder einem vorübergehenden Verlust des Bewußtseins. Aber diese ungeheure Kraft hat auch eine furchtbare Seite. Die wahrhaft entsetzlichen Gefahren sind nicht mit dem Hochschießen verbunden, sondern mit der Möglichkeit, daß sie sich nach unten und nach innen wendet. Man hat den Eindruck, als ob man immer tiefer in die Materie hinabsteigt; daß man sich langsam, aber unwiderstehlich, immer weiter ins Grobstoffliche hineinbewegt, mit unnachgiebiger Gewißheit.[9]

Jedes *Cakra* ist mit einer Reihe von esoterischen Symbolen verbunden, mit Farben und Klängen, die seine besondere Dynamik und seinen Einfluß auf die vielen verschiedenen Ebenen des Menschen definieren und beschreiben. Zum Beispiel wird jedes *Cakra* mit einer bestimmten Körperstelle in Verbindung gebracht, mit einer endokrinen Drüse, einem Nervengeflecht, einem Element (Erde, Wasser, Feuer, Luft, Äther), einem geometrischen Symbol, das eine besondere Bedeutung hat, einer Farbe, einem Klang und einer Lotosblume mit einer bestimmten Anzahl von Blütenblättern. Die Zahl und Farbe der Blütenblätter korrespondiert mit der wirklichen Farbe der *Cakras*, wie sie die Hellsichtigen sehen, und wenn auch die Beschreibung der Farben oder die Anzahl der Blütenblätter innerhalb der verschiedenen *Yoga*-Schulen und bei den einzelnen Beobachtern verschieden sein mögen, so behauptet Leadbeater doch: „Es ist nicht überraschend, daß derartige Unterschiede bestehen, denn es gibt zweifellos Variationen innerhalb der *Cakras* verschiedener Menschen und Rassen ebenso wie bei den Fähigkeiten der Beobachter."

Zeichnungen von Hindu-*Yogis* ist immer eine geometrische Form beigefügt, ein Buchstabe des Sanskrit-Alphabets, ein Tier und zwei Gottheiten, eine männliche und eine weibliche. Es ist sozusagen eine „Kurzschrift" zum Verständnis der spirituellen Lehren, der religiösen Praktiken, der Riten und Zeremonien, welche die einzelnen *Cakra*s erwecken. Außerdem stehen sie mit den Ebenen der psychischen Reife des Menschen, wie etwa mit der vorherrschenden emotionalen Reaktion, den psychologischen Problemen und Sorgen, dem Stil und Inhalt der Gedanken, der Höhe des abstrakten Denkens, der Achtung vor den ethischen Prinzipien und der potentiellen spirituellen Einsicht in Zusammenhang. Jedes *Cakra* birgt Kräfte und Möglichkeiten zur weiteren Vervollkommnung wie andererseits charakteristische Konflikte und Hindernisse; jedes davon erfordert spezielle Techniken und Wege zur Annäherung an die Transzendenz.

Man hat sieben *Cakras* definiert und beschrieben. Sie lassen sich in drei Gruppen teilen - niedere, mittlere und höhere - und man kann sie auch die psychologischen, personalen und spirituellen *Cakras* nennen.

Das erste steht wahrscheinlich mit den Nebennierendrüsen, das zweite mit den Keimdrüsen des endogenen Drüsensytems in Kontakt; das eine befindet sich am Ansatz der Wirbelsäule in der Nähe des Steißbeins und das andere am Beckenboden auf der Höhe der Genitalien. Sie entsprechen anscheinend der Beobachtung Freuds, daß die analen und genitalen Körperstellen stark mit der frühen Entwicklung der Persönlichkeit verbunden sind. Außerdem behauptet Leadbeater, daß diese beiden ersten *Cakras* hauptsächlich zur Aufnahme von zwei Kräften bestimmt sind, die in den Körper auf ihrer Höhe eintreten - die *Kundalinī* von der Erde her durch das erste *Cakra* und die Vitalität von der Seite durch das zweite oder Milz-*Cakra*. (Es ist anzumerken, daß Leadbeaters Milz-*Cakra*, das sich in der Nähe der Milz im unteren linken Viertel des Unterleibs befindet, nichts mit dem zweiten *Cakra* der *Yogis* zu tun hat, das seinen Platz bei den Genitalien hat und dessen Funktion viel mehr mit der Entwicklung der Sexualkraft in Zusammenhang steht.)

Die ersten beiden *Cakras* regulieren also die biologische und körperliche Entwicklung und die ersten Erscheinungsformen der Persönlichkeit. In diesem Stadium ist die intellektuelle Kapazität des Menschen recht primitiv, wie sie vielleicht am besten Piaget mit seinem ersten sensorisch-motorischen Stadium der kognitiven Entwicklung beschreibt. Das erste *Cakra* heißt mūladhara - die „Wurzel", die „Stütze" oder das „*Cakra* an der Basis". Das zweite *Cakra*, das die *Yogis* svādhishthāna nennen, was soviel wie „dein eigener Wohnsitz oder Ursprung" heißt, liegt in der Nähe der Fortpflanzungsorgane und wird von den Hindus als die Quelle unseres kreativen Potentials beschrieben.

Der psychische Mechanismus, die Dynamik und die Aspekte, die mit der Entfaltung dieser beiden *Cakras* verbunden sind, kann man mit Freuds oraler, analer und phallischer Phase und Eriksons Stadien des Urvertrauens versus Mißtrauen[1], des Selbstvertrauens gegen Scham und Zweifel[2] und der Initiative gegen Schuld[3] in Beziehung setzen. Die Meinungsverschiedenheiten, welche die Entwicklung betreffen, kreisen um die Frage, wann das Kind ein ursprüngliches Gefühl der Sicherheit durch die dauernde liebende Umsorgtheit von seiten der Mutter erlangt, und andererseits ein Gefühl der Unabhängigkeit und Stärke, das sich durch den Kampf des Kindes mit den Eltern herausbildet, wenn es lernt, sich zu bewegen und den eigenen Willen zu gebrauchen. Dieses Autonomiegefühl wird von der Haltung und dem Verhalten der Eltern während dieser schwierigen Phase beeinflußt.

Die Art, wie sich diese beiden *Cakras* entfalten, wirkt sich vermutlich auf die Struktur, die Dynamik und die Mechanismen der Seele und die regulierenden Mechanismen des Egos aus.[10] Wenn die *Cakras* nicht normal funktionieren, kann sich daraus eine entsprechend deutliche Instabilität der Persönlichkeit entwickeln, die sich in einem Mangel an Festigkeit und Stetigkeit, an leicht auftretender Regression und an Auflösungserscheinungen der Persönlichkeit - oder in mangelnder Toleranz aufgrund von Frustrationen und schließlich einer Prädisposition zu Angst- und Schuldgefühlen zeigt.

Die *Cakras* drei, vier und fünf stehen mit der Entfaltung der spezifisch menschlichen Persönlichkeit in Zusammenhang: d.h. mit den *koshas*, der Entwicklung höherer Emotionen und intellektuellen Fähigkeiten. Zwischen diesen drei *Cakras* lassen sich Parallelen zu den höheren Entwicklungsstufen ziehen, wie sie Erikson und Piaget beschreiben, und andererseits auch zur Hierarchie der Bedürfnisse, mit der Maslow solche höheren menschlichen Bestrebungen wie die nach sinnvoller Arbeit, Verantwortung, schöpferischer Tätigkeit charakterisiert; dazu gehört auch der Wunsch, selbst fair und gerecht zu sein und nicht bloß Sinnvolles zu tun, sondern es auch gut zu machen. Das alles steht im Gegensatz zu der niederen Natur des Menschen, die Freud so treffend anhand des ihr eigenen Strebens nach Befriedigung der tierischen Triebhaftigkeit und Instinkte charakterisiert hat.

Das dritte *Cakra* befindet sich vermutlich im Unterleib direkt unter dem Nabel und wird manipūraka genannt, was so viel wie „die Stadt des strahlenden Juwels" bedeutet. Man bringt es mit der psychischen Qualität der Offenheit (Mitteilsamkeit) in Zusammenhang, der Fähigkeit zum Ausdruck der eigenen Persönlichkeit. Vielleicht kann man es mit Adlers „Willen zur

Macht" vergleichen. Das Interesse an Macht ist an dieser Stufe anders zu verstehen als jenes im analen Stadium, bei dem der Kampf um die Herrschaft und Kontrolle eine Reaktion auf ein Gefühl der Schwäche und der Verwundbarkeit ist und primär eine Defensive gegen Manipulation, Kontrolle und Demütigung.

Die Kraft, die man an diesem Punkt erreicht hat, ist mit dem Drängen verbunden, die wirkliche, in einem selbst wohnende Kraft zum Ausdruck zu bringen, wie man es bei großen Generälen und Königsgestalten findet. Es ist die Kraftquelle, auf die sich die Meister der Kriegskunst konzentrieren, um den sechsten Sinn zu erlangen, den sie in der Schlacht brauchen.

Die psychologischen Aspekte der ersten drei *Cakras* bilden die niedere emotionale Ausstattung des Menschen und sind der Gegenstand, der im Mittelpunkt des Interesses der modernen Psychologie steht. Erst ab der Erreichung der Stufe des vierten *Cakras* kann man von der Erweckung der spezifisch höheren Qualitäten der menschlichen Persönlichkeit sprechen. Es ist die Stufe, die religiöse Themen anspricht und der die religiösen Symbole und Archetypen entspringen.

Cakra Nummer vier heißt anāhata, was soviel wie „das, was immer neu ist" bedeutet. Dieses Energiezentrum, mit dem Kreis als Symbol, befindet sich auf der Höhe des Herzens, und ihm wird in erster Linie die psychische Qualität der Liebe zugeschrieben. Verhalten, Beweggründe, die charakteristischen Merkmale der Persönlichkeit und der Gedankenmuster, die zu diesem *Cakra* gehören, sind diejenigen, die man an Heiligen beobachtet, die sich einem selbstlosen Dienst und einer vom Mitgefühl getragenen Tätigkeit widmen - eine Bewußtseinsebene, die sich in ihrer vielleicht reinsten Form im Leben Christi offenbarte. Dabei handelt es sich um ein äußerst wichtiges Entwicklungsstadium, dessen Wirkungsweise im Mittelpunkt der zeitgenössischen humanistischen Betrachtungsweise zu stehen scheint.

Im folgenden ist eine tiefere Einsicht in die mit diesem *Cakra* verbundene Symbolik gegeben, damit man ermessen kann, wie tief die *Yogis* in ihrer Schau in das Wesen jedes dieser *Cakras* eingedrungen sind. Wir gewinnen dabei auch eine Vorstellung von der Vielfalt der verschiedenen Annäherungsweisen und Techniken, durch die man ihre Entfaltung beeinflussen kann. Sind in Zukunft einmal die tiefsten Geheimnisse dieser Symbole bekannt, dann werden sie uns vielleicht zu Forschungswegen und Behandlungen führen, die zu einem tieferen Verständnis für die menschliche Entwicklung hinleiten. Als Quelle für den größten Teil dieses Stoffes ist Leadbeaters Werk „The Cakras" zu nennen (Ein Diagramm des vierten *Cakras* finden Sie auf Seite 325).[1]

Der Lotos des vierten *Cakras* hat zwölf Blütenblätter von orange- bis karminroter Farbtönung. Man behauptet, daß jedes der verschiedenen Blütenblätter dieses Lotos eine ethische Qualität darstellt und die Entfaltung dieser Qualität das *Cakra* belebt. In den Dhyānabindu-*Upanishaden* werden die Blütenblätter des Herz-*Cakras* mit so scheinbar einander unähnlichen Eigenschaften wie religiöse Anbetung, Trägheit, Ärger und Wohltätigkeit in Verbindung gebracht.

Der *Mantra* oder der heilige Ton dieses *Cakras* ist das *so'ham*. Es wird mit dem achten Halswirbel und dem Herznervengeflecht in Zusammenhang gebracht und steht mit der Thymusdrüse in Verbindung. Die hervorragendste psychische Eigenschaft dieses *Cakras* ist eine reine Liebe, die außerhalb des sichtbaren Körpers Wellen aussendet, ähnlich dem sich ständig erweiternden Kreis, der das Symbol für dieses *Cakra* ist.

Leadbeater führt an, daß es Abweichungen gibt, was die Anzahl der Blütenblätter des Lotos betrifft, wenn er auch feststellt, daß das nicht wichtig sei. Er erwähnt z. B., daß in den *Yoga Kundalinī-Upanishaden* sechzehn statt der üblichen zwölf Blütenblätter beschrieben werden. In den Dhyāna-bindu-*Upanishaden* heißt es, daß der Lotos des Herzens acht Blütenblätter habe, aber nach Leadbeater bezieht sich dieses Werk wahrscheinlich auf ein zweites Herz-*Cakra*.

Leadbeater machte noch eine wichtige Feststellung über dieses *Cakra*:

> Im Mittelpunkt des Herz-Lotos befindet sich ein auf der Spitze stehendes gleichseitiges Dreieck (trikona). Das findet man nicht bei allen *Cakras*, sondern nur beim Wurzel-, Herz- und Brauen-*Cakra*. Diese drei enthalten besondere granthis oder Knoten, welche die *Kundalinī* im Lauf ihres Weges nach oben durchstoßen muß. Den ersten nennt man manchmal den Knoten des *Brahmā*; den zweiten den des *Vishnu* und den dritten den des *Shiva*. Der Gedanke, den dieser Symbolismus anzudeuten scheint, dürfte darauf beruhen, daß das Durchstoßen dieser *Cakras*, ihre Öffnung, irgendwie eine bestimmte Zustandsänderung mit sich bringt.[12]

Der granthi oder Knoten, der mit dem Herz-*Cakra* in Verbindung gebracht wird, stellt eine besonders große Schwierigkeit für die zeitgenössische Psychologie dar. Dieser Knoten behindert die Entfaltung des Bewußtseins der nächsten Stufe, und ihn zu überwinden erfordert eine Neuorientierung der inneren und der äußeren Wirklichkeit. In der Tat sind das Wesen dieser Obstruktion, die Ignoranz und die Ängste, die uns an der Dualität festhalten lassen, und andererseits die Kräfte, die zur Transzendenz drängen - wodurch sie zu einem wunderbaren Bewußtseinssprung und unserer Fähigkeit zu Intuition, Kreativität und Einfühlungsvermögen führen - das Thema dieses Buches.

Kurz gesagt, man muß zur Erkenntnis der Tatsache kommen, daß der Mensch in Wirklichkeit göttlich und die Dualität eine Täuschung ist; man muß sich von einer im Grunde selbstsüchtigen Existenz, die sich vorwiegend um die Befriedigung der Sinne, der Wünsche und des Egos dreht, abwenden und zu einem Leben des selbstlosen Dienens und der Liebe gelangen, ohne Wunsch nach Belohnung. Wie im Teil I dieses Buches beschrieben, muß man, um die Göttlichkeit oder Einheit zu erkennen, den Mut haben, der Todesangst, dem psychischen Tod und der Erkenntnis, daß das Ich nicht wesentlich ist, ins Auge zu sehen.

Wenn auch die Hauptrichtung der Psychologie wenig von dem Kräftespiel bei dieser Art von Transzendenz weiß, so gibt es doch wissende Autoren und Therapeuten. Wenden wir unsere Aufmerksamkeit der Transpersonalen Psychologie[13] und dem Werk von Ken Wilber zu.

Diagramm des vierten Cakras

Anmerkungen

1. Josef Campbell, „Mythos to Live By", New York: Bantam Books, 1978, S. 108-116
2. Ken Wilber, Journal of Humanistic Psychology, Vol. 22, No. 1, Winter 1982, S. 57-90
3. Samuel H. Sandweiss, „Sai Baba - Der Heilige und der Psychotherapeut", Sathya Sai Vereinigung e. V., Bonn, 1993, ISBN 3-924739-36-6
4. *Vedanta* - ein System der Hinduphilosophie, das auf den *Veden*, den Heiligen Schriften der Hindus, gründet.
5. Herausgegeben und zusammengefaßt von: C. W. Leadbeater, „The Cakras", London: The Theosophical Publishing House, 1969
6. Zu den Werken, die in englischer Sprache über die *Kundalinī* zu haben sind, gehören: „The Serpent Power", übersetzt von Arthur Avalone; „The shatcatkara nirupana und Thirty Minor Upanishads", übersetzt von K. Narayana *Swami* Ayrar, sowie „V. Shiva Samahita", übersetzt von Shrī Chandra Vidyarnava.
7. Siehe das *Kundalinī*-Symbol auf Seite 306.
8. Herausgegeben und zusammengefaßt von: C. W. Leadbeater, „The Cakras", London: The Theosophical Publishing House, 1969
9. ebda.
10. Das Ego in der Freudschen Psychologie.
11. Das Diagramm des vierten *Cakras* wurde aus Leadbeaters Buch, „The Cakras", S. 70, entnommen.
12. ebda., S. 79
13. Anthony Sutich definiert Transpersonale Psychologie in der ersten Ausgabe des Journal of Transpersonal Psychology, Frühjahr 1969, folgendermaßen:

Eine Gruppe von Psychologen und fachkundigen Männern und Frauen aus anderen Gebieten gaben einer in der Psychologie neu auftauchenden Kraft diesen Namen; diese Wissenschaftler interessieren sich für die „höchsten" im Menschen vorhandenen oder potentiellen Fähigkeiten, für die sich weder in der positivistischen bzw. behavioristischen Theorie („first force") noch in der klassischen psychoanalytischen Theorie („second force") oder der humanistischen Psychologie („third force") ein Platz findet. Die neu in Erscheinung tretende Transpersonale Psychologie („fourth force") wendet sich im besonderen dem „empirisch"-wissenschaftlichen Studium und der verantwortlichen Anwendung der neuen Erkenntnisse zu, die für die im folgenden genannten Phänomene relevant sind: für das Werden, die individuellen wie die gesamte Spezies betreffenden Meta-Bedürfnisse, die sublimen Werte, das verbindende Bewußtsein, die Gipfelerfahrungen, B-Werte, Ekstasen, mystische Erfahrungen, Ehrfurcht, das Sein, die Selbstverwirklichung, das innerste Wesen, die Wonne, das Staunen, den letzten Sinn, die Transzendenz des Selbst, den Geist, das Einssein, die kosmischen Erkenntnisse, die individuelle und die gesamte Menschheit betreffende Synergie, maximale interpersonale Begegnungen, die Heiligung des täglichen Lebens, eine maximale sinnliche Wahrnehmung, Empfänglichkeit und Ausdruck und schließlich damit verwandte Vorstellungen, Erfahrungen und Tätigkeiten.

ANHANG IV

DIE TRANSPERSONALE PSYCHOLOGIE UND DER AVATAR

Wenn das vierte *Cakra* zu erwachen beginnt, ist der Mentalkörper bereits zur beherrschenden Kraft des Individuums geworden. Das ist Piagets Stadium der normalen logischen Gedankentätigkeit, der Fähigkeit zu deduktiven Schlüssen und zum Umgang mit abstrakten Ideen, charakterisiert durch die Verwendung von Symbolen, die größere Reife, die Komplexität der sozialen Kommunikation und die gesteigerte Fähigkeit, den eigenen Bedürfnissen und Antrieben Genüge zu tun sowie die Herrschaft über die äußere Welt zu erlangen - all das führt zu einem größeren Vertrauen und Respekt vor dieser hohen Entwicklungsstufe.

Mit unserem wunderbaren Gemüt (mind) können wir nun durch gedankliche Experimente das erreichen, was auf dem Weg über Versuch und Irrtum zu entdecken viel Energie kosten würde. Aber damit die Stufe des fünften *Cakras* voll erreicht wird, muß man sich erst durch den Knoten des vierten hindurcharbeiten, was den Verzicht auf das Vertrauen auf den Verstand und jene Sicherheit bedeutet, die auf einem falschen Gefühl beruht, ein starkes, unabhängiges (und separates) Selbst zu sein. Das ist ein wichtiger Wendepunkt in der Entfaltung des Bewußtseins, der einen ausgesprochen qualitativen Wandel in unserer Orientierung zur äußeren Welt nach sich zieht. Um die Art der Wirkung und die Bedeutung dieses enormen Sprungs besser zu begreifen, wollen wir das Werk von Ken Wilber näher betrachten.

In „The Ātman Project" kennzeichnet Wilber[1] in brillanter Klarheit etwa zwanzig Bewußtseinsstadien, angefangen von der Ebene der Materie bis hin zur letzten Vereinigung mit dem Göttlichen. Seine Arbeit erläutert die Beziehung zwischen den niederen und höheren Entwicklungsstufen, besonders das Kräftespiel, das zur Überwindung der kritischen Übergangsphase oder des „Knotens" im vierten *Cakra* führt, bevor das fünfte *Cakra* geweckt und voll eingesetzt werden kann.

In einem Aufsatz,[2] der im „Journal of Humanistic Psychology" 1982 erschien, gibt er einen Überblick über seine Arbeit und definiert diese zehn Bewußtseinsstufen wie folgt: die Sphäre des Unbewußtseins - Materie-Pleuroma (pleuro = Rippe, Seite); Reptil-Uroboros (uro = Schwanz, Steiß) und Säugetierkörper; die Ich-bewußte Sphäre - Persona, Ego und Kentaur (Zwitterwesen); und die überbewußte, transpersonale oder universale Sphäre - psychisch (Reich der siddhi- und Psi-Kräfte), subtil (der Ort der Archetypen und der personalen Gottheit), kausal (die nicht manifestierte Leere) und als Höchstes der Geist (spirit). Diese Stufen beschreiben im einzelnen die generelle Aufwärtsbewegung von der Materie zum Körper, zum Verstand, zur Seele und zum Geist.

Die fünfte und sechste der Stufen in der Wilberschen Reihe, Ego und Kentaur, korrespondieren jeweils mit dem dritten und vierten *Cakra*. Zum Verständnis dieser beiden Ebenen kam er durch das Studium der Unterschiede zwischen dem Ego und den humanistisch-existentiellen Psychologien. Damit verbindet er Einsichten aus der Psychologie und der Spiritualität. Hier sehen wir die Verwandtschaft und das Ineinanderverschmelzen dieser beiden Felder; ein größeres Verständnis für das eine kann auch das andere erschließen. Wilber schreibt:

Die Psychologie des Egos schien das „Unbewußte bewußt zu machen" oder das Ego mit Aspekten der Psyche wieder zu vereinen, das durch Verwirrungen und/oder „Doppelbindungen" in der Entwicklung abgespalten oder losgelöst worden war („wo Es war, wird Ego sein"). In Jungscher Terminologie würde ich es in folgende Begriffe fassen: Die Persona (oder das trügerische Selbstbildnis) kann mit dem Schatten (oder dem unterdrückten personalen Unbewußten) wieder vereint werden und damit das Auftauchen des totalen Egos (oder richtigen Selbstbildnisses, der adäquaten Egokraft usw.) ermöglichen. Theoretisch ist das fast genauso einfach wie die Gleichung: Persona + Schatten = Ego.
Die humanistisch-existentiellen Theorien leugneten diese Gleichung nicht; viele machten davon in Wirklichkeit ausdrücklichen Gebrauch (Perls zum Beispiel). Aber irgendwie schienen sie auch über die Gleichung hinauszugehen und von den Möglichkeiten des gesamten Organismus zu sprechen, von einem Potential, das jedes Einzelteil übertrifft, ob Persona, Ego, Id oder Überich. Rollo May (1969) z.B.: „Weder das Ego noch das Unbewußte oder der Körper können autonom sein. Die Autonomie kann ihrer Natur nach nur im zentrierten Selbst liegen. Wir müssen ebenso logisch wie psychologisch hinter das Ego-Id-Überego-System gehen und versuchen, das ‚Sein' zu verstehen, dessen Ausdrucksformen sie sind." Beachten Sie, daß May nicht die Existenz des Ego-Id-Superego leugnet; er sieht in ihnen Ausdrucksformen einer tieferen Einheit oder eines tieferen Selbst, das totale Sein. Der totale Organismus beinhaltet das Ich-Es-Überich, aber nicht umgekehrt. Ich fing deshalb damit an, diese tiefere Schicht „Kentaur" zu nennen (eine mythologische Bezeichnung, die Benoit 1955 als erster benutzte, um eine totale Einheit zwischen Menschengeist und Tierkörper auszudrücken).
Wenn wir nun das allgemeine Ziel der humanistisch-existentiellen Therapien mit einem Satz beschreiben müßten, könnte er lauten: Sie streben die Wiedererweckung und die volle Aktualisierung des kentaurischen Selbst an. Wie James Broughton in seiner Studie aufzeigte, sahen die am weitesten entwickelten Persönlichkeiten „ebenso die Gedanken und Gefühle (mind) wie den Körper als Erfahrungen eines integrierten Selbst", und dieses integrierte Selbst, der Kentaur, war genau das Paradigma der humanistisch-existentiellen Therapien (Loevinger, 1977). Ich möchte später diese Therapien in zwei Arten einteilen, die noetischen und die somatischen, je nachdem, ob sie sich dem Kentaur vorwiegend vom Verstand (Geist, mind) her nä-

hern (Rollo May, Binswanger) oder vom Körper her (*Yoga,* Rolfing). Aber das Wesentliche bleibt: Vereine den Ich-Verstand (Geist, mind) und das Körper-Soma so, daß die totale Identität mit dem Kentaur wieder auflebt. Perls drückte es (1951) so aus: „Es ist das Ziel, die Grenze dessen, was du als dein Selbst akzeptierst, so auszudehnen, daß es alle organischen Tätigkeiten einschließt." Hier lautete die Gleichung: Ego + Körper = Kentaur.

Das waren natürlich die denkbar gröbsten Verallgemeinerungen; trotzdem waren sie, wie das bei Verallgemeinerungen der Fall ist, äußerst nützlich. Ich konnte z.B. gleich den Unterschied zwischen neurotischer und existentieller Schuld-Angst erkennen; die erste wurde von einer Beunruhigung, durch den Schatten ausgelöst, die zweite beruht auf einer Furcht vor dem allgemeinen Anderssein der Welt. Die eine wird durch eine Spaltung im Inneren des Betroffenen verursacht, die andere durch eine vorangegangene Spaltung zwischen Subjekt und Objekt. (Und so sind, um unseren Bericht mit Freud zu beschließen, beide Sichtweisen zum Teil richtig: Primäre Angst ist existentiell und gegeben, und diese primäre Angst verursacht letztlich die Unterdrückung des Schattens - aber die Repression des Schattens führt zu exzessiver, übertriebener oder neurotischer Angst-an-sich.) Außerdem zeigten mir diese einfachen Verallgemeinerungen allein innerhalb der persönlichen Sphäre drei wichtige Stufen des Seins oder Bewußtseins: die Persona-Ebene, die Ego-Ebene und die Kentaur-/existentielle Ebene.

Von diesem Punkt aus war es nur ein ganz kleiner Schritt zur Erkenntnis, wie die mystischen Überlieferungen in das alles umfassende Schema hineinpassen. Die Psychoanalyse bemüht sich, die Persona und den Schatten zu vereinen, um ein in sich ganzes und gesundes Ich herzustellen. Tiefergehend streben die humanistischen Therapien die Vereinigung des Ich mit dem Körper an, um den gesamten Kentauren aufzudecken. In gleicher Weise gingen die mystischen Überlieferungen noch tiefer und zielten auf die Vereinigung des Kentauren mit dem Kosmos, um eine höchste Identität, ein „kosmisches Bewußtsein" - wie es Bucke mit seinem etwas hochgegriffenen Ausdruck benennt[3] - sichtbar zu machen.

Wilber trifft eine wichtige Unterscheidung zwischen der Ich-Psychologie und den humanistisch-existentiellen Psychologien durch die Definition dessen, was er Kentaur-Stadium nennt: die Vereinigung des Menschen-Geistes (mind) mit dem Tier-Körper. Aber ist es eigentlich dieser „Körper", der, wenn er mit Ego, Persona und Schatten vereint ist, eine tiefere Selbsterfahrung möglich macht? Es ist nicht der physische Körper, nicht einmal der Emotionalkörper, da die Integration dieser Elemente schon immer das Ziel der Schulmedizin und -psychologie war.

Es handelt sich dabei um ihre, sei es noch so begrenzte, Einschätzung der subtileren *prāna*-Energie und/oder des vierten *Cakras*, welche die humanistisch-existentiellen Therapien von den anderen unterscheidet. Sie sind sich der hohen Bedeutung der Arten von Körperarbeit bewußt, wie etwa Rolfing, Akupunktur und *Yoga*, die das Bewußtsein mit der feinen *prāna*-Energie in Kontakt bringen; und dieses *prāna* beeinflußt das Sich-öffnen des menschlichen Herzens, seine tiefere menschliche Erfahrung - sein viertes *Cakra*, das mit den höheren menschlichen Qualitäten einhergeht, mit Mitgefühl, Fürsorge, Selbstopfer, selbstlosem Dienst und dem Bedürfnis, ein gutes, redliches Leben zu führen.

Doch selbst das Verständnis der humanistisch-existentiellen Bewegung ist noch ziemlich begrenzt, was das Kräftespiel betrifft, das zur Transzendenz des vierten *Cakras* führt. Genau an diesem Punkt kann *Yoga* der westlichen Psychologie eine ganz neue Dimension des Verständnisses in verschiedener Weise vermitteln: mit seiner heilenden und kräftigenden Einwirkung auf den Körper, die Gefühle und den Verstand (mind); mit seinem Verständnis des Ursprungs, der Evolution und der Dynamik der *prāna*-Energie - ebenso der Wechselbeziehung zwischen *prāna, Kundalinī*, den *Cakras* und dem aufsteigenden Bewußtsein. Genau an diesem Punkt kann *Yoga* der westlichen Psychologie eine völlig neue Dimension des Verständnisses bringen.

Wilber wendet seine Aufmerksamkeit dem Verständnis der Dynamik (des Kräftespiels) bei der Transzendenz zu, und er findet auch noch mehr Verständnis für das komplexe Problem der Transzendenz von *Cakra* vier - den er den Apollo-Komplex nennt:

... der bedeutsamste und am weitesten verbreitete Komplex ist heutzutage nicht der Ödipus-Komplex - oder die Schwierigkeit, sich vom Körper zum Verstand (mind) zu entfalten - sondern das, was wir vielleicht als den Apollo-Komplex bezeichnen könnten - die Schwierigkeiten, sich vom Verstand zur Seele zu entwickeln oder von den personalen, mentalen, egobestimmten Reichen zu den transpersonalen, subtilen und supra-ichbezogenen Ebenen. Der *Vishnu*-Komplex, die Schwierigkeit, sich von der Seele zum Geist zu entfalten, spielt sich auf einer so hochstehenden Ebene ab, daß sie nur Menschen betrifft, die in ihrer Meditation sehr fortgeschritten sind.

Das Wesen dieser höheren Komplexe wie des Apollo- und des *Vishnu*-Komplexes wurde mir während meiner eigenen Meditation schmerzlich bewußt. Als ich gerade dabei war, meine Schrift „No Boundary" (1979) zu beenden, waren meine Meditationsübungen zwar nicht gerade fortgeschritten, aber auch nicht mehr im Anfangsstadium. Die Schmerzen in den Beinen (vom Lotossitz) waren erträglich, und meine Aufmerksamkeit gewann immer mehr die Fähigkeit, einen Zustand entspannter Wachheit aufrechtzuerhalten, d.h. eine aktive und doch gelöste Haltung. Aber meine Gedanken waren - wie die Buddhisten sagen - die eines Affen: zwanghaft tätig, von einer besessenen Beweglichkeit. Und so wurde ich mit meinem eigenen Apollo-Komplex konfrontiert - der Schwierigkeit, mich aus der mentalen in die subtile Sphäre zu erheben. Diese feinstoffliche Sphäre (oder die „Seele", wie die christlichen Mystiker sie nennen) ist der Anfang der transpersonalen Reiche, zu denen das supramentale, das transegohafte und transverbale Reich zählen. Aber um diese Sphäre zu erreichen, muß man (wie bei allen Transformationen) für die tiefer

gelegene Sphäre „absterben" (in diesem Fall für die mental-ichbezogene). Dabei zu versagen, dazu unfähig zu sein, das ist der Apollo-Komplex. Ebenso wie der mit einem Ödipus behaftete Mensch sich unbewußt an den Körper und sein Lustprinzip klammert, so bleibt, wer einen Apollo-Komplex hat, unbewußt dem Gedanken-„Körper" und seinem Realitätsprinzip verhaftet. („Realität" bedeutet hier „die zur Institution gewordene, rationale, verbale Realität", die, wenn auch konventionell real genug, doch nur eine Zwischenstufe auf dem Weg zu *ātman* ist, d. h. wie eine bloße Beschreibung der tatsächlichen Realität selbst. Wenn man daher an ihr festhält, verhindert man letztlich die Entdeckung der tatsächlichen Realität.)
Der Kampf mit meinem besessen zwanghaften Denken - nicht eigentlich besessenen Gedanken wie bei spezifischen Neurosen (was oft ein Anzeichen für das Festhalten am Ödipuskomplex ist), sondern dem Strömen der Gedanken selbst - war eine der zähesten, mühsamsten Aufgaben, die ich je zu bewältigen hatte. Es war der schwierigste Kampf meines Lebens; wäre er nur noch um ein Prozent schwerer gewesen, dann hätte ich elendiglich versagt. (Eine ausgezeichnete Schilderung solch anfänglicher Kämpfe hat Walsh 1977/1978 beigesteuert.) So wie die Dinge standen, hatte ich das Glück, einige Fortschritte zu machen, mich allmählich über die Fluktuationen der gedanklichen Einengungen zu erheben und, wenn auch nur in Ansätzen, ein unvergleichlich profunderes, realeres, vom Sein gesättigteres, der Klarheit weiter geöffnetes Reich zu entdecken. Es war einfach das Reich des Subtilen, das sich erschließt, wenn man den Apollo-Komplex sozusagen überstanden hat. Nicht daß in diesem Bereich das Denken aufhören muß (obgleich dies oft geschieht, besonders am Anfang); es ist jedoch so, daß selbst dann, wenn Gedanken aufsteigen, sie nicht von diesem breiten Hintergrund klaren Gewahrseins ablenkten (vgl. z. B. John Welwoods kristallklaren Bericht von diesem „transpersonalen Boden", 1977). Vom Feinstofflichen oder Subtilen her „verliert man sich nicht mehr in Gedanken," man kann eher sagen, daß Gedanken im Bewußtsein wie Wolken am Himmel auftauchen und ihn überqueren: sanft, klar und anmutig. Nichts bleibt hängen, nichts reibt, nichts verletzt. Chung Tzu: „Der vollkommene Mensch verwendet seine Gedanken wie einen Spiegel. Sie ergreifen nichts, verweigern nichts, nehmen auf, aber halten nichts fest."[4]

Wilber bespricht Veränderungen in der Erfahrung des „mind" (siehe Wortbedeutungen auf S. 7) und was jenseits des mind liegt, wenn man über das hinausgelangt, was er den Apollo-Komplex nennt. Ich möchte hier einige Ermahnungen zur Vorsicht hinzufügen. In unserer Epoche der Naturwissenschaft und Hochtechnologie kann es leicht geschehen, daß bei einigen spirituell orientierten Annäherungsversuchen im Bemühen um eine wissenschaftliche Ausdrucksweise höhere spirituelle Dimensionen mit Begriffen wie Bewußtsein, Energie, Kräfte, universale Gesetze und Gleichgewicht in fast derselben Weise beschrieben werden, wie man in der Physik von einem gefühllosen Kosmos spricht, der Mitgefühl nicht kennt. Im Zusammenhang mit höheren spirituellen Zuständen redet man vielleicht von Qualität, Typus, Rhythmus und Gedankeninhalten und Bildern, die man während der Meditation erlebt hat - unter Vernachlässigung feinerer und tieferer Aspekte wie Ethik, religiöse Anbetung, Gottes persönliche Beziehung zum Menschen und seine große ewige Liebe, die alle Gesetze und Kräfte übersteigt.

Diese letztgenannte Dimension der Spiritualität kann man nicht genug betonen und hervorheben. Genauso wie die spirituelle Praktik der Meditation zu einer inneren Erfahrung jenseits des Denkens zum Nicht-Denken, zu einem Sichausweiten, zu Licht und Seligkeit führt, so führen die spirituellen Praktiken von Ethik, Anbetung und selbstlosem Dienst zu den gleich wichtigen (wenn nicht noch wichtigeren) inneren tiefen Erlebnissen von Mitgefühl und Liebe. Spontane Äußerungen der Selbstlosigkeit und der Opferbereitschaft für unsere Mitmenschen erfüllen uns mit einem alles durchdringenden Gefühl der Allgegenwart Gottes und von seiner persönlichen Verwandtschaft mit uns.

Ich betone das, um einen gewissen Ausgleich für das zu schaffen, was von westlicher Seite leicht eine wissenschaftliche Überbetonung bewirken kann, womit die Gefahr verbunden ist, daß Gott überhaupt von der Bildfläche verschwindet; und noch aus einem anderen Grund: Das menschliche Streben nach Vereinigung mit Gott durch die Erlangung seiner Qualitäten der Tugend, Wahrhaftigkeit, Rechtschaffenheit, des Friedens und der selbstlosen schenkenden Liebe, welche die gesamte Menschheit aufrechterhält, ist der Pfad der Transzendenz, den Sai Baba lehrt. Gott kann im Zustand der Meditation durch eine Loslösung vom Denken erfahren werden - oder „hier auf der Erde" durch Liebe und selbstlosen Dienst aus einer Haltung heraus, die sich völlig von jeder persönlichen Erwartung eines Lohnes angesichts seines Einsatzes gelöst hat. Ich glaube, daß das Verstehen des vierten *Cakras* darin besteht, daß höhere Stufen selbstloser Liebe, die in dieser Art von Dienen zum Ausdruck kommt, nicht nur das Bewußtsein beeinflussen und formen, sondern auch eine notwendige Vorbedingung für das Verschmelzen mit dem Universalen Bewußtsein sind.

Wilber nennt die zwei höheren kritischen Schwellen Apollo und *Vishnu*. Ich würde sie eher *Vishnu* und *Shiva* nennen, da die *Yogis* diese Namen den granthis oder Knoten geben, die mit dem vierten und sechsten *Cakra* verbunden sind. Außerdem ist *Vishnu* jener Aspekt der Hindu-Gottheit (der Trinität von *Brahmā*, *Vishnu* und *Shiva*), die sich in Menschengestalt als *Avatar* manifestiert, um der Menschheit dabei zu helfen, das vierte *Cakra*-Bewußtsein zu erreichen und darüber hinauszugelangen. Er lehrt den Pfad der Liebe und des selbstlosen Dienens, und sein beispielhaftes Leben ist ein vollendetes Vorbild. Sai Baba sagt, daß der *Avatar* sich von Zeitalter zu Zeitalter inkarniert, wenn das Bewußtsein des Menschen herabgesunken ist und das Dunkel die Welt überwältigt: „Um Frieden, Freude und ein Gefühl der Erfüllung jenen zu gewähren, die schon lange suchen; um die Rechtschaffenheit *(dharma)* zu fördern, um das Böse zu unterdrücken und die Gottlosen zu überwältigen. Der Abstieg Gottes zur Erde, die Inkarnation des Gestaltlosen in der Gestalt, ist die konkrete Formwerdung des sehnsüchtigen Verlangens aller Suchenden."

Inkarnationen wie die des Christus, des Buddha und *Krishna* haben die Kraft, den Gang der Geschichte dadurch zu verändern, daß sie das menschliche Bewußtsein über die Selbstsucht hinaus zur Selbstlosigkeit erheben, über die Dualität zur Divinität.

DIE CAKRAS 5, 6 UND 7

Das erweiterte Bewußtsein jener, die das vierte *Cakra* erreicht haben, sieht klar, daß die in Dualität gespaltene Welt zu Leid und Tod führt - zu Knechtschaft. Mit diesem erweiterten Bewußtsein ist auch eine unmittelbare Erfahrung einer inneren göttlichen Liebe verbunden, welche die Dualität transzendiert. Daraus erwächst ein verstärktes Sehnen, Bindung an die Dualität der äußeren Welt zu vermeiden, um völlig mit der göttlichen Liebe eins zu werden. Das ist die Stufe des Verzichts und der Loslösung, die Herausforderung des fünften *Cakras*.

Dieses fünfte *Cakra* befindet sich in der Höhe des Kehlkopfs und wird bishuddha *Cakra* genannt, was so viel wie „Reinigung" bedeutet. Es ist mit dem dritten Halswirbel, dem Sympathicus Plexus (Nervengeflecht) des Schlundes, mit der Schilddrüse und dem Gehörorgan verbunden. Symbolisiert wird es in ovaler Form und ist, wie man annimmt, von der bläulich-violetten Farbe der Malven; sein Element ist der Äther oder der Raum. Dieses fünfte *Cakra* hat einen Lotos mit sechzehn Blütenblättern in rauchigem Purpurton. Der *Yogi*, der imstande ist, dieses *Cakra* zu aktivieren, ist im Begriff, Kunst, Religion, Philosophie und selbst die Gedanken hinter sich zu lassen. Er bereitet sich auf eine tiefe innere Vision des Göttlichen vor.

Bei der Aktivierung des fünften *Cakras* hält der spirituelle Aspirant willentlich das Bewußtsein davor zurück, in die äußere Welt der Dualität durch die Sinne, die Wünsche und das Ego einzufließen. Statt dessen soll das Bewußtsein nach innen zurückdirigiert und (wie der Name dieses Zentrums anzeigt) mittels eines Aktes des Verzichts gereinigt werden, um die Bindung an Gott zu erhöhen, der nun als eine lebendige, vibrierende, innere Erfahrung erlebt wird. So entsteht eine neue Wertschätzung der Ethik - der Beherrschung der Wünsche, die nicht mehr von äußeren Kräften erzwungen werden, sondern nun aus eigenem Ansporn als Mittel zur Transzendenz angewandt werden.

> Die *Veden* verkünden, daß die Unsterblichkeit (der Zustand, in dem man mit dem ungeborenen, unsterblichen, unpersönlichen Dasein verschmolzen ist) nur durch Verzicht und Loslösung zu erreichen ist und nicht durch Rituale, Nachkommenschaft oder Reichtum. Wenn ein Mensch auf selbstsüchtige Wünsche verzichtet, dehnt sich seine Liebe bis in die entferntesten Regionen des Universums aus, bis er der kosmischen Liebe gewahr wird.   Sathya Sai Baba

Ein Wort als Warnung: Der übereifrige Aspirant könnte irrtümlich meinen, daß Verzicht die Selbstverleugnung des Körpers und der äußeren Welt insgesamt bedeute. Sai Baba lehrt, daß der Körper und die äußere Welt göttliche Schöpfungen, ja selbst göttlich sind. Verzicht heißt nicht, das geschaffene Universum verleugnen und nichts mit ihm zu tun haben - sondern das

Bewußtsein davon abhalten, mit der Schöpfung durch die Sinne, die Wünsche und das Ego in Beziehung zu treten, die sich heftig nach egozentrischer Befriedigung sehnen und uns dadurch an die Dualität binden. Das Bewußtsein ist nun vielmehr durch Meditation auf Gott gerichtet, um die Verbundenheit mit ihm zu stärken - und nach außen auf die Menschheit und die Schöpfung, um ihr selbstlos zu dienen. In diesem Akt tätigen Verzichts weitet sich die Liebe des Menschen bis „in die fernsten Regionen des Universums, bis sie der kosmischen Liebe gewahr wird". Auf diese Weise eröffnet sich eine neue Art, die äußere Welt zu sehen, nämlich als Verkörperung Gottes, mit jedem Menschen als göttlichem Wesen. So wird die Schöpfung zu dem, was uns zu Gott, zur Transzendenz hinführt.

Die *Cakras* sechs und sieben stehen laut Leadbeater abseits von den übrigen und werden erst aktiv, wenn ein gewisses Maß an spiritueller Entwicklung erreicht ist. Sie sind mit der Hypophyse bzw. mit der Zirbeldrüse verbunden. *Cakra* sechs zwischen den Augenbrauen nennt man *ājnā-Cakra*, was soviel wie „Herrschaft" bedeutet und das „Dritte Auge" der inneren Weisheit ist. Leadbeater erklärt:

> (Es) sieht aus, als sei es in zwei Hälften geteilt, die eine vorwiegend rosafarbig, obwohl viel Gelb untergemischt ist, die andere hauptsächlich purpurblau, wieder in enger Übereinstimmung mit den Farben der speziellen Vitalitätstypen, die sie beleben. Vielleicht wird aus diesem Grund dieses *Cakra* in indischen Büchern mit nur zwei Blütenblättern dargestellt; wenn wir jedoch wellenförmige Erhebungen der gleichen Art wie diejenigen in den vorangegangenen *Cakras* mitzählen sollen, dann finden wir, daß jede Hälfte von 48 solcher Erhebungen unterteilt ist, also 96 im ganzen. Dieser plötzliche Sprung von 16 auf 96 „Speichen" und dann die noch verblüffendere Variation von 96 auf 962 zwischen diesem und dem nächsten *Cakra* zeigen uns, daß wir es nun mit *Cakras* einer völlig anderen Ordnung zu tun haben, im Vergleich zu jenen, die wir bisher betrachtet haben.[6]

Wenn dieses *Cakra* erweckt ist, dann sind wir uns unserer Existenz als ewiger Zeuge jenseits von Anfang und Ende, Geburt und Tod bewußt. Wir können mit Psi-Phänomenen oder den siddhis in Verbindung sein, welche die *Yogis* beschreiben, oder so tiefgründige und ehrfurchterregende Erfahrungen des feinstofflichen Reiches machen wie die Begegnung mit archetypischen Gottheiten oder mit uns selbst als Licht - sich grenzenlos ausdehnend und voll Seligkeit. Das entspricht dem Zustand der Wonne oder *ānandamayakosha* unter den *koshas*; doch so herrlich und ätherisch das auch ist, es bedeutet immer noch Dualität, dessen letzte Spur die Zeugenschaft ist.

Darüber hinaus gibt es noch eine Stufe - auf welcher der Zeuge, das Bezeugte und der Vorgang des Bezeugens in eins verschmelzen: Das ist die Stufe der endlichen Vereinigung mit dem Universalen, das Erfahren der eigenen Göttlichkeit. Das ist der *ātman*, die Ebene des siebten *Cakras*, das als Kronen- oder krönendes *Cakra* bekannt ist, an der höchsten Stelle des Kopfes gelegen und vom *Yogi* sahasrāra genannt wird - der Lotos der tausend Blütenblätter. Wenn das Kronen-*Cakra* voll erweckt ist, hat man, wie angenommen wird, die Fähigkeit, den Körper zu verlassen, und sich als reine Liebe und grenzenloses Bewußtsein zu erleben - eins mit dem *ātman*. Leadbeater beschreibt diese Erscheinung, wie sie Hellsichtige sehen:

> Es ist ein alles andere übertreffender Glanz, voll von unbeschreiblichen Farbeffekten und mit fast unvorstellbarer Geschwindigkeit vibrierend. Es wirkt, als vereine es alle Schattierungen der prismatischen Farbtöne in sich, aber im großen ganzen herrscht Violett vor. Dieses *Cakra* wird gewöhnlich als letztes erweckt. Zu Anfang hat es die gleiche Größe wie die anderen, aber wenn der Mensch auf dem spirituellen Pfad weiterschreitet, vergrößert es sich ständig, bis es fast den ganzen oberen Teil seines Hauptes bedeckt.[7]

Das Kommen eines *Avatars* ist von ungeheuerer Bedeutung. Er ist ein glänzender Beweis dafür, daß das systematische psychologische und spirituelle Wachstum, wie es die *Cakras* repräsentieren, eine Realität ist und daß das begrenzte menschliche Bewußtsein mit dem Universalen Bewußtsein verschmelzen kann. Er, der *Avatar*, ist ein bewegendes Beispiel dafür, was für eine Erscheinung der Mensch darstellt, wenn sein siebentes *Cakra* vollkommen erweckt ist.

Und seine Bedeutung geht noch darüber hinaus. Während das System der *Cakras* des Menschen den Aufstieg vom begrenzten Bewußtsein zur Göttlichkeit darstellt, verkörpert der *Avatar* das äußerst seltene Ereignis, daß die Göttlichkeit herabsteigt und menschliche Gestalt annimmt. Als Antwort auf die Gebete seiner Anhänger erscheint er von Zeitalter zu Zeitalter während besonders düsterer Epochen, nicht nur um zu beweisen, daß die Menschheit göttlichen Ursprungs ist, sondern um uns den Weg zur Transzendenz zu lehren. Er ruft uns zu, daß wir erwachen, uns entfalten, emporsteigen sollen, und zeigt uns den Weg zu ewiger Freiheit, den Weg von der Selbstsucht zur Selbstlosigkeit, von der Dualität zur Einheit, vom Menschen zur Göttlichkeit.

Und der Pfad, der Weg, der Prozeß, die Mittel und das Ziel - ist Liebe. Sai Baba sagt, daß seine Form die Liebe ist und daß sich das Bewußtsein durch die Pflege, die Kultivierung, die Erfahrung und den Ausdruck der Liebe ausdehnt. Liebe durch Liebe lehren, um der Liebe willen und durch Taten, die aus reiner, bedingungsloser, selbstloser Liebe geschehen. *Avatare* geben den Glauben, die Kraft und die Inspiration, um nach dem Himmel zu greifen und den jenseitigen herrlichen Einheitszustand zu erreichen.

> Laßt die verschiedenen Religionen bestehen. Laßt sie blühen und gedeihen. Laßt die Herrlichkeit Gottes in allen Sprachen und in den verschiedensten Melodien gepriesen und besungen werden. Das sollte als Ideal gelten. Zollt den Glaubensunterschieden Achtung und erkennt sie so lange als gültig an, wie sie die Flamme der Einigkeit nicht auslöschen. Ich bin nicht gekommen, um für irgendeine Religion einzustehen. Ich bin nicht mit einem Auftrag gekommen, um für irgendeine Sekte, einen bestimmten Glauben oder eine bestimmte Sache öffentlich einzutreten; auch nicht, um Anhänger für irgendeine Doktrin zu werben. Ich bin gekommen, um zu euch von diesem uni-

versalen, einigenden Glauben zu sprechen, von diesem Weg der Liebe, dieser Pflicht zur Liebe, dieser Verpflichtung zu lieben.

Die Gesamtheit der göttlichen Energie ist als Sathya Sai zur Menschheit gekommen - um zu jedem und jedermann hinzugehen und die in jedem menschlichen Wesen schlummernde Göttlichkeit zu wecken. Selbst wenn ihr in eurer Schläfrigkeit oder Schwäche über den Schlafzustand brummt, knurrt, murrt oder stöhnt, um euch schlagt, kritisiert, streitet oder schreit: Ich werde euch nicht vergessen; ich werde eure Göttlichkeit nicht einschlafen lassen. Eine Mutter verläßt niemals das Kind, das sie trägt, und läßt es nicht fallen, selbst wenn das Kind seinen Groll und Zorn an ihr ausläßt. Ich bin gekommen, um zu helfen, euch zu begleiten und euch zu tragen. Ich kann euch nie vergessen. Ich werde niemals meine Pflicht meinen Kindern gegenüber vernachlässigen - und ich werde jedem meiner Kinder sehr dankbar sein, das mir bei meiner Aufgabe hilft...

Wacht auf, meine Kinder: Wacht auf zur Morgendämmerung des Wissens, erwacht zu euren göttlichen Pflichten, erwacht zu euren göttlichen Rechten und erwacht zu eurer göttlichen Wirklichkeit.

Sathya Sai Baba

Anmerkungen

1. Autor auf dem Gebiet der Transpersonalen Psychologie, zu dessen glänzenden Werken „The Spectrum of Consciousness" (1977), „No Boundary" (1979), „The Ātman Project" (1980) und „Up from Eden" (1981) gehören.
2. Ken Wilber, „Odyssey: A Personal Inquiry into Humanistic and Transpersonal Psychology"; erschienen im Journal of Humanistic Psychology, engl. Band 22 1, S. 57-90
3. ebda., S. 64-65
4. ebda., S. 79-80
5. Siehe Kapitel 27.
6. Leadbeaters „The Cakras", S. 10
7. ebda., S. 10-11

GLOSSAR

Weiterführende Informationen über mehr als 3000 Sanskritwörter finden Sie in „M. Mittwede, Spirituelles Wörterbuch Sanskrit-Deutsch". Sathya Sai Vereinigung, Bonn 1992, ISBN 3-924739-56-0, 280 Seiten, broschiert. Es gibt zugleich Zugang zur indischen Mythologie, Ethik und Kultur und bietet sich als Hilfe zu spiritueller Erkenntnis an.

abhisheka	Rituelle Waschung.
ānanda	Glückseligkeit, Freude. Glückseligkeit wird als das eigentliche Wesen Gottes angesehen (Gott ist Glückseligkeit, nicht: hat Glückseligkeit).
ānandasvarūpa	Wesen oder Natur der Glückseligkeit besitzend; *ānanda*.
Anantapur	Eine Stadt in Andhra Pradesh, Südindien. Der Standort der Shrī Sathya Sai Schule für Kunst und Wissenschaft für Frauen.
Arjuna	Der Schüler von Lord *Krishna*, dem *Krishna* kurz vor der Eröffnungsschlacht im *Mahābhāratha*-Krieg die Wahrheit über die menschliche Existenz offenbarte. Der göttliche Vortrag ist als *Bhagavadgītā* bekannt.
āsana	Leichte, bequeme Sitzhaltung. *Hatha-Yoga*-Stellung.
āshrama (Ashram, dt.*)*	Einsiedelei, Kloster.
ātman	Der subtilste (feinste) Aspekt im Sein des einzelnen. Das, was unverändert, unbeeinflußt und zeitlos ist.
avatāra (Avatar, dt.*)*	Eine Inkarnation Gottes.
Bangalore	Eine Stadt in Südindien, ca. 20 km von der Shrī Sathya Sai Schule für Kunst, Wissenschaft und Handel für Männer entfernt.
Bhagavadgītā	Die Hindu-„Bibel". Wörtl.: „Das Lied Gottes"; diese berühmte Heilige Schrift Indiens ist Teil des großartigen Epos des *Mahābhārata*. Sie beinhaltet die spirituellen Lehren, die Lord *Krishna Arjuna* gab, und ist an die ganze Menschheit gerichtet.
bhajans	Lieder zur Ehre Gottes.
bhakti, bhakta	Ein *bhakta* ist ein devotee (engl.: Verehrer), jemand, der *bhakti* besitzt. Tugendhaftigkeit, Selbstbeherrschung, Glaube, Hingabe.
Brahmā	Der Schöpfergott der Dreieinigkeit der Hindus, zu der noch *Vishnu* und *Shiva* gehören.
brahman	Das immanente Ur-Prinzip, dem drei Aspekte zugeordnet werden: Schöpfung, Erhaltung und Zerstörung. Das Absolute, die höchste Wirklichkeit.
Brindāvan	Der Ort, an dem Sai Baba öfter weilt, wenn er nicht in *Prashānti Nilayam* ist, wo sich sein *Ashram* und die Shrī Sathya Sai Schule für Kunst, Wissenschaft und Handel für Männer befinden. Ebenso der Name einer Stadt an den Ufern des Jamuna-Flusses, die eine Verbindung mit Shrī *Krishnas* Kindheit aufweist.
buddhi	Der Intellekt, die Intelligenz oder das Unterscheidungsvermögen.

cakra (Cakra, dt.*)*	Zentren oder „Lotosblüten" potentieller Energie, die beim Menschen von der Basis der Wirbelsäule bis zum Scheitel aufgereiht sind.
camatkāra	Bewunderung erzeugend, Bewunderung; die Wirkung eines poetischen Kunstwerks.
darshan	Eine große Persönlichkeit sehen und ihren Segen empfangen - wörtlich „dieselbe Luft einatmen wie" diese.
dharma (Dharma, dt.*)*	Rechtschaffenheit, Pflichterfüllung, Befolgen von Verhaltensregeln - eines der vier Ziele des menschlichen Strebens.
dharmasvarūpa	Das Wesen oder die Natur der Rechtschaffenheit besitzend; *dharma.*
Dhritarāshtra	Name des blinden Königs, des Vaters der *Kauravas.*
dhyāna	Meditation.
guru (Guru, dt.*)*	Lehrer, Führer zur spirituellen Befreiung.
hamsa	Der himmlische Schwan, *Brahmās* Gefährt. *Hamsa* ist auch die Bezeichnung für die Seele, entweder in ihrem höchsten Aspekt oder als wandernde Individualseele *(jīvātman).*
hathayoga	(dt.: *Hatha-Yoga)* Eine Schule im *Yoga;* das Praktizieren von *āsanas (Yoga*-Stellungen) zum Zweck des körperlichen Wohlbefindens und zur Erweckung spiritueller Zentren *(Cakras).*
jīvātman	Das individuelle Selbst, die Individualseele; der *ātman,* der sich als verkörpertes Selbst manifestiert und der Unwissenheit anheimfällt. Wenn ein höheres Bewußtsein erwacht, erinnert er sich, daß er in Wirklichkeit *ātman* ist.
jnāna	Der *Yoga*-Weg, bei dem der Nachdruck auf Wissen und Unterscheidungsvermögen, die zu Weisheit führen, und auf das Bewußtsein der Einheit des einzelnen mit dem Göttlichen gelegt wird.
jyotis	Das Licht und die Form einer Flamme.
karman (Karma, dt.*)*	Handlung; das Gesetz, das über allen Handlungen und den unausweichlichen Folgen für den Handelnden steht; das Gesetz von Ursache und Wirkung oder moralische Kompensation für Handlungen in der Vergangenheit.
Kauravas	Die 100 Söhne des *Dhritarāshtra.* Diese stehen für die schlechten Eigenschaften des Menschen. Sie wurden in der Schlacht von *Kurukshetra* von den *Pāndavas* besiegt.
kosha	Eine der fünf Hüllen des Körpers.
Krishna	Ein *Avatar Vishnus.* „Der, der dich dadurch anzieht, daß er Freude gewährt."
Kurukshetra	Name einer Ebene nahe bei Delhi, auf der die große Schlacht zwischen den *Kauravas* und *Pāndavas* ausgetragen wurde.
kundalinī (Kundalini, dt.*)*	Spirituelle Energie, die schlafend in allen menschlichen Wesen liegt.
linga	Das Symbol für das Göttliche. Das *Shivalinga* symbolisiert das Aufgehen einer Form im Formlosen.
Mahābhārata	Name des großen Epos, das den Kampf der Nachkommen des Bharata beschreibt. Das Hauptthema ist der

	Kampf zwischen den tugendhaften *Pāndavas* und den verderbten *Kauravas*.
Mahāshivarātri	Das große *Shivāratri*-Fest; die Nacht des dunkelsten Neumondes des Jahres. Diese Nacht sollte der spirituellen Aktivität gewidmet sein.
mahātma	Eine große Seele.
mahiman	Übermenschliche Kräfte, Wunder.
mandir	Gebetshalle, Tempel.
mantra (Mantra, dt.*)*	Heilige Worte oder Verse, die während der Meditation wiederholt werden.
māyā	Unwissenheit, welche die Gottesschau verdunkelt; die lockende Ur-Illusion, die als Dualität erscheint und Welt genannt wird; Verhaftung.
nirvāna	Beruhigung aller geistigen Unruhe. Durch *nirvāna* wird der Mensch von Leiden, Tod, Wiedergeburt und allen anderen Formen weltlicher Bindungen befreit.
niyama	Notwendigkeit, Regel, Versprechen, Gelübde, religiöse Pflicht, innere geistige Disziplin.
OM	Der Urlaut, mit dem Gott den Kosmos in Gang hält.
Pāndavas	Bezeichnung für die Söhne von König Pāndu, die fünf *Pāndava*-Prinzen, die zu den Hauptpersonen des *Mahābhārata* gehören.
pāndita (Hindi: *pāndit)*	Schriftgelehrter
paramātman	Der *ātman* als universeller Aspekt gesehen; Gott.
paropakāra	Dienst am anderen; Wohltätigkeit, Akt der Nächstenliebe; Wohlwollen, Gutherzigkeit.
Patanjali	Der Name des alten Weisen, der die grundlegenden Richtlinien zum rājayoga, bekannt als *Patanjalis yogasūtras*, geschrieben hat.
prāna	Der Lebensatem, der das Leben im physischen Körper aufrechterhält.
Prashānti Nilayam	Der Wohnort unvergänglichen Friedens. Der Name von Sai Babas *Ashram*.
prema	Tiefste göttliche Liebe; universelle, unbedingte, makellose Liebe.
Prema Sai Baba	Name für die Form, in der Sathya Sai Baba acht Jahre, nachdem er den jetzigen Körper aufgegeben hat, wieder erscheinen wird.
Puttaparthi	Das ruhige, entlegene Dorf in Südindien, in welchem Sai Baba geboren wurde (23. November 1926) und wo er jetzt seinen *Ashram, Prashānti Nilayam*, hat.
premasvarūpa	Die Gestalt der Liebe selbst habend; die Verkörperung der Liebe; ein Name für Sathya Sai Baba.
Rādhā	Die bekannteste der gopīs, Seelengefährtin *Krishnas*.
Rāma	Ein *Avatar* Gottes, ein göttliches Wesen. Ein *Avatar*, dessen Name bedeutet: der gefällt, der mit *ānanda* (Glückseligkeit) erfüllt.
Ramakrishna Paramahamsa	1836-1886: Großer Heiliger aus Bengalen.
sādhana	Spirituelle Disziplin oder Praxis mit Aktivitäten wie Meditation und Wiederholung heiliger Namen.
sādhu (Sadhu, dt.*)*	Heiliger Mann; Äquivalent in etwa für „Mönch".
sākshātkāra	Erkenntnis, Wissen, Einsicht; gemeint ist insbesondere das direkte Erkennen, die direkte Erfahrung oder Schau

	Gottes, eine nichtsinnliche, spirituelle Erfahrung, die vollständig von Zweifel befreit ist.
samādhi	Sammlung, Einheitserfahrung, reines Bewußtsein. Durch *samādhi* erwacht die Weisheit, die alles als Erscheinungsform des Göttlichen ansieht.
samkalpa	Entschlossenheit, Wille. Steht auch für den freien und kausal nicht erklärbaren Ratschluß Gottes.
samsāra	Die Sinneswelt, die das Bewußtsein gefangennimmt und Begierden, Verhaftung und Leiden entstehen läßt.
samskāra	Innewohnende Eigenschaften aus früheren Leben.
sanātana dharma	Die altehrwürdige Weisheit, der ewige Pfad der Rechtschaffenheit.
sari	Traditionelles Frauengewand, das fast überall in Indien getragen wird.
sat-cit-ānanda	Der höchste Zustand, gewöhnlich übersetzt als Sein, Bewußtsein, Glückseligkeit.
satya	Wahrheit - das, was immer unverändert ist, unabhängig von Vergangenheit, Gegenwart, Zukunft oder Umständen.
shakti (Shakti)	Die schöpferische göttliche Kraft; ein Name für die göttliche Mutter; der weibliche Aspekt Gottes, der seine Kraft und Energie repräsentiert.
shānti	Frieden, Ruhe, die nicht gestört werden kann. Ein Segensspruch, der oftmals in dreifacher Wiederholung nach einem vedischen Gebet gesprochen wird.
shāstra	Gebot, Befehl, Regel, Heilige Schrift, Lehrbuch.
Shirdi Sai Baba	Indischer Heiliger, von dem Sai Baba von *Puttaparthi* sagt, daß er seine Reinkarnation sei.
Shiva	Der zerstörende Gott der Dreieinigkeit der Hindus, zu der auch *Brahmā* und *Vishnu* gehören.
so'ham	„Er (ist) ich." Die spirituelle Seele ist an sich ewig mit Gott verbunden; dieser *Mantra*, der eine der heiligen Formeln des *Vedānta* ist, beschreibt die Bewußtwerdung dieser ewigen Verbindung.
sushumnā	Name eines Kanals feinstofflicher Energie im menschlichen Körper; die *sushumnā* spielt insbesondere im *Kundalinī-Yoga* eine Rolle.
svāmī (ji), [Swami (ji), dt.]	Herr, spiritueller Lehrer.
svarūpa	Form, Körper.
Telugu	Die Muttersprache von Shrī Sathya Sai Baba. Die Landessprache von Andhra Pradesh.
tīrtha	Ein heiliger Platz, an dem man sich durch ein Bad reinigt.
Upanishaden	Eine Sammlung indischer Heiliger Schriften.
vāhinī	Fluß, Strom.
Vedanta	Eines der sechs Systeme der orthodoxen Hinduphilosophie von Vyāsa formuliert.
Veden	Die Heiligsten Schriften in der hinduistischen Religion; man betrachtet sie als Offenbarung an große Seher und nicht aus menschlichem Ursprung stammend. Es gibt vier *Veden*: Den Rigveda, den Yajurveda, den Sāmaveda und den Atharvaveda.
vibhūti	Heilige Asche, die oft von Sai Baba materialisiert wird.

vijñāna	Intelligenz, Einsicht, Verstehen, Erkennen, Wissen, Unterscheidungsfähigkeit. In bestimmten Fällen steht *vijñāna* jedoch für den höchsten Zustand spiritueller Verwirklichung.
Vishnu	Der erhaltende Gott der Dreieinigkeit der Hindus, zu der auch *Brahmā* und *Shiva* gehören.
Whitefield	Ein Stadtbezirk ca. 20 km von der Innenstadt von *Bangalore* entfernt.
yama	Gott des Todes. Er hat die Aufgabe, über die Seelen zu richten und das kosmische Gleichgewicht wiederherzustellen.
yoga (Yoga, dt.*)*	Vereinigung der individuellen Seele mit der All-Seele; auch die Methode, diese Vereinigung zu erreichen. Es ist ein allgemeiner Ausdruck für die verschiedenen Arten devotionaler Praxis, die Methoden darstellen, um den Verstand (engl.: mind) zu kontrollieren und ihn in ein Instrument der Gotteserkenntnis umzuwandeln.
yogin (Yogi, dt.*)*	Ein spiritueller Aspirant, der die Einheit mit Gott sucht und dabei eine oder mehrere spezifische geistige oder körperliche Disziplinen anwendet, die traditionell sind und unter dem Begriff *Yoga* zusammengefaßt werden können.

Auswahl deutschsprachiger Literatur von und über Sathya Sai Baba (SSB)

Sathya Sai Baba: **Lebe die Liebe (Prema Vāhinī)**. Über die höchste Form der Liebe: die gesamte Schöpfung als Einheit zu sehen und sie zu bejahen. 139 S., Lein., ISBN: 3-900790-00-0
Sathya Sai Baba: **Ewige Wahrheiten (Bhāratīya Paramārtha Vāhinī und Sathya Sai Vāhinī)**. Sathya Sai Baba vermittelt die Weisheit der Veden und ihre Bedeutung für den Erkenntnis- und Lebensweg. 192 S., kart., ISBN: 3-924739-59-5
Sathya Sai Baba: **Sathya Sai Baba spricht - Bände 1-11**. Reden Sathya Sai Babas zu verschiedenen Anlässen. Kart. **Bd. 1** (Reden 1953-60), 188 S., ISBN: 3-924739-16-1; **Bd. 2** (Reden 1960-62), 176 S., ISBN: 3-924739-48-X; **Bd. 4** (Reden 1963-65), 272 S., ISBN: 3-924739-43-9; **Bd. 6** (Reden 1967-68), 248 S., ISBN: 3-924739-29-3; **Bd. 9** (Reden 1974-75), 208 S., ISBN: 3-924739-07-2; **Bd. 10** (Reden 1975-80), 248 S., ISBN: 3-924739-30-7; **Bd. 11** (Reden 1979-82), 232 S., ISBN: 3-924739-53-6. Übrige Bände folgen.
Sathya Sai Baba: **Sommersegen in Brindāvan (Summershowers)**. Vorträge vor Schülern und Studenten in Brindāvan, die in die Wahrheit und Weisheit der indischen Kultur einführen und in denen Sathya Sai Baba seine Botschaft der Liebe erläutert. Bro. **Bd. 1** (1972), 176 S., ISBN: 3-924739-19-6; **Bd. 2** (1973), 228 S., ISBN: 3-924739-14-5; **Bd. 3** (1974), 180 S., ISBN: 3-924739-41-2; **Bd. 4** (1977), 176 S., ISBN: 3-924739-62-5
Sathya Sai Baba: **Der Weg nach Innen - Sādhana**. In einer Zusammenstellung wichtiger Auszüge aus Reden Sathya Sai Babas erfährt der Suchende, wie er auf dem Pfad geistiger Übungen (sādhana) göttliches Bewußtsein verwirklichen kann. 256 S., bro., ISBN: 3-924739-15-3
Reihe: „**Erziehung in Menschlichen Werten**" (EMW), Hrsg.: Petra von Kalinowski. Bro. **Bd. 1**: Börsig, Petra: **Beiträge zur Erziehung**. Eine Sammlung von Ansprachen und Materialien. 56 S., ISBN: 3-924739-35-8; **Bd. 2**: Krystal, Phyllis: **Begrenzung der Wünsche**. Vorschläge zur Arbeit mit diesem Programm. 44 S., ISBN: 3-924739-12-9; **Bd. 3**: Flaig, Beatrice A.: **Für das Leben lernen**. Erfahrungen einer Lehrerin mit der charakterlichen Erziehung von Kindern. 32 S., ISBN: 3-924739-31-5; **Bd. 4**: Kalinowski, Petra von: **Wer bin ich?** Eine Annäherung an die Frage unseres Lebens. Vorschläge für den Unterricht. 80 S., ISBN: 3-924739-04-8; **Bd. 5**: Jumsai A./Burrows L.: **Handbuch für Lehrer**. 128 S., ISBN: 3-924739-65-X
Bokelmann, S.: **Liebe - Wesen und Botschaft eines Avatars**. Aussagen Sathya Sai Babas über die transformierende Kraft der Liebe. 112 S., bro., Best. Nr. 1017
Fechner, E.: **Überwindung der Krise (Turning the tide)**. Der Autor stellt allgemein verständlich dar, was Sathya Sai Baba uns lehrt, ohne sich direkt auf ihn zu beziehen. Ein besonders schönes Geschenk für Interessierte auf dem spirituellen Weg. 94 S., bro., ISBN: 3-924739-17-X
Hislop, Dr. J.: **Gespräche mit Sathya Sai Baba (Conversations with SSB)**. In Gesprächen mit Dr. Hislop und anderen beantwortet SSB viele uns bewegende Fragen. 160 S., bro., ISBN: 3-924739-02-1
Hislop, Dr. J.: **Mein Baba und ich (My Baba and I)**. Bericht eines gottsuchenden amerikanischen Geschäftsmannes über den Weg, den Sathya Sai Baba ihm und anderen zum inneren Gott weist. Mit Faksimile-Briefen von Sathya Sai Baba. 318 S., bro., ISBN: 3-924739-20-X
Kasturi, N.: **Sathya Sai Baba. Sein Leben Bd. 2 (Satyam, Shivam, Sundaram)**. Biographie Sathya Sai Babas. 246 S., kart., ISBN: 3-924739-22-6; Bd. 1, 3, 4 folgen.
Krystal, P.: **Sathya Sai Baba - Ziel aller Reisen (The Ultimate Experience)**. Weg einer Amerikanerin zu Sathya Sai Baba u. mit seiner Führung zu ihrem Selbst. 260 S., bro., ISBN: 3-924739-21-8
Malina, K.: **Einmal Puttaparthi und zurück**. Hinweise und Tips für eine Reise zu Sathya Sai Baba. 84 S., bro., ISBN: 3-924739-73-0
Mittwede, M.: **Spirituelles Wörterbuch Sanskrit-Deutsch**. Über 3000 Sanskritwörter aus den Bereichen Religion, Philosophie, Gottesnamen, Yoga, Vedānta etc. 280 S., bro., ISBN: 3-924739-56-0
Ralli, Lucas: **Sai Botschaften für Dich und mich (Sai Messages for you and me)**. Die Botschaften offenbaren, dass es für die Menschheit nur eine Religion gibt: die Religion der Liebe und nur einen Weg: den Weg zu Gott. Bro. **Bd. 1**, 160 S., ISBN: 3-924739-23-4; **Bd. 2**, 184 S., ISBN: 3-924739-44-7; **Bd. 3**, 176 S., ISBN: 3-924739-58-7
Sandweiss, S. H.: **Der Heilige und der Psychotherapeut (The Holy Man and the Psychiatrist)**. Die innere Entwicklung eines amerik. Psychotherapeuten von Hilflosigkeit und Zweifel zur Erkenntnis der alles durchdringenden Liebe Gottes. 272 S., bro., ISBN: 3-924739-36-6